C·H·Beck
PAPERBACK

D1867179

DIE WELT IM JAHR

2035

GESEHEN VON DER

CIA

UND DEM NATIONAL
INTELLIGENCE COUNCIL

DAS PARADOX DES FORTSCHRITTS

Aus dem Englischen
von Christoph Bausum,
Enrico Heinemann
und Karin Schuler

C.H.Beck

Diese Ausgabe ist die vollständige Übersetzung des Reports des National Intelligence Council (NIC): *Global Trends. Paradox of Progress,* erschienen im Januar 2017. Die elektronische englische Version ist verfügbar unter www.dni.gov/nic/globaltrends.

Mit 18 Grafiken

Originalausgabe

Für die deutsche Ausgabe:

Satz: Fotosatz Amann, Memmingen
Druck und Bindung: Druckerei C.H.Beck, Nördlingen
Umschlaggestaltung: Geviert, Grafik & Typografie, Christian Otto
Printed in Germany
ISBN 978 3 406 71446 7

www.chbeck.de

Inhalt

Vorwort 7

TEIL 1

Die Zukunft auf den Punkt bringen 13
Die Karte der Zukunft 19

Globale Trends bis 2035 21
Die Reichen werden älter, die Armen nicht 26
Die Weltwirtschaft verschiebt sich 31
Technologie erschwert die langfristigen Perspektiven 37
Innovation beschleunigt den Fortschritt,
führt aber auch zu Brüchen 38
Ausgrenzung durch Ideen und Identitäten 42
Regieren wird immer schwieriger 44
Das Wesen von Konflikten verändert sich 47
Der Klimawandel droht 51
Konvergierende Trends verändern Macht und Politik 59

Die nahe Zukunft 65
Zunehmende Spannungen 65
Wachsende Bedrohung durch Terrorismus 84
Die Weltordnung steht auf dem Spiel 87

Drei Szenarien für die fernere Zukunft 90
Inseln 93
Orbits 99
Communities 105

Was wir aus den Szenarien lernen können: Chancen durch Resilienz 111

Methodologische Anmerkungen 119
Glossar 121
Dank 123

TEIL 2

Einleitung 133

Die nächsten fünf Jahre nach Regionen 134
Ost- und Südostasien 137
Südasien 152
Der Nahe Osten und Nordafrika 159
Afrika jenseits der Sahara 169
Russland und Eurasien 180
Europa 186
Nordamerika 192
Südamerika 200
Arktis und Antarktis 207
Der Weltraum 211

Wichtige globale Trends 214
Die Menschen … 214
Wie die Menschen leben … 225
Wie sie kreativ und innovativ wirken … 234
Wie sie prosperieren … 246
Wie sie denken … 257
Wie sie regieren … 276
Wie sie kämpfen … 300
Terrorismus 313

Vorwort

Brief des Vorsitzenden des National Intelligence Council

Es ist unverzichtbar, über die Zukunft nachzudenken, auch wenn es alles andere als leicht ist. Ständig kommen Krisen dazwischen, die es praktisch unmöglich machen, über die täglichen Schlagzeilen hinauszuschauen und den Blick auf das zu richten, was hinter dem Horizont liegt. Unter diesen Umständen wird das Wissen, dass man «über den Tellerrand hinausschauen» muss, um dieses Klischee einmal zu gebrauchen, allzu oft von der Notwendigkeit überrollt, mit dem eigenen Posteingang Schritt zu halten. Aus diesem Grund veröffentlicht das National Intelligence Council (NIC) alle vier Jahre eine große Studie über die Kräfte und die Entscheidungen, die unsere Welt über die nächsten 20 Jahre bestimmen werden.

Der vorliegende Band, der sechste dieser Reihe, mag aussehen wie ein Bericht, doch er ist zuallererst eine Einladung, zu diskutieren, zu debattieren und zu hinterfragen, welche Entwicklung die Zukunft nehmen könnte. Was wir ganz sicher nicht wollen, ist suggerieren, dass wir die definitive «Antwort» haben.

Langfristiges Denken ist unabdingbar, wenn man eine Strategie formulieren will, und zwingt uns, grundlegende Annahmen, Erwartungen und Unsicherheiten hinsichtlich der Zukunft zu hinterfragen. In einer ausgesprochen chaotischen und vernetzten Welt ist eine langfristige Perspektive nur möglich, wenn wir uns unangenehme Fragen darüber stellen, welche Probleme und Entscheidungen die gravierendsten Auswirkungen auf die kommenden Jahrzehnte haben werden – auch wenn diese Fragen nicht für die größten Schlagzeilen sorgen werden. Eine längerfristige Perspektive ist auch deswegen nötig, weil Probleme wie der Terrorismus, Cyberattacken, Biotechnologie und Klimawandel gravierende Auswirkungen haben können, hohe Einsätze mit sich bringen und dauerhafte Kooperation erfordern, wenn man sich ihnen widmen will.

Der Blick in die Zukunft kann erschreckend sein, und er ist

zweifellos geeignet, einen demütig zu machen. Ereignisse entfalten sich auf eine komplexe Art und Weise, für die unser Gehirn nicht von Natur aus gemacht ist. Ökonomische, politische, soziale, technologische und kulturelle Kräfte kollidieren auf schwindelerregende Weise, weshalb es geschehen kann, dass wir aktuelle dramatische Ereignisse und die wirklich wichtigen Dinge nicht mehr auseinanderhalten können. Die Versuchung ist groß, anzunehmen, dass Menschen «rational» handeln (und in der Regel tun sie das auch), doch Anführer, Gruppen, Mobs und Massen können unter vergleichbaren Umständen auch ganz anders und unerwartet reagieren. Wir wussten beispielsweise seit Jahrzehnten, wie fragil die meisten Staaten im Nahen Osten waren, doch im Arabischen Frühling von 2011 explodierten einige von ihnen und andere taten es nicht. Die Erfahrung lehrt uns, dass sich Geschichte oft in Zyklen und Schüben entfaltet, und dennoch erwartet die menschliche Natur, dass es morgen so sein wird wie heute. Und in aller Regel ist das ja tatsächlich die Zukunftsprognose mit der höchsten Trefferwahrscheinlichkeit – bis zu dem Moment, an dem sie nicht mehr eintrifft. Ich muss immer daran denken, dass zwischen Ronald Reagans Rede, in der er die Sowjetunion als das «Reich des Bösen» bezeichnete, und dem Niedergang dieses Reiches nicht einmal ein Jahrzehnt verging, eine relativ kurze Zeitspanne, selbst in einem Menschenleben.

Das Erfassen der Zukunft wird auch erschwert durch die Annahmen, die wir in unseren Köpfen mit uns herumschleppen, oft ohne uns dessen bewusst zu sein. Vor nicht allzu langer Zeit wurde ich auf die «Wohlstandsvermutung» aufmerksam, die im Denken der meisten Amerikaner tief verwurzelt ist, aber kaum je als solche erkannt wird. Wir gehen davon aus, dass mit Wohlstand alle möglichen guten Dinge einhergehen – wohlhabende Menschen sind glücklicher, demokratischer und weniger geneigt, mit anderen Krieg zu führen. Doch dann stehen wir plötzlich einer Gruppe wie dem IS gegenüber, dem diese Annahmen völlig fremd sind.

Angesichts dieser Herausforderungen, mit denen das Nachdenken über die Zukunft einhergeht, haben wir uns für einen breiten Ansatz entschieden und versucht, uns an die analytischen Grundlagen zu halten, anstatt uns irgendeiner bestimmten Weltsicht zu verschreiben. Wir begannen vor zwei Jahren mit dem Identifizieren von zentralen Annahmen und Unsicherheiten. Die Liste der Annahmen, die der US-Außenpolitik zugrunde liegen, war atemberaubend lang, viele davon halb verborgen. Wir stellten Recherchen an und zogen zahlreiche Experten aus den Reihen der US-Regierung und von außerhalb zurate, um Trends zu identifizieren und zu überprüfen. Frühe Themen und Thesen wurden in einem Blog getestet. Wir besuchten mehr als 35 Staaten, wir holten uns bei mehr als 2500 Menschen überall auf der Welt und aus allen möglichen sozialen Schichten Ideen und Feedback. Wir entwickelten eine Vielzahl von Szenarien, um uns vorzustellen, wie zentrale Unsicherheitsfaktoren in alternativen Zukunftsversionen resultieren könnten. Schließlich sammelte und verfeinerte das NIC die unterschiedlichen Informationsströme zu dem Ergebnis, das Sie in Händen halten.

Im Zentrum steht die Schlüsselfrage, wie die sich wandelnde Natur der Macht den Stress sowohl innerhalb von Staaten als auch zwischen verschiedenen Ländern erhöht und wie sich das auf schwierige transnationale Probleme auswirkt. Der Hauptteil stellt die wichtigsten Trends dar, geht ihren Implikationen auf den Grund und stellt drei Szenarien vor, die den Lesern helfen, eine Vorstellung davon zu gewinnen, wie verschiedene Entscheidungen und Entwicklungen sich im Verlauf der kommenden Jahrzehnte in sehr unterschiedlicher Weise manifestieren könnten. Zwei Anhänge steigen tiefer in die Details ein. Der erste liefert Fünf-Jahres-Prognosen für alle Regionen der Welt. Der zweite bietet mehr Kontext über die wichtigsten ablaufenden globalen Trends.

Die Tatsache, dass das National Intelligence Council regelmäßig eine Einschätzung der Weltlage veröffentlicht, die nicht als geheim eingestuft ist, überrascht viele Menschen, doch unsere Absicht liegt darin, offene und fundierte Diskussionen über Risiken und Chancen der Zukunft anzustoßen. Im Übrigen ist dieser Bericht auch deshalb nicht geheim, weil die Geheimhaltungsstufen, die so viel von unserem Arbeitsalltag bestimmen, keine große Hilfe darstellen, wenn es darum geht, weiter als ein oder zwei Jahre in die Zukunft zu blicken. Als sehr hilfreich hat es sich dagegen erwiesen, wenn man sich nicht nur an Experten und Regierungsbeamte wendet, sondern auch die Meinung von Studenten, Frauengruppen, Unternehmern, Transparenzaktivisten und anderen einholt.

Viele Köpfe und Hände haben bei der Verwirklichung dieses Projekts mitgewirkt. Die Schwerarbeit oblag der Strategic Futures Group des NIC – der Leiterin Dr. Suzanne Fry mit ihrem kompetenten Team Rich Engel, Phyllis Berry, Heather Brown, Kennet Dyer, Daniel Flynn, Geanetta Ford, Steve Grube, Terrence Markin, Nicholas Muto, Robert Odell, Rod Schoonover, Thomas Stork sowie Dutzenden von Deputy National Intelligence Officers. Nicht vergessen werden darf die sorgfältige und behutsame Durchsicht durch die Redakteure des NIC und die Arbeit des hochprofessionellen Teams von Grafik- und Webdesignern sowie Herstellern der CIA.

Dieser Bericht fasst zusammen, wie das NIC über die Zukunft denkt. Es repräsentiert weder die offiziell abgestimmte Sichtweise der amerikanischen Nachrichtendienste noch die Politik der USA. Für uns beinhaltet die «langfristige» Sicht die nächsten Jahrzehnte, doch wir haben in dieser Ausgabe auch Raum gelassen für einen gesonderten Blick auf die nächsten fünf Jahre als einen Zeithorizont, der für eine neue US-Regierung von besonderer Relevanz ist. Egal wie pessimistisch oder optimistisch Sie den vor uns liegenden Jahren entgegensehen – wir sind davon überzeugt, dass das Ausloten der zentralen Themen und Entscheidungen, denen sich die Welt in den kommenden Jahren stellen muss, ein nötiges und lohnendes Unterfangen darstellt.

Gregory Treverton,
Vorsitzender des National Intelligence Council

TEIL 1

Die Zukunft auf den Punkt bringen

Wir leben ein Paradox: Die Errungenschaften des Industrie- und Informationszeitalters formen eine Welt der Zukunft, in der mehr Gefahren, gleichzeitig aber auch mehr Chancen auf uns warten als je zuvor. Ob die Verheißungen oder die Risiken die Oberhand behalten, hängt von den Entscheidungen ab, die die Menschheit fällt.

Der Fortschritt der vergangenen Jahrzehnte hat historische Ausmaße – er hat Menschen verbunden, Individuen, Gruppen und Staaten mehr Macht gegeben und dabei noch eine Milliarde Menschen aus der Armut geführt. Doch der gleiche Fortschritt brachte auch Erschütterungen wie den Arabischen Frühling, die globale Finanzkrise von 2008 und den weltweiten Aufstieg einer populistischen Anti-Establishment-Politik hervor. Diese Erschütterungen machen deutlich, wie zerbrechlich die Errungenschaften sind, sie werfen ein Schlaglicht auf tiefgreifende Verschiebungen in der globalen Landschaft, die eine dunkle und schwierige nahe Zukunft erwarten lassen.

Die nächsten fünf Jahre werden vielen Ländern zunehmende innen- und außenpolitische Spannungen bringen. Das globale Wachstum wird sich verlangsamen, gleichzeitig stehen zunehmend komplexe globale Herausforderungen bevor. Eine stetig größer werdende Gruppe von Staaten, Organisationen und Individuen wird Weltpolitik gestalten. Was immer die Folgen sein mögen – die neue globale Landschaft kündigt das Ende der Ära amerikanischer Dominanz in Nachkriegszeit und Kaltem Krieg an. Das Gleiche könnte auch für die regelbasierte Weltordnung gelten, die sich nach dem Zweiten Weltkrieg herausbildete. Es wird sehr viel schwerer werden, auf internationaler Ebene so zu kooperieren und zu regieren, wie die Bürger es erwarten. Vetomächte werden bei jeder Gelegenheit drohen, die Zusammenarbeit zu blockieren, während gleichzeitig Informations-«Hallräume» zahllose einander widersprechende Versionen der Realität verstärken und so ein gemeinsames Verständnis von Weltereignissen verhindern werden.

Hinter dieser Kooperationskrise stehen lokale, nationale und internationale Meinungsverschiedenheiten darüber, welche Rolle der Staat in einer ganzen Reihe von Fragen spielen sollte – von der Wirtschaft über Umwelt, Religion, Sicherheit bis hin zu den Individualrechten. Diskussionen über moralische Grenzen – wem steht was zu – werden heftiger werden, gleichzeitig wird das Auseinanderdriften von Werten und Interessen zwischen den Staaten die internationale Sicherheit bedrohen.

Die Versuchung wird groß sein, diesem scheinbaren Chaos eine Ordnung aufzuzwingen, doch das wäre kurzfristig zu teuer und langfristig zum Scheitern verurteilt. Eine immer größer werdende Zahl von Akteuren mit immer mehr Macht in einer Vielzahl von Gebieten zu beherrschen würde gigantische Ressourcen erfordern – und das in Zeiten langsamen Wachstums, fiskalischer Grenzen und drückender Schulden. Der Versuch, eine solche Dominanz im eigenen Land auszuüben, würde das Ende der Demokratie bedeuten. Das Resultat wäre ein autoritäres System oder Instabilität oder beides. Materielle Stärke wird auch weiterhin essentiell sein für geopolitische und staatliche Macht, doch die mächtigsten Akteure der Zukunft werden auf Netzwerke, Beziehungen und Information zurückgreifen, um miteinander zu konkurrieren und kooperieren. Das ist die Lektion der Großmachtpolitik des 20. Jahrhunderts, auch wenn die damaligen Mächte sie immer wieder neu lernen mussten.

Die Stellvertreterkriege von USA und Sowjetunion, besonders in Vietnam und Afghanistan, waren ein Vorbote der Konflikte im Gefolge des Kalten Krieges und der heutigen Kämpfe im Nahen Osten, in Afrika und in Südasien; Kämpfe, in denen unterlegene Gegner sich erfolgreich asymmetrischer Strategien, Ideologie und sozialer Spannungen bedienen, um nicht besiegt zu werden. Die Bedrohung durch Terrorismus wird in den kommenden Dekaden zunehmen, weil immer mehr kleine Gruppen und Individuen neue Technologien, Ideen und Beziehungen zu ihrem Vorteil nutzen.

Trotz alledem bleiben Staaten absolut relevant. China und Russland werden entschlossener auftreten; regionale Aggressoren und nichtstaatliche Akteure werden Chancen sehen, ihre Interessen voranzutreiben. Unsicherheit über die Rolle der USA, ein mit sich selbst beschäftigter Westen und die Erosion der Normen von Konfliktprävention und Menschenrechten werden China und Russland ermutigen, dem Einfluss der USA etwas entgegenzusetzen. Dabei werden ihre Aggression und diverse Formen von Störmanövern innerhalb der Grauzone unterhalb der Schwelle eines heißen Krieges bleiben – doch mit hohem Risiko von Fehleinschätzungen einhergehen. Ein übertriebenes Vertrauen darauf, dass materielle Stärke Eskalation beherrschbar macht, wird das Risiko zwischenstaatlicher Konflikte in Dimensionen steigen lassen, die wir seit dem Kalten Krieg nicht mehr gesehen haben. Und selbst wenn ein heißer Krieg ausbleibt, verschleiert das gegenwärtige Credo der «internationalen Kooperation, wo wir sie bekommen können» – so etwa beim Klimawandel –, die signifikanten Differenzen bei den Werten und Interessen der Staaten, und es trägt nicht dazu bei, Machtdemonstrationen innerhalb von Regionen zu unterbinden. Das Resultat dieser Trends ist eine Welt der Einflusssphären.

Für viele Länder sieht das Bild auch zu Hause nicht viel besser aus. Zwar haben Jahrzehnte globaler Integration und technischen Fortschritts die Reichsten reicher gemacht und eine Milliarde Menschen, vor allem in Asien, aus der Armut geführt, doch gleichzeitig wurde der Mittelschicht im Westen der Boden entzogen und eine Gegenbewegung gegen die Globalisierung in Gang gesetzt. Die heutigen Migrantenströme sind größer als irgendwann sonst in den letzten 70 Jahren und sie beschwören das Schreckgespenst leerer Sozialkassen und eines Konkurrenzkampfs um Arbeitsplätze herauf. Sie verstärken nativistische und elitenfeindliche Tendenzen. Langsames Wachstum plus technologische Disruptionen in den Arbeitsmärkten gefährden die Armutsbekämpfung und führen zu gesellschaftlichen Spannungen – was eben jenen Nationalismus befeuert, der zu den Spannungen zwischen den Ländern beiträgt.

Doch diese trostlose Version unserer näheren Zukunft ist durchaus nicht in Stein gemeißelt. Ob die nächsten fünf oder 20 Jahre erfreulicher – oder unerfreulicher – ausfallen werden, wird von drei Entscheidungen abhängen: Wie werden Individuen, Gruppen und Regierungen ihre Erwartungen aneinander neu verhandeln, um in einer Zeit der mit größerer Machtfülle ausgestatteten Individuen und sich rasant wandelnder Wirtschaft die politische Ordnung zu gestalten? In welchem Maß werden Großmächte, aber auch Individuen und Gruppierungen neue Strukturen oder Architekturen für internationale Kooperation und Wettbewerb schaffen? In welchem Maß bereiten sich Regierungen, Gruppen und Individuen auf komplexe globale Fragen wie Klimawandel und transformative Technologien vor?

Drei Geschichten bzw. Szenarien – «Inseln», «Orbits» und «Communities» – versuchen zu beschreiben, wie Trends und wichtige Entscheidungen ineinandergreifen und so jeweils unterschiedliche Pfade in die Zukunft bahnen können. Diese Szenarien beleuchten jeweils unterschiedliche Antworten auf kurzfristige Volatilität – auf nationaler (Inseln), regionaler (Orbits) sowie innerstaatlicher und transnationaler Ebene (Communities).

- **Inseln** geht von einer Restrukturierung der Weltwirtschaft aus, die zu längeren Perioden von langsamem oder Nullwachstum führt – eine Herausforderung sowohl für die traditionellen Modelle ökonomischen Wohlstands als auch für die Annahme, dass die Globalisierung immer weiter zunehmen wird. Dieses Szenario arbeitet heraus, wie schwierig es für Regierungen unter diesen Voraussetzungen werden wird, das Verlangen ihrer Bürger nach wirtschaftlicher und politischer Sicherheit zu erfüllen, wenn gleichzeitig die Gegenbewegung zur Globalisierung zunimmt, neue Technologien Arbeit und Handel revolutionieren und die politische Instabilität wächst. Es beleuchtet die Entscheidungen, die Regierungen fällen müssen – unter Bedingungen, die bei einigen die Versuchung wecken könnten, den Blick lieber nach innen zu richten, ihre Unterstützung für multilaterale Kooperationen zu reduzieren und eine protektionistische Politik zu favorisieren. Andere dagegen werden neue Quellen für Wirtschaftswachstum und Produktivität finden und Möglichkeiten erkennen, diese für sich nutzbar zu machen.
- Das **Orbits**-Szenario wirft einen Blick auf eine Zukunft voller Spannungen, in der die großen Mächte in Konkurrenz zueinander stehen und sich ihre je eigenen Einflusssphären suchen und gleichzeitig darum ringen, die innenpolitische Lage zu Hause zu stabilisieren. Wie können Trends wie Zunahme von Nationalismus, Wandel der Konfliktmuster, technologische Quantensprünge und ein

Rückgang globaler Kooperation im Zusammenspiel das Risiko interstaatlicher Konflikte erhöhen? Dieses Szenario betont die politischen Entscheidungsmöglichkeiten, vor denen die Regierungen stehen, in ihrem Bemühen, Stabilität und Frieden zu festigen oder Spannungen weiter zu verschärfen. Das Szenario beinhaltet eine im Affekt abgeschossene Nuklearwaffe, die den Effekt hat, das globale Denken darauf zu fokussieren, dass so etwas sich nicht wiederholt.

- **Communities** zeigt, wie steigende Erwartungen der Bürger bei gleichzeitigem Schwinden der Spielräume des Staates Räume öffnen, in denen lokale Regierungen und private Akteure unsere hergebrachten Vorstellungen darüber infrage stellen können, was es bedeutet zu regieren. Informationstechnologie bleibt in dieser Hinsicht das wichtigste Werkzeug – und Unternehmen, Lobbygruppen, gemeinnützige Organisationen und Lokalregierungen erweisen sich in vielen Fällen als flinker und beweglicher als der Staat, wenn es darum geht, Dienstleistungen zur Verfügung zu stellen, die die Bevölkerung überzeugen, ihre Agenden zu unterstützen. Die meisten nationalen Regierungen wehren sich dagegen, doch andere geben ein Stück ihrer Macht an diese neu entstehenden Netzwerke ab. Ob im Nahen Osten oder in Russland, Kontrolle wird schwieriger.

Das ist das Paradox des Fortschritts – die gleichen Trends, die kurzfristige Risiken generieren, können langfristig eine Chancen für bessere Resultate schaffen. Wenn die Welt Glück genug hat, diese Chancen zu ergreifen, würde die Zukunft rosiger aussehen, als unsere drei Szenarien erwarten lassen. Das Entstehen der globalen Landschaft der Zukunft ist voller Überraschungen und Brüche; Staaten und Organisationen mit einer gewissen Resilienz werden am besten in der Lage sein, von diesen zu profitieren, weil sie sich auch im Angesicht unerwarteter Widrigkeiten an veränderte Bedingungen anpassen und Maßnahmen für eine rasche Erholung ergreifen können. Diese Staaten werden in Infrastruktur, Wissen und in Beziehungen investieren, die es ihnen ermöglichen, mit Erschütterungen umzugehen – gleich, ob sie Wirtschaft, Umwelt, Gesellschaft oder Internet betreffen.

In gleicher Weise haben Gesellschaften mit der größten Resilienz die besten Chancen, das volle Potenzial aller ihrer Mitglieder freizusetzen und zu nutzen – seien es Frauen, Angehörige von Minderheiten oder jene, denen die jüngsten Entwicklungen in Technologie und Wirtschaft am härtesten zusetzen. Diese Menschen werden mit der historischen Strömung schwimmen und nicht gegen sie; sie werden die immer größer werdende Bandbreite menschlicher Fähigkeiten zum Gestalten der Zukunft nutzen. In allen Gesellschaften wird es immer Menschen geben, die, selbst unter trostlosen Umständen, bewusst dafür arbeiten, Wohlergehen, Glück und Sicherheit anderer zu verbessern – und die sich neuer Technologien bedienen, um dies im großen Maßstab zu tun. Doch auch das Gegenteil wird der Fall sein – destruktive Kräfte werden über mehr Möglichkeiten verfügen als je zuvor. Die zentrale Herausforderung für jeden Staat und jede Gesellschaft besteht darin, individuelle, kollektive und nationale Talente auf eine Weise zusammenzubringen, die nachhaltige Sicherheit, Wohlstand und Hoffnung entstehen lässt.

Die Karte der Zukunft

Unsere Geschichte der Zukunft beginnt und endet mit einem Paradox: Die gleichen globalen Trends, die – trotz aller Fortschritte der letzten Jahrzehnte – eine düstere und schwierige unmittelbare Zukunft erwarten lassen, enthalten auch die Chance, Entscheidungen zu treffen, die eine Zukunft der Hoffnung und der Sicherheit mit sich bringen würde. Auf den folgenden Seiten arbeiten wir mit mehreren Zeithorizonten, um die Zukunft aus verschiedenen Perspektiven zu betrachten, das Risiko plötzlicher Brüche und langsam sich ausbreitende Verschiebungen zu beleuchten und Entscheidungspunkte zu markieren.

Wir beginnen mit einer Erkundung der *«zentralen Trends»*, die die globale Landschaft verändern und ein Schlaglicht auf das heutige Paradox werfen. Wir diskutieren auch, wie diese Trends *«die Natur von Macht, politischer Führung und Kooperation verändern»*, um zu verstehen, wie und warum die globale Dynamik in den letzten Jahren zunehmend schwieriger wurde.

Sofern nicht ganz andere persönliche, politische oder unternehmerische Entscheidungen zum Tragen kommen, wird die gegenwärtige Entwicklungsrichtung von Trends und Machtdynamik in eine *«nahe Zukunft stärkerer Spannungen»* münden.

Danach wechseln wir die Perspektive und schauen uns an, wie sich die Entwicklungsrichtung dieser Trends über einen Zeithorizont von 20 Jahren entfalten könnte. Dafür haben wir *«drei Szenarien für die weitere Zukunft: Inseln, Orbits und Communities»* erarbeitet. Jedes Szenario identifiziert Entscheidungspunkte, die in eine eher positive oder eher negative Version der Zukunft führen könnten, und arbeitet heraus, was die Konsequenzen für die Planungsannahmen der Außenpolitik sind.

Zum Schluss diskutieren wir die Lektionen, die diese Szenarien im Hinblick auf potenzielle Chancen und Kompromisse liefern, mit denen sich die Zukunft aktiv gestalten lässt, statt nur auf sie zu reagieren.

Im Verlauf unseres Berichts haben wir immer wieder fiktive Zeitungsmeldungen aus der Zukunft eingestreut, um auf verschiedene Arten von historischen Brüchen hinzuweisen, die durch das Zusammenwirken von wichtigen Trends jederzeit auftreten könnten.

Globale Trends bis 2035

Die Reichen werden älter, die Armen nicht. Die arbeitsfähige Bevölkerung in den reichen Ländern, in China und in Russland schrumpft, in ärmeren Ländern dagegen wächst sie, besonders in Afrika und Südasien. Dadurch entsteht ein wachsender Druck in den Bereichen Wirtschaft, Arbeitsmarkt, Urbanisierung und Sozialleistungen, was Migrationsbewegungen auslöst. Ausbildung und Weiterbildung werden in Industrie- und Schwellenländern gleichermaßen entscheidend sein.
Die Weltwirtschaft verschiebt sich. Das schwache Wirtschaftswachstum wird zunächst anhalten. Große Industrieländer werden, während sie noch mit den Folgen der Finanzkrise von 2008–2009 kämpfen, mit hohen Schulden, schwacher Nachfrage und Globalisierungszweifeln, unter einem Schrumpfen der Erwerbsbevölkerung und sinkender Produktivität leiden. China wird versuchen, seine traditionell auf Export und Investitionen fokussierte Wirtschaft in Richtung einer konsumgetriebenen Ökonomie zu verschieben. Schrumpfendes Wachstum wird die Armutsbekämpfung in den Entwicklungsländern bedrohen.
Technologie beschleunigt den Fortschritt, doch sie führt auch zu Brüchen. Rapide Weiterentwicklung der Technik beschleunigt den Wandel und schafft neue Chancen, doch vergrößert sie auch die Kluft zwischen Gewinnern und Verlierern. Automatisierung und künstliche Intelligenz haben das Potenzial, ganze Branchen schneller zu verändern, als die Wirtschaft sich anpassen kann,

Arbeitskräfte zu verdrängen und ärmeren Ländern den üblichen Weg zu mehr Entwicklung zu verstellen. Biotechnologien wie Genome Editing werden die Medizin und andere Bereiche revolutionieren, gleichzeitig aber ethische Fragen aufwerfen.

Ideen und Identitäten befördern eine Welle der Ausgrenzung.
Die immer weiter zunehmende globale Konnektivität wird in Verbindung mit dem schwachen Wachstum inner- und zwischenstaatliche soziale Spannungen verstärken. Populismus wird im rechten wie im linken Spektrum zunehmen und die liberale Gesellschaft bedrohen. Einige Politiker werden auf Nationalismus setzen, um ihre Macht zu sichern. Religiöser Einfluss wird an Bedeutung gewinnen und über mehr Autorität verfügen als viele Regierungen. In fast allen Ländern werden ökonomische Kräfte den wirtschaftlichen Status von Frauen verbessern und ihnen mehr Führungspositionen öffnen, doch es wird auch eine Gegenbewegung geben.

Das Regieren wird schwieriger.
Die Bürger verlangen von ihrer Regierung Sicherheit und Wohlstand, doch stagnierende Einnahmen, Misstrauen, Polarisierung und eine immer weiter anwachsende Liste von Problemen werden den Handlungsspielraum der Staaten einschränken. Akteure, die politisches Handeln blockieren oder umgehen können, verfügen dank neuer Technologien über eine immer größere Reichweite. Das Management globaler Themen wird schwieriger, weil die Anzahl der Akteure zunimmt, Nun sitzen auch NGOs, Konzerne und einflussreiche Individuen mit am Tisch, das Resultat sind häufiger spontane Koalitionen und seltener umfassende Initiativen.

Die Natur von Konflikten verändert sich.
Die auseinanderklaffenden Interessen der Großmächte, zunehmende Bedrohung durch Terror, dauerhafte Instabilität in schwachen Staaten und die Verbreitung neuer tödlicher Technologien werden das Konfliktrisiko erhöhen. Angriffe auf die gesellschaft

liche Ordnung werden häufiger werden – durch weitreichende Präzisionswaffen, Cyber- und Robotersysteme, die Infrastruktur aus der Ferne bedrohen können, sowie breiter zugängliche Technologie für die Herstellung von Massenvernichtungswaffen.

Klimawandel, die Umwelt und Gesundheitsthemen werden Aufmerksamkeit fordern.
Eine Reihe von globalen Gefahren sorgt für unmittelbare und langfristige Gefahren, die kollektives Handeln erfordern, während gleichzeitig das Kooperieren immer schwieriger wird. Extremere Wetterbedingungen, Belastung von Wasser und Boden sowie fehlende Ernährungssicherheit werden Gesellschaften spalten. Das Ansteigen des Meeresspiegels, Übersäuerung der Meere, Schmelzen der Polarkappen und Umweltverschmutzung werden unsere Lebensmuster verändern. Konflikte im Zusammenhang mit dem Klimawandel werden zunehmen. Zunehmende Mobilität und eine schlechte Gesundheitsinfrastruktur werden Infektionskrankheiten schwerer beherrschbar machen.

Das Fazit
Diese Trends werden mit nie da gewesener Geschwindigkeit ineinandergreifen und dadurch das Regieren und Kooperieren erschweren und das Wesen von Macht verändern. Die globale Landschaft wird sich grundlegend verändern. Wirtschafts-, Technologie- und insbesondere Sicherheitstrends werden dafür sorgen, dass es immer mehr Staaten, Organisationen und Individuen gibt, die zu einem Handeln mit weitreichenden Folgen in der Lage sind. In vielen Staaten wird es zahlreiche Spannungen und keine stabile politische Ordnung geben, bis Gesellschaft und Regierung es geschafft haben, ihre wechselseitigen Erwartungen neu auszuhandeln. Zwischenstaatlich ist die kurze unipolare Ära der Zeit nach dem Kalten Krieg vorüber und möglicherweise wird auch die regelbasierte Weltordnung der Nachkriegszeit an Kraft verlieren. Einige große Mächte und regionale Aggressoren werden versuchen, ihre Interessen mit Gewalt durchzusetzen, aber feststellen müssen, dass die Resul-

tate nicht von Dauer sind – traditionell-materielle Formen von Macht sind, wenn es immer mehr Akteure mit Vetomacht gibt, immer weniger ein geeignetes Mittel, Dinge zu erreichen und das Erreichte zu sichern.

Die Ära nach dem Kalten Krieg geht zu Ende, sie weicht einem neuen strategischen Kontext. Im Verlauf der nächsten 20 Jahre werden aktuelle und zukünftige Trends mit nie da gewesener Geschwindigkeit zusammenfließen, dabei wird die Zahl und Komplexität der Probleme zunehmen. Einige dieser Probleme – Cyberangriffe, Terrorismus oder extreme Wetterbedingungen – tragen das Risiko sofortiger schwerer Störungen in sich. Demografische Verschiebungen werden Arbeitsmarkt, Sozialsysteme und soziale Stabilität unter Druck setzen. Die reiche Welt altert, ein großer Teil der ärmeren Länder der Welt wird dagegen jünger und obendrein steigt dort der Anteil der Männer. Immer mehr Menschen leben in Städten, von denen einige zunehmend durch einen Anstieg des Meeresspiegels, Hochwasser und Sturmfluten gefährdet sind. Immer mehr Menschen sind entwurzelt – angezogen von der Hoffnung auf ein besseres Leben oder angetrieben durch den Horror ihrer Lebensumstände. Der Wettbewerb um gute Jobs ist global geworden, nicht zuletzt, weil Technologie, insbesondere Massenautomatisierung, die Arbeitsmärkte auf den Kopf stellt. Technologie wird auch weiterhin die Position von Einzelnen und kleinen Gruppen stärken, wird Menschen vernetzen wie nie zuvor. Gleichzeitig werden Werte, Nationalismus und Religion die Menschen zunehmend trennen. Auf nationaler Ebene wird die Kluft zwischen den Erwartungen der Bürger und dem, was die Regierungen leisten, sich vergrößern. Die Demokratie an sich kann nicht länger als selbstverständlich vorausgesetzt werden. International wird die Tatsache, dass es mehr mit Macht ausgestattete Individuen und kleine Gruppen gibt, dafür sorgen, dass es schwieriger wird, kollektives Handeln gegen große globale Probleme wie etwa den Klimawandel zu organisieren. Internationale Institutionen werden zunehmend große Probleme haben, die Aufgaben der Zukunft zu meistern, zumal sie nur langsam und unbeholfen den Umgang mit Privatpersonen und -gruppen erlernen, die neuerdings auch über politische Macht verfügen.

Unterdessen wird das Konfliktrisiko zunehmen. Kriegführung wird sich immer weniger auf das Schlachtfeld beschränken und mehr darauf gerichtet sein, das gesellschaftliche Leben zu stören – aus der Entfernung mit Hilfe von Cyberwaffen oder durch Selbstmordattentäter von innen. Die stillen, chronischen Bedrohungen durch Luftverschmutzung, Wassermangel und Klimawandel werden sich deutlicher bemerkbar machen und viel öfter als in der Vergangenheit zu Zusammenstößen führen, weil der Umgang mit diesen Missständen – von der Diagnose bis zu den sinnvollen Gegenmaßnahmen – nach wie vor weltweit umstritten ist.

Die Reichen werden älter, die Armen nicht

Die Weltbevölkerung wird größer, älter und urbaner werden, obwohl das Wachstum der Weltbevölkerung insgesamt sich verlangsamt. Das wird in unterschiedlichen Ländern jeweils unterschiedliche Auswirkungen haben, weil die großen Wirtschaftsmächte altern und die Entwicklungsländer jugendlich bleiben. Die Prognosen sagen voraus, dass die Weltbevölkerung von heute etwa 7,3 Milliarden Menschen bis 2035 auf 8,8 Milliarden anwachsen wird. Afrika – mit Fruchtbarkeitsraten, die doppelt so hoch liegen wie im Rest der Welt – und Teile von Asien können erwarten, dass bei ihnen der Anteil der Erwerbsbevölkerung stark anwachsen wird. Das kann zu wirtschaftlichem Fortschritt oder in eine Katastrophe führen, je nachdem, wie entschlossen Regierung und Gesellschaft die notwendigen Investitionen in Bildung, Infrastruktur und andere wichtige Bereiche aufstocken.

Die Strukturen der Arbeitsmärkte und Sozialsysteme werden sich dramatisch verändern, sowohl in den rapide alternden Ländern als auch in den chronisch jungen. Menschen über 60 werden zur am schnellsten wachsenden Alterskohorte. Erfolgreich alternde Gesellschaften werden den Anteil der Alten, Jungen und Frauen an der arbeitenden Bevölkerung erhöhen, um den demografischen Wandel auszugleichen. Das Durchschnittsalter der Bürger wird bis 2035 in Ländern wie Japan (52,4 Jahre), Südkorea (49,4), Deutschland (49,6) und einer Reihe anderer Länder Höchststände erreichen. Europa wird von dieser Entwicklung besonders stark betroffen sein, ebenso wie Kuba (48), Russland (43,6) und China (45,7). Die USA altern mit langsamerem Tempo – sie werden bis 2035 ein Durchschnittsalter von etwa 41 Jahren erreichen – und ihre Erwerbsbevölkerung wird weiter zunehmen.

- **Chronisch junge Bevölkerungen** – mit einem Durchschnittsalter von 25 oder weniger – werden in Teilen von Afrika und Asien eine Herausforderung darstellen, besonders in Somalia, Afghanistan, Pakistan, dem Irak und dem Jemen. Diese Staaten haben eine Historie von Gewalt und Instabilität. Doch selbst jugendliche

Staaten werden eine steigende Zahl von Älteren unterstützen müssen, was ihren Bedarf an Infrastruktur und sozialen Sicherheitssystemen weiter erhöht.

Weltweit gesehen wird die Zahl von Menschen, die im Verlauf der nächsten 20 Jahre das arbeitsfähige Alter erreichen, deutlich niedriger sein, als sie in den letzten 20 Jahren war – nach Hochrechnungen der UN ein Rückgang von 1,2 Milliarden von 1995 bis 2005 auf 850 Millionen von 2015 bis 2035. Doch die meisten dieser neuen Arbeiter werden in Südasien und Afrika leben, viele von ihnen in Ländern, die bereits jetzt Schwierigkeiten haben, in der modernen Weltwirtschaft neue Jobs zu schaffen – aufgrund unzureichender Infrastruktur, beschränkter Bildungssysteme, Korruption und fehlender Chancen für Frauen.

- Mehr Frauen in die Arbeitswelt zu integrieren wird aufgrund traditioneller kultureller Normen eine besondere Herausforderung darstellen, doch eine Studie des McKinsey Global Institute geht davon aus, dass solche Maßnahmen Leistung und Produktivität steigern könnten. Nach der Studie könnte das globale BIP bis 2025 um mehr als 10 Prozent steigen, wenn in allen Weltregionen die Positionen und Bezahlung für Frauen auf das Niveau des Landes in dieser Region angehoben würden, in dem die Gleichberechtigung der Geschlechter am weitesten entwickelt ist. Laut McKinsey sind Verbesserungen im Bildungsbereich, finanzielle und digitale Inklusion, Rechtssicherheit und eine Kompensierung für Erziehungs- und Pflegezeiten entscheidend für eine Verbesserung der ökonomischen Gleichberechtigung der Geschlechter – und letzten Endes nützlich für alle Erwerbstätigen.

Mehr Menschen leben in Städten. Demografische Trends werden Druck aufbauen, eine effiziente Politik zu gestalten, besonders im Hinblick auf das Bereitstellen der nötigen Dienstleistungen und Infrastruktur für die Versorgung einer zunehmend urbanen Bevölkerung. Derzeit lebt etwas mehr als die Hälfte der Menschheit in Städten; Prognosen gehen davon aus, dass dieser Anteil bis 2050 auf zwei Drittel ansteigen könnte. Alternde Länder, die ihre Systeme in Gesundheitswesen, Rentenversorgung, Sozialem, Arbeitsmarkt und Militär-Rekrutierung erfolgreich den neuen Bedingungen anpassen, werden die demografischen Veränderungen wahrscheinlich besser überstehen, Länder mit einer jungen Bevölkerung könnten dagegen profitieren, wenn sie sich vor allem auf Bildung und Arbeitsmarkt konzentrieren. Immigrations- und Arbeitsmarktpolitik werden kurzfristig Konfliktpunkte bleiben, obwohl auf lange Sicht – und mit Aus- und Fortbildung – in diesen Bereichen die Probleme des Arbeitskräftemangels in alternden Gesellschaften gelöst werden könnten.

- Das Bevölkerungswachstum wird auch weiterhin vor allem in solchen Regionen hoch sein, die durch steigenden Meeresspiegel, Hochwasser und Sturmfluten gefährdet sind. Im Jahr 2035 werden weltweit rund 50 Prozent mehr Menschen als im Jahr 2000 in niedrig gelegenen Küstengebieten leben, in Asien wird ihre Zahl um mehr als 150 Millionen und in Afrika um 60 Millionen ansteigen. Viele Megastädte wie Bangkok, Ho-Chi-Minh-Stadt, Jakarta und Manila werden infolge exzessiver Grundwasserentnahme und natürlicher geologischer Aktivität weiter absinken.

Mehr Menschen sind in Bewegung ... Auch in den kommenden zwei Jahrzehnten wird es starke Migrationsbewegungen geben, weil Menschen wirtschaftliche Chancen suchen und vor Konflikten und schlechter werdenden Umweltbedingungen auf der Flucht sind. Die Zahl der internationalen Migranten – Menschen, die nicht in ihrem Geburtsland leben – und gewaltsam Vertriebenen erreichte im Jahr 2015, mit 244 Millionen internationalen Migranten und etwa 65 Millionen Vertriebenen, den höchsten je ermittelten Stand. Kurz gesagt, jeder 112. Mensch auf der Welt ist ein Flüchtling, ein Binnenvertriebener oder ein Asylsuchender. Aufgrund der großen Einkommensungleichheit zwischen den Regionen, andauernder Konflikte und schwärender ethnischer und religiöser Spannungen wird die Zahl der internationalen Migranten, Flüchtlinge, Asylbewerber und Binnenvertriebenen wahrscheinlich noch weiter steigen. Die Zahl der Menschen in Bewegung wird also hoch bleiben oder sogar ansteigen, während die Belastungen der Umwelt deutlicher zutage treten.

Geschätzte Veränderung der Bevölkerung im arbeitsfähigen Alter (15–64) von 2015–2035 in ausgewählten Ländern

Der Zuwachs der Erwerbsbevölkerung wird in südasiatischen und afrikanischen Ländern am größten sein. Diese gehören zu den Staaten mit dem niedrigsten Bildungsniveau, und das ist ein Nachteil für ihre Bürger in einer zunehmend globalisierten Wirtschaft, die höher qualifizierte Arbeiter bevorzugt.

Das stärkste Schrumpfen der Erwerbsbevölkerung wird in China und Europa stattfinden, wo die Jobchancen für Facharbeiter und Angestellte im Dienstleistungssektor wahrscheinlich am größten sein werden.

Weltweit wird die Fertigungsindustrie mit niedriger Wertschöpfung – historisch gesehen für arme Länder die erste Stufe der wirtschaftlichen Entwicklung und für aufstrebende Arbeiter der Weg in den Wohlstand – tendenziell immer weniger ungelernte Arbeitskräfte benötigen, weil Automatisierung, künstliche Intelligenz und andere Fortschritte im Produktionssektor wirksam werden.

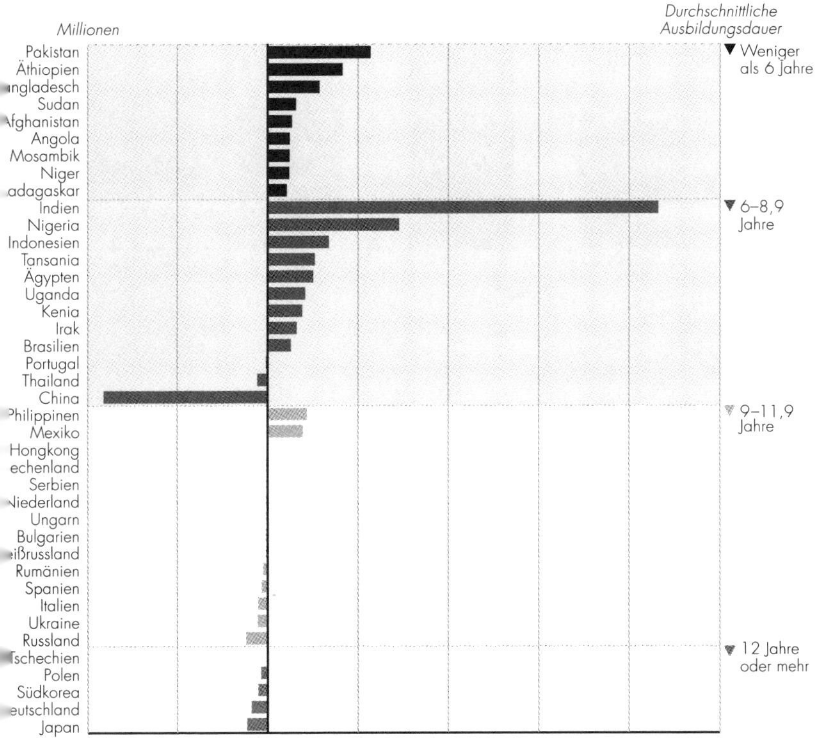

Anmerkung: Diese Tabelle listet die 40 Länder mit der höchsten Zu- oder Abnahme der Erwerbsbevölkerung in absoluten Zahlen auf.
Quelle: Bevölkerungsdaten der UNO (mittlere Projektion).

Das weltweite Anwachsen der urbanen Bevölkerung wird getragen durch das Wachstum von Städten aller Größen

Die Weltbevölkerung wird von 2015 bis 2035 um 20 Prozent wachsen. Der Löwenanteil dieses Zuwachses wird in den Städten leben, wo der Zufluss von Menschen aus ländlichen Regionen auf die ohnehin anwachsenden Stadtbevölkerungen trifft. Die Zahl der Städte aller Größenordnungen wird weiterhin ansteigen, angeführt von den «Megastädten» mit mindestens 10 Millionen Einwohnern, die sich auf jedem Kontinent außer Australien finden werden.

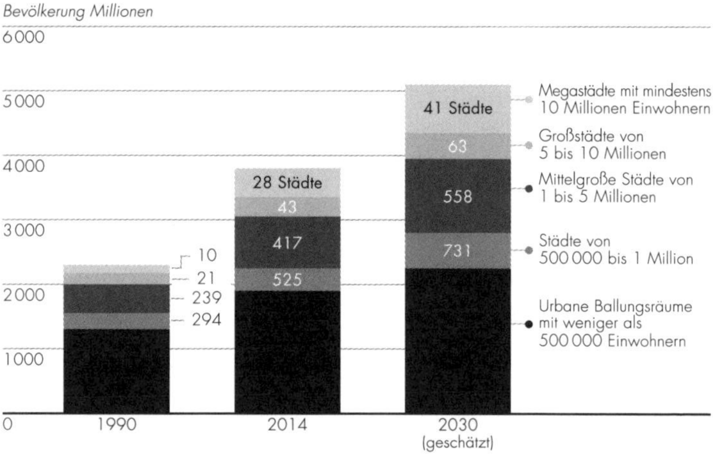

Quelle: Vereinte Nationen, Abteilung für wirtschaftliche und soziale Angelegenheiten, «World Urbanization Prospects, 2014 Revision».

... und mehr davon sind männlich. Die jüngste Zunahme des Männeranteils in der Bevölkerung in vielen Ländern im Nahen Osten und in Ost- und Südasien weist auf Länder hin, die unter Druck stehen, und zeugt vom dauerhaften Einfluss kultureller Prägungen. Vor allem infolge selektiver Abtreibung, der Tötung weiblicher Säuglinge und gezielter Vernachlässigung von Mädchen gibt es etwa in China und Indien bereits eine signifikante Zahl von Männern, die keine Chance haben, eine Ehepartnerin zu finden. Das Ausgleichen von Ungleichgewichten in den Geschlechterverhältnissen dauert Jahrzehnte und in der Zwischenzeit sorgen sie für eine Zunahme von Kriminalität und Gewalt.

Anteil extremer Armut an der Weltbevölkerung, 1820–2015

Extreme Armut ist definiert als das Leben bei einem Einkommens- oder Ausgabenniveau von weniger als 1,90 Dollar pro Tag in realer Kaufkraftparität (unter Berücksichtigung von Preisunterschieden zwischen Ländern sowie Inflation).

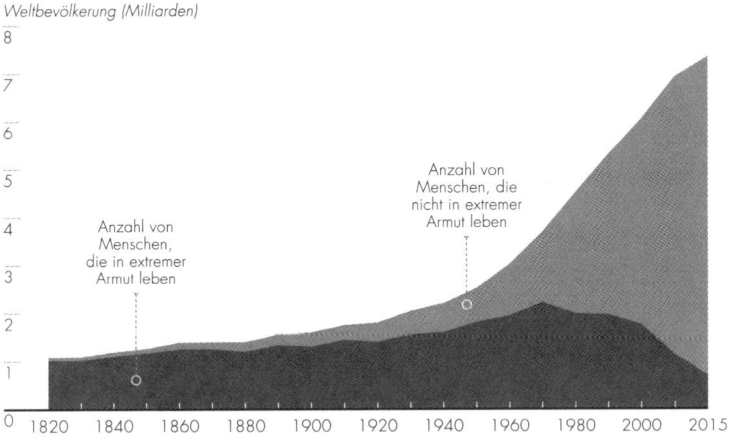

Quelle: OurWorldinData.org (Max Roser), auf der Basis von Weltbank sowie Bourguignon und Morrisson.

Die Weltwirtschaft verschiebt sich

Wirtschaftsräume weltweit werden in der nahen und fernen Zukunft signifikante Verschiebungen erleben. Wohlhabende Staaten werden versuchen, den Rückgang des Wirtschaftswachstums zu stoppen und ihren Lebensstandard aufrechtzuerhalten, obwohl die Erwerbsbevölkerung schrumpft und die ehemals starken Produktivitätszuwächse zurückgehen. Die Entwicklungsländer werden versuchen, die Fortschritte, die bei der Bekämpfung extremer Armut gemacht wurden, zu verteidigen und eine rasch wachsende Erwerbsbevölkerung in ihre Wirtschaft zu integrieren. Industrie- ebenso wie Entwicklungsländer werden unter Druck stehen, neue Dienstleistungen, Sektoren und Berufsbilder zu finden, um die durch Automatisierung und andere Technologien verloren gegangenen Jobs im Produktionssektor zu ersetzen – und die Schul- und Berufsausbildung der Arbeiter zu gewährleisten, die diese Jobs ausüben sollen.

Extreme Armut geht zurück. Wirtschaftsreformen in China und anderen, vor allem asiatischen, Ländern haben seit 1990 zu einem historischen Anstieg des Lebensstandards für fast eine Milliarde Menschen geführt. Damit ist der Anteil der Menschen, die weltweit in «extremer Armut» leben (also von weniger als 2 US-Dollar am Tag) von 35 auf rund 10 Prozent gefallen. Zwei Dollar am Tag reichen nicht für ein sorgenfreies Leben, aber sie sind ein erster Schritt aus dem täglichen Kampf ums Überleben hinaus. Ein verbesserter Lebensstandard sorgt allerdings auch für ein verändertes Verhalten, weil mit ihm plötzlich auch Erwartungen und Zukunftssorgen mit ins Spiel kommen.

Die Mittelschicht im Westen steht unter Druck. Ein globaler Boom der Billigproduktion – zusammen mit einer Automatisierungswelle, die teilweise von Kostendruck infolge des zunehmenden Wettbewerbsdrucks getrieben wurde – hat die Löhne und Arbeitsplatzsicherheit der US-amerikanischen und europäischen Mittelschicht in den letzten Jahrzehnten hart getroffen. Diese Entwicklung bedeutete aber gleichzeitig neue Chancen für die Entwicklungsländer und eine dramatische Senkung der Warenkosten für Verbraucher weltweit. Stagnierende Löhne sind das dramatischste Zeichen für die gnadenlose Tendenz zu immer größerer Kosteneffizienz: Die realen Durchschnittseinkommen in den USA, Deutschland, Japan, Italien und Frankreich stiegen nach Angaben der OECD von Mitte der 1980er Jahre bis zur globalen Finanzkrise von 2008 um weniger als ein Prozent pro Jahr. Die Zeit nach der Krise hat wenig Entlastung gebracht, auch wenn sich die Lage in den USA im Jahr 2015 etwas verbessert hat. McKinsey schätzt, dass im Jahr 2014 das Einkommen von zwei Dritteln aller Haushalte in den Industrieländern auf dem Stand von 2005 oder darunter lag.

Schwaches Wachstum. Während der nächsten fünf Jahre wird die Weltwirtschaft weiterhin Probleme haben, in die Wachstumszone zurückzufinden. Die großen Wirtschaftsmächte erholen sich langsam von der Krise von 2008 und haben mit einer starken Zunahme ihrer Staatsverschuldung zu kämpfen. Überdies wird die Weltwirtschaft politischem Druck ausgesetzt sein, den freien Handel einzuschränken – just in dem Moment, da China massive Anstrengungen unternimmt, seine Wirtschaft in Richtung eines konsumbasierten Wachstums zu steuern. Die Folge ist, dass die meisten der größten Wirtschaftsräume der Welt zumindest kurzfristig eine im historischen Vergleich eher unterdurchschnittliche Wirtschaftsleistung erleben dürften. Schwaches Wachstum wird auch die jüngsten Erfolge in der Armutsbekämpfung gefährden.

- China und die Europäische Union (EU) – zwei der größten drei Wirtschaftsräume der Welt – werden auch weiterhin tiefgreifende und schmerzhafte Veränderungen umsetzen, um langfristiges Wachstum zu sichern. China ist die größte Unbekannte, weil es versucht, den Lebensstandard weiter zu heben und gleichzeitig seine staatsgelenkte und investitionsgetriebene Wirtschaft in Richtung einer verbraucher- und dienstleistungszentrierten Ökonomie zu entwickeln. Die EU versucht unterdessen, ein stärkeres Wirtschaftswachstum zu generieren, während sie gleichzeitig darum kämpft, hohe Schuldenstände und tiefgreifende politische Richtungskonflikte über die Zukunft des Projekts EU in den Griff zu bekommen.
- Finanzkrisen, die Erosion der Mittelschicht und eine stärkere Wahrnehmung der Einkommensungleichheit – alles Faktoren, deren Anfänge vor den Beginn der Rezession von 2008 zurückreichen – haben im Westen das Gefühl genährt, dass die Kosten der Handelsliberalisierung den Nutzen übersteigen. Die Folge ist, dass es nach einer historischen, 70 Jahre andauernden Aneinanderreihung immer weiterer Handelsliberalisierungen plötzlich eine starke Gegenbewegung gibt, die die Chance einer weiteren Liberalisierung fraglich erscheinen lässt und das Risiko von zunehmendem Protektionismus mit sich bringt. Die Welt wird die USA und andere traditionelle Befürworter des Freihandels sehr

genau im Auge behalten und nach politischen Kehrtwenden Ausschau halten. Weitere Handelsliberalisierungen werden möglicherweise auf engere Bereiche oder kleinere Gruppen von Partnern beschränkt sein.

Eine Zeitungsmeldung aus dem Jahr 2018 …

«Robin Hoodhacker» lähmt Online-Handel und stellt Märkte auf den Kopf

New York, 19. November 2018

Eine Woche vor dem traditionellen Beginn des Weihnachtsgeschäfts in den USA, Kanada und Europa kam nach einer Reihe von Angriffen durch «Robin Hoodhacker» der Online-Handel zum Erliegen. Die Attacken sorgten für Chaos, indem sie den Kontostand von Konten für Online-Zahlungen um bis zu 100 000 US-Dollar nach oben oder unten veränderten und damit einen Online-Kaufrausch auslösten, der viele Händler dazu zwang, alle digitalen Transaktionen auszusetzen. Die weltweiten Finanzmärkte stürzten ins Bodenlose, bevor der Handel an den meisten Börsen ausgesetzt wurde, weil nicht abzusehen war, wie lange und wie weitreichend die Hackerangriffe weitergehen würden.

Finanzschocks und Wirtschaftsflauten

Das schuldenfinanzierte Wirtschaftswachstum der vergangenen Jahrzehnte in den USA, Europa, China und Japan führte zu Immobilienblasen, nicht nachhaltigem privatem Konsum, Preisspitzen bei Öl und anderen Rohstoffen – und letztendlich im Jahr 2008 zu massiven Finanzkrisen in den USA und Europa, die das Wirtschaftsgeschehen weltweit erschütterten. Einige Zentralbanken senkten im Bemühen, ein größeres Wachstum anzuregen, die Zinssätze fast auf null – und teilweise sogar noch darunter. Außerdem versuchten sie, durch quantitative Lockerung eine Erholung der Wirtschaft zu fördern. Dabei wurden zwischen 2008 und 2016 die Bilanzen der Zentralbanken von China, der EU, Japan und den USA um mehr als 11 Billionen US-Dollar erhöht.

Diese Bemühungen verhinderten, dass weitere große Finanzinstitute insolvent wurden, und ermöglichten es angeschlagenen europäischen Regierungen, zu niedrigen Zinsen Kredite zu bekommen. Sie lösten allerdings kein starkes Wirtschaftswachstum aus, weil sie Regierungen, Unternehmen oder Individuen nicht dazu veranlassten, ihre Ausgaben zu erhöhen. Ebenso wichtig ist, dass diese Bemühungen den Banken keine Anreize boten, die Kreditvergabe zu erhöhen, um solche Ausgaben in einem Umfeld neuer Aufsichtsnormen und einer Inflationsrate, die nahe null oder sogar darunter lag, zu fördern.

Bemühungen um ein Ankurbeln des Wachstums, etwa von Seiten Pekings seit 2008, haben dazu beigetragen, die Märkte für Öl und Rohstoffe und die Produzenten in Afrika, Lateinamerika und dem Nahen Osten, die diese Stoffe liefern, zu stützen. Trotzdem haben diese Märkte nachgegeben, in dem Wissen, dass Chinas Wachstum – das vor allem auf Investitionen basiert, um die Industriekapazitäten zu steigern – nicht nachhaltig ist.

In diesem Niedrigzins- und Niedrigwachstums-Umfeld agieren die Investoren nach wie vor zurückhaltend. Sie schwanken zwischen der Suche nach höheren Renditen in Schwellenländern und der Suche nach sicheren Zufluchtsorten für ihr Kapital während der periodisch auftretenden Krisen. Sie liefern keine zuverlässige Unterstützung für das potenzielle Wachstum von Schwellenländern.

Veränderungen des Realeinkommens nach Perzentilen des Welteinkommens (bei Kaufkraftparität) von 1988 bis 2008

Die «Elefantengrafik» zeigt reale Veränderungen des Haushaltseinkommens zwischen 1989 und 2008. Sie zeigt, dass die Periode der stärksten Globalisierung der Weltwirtschaft – und das rapide Wachstum, die sie in den Entwicklungsländern auslöste – den unteren zwei Dritteln der Haushalte der Welt (mit Ausnahme der Allerärmsten) sowie den Allerreichsten der Welt große Einkommenszuwächse bescherte. Diese Grafik – ebenso wie variierende Darstellungen, die etwas andere Relationen zwischen den verschiedenen Gruppen, aber das gleiche Gesamtbild zeigen –, legt den Schluss nahe, dass Globalisierung und moderne Fertigungstechnik dem oberen Einkommensdrittel der weltweiten Haushalte – mit Ausnahme der Allerreichsten – relativ wenig Zugewinn brachte. Zu diesem Segment gehören viele der Haushalte mit mittlerem bis niedrigen Einkommen in den USA und anderen hochentwickelten Volkswirtschaften.

Die der Grafik zugrunde liegenden Daten zeigen nur die Veränderungen für jedes Perzentil der Einkommensskala; einzelne Haushalte in jedem Land können von einem Perzentil in ein darüber oder darunter gelegenes Perzentil gesprungen sein und so deutlich größere (oder kleinere) Zugewinne verzeichnet haben als der globale Durchschnitt.

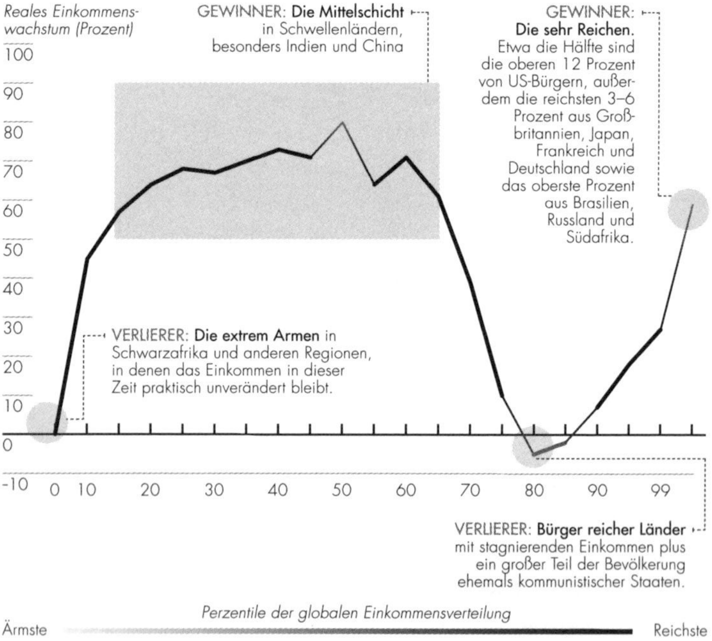

Quelle: Branko Milanovic.

Technologie erschwert die langfristigen Perspektiven

Die meisten großen Industrieländer der Welt werden durch das Schrumpfen ihrer Erwerbsbevölkerung Probleme bekommen, doch alle Länder werden gleichermaßen vor der Herausforderung stehen, die Beschäftigungsquote hoch zu halten sowie qualifizierte und belastbare Arbeitskräfte auszubilden. Automatisierung, künstliche Intelligenz (KI) und andere technologische Innovationen bedrohen die Existenz riesiger Sektoren des derzeitigen Arbeitsmarkts auf allen Stufen der sozioökonomischen Leiter, einschließlich der Hochtechnologieproduktion und sogar Bürodienstleistungen.

- Es wird in den reichen Ländern schwieriger werden, neue Wege zur Steigerung der Produktivität zu finden. Die Faktoren, die die Wachstumsperiode nach dem Zweiten Weltkrieg ermöglichten – Demografie, Effizienzsteigerung und Investitionen – treten in den Hintergrund. Das bekommt eine besondere Brisanz durch die Tatsache, dass die Bevölkerung in den größten Wirtschaftsländern immer älter wird. Technologischer Fortschritt wird in Industrie- und Entwicklungsländern gleichermaßen dazu beitragen, die Produktivität zu steigern, doch ohne Verbesserungen des Bildungssystems, der Infrastruktur, der gesetzlichen Bestimmungen und der Managementpraxis wird man das ganze Potenzial dieser Fortschritte nicht ausschöpfen können.
- Weil zunehmend Technologie an die Stelle von manueller Arbeit tritt und die Löhne drückt, werden die staatlichen Einnahmen aus der Einkommensteuer langsamer wachsen als die Wirtschaft – oder sogar real zurückgehen. Der fiskalische Druck auf Länder, die von solchen Steuern abhängig sind, wird zunehmen und damit möglicherweise auch die Attraktivität von Mehrwertsteuererhöhungen und anderen Plänen zur Erhöhung der Staatseinnahmen.

Innovation beschleunigt den Fortschritt, führt aber auch zu Brüchen

Vom Rad bis zum Siliziumchip – Technologie hat den Lauf der Geschichte stark beeinflusst, doch es ist ausgesprochen schwierig vorherzusagen, wann und in welcher Weise Technologie die Dynamik von Wirtschaft, Gesellschaft, Politik und Sicherheit verändern wird. Einige Prognosen mit potenziell weitreichenden Folgen – wie etwa die kalte Fusion – sind lange, nachdem sie uns in Aussicht gestellt wurden, noch immer nicht umgesetzt. Andere Veränderungen wurden schneller und weitreichender zur Realität, als selbst Experten es sich vorstellen konnten. Quantensprünge bei der Genveränderung und -manipulation in den letzten Jahren, wie etwa CRISPR,* eröffnen im Bereich der Biotechnologie gewaltige neue Möglichkeiten.

Technologie wird auch weiterhin die Einflussmöglichkeiten von Individuen, kleinen Gruppen, Unternehmen und Staaten vergrößern, und die Geschwindigkeit erhöhen, mit der die Welt sich verändert, dabei aber auch neue komplexe Probleme, Brüche und Spannungen mit sich bringen. Insbesondere die Entwicklung und Verbreitung von fortgeschrittener Informations- und Kommunikationstechnologie (IKT), KI, neue Werkstoffe und Fertigungsmöglichkeiten von Robotertechnik bis Automatisierung, Fortschritte in Biotechnologie sowie unkonventionelle Energiequellen

---

* CRISPR, abgekürzt für «Clustered Regularly Interspaced Short Palindromic Repeats» sind sich wiederholende kurze Abschnitte auf dem Biomolekül DNA, das die Erbinformation sämtlicher lebender Organismen trägt. Wie vor einigen Jahren entdeckt, lassen sich CRISPR mit einer Reihe von Enzymen, die chemische Reaktionen in Gang setzen oder beschleunigen, in nützlicher Weise verändern. Für die Bioforschung bedeutet die sogenannte CRISPR/Cas-Methode eine Revolution: Mit ihr lassen sich schneller biotechnische Verfahren entwickeln, die als Ansätze dazu beitragen können, Probleme in der Medizin, der öffentlichen Gesundheit, der Industrie, der Umwelttechnik und der Landwirtschaft zu lösen. Sie birgt allerdings auch ethische Probleme und wirft Fragen zu Risiken auf.

werden die Arbeitsmärkte durcheinanderwirbeln, Gesundheits-, Energie- und Transportsysteme revolutionieren und die wirtschaftliche Entwicklung verändern. Dabei werden auch grundlegende Fragen darüber aufgeworfen, was es bedeutet, ein Mensch zu sein. Solche Entwicklungen werden die Unterschiede zwischen Gesellschaften vergrößern und den Fortschritt beim Vereinbaren internationaler Regeln oder Normen in diesen Bereichen hemmen. Die existenziellen Risiken, die mit einigen dieser Anwendungen in Verbindung gebracht werden, sind real, besonders in den Bereichen synthetische Biologie, Genome Editing und KI.

IKT kann nicht nur ein immer größer werdendes Spektrum der Arbeitspraxis verändern, sondern auch die Art, wie Menschen leben und kommunizieren. Die entsprechenden Technologien werden in Bereichen wie Verkehr, Ingenieurwissenschaften, Fertigung, Gesundheitswesen und anderen Dienstleistungssektoren für mehr Effizienz sorgen und die Beschäftigungsverhältnisse revolutionieren. Diese Werkzeuge existieren bereits, doch sie werden immer breitere Akzeptanz finden, wenn es den Entwicklern gelingt, nach und nach immer mehr Jobs in automatisierbare Komponenten zu zerlegen. Stetig zunehmende Investitionen im Bereich KI, steil ansteigende Verkaufszahlen bei Industrie- und Dienstleistungsrobotern sowie cloudbasierte Plattformen, die ohne lokale Infrastruktur arbeiten, eröffnen Chancen für Konvergenz und bereiten den Boden für neue Disruptionen auf dem Arbeitsmarkt – insbesondere auf kurze Sicht. Das «Internet der Dinge» (IdD), in dem immer mehr miteinander verbundene Geräte interagieren, wird für Effizienz, aber auch für Sicherheitsrisiken sorgen. Neue IKTs werden wahrscheinlich speziell im Finanzsektor tiefgreifende Auswirkungen haben. Neue Finanztechnologien – einschließlich digitaler Währungen, Anwendungen der «Blockchain»-Technologie bei Transaktionen sowie KI und Big Data für prädiktive Analysen – werden den Bereich der Finanzdienstleistungen revolutionieren, mit potenziell tiefgreifenden Konsequenzen für die Stabilität und Sicherheit systemkritischer Finanzinfrastruktur.

Die **Biotechnologie** steht an einem Wendepunkt: Die Fortschritte bei Gentests und Genetic Editing – beschleunigt durch die neuen

Techniken der Genmanipulation – sind dabei, Science Fiction in Realität zu verwandeln. Die Zeit und die Kosten, die aufgewendet werden müssen, um das Genom eines Menschen zu sequenzieren, sind auf einen Bruchteil geschrumpft. Hier eröffnen sich Möglichkeiten für maßgeschneiderte Ansätze zur Verbesserung menschlicher Fähigkeiten, Therapie von Krankheiten, Verlängerung des Lebens oder Steigerung der Nahrungsproduktion. Es ist anzunehmen, dass die meisten neuen Techniken am Anfang lediglich in einigen wenigen Ländern verfügbar sein werden, das heißt, dass der Zugang zu diesen Technologien begrenzt sein wird auf jene Menschen, die das Geld haben, für die neuen Prozeduren zu reisen und zu bezahlen. Man kann davon ausgehen, dass es kontroverse Debatten über die Verfügbarkeit dieser Technologien geben wird.

Die Weiterentwicklung neuer Werkstoffe und Fertigungstechniken könnte den Wandel in zentralen Sektoren wie Verkehr und Energie beschleunigen. Der Weltmarkt für Nanotechnologie hat sich in den letzten Jahren mehr als verdoppelt und die Zahl der Anwendungen – von Elektronik bis zu Nahrungsmitteln – wird ständig größer.

Die unkonventionelle Energierevolution macht neue Quellen für Öl und Erdgas verfügbar, gleichzeitig gibt es ein breites Spektrum von technischen Fortschritten auf der Nachfrageseite, was die Kopplung zwischen Wirtschaftswachstum und steigender Energienutzung auflöst. So haben beispielsweise Fortschritte bei der Solarzellenproduktion die Kosten von Solarstrom drastisch reduziert, bis hin zu einem wettbewerbsfähigen Endkundenpreis. Durch weitere neue Energiequellen werden die globalen Energiekosten niedrig bleiben und das globale Energiesystem wird zunehmend unempfindlich werden für Angebotsengpässe bei fossilen Brennstoffen, was besonders China, Indien und anderen ressourcenarmen Entwicklungsländern nutzen wird.

Zukunftstechnologien verlangen nach einer sogfältigen Prüfung, um sowohl die Technologie selbst als auch ihre kumulativen Folgen für Menschen, Gesellschaften, Staaten und den Planeten zu bewerten. Es ist unverzichtbar, kurzfristig Sicherheitsstandards und gemeinsame Protokolle für IKT, Biotechnologien und neue Werkstoffe zu vereinbaren. Nur wenige Organisationen – ob staatlich, kommerziell, akademisch oder religiös – verfügen über das nötige breite Fachwissen, um eine solche Überprüfung vorzunehmen, geschweige denn sie uns Bürgern zu erklären. Das belegt die Notwendigkeit einer Bündelung von Ressourcen, um die vor uns liegenden Herausforderungen zu bewerten und zu überdenken.

- Ohne regulatorische Standards besteht die Wahrscheinlichkeit, dass die Entwicklung und Verbreitung von KI – selbst wenn sie hinter den Fähigkeiten des menschlichen Intellekts zurückbleibt – eine latente Gefahr für den Menschen beinhaltet, die Privatsphäre der Menschen bedroht und staatliche Interessen untergräbt. Wenn wir es versäumen, Standards für KI in der Robotertechnik zu definieren, sind wirtschaftliche Ineffizienz und ein Verpassen ökonomischer Chancen aufgrund der Inkompatibilität von Systemen die wahrscheinliche Folge.
- Biopharmazeutische Fortschritte werden Konflikte über die Rechte am geistigen Eigentum auslösen. Eine zunehmende Häufigkeit von Patentablehnungen, Nichtigkeitserklärungen und Zwangslizenzen könnten die Entwicklung neuer Medikamente gefährden und bedrohen und die Profite multinationaler Pharmakonzerne schrumpfen lassen. Regierungen werden bei der Einführung neuer Biotechnologien – etwa im Fall genmanipulierter Pflanzen – den wirtschaftlichen und sozialen Nutzen einerseits und anderweitige innenpolitische Erwägungen andererseits sorgfältig einander gegenüberstellen müssen.

International wird die Fähigkeit, Standards und Protokolle festzulegen, ethische Grenzen für die Forschung zu definieren und geistiges Eigentum zu schützen, bei den Staaten liegen, die eine technologische Führungsrolle einnehmen. Maßnahmen, die in der nächsten Zukunft ergriffen werden, um eine technische Führungsposition zu behaupten, werden insbesondere im Bereich von Technologien zur Gesundheitsverbesserung, Veränderung biologischer Systeme sowie der Ausweitung von Informations- und Automatisierungssystemen entscheidend sein. Ein multilaterales Engagement zu einem frühen Zeitpunkt im Entwicklungszyklus kann internationale Spannungen minimieren, wenn der Zeitpunkt der Einführung einer

Technik näher rückt. Dazu ist jedoch eine Annäherung der Interessen und Werte erforderlich, und sei es nur in einem eng umgrenzten Bereich. Wahrscheinlicher ist es, dass technische Führungsrolle und Partnerschaften allein nicht ausreichen werden, um Spannungen zu vermeiden, während Staaten sich für Technologien und regulatorische Rahmen einsetzen, die ihnen selbst nutzen.

Ausgrenzung durch Ideen und Identitäten

Eine stärker verbundene Welt wird ihre Differenzen um Ideen und Identitäten auch weiterhin eher vergrößern als verkleinern. Wenn die aktuellen Trends in Demografie, Wirtschaft und politischer Führung anhalten, wird der Populismus innerhalb der nächsten zwei Jahrzehnte weiter zunehmen. Das Gleiche gilt für nationale und religiöse Identitäten mit ausgrenzendem Charakter, weil die Wechselwirkung zwischen Technologie und Kultur sich beschleunigt und die Menschen inmitten verwirrender ökonomischer, sozialer und technologischer Veränderungen nach Sinn und Sicherheit suchen. Politische Führungsfiguren werden versuchen, an die Identität zu appellieren, um Unterstützung zu mobilisieren und ihren Einfluss zu konsolidieren. Auf diese Weise werden auch Identitätsgruppierungen an Einfluss gewinnen. Durch eine breitere Verfügbarkeit von Informations- und Kommunikationstools werden sie in der Lage sein, sich besser zu organisieren und zu mobilisieren – sei es motiviert von politischen Fragen, Religion, Werten, wirtschaftlichen Interessen, ethnischer Zugehörigkeit, Geschlecht oder Lifestyle. Das zunehmend in voneinander abgegrenzte Sphären getrennte Informations- und Medienumfeld wird Identitäten verhärten – sowohl durch Algorithmen, die personalisierte Suchergebnisse im Internet und personalisierte Accounts in den soziale Medien bereitstellen, als auch durch gezielte Bemühungen von Organisationen, Regierungen und Führungsfiguren. Einige dieser Identitäten werden transnational sein, Gruppen werden voneinander lernen und ihre Mitglieder werden sich Anregungen von ähnlich Denkenden am anderen Ende der Welt holen.

Eine wichtige unmittelbare Folge der zunehmenden Bedeutung von Identitätspolitik ist die Erosion von Toleranz und Diversität, die in den Vereinigten Staaten und Europa eine lange Tradition haben. Die Schwächung dieser Ideale dort schwächt auch ihre globale Anziehungskraft. Weitere Auswirkungen sind etwa der gezielte Einsatz von Nationalismus und negativer Darstellung des Westens in China und Russland, um die dortigen autoritären Regimes zu stützen, sowie das Entfesseln von Identitätskonflikten und regionalen Spannungen in Afrika, dem Nahen Osten und Südasien. So wird etwa die Frage, wie Neu-Delhi mit nationalistisch-hinduistischen Tendenzen umgeht oder wie Israel ultraorthodoxe religiöse Extreme ausgleicht, wegweisend für künftige Konflikte sein.

Populismus tritt im Westen und in Teilen Asiens zutage. Er ist charakterisiert durch ein Misstrauen gegenüber Eliten, der etablierten Politik und den traditionellen Institutionen. In ihm spiegelt sich die Ablehnung der ökonomischen Folgen der Globalisierung sowie Frustration darüber, wie die politischen und wirtschaftlichen Eliten auf die Sorgen der Bürger reagieren. Rechts- und linkspopulistische Parteien sind überall in Europa erfolgreich – in Frankreich, Griechenland und den Niederlanden etwa kritisieren die Führer populistischer Parteien etablierte Organisationen für ihr Versagen, die Lebensgrundlage europäischer Bürger zu schützen. Auch Südamerika hat einen Aufschwung des Populismus erlebt, ebenso wie die Philippinen und Thailand.

- Eine fremdenfeindliche oder gegen Immigranten gerichtete Stimmung in den Kernländern der westlichen Allianz könnte auch einige der klassischen Grundlagen westlicher Stärke infrage stellen – das Fördern von Vielfalt geprägter Gesellschaften und das Nutzbarmachen globaler Talente.
- Populistische Führer und Bewegungen – seien sie rechts oder links angesiedelt – können sich demokratischer Verfahren bedienen, um ihre Macht in einer starken Exekutive zu festigen und Zivilgesellschaft, Rechtsstaat und die Normen der Toleranz langsam, aber stetig auszuhöhlen.

Nationalistische und religiöse Identität. Nationalismus ist ein enger Verwandter des Populismus. Er wird eine große Rolle spielen in China, Russland, der Türkei und anderen Ländern, in denen politische Führer versuchen, ihre Macht zu konsolidieren, indem sie innenpolitische Konkurrenz eliminieren und gleichzeitig ihre internationalen Beziehungen in existenziellen Dimensionen darstellen. Auf die gleiche Weise werden ausgrenzende religiöse Identitäten die regionale und lokale Dynamik im Nahen Osten und in Nordafrika bestimmen. Vergleichbares droht in Teilen des subsaharischen Afrika zwischen christlichen und muslimischen Gemeinschaften. In Russland werden Nation und Religion sich weiter annähern, um die politische Macht zu stützen.

- Es ist davon auszugehen, dass religiöse Identität, ob sie ausgrenzend gebraucht wird oder nicht, ein starkes Bindemittel bleiben wird, weil Menschen in Zeiten des starken Wandels nach einem Gefühl von Identität und Zugehörigkeit suchen. Über 80 Prozent der Weltbevölkerung fühlen sich einer Religionsgemeinschaft zugehörig – mit steigender Tendenz, vor allem dank der hohen Geburtenraten in den Entwicklungsländern. Das ist das Ergebnis einer Studie des Pew Research Center über die Zukunft der Religion. Untersuchungen der politischen Landschaft der USA kommen zu dem Schluss, dass Religiosität – genauer gesagt, die *Intensität* individueller Glaubensbezeugungen – ein besserer Indikator für das Wählerverhalten ist als der spezifische Glaube, dem ein Mensch anhängt.

Regieren wird immer schwieriger

Wie Regierungen arbeiten und politische Ordnung schaffen, ist im Wandel begriffen. Es ist davon auszugehen, dass dieser Prozess sich in den kommenden Jahrzehnten weiter fortsetzt. Regierungen werden zunehmend Mühe haben, das Bedürfnis ihrer Bürger nach Sicherheit und Wohlstand zufriedenzustellen. Fiskalische Einschränkungen, politische Polarisierung, aber auch Führungsschwäche werden Bemühungen erschweren, ebenso wie das sich wandelnde Umfeld der Informationstechnologien, die stetig anwachsende Menge von Problemen, deren Lösung die Menschen von ihrem Staat erwarten, und die ebenfalls stetig größer werdende Menge von Akteuren, die in der Lage sind, die Gestaltung oder Umsetzung von Politik zu blockieren. Diese Kluft zwischen der Arbeit der Regierung und der öffentlichen Erwartung – ergänzt durch Korruption und andere Skandale der Elite – wird zunehmendes Misstrauen und Unzufriedenheit bei den Bürgern erzeugen. Die Wahrscheinlichkeit von Protesten, Instabilität und einer noch größeren Variationsbreite von politischer Führung nimmt zu.

- Öffentlichkeitswirksame Proteste in Ländern wie Brasilien oder der Türkei – wo die Mittelschicht in den letzten Jahren größer geworden ist – zeigen, dass wohlhabendere Bürger sich ihre Regierung und ihre Gesellschaft besser und weniger korrupt wünschen. Und sie erwarten, dass man sie davor schützt, das einmal Erworbene wieder zu verlieren. Auch in den Industrienationen werden die Menschen angesichts des langsamen Wachstums, der stagnierenden Löhne bei den mittleren Einkommensklassen und einer zunehmenden Ungleichheit den Wunsch der Menschen nach einer Verbesserung und Bestandsschutz des erworbenen Lebensstandards artikulieren. All das wird zu einem Zeitpunkt geschehen, wenn der Handlungsspielraum der Regierungen durch höhere Verschuldung, intensiveren globalen wirtschaftlichen Wettbewerb und Schwankungen an Finanz- und Rohstoffmärkten eingeschränkt ist.
- Die breitere allgemeine Verfügbarkeit von Informationen über politische Führung und Institutionen – zusammen mit dem gravierenden Versagen der Eliten etwa bei der Finanzkrise von 2008 oder dem Petrobras-Korruptionsskandal – haben das Vertrauen der Öffentlichkeit in etablierte Institutionen erschüttert. Das ist Wasser auf die Mühlen populistischer Bewegungen auf der ganzen Welt. Außerdem haben die durch neue Informationstechnologien ermöglichte Verstärkung individueller Stimmen und das Misstrauen gegen die Eliten den Einfluss von politischen Parteien,

Gewerkschaften und zivilgesellschaftlichen Gruppen in einigen Ländern so stark erschüttert, dass eine Krise der repräsentativen Demokratie denkbar erscheint. Umfragen zufolge glaubt in vielen Schwellenländern, besonders im Nahen Osten und Lateinamerika, die Mehrheit der Menschen, dass Vertreter des Staates «sich nicht für Leute wie uns interessieren». Auch in Industrieländern ist das Vertrauen in die Regierungen zurückgegangen. In den USA wurden die niedrigsten Vertrauenswerte für die Regierung seit dem ersten Jahr der Messungen 1958 ermittelt.

- Die Demokratie selbst wird zunehmend angezweifelt. Einige Studien haben herausgefunden, dass unter den Jugendlichen in Nordamerika und Europa die Unterstützung für die Meinungsfreiheit schwächer ausgeprägt ist als in der Generation ihrer Eltern. Die Anzahl von Staaten, in denen demokratische und autokratische Elemente zum Tragen kommen, nimmt zu – eine Mischung, die für politische Instabilität besonders anfällig ist. Die Nichtregierungsorganisation Freedom House berichtete für das Jahr 2016, dass die Anzahl von Ländern, in denen die Messwerte für «Freiheit» zurückgingen, fast doppelt so groß war wie die der Länder, in denen sie zunahmen – der größte Rückgang seit zehn Jahren.

Internationalen Institutionen wird es schwerfallen, sich an zunehmend komplexe Bedingungen anzupassen, trotzdem werden sie nach wie vor eine Rolle spielen. Am wirkungsvollsten werden sie sein, wenn es um Fragen wie Friedenssicherung oder humanitäre Hilfe geht, bei denen die Interessen der großen Mächte auf einer Linie liegen und es allgemein akzeptierte Institutionen und Normen gibt. Die zukünftigen Reformen internationaler und regionaler Institutionen werden allerdings aufgrund unterschiedlicher Interessen der Mitgliedsstaaten und Organisationen sowie der zunehmenden Komplexität der auftretenden globalen Probleme nur langsam vorankommen. Einige Institutionen und Mitgliedsstaaten werden darauf reagieren, indem sie eher ad hoc agieren, mit nichtstaatlichen Akteuren und regionalen Organisationen kooperieren und sich vor allem auf eng umgrenzte und klar definierte Probleme konzentrieren.

- *Eine Zunahme von Veto-Macht.* Interessengegensätze zwischen etablierten und nachrückenden Mächten schränken die Möglichkeiten für formelles gemeinsames Handeln auf internationaler Ebene ein – etwa beim Schlichten von Konflikten. Gleichzeitig werden Interessengegensätze unter den Staaten ganz allgemein jede größere Reform der Zusammensetzung des UN-Sicherheitsrats verhindern. Über die Notwendigkeit, dieses Gremium zu reformieren, besteht weithin Einigkeit, die Aussichten auf einen Konsens darüber, wie die Mitgliedschaft zukünftig geregelt werden soll, sind allerdings trübe.
- *Hinterherhinken.* Die bestehenden Institutionen werden sich mit neuen und ungewohnten Problemen wie Genome Editing, KI und Human Enhancement auseinandersetzen müssen, weil der technologische Wandel auch weiterhin deutlich schneller verläuft, als Staaten, Behörden und internationale Organisationen imstande sind, neue Standards, Politik, Regulierungen und Normen festzulegen. Auch Weltraum und Cyberspace werden neue Herausforderungen liefern, schon deshalb, weil jetzt private kommerzielle Anbieter eine größere Rolle dabei spielen werden, die Möglichkeiten und Normen ihres Gebrauchs zu definieren.
- *Multi-Stakeholder-Multilateralismus.* Wenn formelle internationale Institutionen enger mit Unternehmen, zivilgesellschaftlichen Organisationen und lokalen Regierungen zusammenarbeiten, um Herausforderungen zu begegnen, wird die multilaterale Dynamik zunehmen. Experimente mit Multi-Stakeholder-Foren werden Formate des Debattierens entstehen lassen, mit der Folge, dass die Beteiligung des Privatsektors in verschiedenen Bereichen von politischer Führung zunehmen dürfte.

Das Wesen von Konflikten verändert sich

Das Risiko von Konflikten, einschließlich zwischenstaatlicher Konflikte, wird in den nächsten 20 Jahren zunehmen – weil sich die Interessenlage der großen Mächte verändert, weil Terrorismus eine ständige Bedrohung darstellt, weil schwache Staaten ein ständiger Quell der Instabilität sind und weil tödliche und revolutionäre Technologien sich ausbreiten. Der Rückgang bei Anzahl und Intensität von Konflikten, wie wir ihn in den letzten 20 Jahren erlebt haben, scheint sich nun umzukehren: Die Heftigkeit der Konflikte nimmt zu und die Zahl der Todesfälle im Zusammenhang mit Kriegshandlungen und anderen Konfliktsituationen steigt nach verschiedenen offiziellen Berichten seit 2011 – wenn nicht sogar schon länger – steil an. Außerdem wandelt sich aufgrund von technischen Fortschritten, neuen Technologien und Veränderungen des geopolitischen Kontexts die Natur der Konflikte. Alle diese Veränderungen stellen die hergebrachten Vorstellungen von Krieg infrage. Neue Akteure werden ein breiteres Spektrum von militärischen und nichtmilitärischen Waffen einsetzen. Auf diese Weise werden die Grenzen zwischen Krieg und Frieden verwischt und die alten Normen von Eskalation und Abschreckung aufgeweicht.

Künftige Konflikte werden zunehmend auf die Zerstörung von kritischer Infrastruktur, gesellschaftlichem Zusammenhalt und wichtigen Regierungsfunktionen abzielen, um psychologische und geopolitische Vorteile zu erlangen, anstatt wie früher zu versuchen, den Feind mit traditionellen militärischen Mitteln auf dem Schlachtfeld zu besiegen. Zunehmend werden auch Nicht-Kombattanten ins Visier geraten, teils um ethnische, religiöse und politische Gruppierungen gegeneinander aufzuwiegeln und auf diese Weise Kooperation und Koexistenz innerhalb einer Gesellschaft zu stören. Solche Strategien lassen einen Trend in Richtung zunehmend kostspieliger Konflikte ohne klaren Sieger oder Verlierer erwarten.

Destabilisierende Gruppen. Nichtstaatliche und substaatliche Gruppen – darunter Terroristen, Aufständische, Aktivisten und kriminelle Banden – haben zum Vorantreiben ihrer Ziele Zugang zu einem breiteren Arsenal von tödlichen und nichttödlichen Waffen als früher. Gruppen wie Hisbollah und IS haben im letzten Jahrzehnt Zugang zu Hightech-Waffen bekommen, so dass der Einsatz von tragbaren Panzerabwehr-Lenkwaffen, Boden-Luft-Raketen, unbemannten Drohnen und anderen Präzisionswaffen häufiger werden dürfte. Internet-Aktivisten wie Anonymous dürften vermutlich zunehmend destruktive Cyberattacken einsetzen. Diese Gruppen haben relativ geringe Anreize zur Zurückhaltung. Abschreckung ist in diesen Fällen schwierig, so dass Staaten offensiv werden und härter gegen diese Akteure vorgehen, wodurch sich diese Gruppen teilweise in ihren ideologischen Überzeugungen bestätigt sehen.

Krieg aus der Distanz. Unterdessen werden sowohl staatliche als auch nichtstaatliche Akteure ihre Fähigkeiten zu Distanz- und ferngesteuerten Angriffen weiter verbessern. Die fortlaufende Entwicklung von Cyberattacken, präzisionsgesteuerten Waffen, Robotersystemen und unbemannten Waffen senkt die Schwelle für das Initiieren eines Konflikts, weil ein Angreifer weniger Leben riskiert, wenn er versucht, Verteidigungsmaßnahmen zu überwinden. Durch das Proliferieren dieser Fähigkeiten entwickelt sich die Kriegführung weg vom direkten Aufeinandertreffen gegnerischer Armeen hin zu mehr Distanz- und Fernsteuerungs-Operationen, zumal in der Anfangsphase eines Konflikts.

- Eine zukünftige Krise, in der die gegnerischen Streitkräfte beide über präzisionsgesteuerte konventionelle Langstreckenwaffen verfügen, birgt das Risiko einer schnellen Eskalation, weil beide Seiten einen Anreiz hätten zuzuschlagen, bevor sie selbst attackiert werden.
- Außerdem würde die Kommando-, Kontroll- und Zielansprache-Infrastruktur, einschließlich der Satelliten, die die Navigations- und Zielinformationen liefern, zu wahrscheinlichen Angriffszielen für Streitkräfte, die die Schlagkraft ihres Gegners schwächen wollen. Russland und China betreiben beispielsweise die Entwicklung von Waffensystemen, die in der Lage sind, Satelliten im Orbit zu zerstören, was in Zukunft eine starke Gefährdung für die Satelliten der USA und anderer Staaten bedeuten würde.

Neue Sorgen um Massenvernichtungswaffen. Die Bedrohung durch nukleare und andere Massenvernichtungswaffen (abgekürzt WMD für *weapons of mass destruction*) dürfte in den nächsten Jahren aufgrund des technologischen Fortschritts und der wachsenden Asymmetrie zwischen den Mächten zunehmen. Die derzeitigen Nuklearmächte werden fast sicher ihr Nukleararsenal bis 2035 beibehalten, wenn nicht sogar modernisieren. Das nukleare Säbelrasseln Nordkoreas und die Ungewissheit über die Absichten des Iran könnten andere Staaten dazu veranlassen, selbst die Entwicklung von Atomwaffen in Erwägung zu ziehen. Auch die Verbreitung von Hochtechnologie, insbesondere Biotechnologie, wird es weiteren Akteuren erleichtern, sich ebenfalls WMD zuzulegen. Das Kollabieren gescheiterter Staaten, die ihre Waffenarsenale oder ihr wissenschaftliches und technisches Wissen nicht mehr schützen können, eröffnet Terroristen die Möglichkeit, durch Waffen oder Know-how in ihren Besitz zu bringen.

Der Weltraum

Der Weltraum, früher die Domäne der Großmächte, wird mittlerweile zunehmend demokratisch. Die Budgets der nationalen Raumfahrtbehörden werden immer stärker gedeckelt. Privatunternahmen stoßen in diese Lücke und treiben seriöse Raumfahrtprogramme voran, etwa für Weltraumtourismus, Asteroidenbergbau und aufblasbare Weltraum-Habitats. Die Verwirklichung des ganzen kommerziellen Potenzials dieser Pläne liegt allerdings wahrscheinlich noch Jahrzehnte in der Zukunft.

Eine Intensivierung der Aktivitäten im All bringt jedoch auch Risiken mit sich. Ein konzertiertes internationales Handeln könnte erforderlich sein, um jenen Weltraumschrott zu identifizieren und einzusammeln, der die größte Bedrohung für eine verstärkte globale Präsenz im Weltall darstellt. Der immense strategische und kommerzielle Wert der Ressourcen des Weltraums sorgt dafür, dass das All zunehmend zu einer Arena wird, in der die Nationen um Zugang, Nutzung und Kontrolle dieser Ressourcen konkurrieren. Der Einsatz von Antisatelliten-Technologie zur gezielten Deaktivierung oder Zerstörung von Satelliten hat das Potenzial, globale Spannungen zu verschärfen. Eine Schlüsselfrage wird sein, ob die Raumfahrtnationen – also insbesondere China, Russland und die USA – sich auf einen Verhaltenskodex für Weltraumaktivitäten verständigen können.

«Grauzonen-Konflikte». Das Verschwimmen der Grenze zwischen «Frieden» und «Kriegszustand» macht es den Kontrahenten zunehmend unmöglich, sich beim Management von Konflikten auf traditionelle Mechanismen von Abschreckung und Eskalation zu verlassen. Machtdiplomatie, Medienmanipulation, verdeckte Operationen, politische Subversion und wirtschaftlicher Zwang sind altbewährte Druckmittel, doch die Leichtigkeit und Effektivität, mit der Cyberattacken, Desinformationskampagnen und Surrogat-Angriffe entfesselt werden können, vergrößern die Spannung und Unsicherheit. Die Möglichkeit, unter der Schwelle eines regelrechten Krieges zu bleiben, wird zu mehr dauerhaftem Konkurrenzkampf um Wirtschaft, Politik und Sicherheitsfragen in der «Grauzone» zwischen Krieg und Frieden führen.

Der Klimawandel droht

Ein Klima, das sich verändert, Natur- und Umweltressourcen, die zunehmend unter Druck geraten, und eine stärker werdende Verbindung zwischen der Gesundheit von Menschen und Tieren – in all diesen Dingen spiegeln sich komplexe, systemimmanente Risiken, die schneller wachsen als die derzeitigen Lösungsansätze. Ob und inwieweit Individuen, Gruppen und Staaten bereit sind, die jüngsten Klimaverpflichtungen einzuhalten, saubere Energietechnologien zu entwickeln und sich auf unvorhergesehene extreme Umwelt- und Naturereignisse vorzubereiten, ist ein Test für die Kooperationsbereitschaft bei künftigen globalen Herausforderungen.

Klimawandel. Veränderungen des Klimas werden mehr extreme Wetterereignisse zur Folge haben. Sie werden Menschen und kritische Systeme wie Ozeane, Trinkwasser und Artenvielfalt zunehmend unter Druck setzen. Diese Veränderungen wiederum werden direkte und indirekte Auswirkungen auf Gesellschaft, Wirtschaft, Politik und Sicherheit haben. Extremes Wetter kann zu Ernteausfällen, Waldbränden, Stromausfällen, Infrastrukturversagen, Versorgungsengpässen, Migration und Epidemien führen. Solche Ereignisse werden stärkere Folgen haben, wo Menschen sich an

Prognostizierte Veränderungen der durchschnittlichen Oberflächentemperatur

Die fetten Kurven zeigen die in Computermodellen errechnete durchschnittliche globale Oberflächentemperatur. Die tatsächliche Entwicklung wird viele Ausschläge nach oben (höher als der Durchschnitt) und unten (niedriger als der Durchschnitt) aufweisen. Die Spitzen sind von qualitativer Bedeutung, weil sie wahrscheinlich einen Ausblick auf künftige Klimabedingungen bieten.

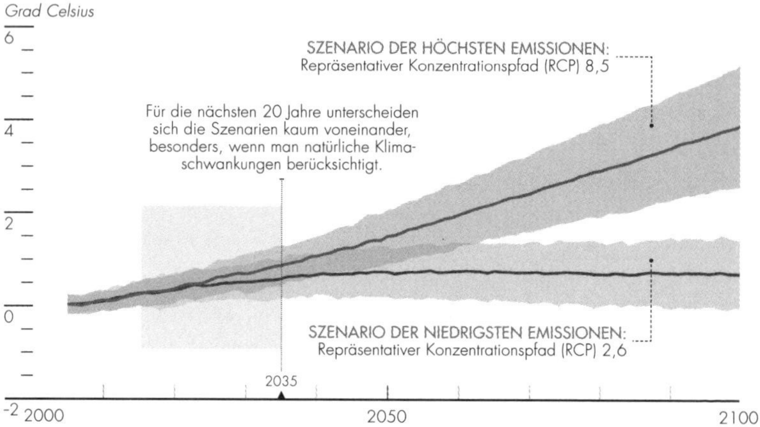

Quelle: Weltklimarat, Fünfter Sachstandsbericht, September 2013.

Orten konzentrieren, die für Klimaschwankungen anfällig sind, wie etwa Großstädten, Küstenregionen und Zonen mit Wassermangel. Spezifische extreme Wetterereignisse sind nach wie vor nicht allein durch den Klimawandel zu erklären, doch ungewöhnliche Muster von extremen Wetterereignissen, die neue Rekorde aufstellen, werden nach Aussagen des Weltklimarats (IPCC für Intergovernmental Panel on Climate Change) wahrscheinlich in Zukunft häufiger auftreten.

Die Treibhausgasemissionen der Vergangenheit haben für die nächsten 20 Jahre bereits eine signifikante Erhöhung der globalen Durchschnittstemperaturen auf den Weg gebracht, egal welche Maßnahmen zur Reduktion von Treibhausgasen wir heute ergrei-

Lateinamerika und Afrika besorgter wegen Klimawandel als andere Regionen

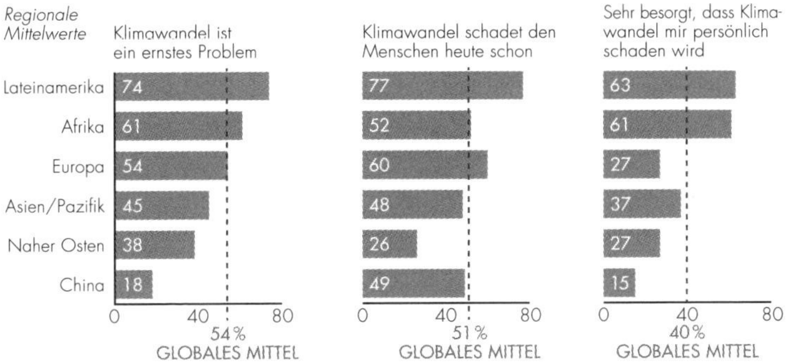

Anmerkung: In den USA sagten 45 Prozent der Befragten, «Klimawandel ist ein ernstes Problem», 41 Prozent sagten, «Klimawandel schadet den Menschen heute schon», und 30 Prozent waren «sehr besorgt, dass der Klimawandel mir persönlich schaden wird».
Quelle: Pew Research Center. *Spring 2015 Global Attitudes Survey*. Fragen 32, 41 und 42.

fen. Die meisten Wissenschaftler erwarten, dass der Klimawandel die gegenwärtigen Bedingungen verschärfen wird, also etwa heiße und trockene Orte noch heißer und trockner werden.

- Klimatologische Stressbedingungen werden langfristig einen Einfluss darauf haben, wo und wie Menschen leben und welche Krankheiten sie bedrohen. Zu den Stressfaktoren gehören der Anstieg des Meeresspiegels, das Versauern der Meere, Permafrost- und Gletscherschmelze, die Verschlechterung der Luftqualität, Veränderungen der Wolkendecke und dauerhafte Veränderungen bei Temperaturen und Niederschlägen.
- Die gegenwärtigen Klimamodelle prognostizieren auf lange Sicht ein Ansteigen der globalen Oberflächentemperaturen, doch Klimaforscher warnen, dass angesichts der Komplexität des Systems und der Klimageschichte auch plötzliche dramatische Veränderungen möglich sind. Solche Verschiebungen des Klimas oder klimaabhängiger Ökosysteme könnten dramatische ökonomische und ökologische Folgen haben.

Klimawandel – ob beobachtet oder prognostiziert – wird ein fester Bestandteil des Blickes werden, den die Menschen auf ihre Welt haben. Viele Stressfaktoren für Ökologie und Umwelt machen nicht an Landesgrenzen halt, was es für Kommunal- und Staatsregierungen schwierig macht, etwas gegen ihre Auswirkungen zu tun. Wie dringlich der Bedarf für politische Maßnahmen ausfällt, wird davon abhängen, wie stark und wo diese Veränderungen auftreten. Wir erwarten weltweit einen erhöhten öffentlichen Druck, sich diesen Problemen zu widmen, während Bürger in den Industrieländern sich dieser Dinge klar werden und eine wachsende politische Stimme bekommen.

- Chinas Erfahrung ist ein warnendes Beispiel für die heutigen Entwicklungsländer: Die neuen Angehörigen der chinesischen Mittelschicht äußern sich zunehmend besorgt über Umweltverschmutzung, Wasserqualität und die allgemeine Lebensqualität. Eine Untersuchung des Pew Research Center aus dem Jahr 2016 stellte fest, dass die Hälfte der befragten Chinesen bereit wären, für sauberere Luft auf Wirtschaftswachstum zu verzichten.

Der Klimawandel und die damit verbundenen Naturkatastrophen, politischen Entscheidungen und neuen Technologien zur Schadstoffminderung werden für neue Investitionen sorgen und sowohl neue wirtschaftliche Gewinner als auch Verlierer hervorbringen. Ein großes Finanzberatungsunternehmen sagt voraus, dass die Aktienmärkte der Industrieländer über die nächsten 35 Jahre wegen der Sorgen um den Klimawandel in den meisten Sektoren dauerhaft nachgeben werden. Gleichzeitig wird es in den meisten Sektoren der Aktienmärkte westlicher Länder Investitionsgewinne geben. Auch für Agrarwirtschaft, Infrastruktur und Immobiliensektor werden bis 2050 positive Effekte erwartet. Nach Studien von Umwelt- und Hilfsorganisationen weltweit sind die Kosten aufgrund von Dürren, Stürmen, Überschwemmungen und Waldbränden seit mindestens den 1970er Jahren langsam, aber stetig angestiegen – und sie werden auch mit häufigeren und schwereren Wetterereignissen in den kommenden Jahrzehnten weiter steigen.

Der Klimawandel wird sowohl den geopolitischen Wettbewerb

als auch internationale Kooperation fördern. China ist bereit für eine globale Führungsrolle beim Klimaschutz. Es würde wahrscheinlich seine Verpflichtungen aus dem Pariser Klimaschutzabkommen einhalten, bei der Frage der Überwachungsmechanismen jedoch einknicken und so die Gunst von Schadstoff-Emittenden aus den Entwicklungsländern wie etwa Indien gewinnen. Die Spannungen bei der Bekämpfung des Klimawandels könnten sich deutlich verschärfen, wenn einige Länder beschließen, Geoengineering-Technologien einzusetzen, um die Klimabedingungen im großen Maßstab zu beeinflussen. Erste Studien in dieser Hinsicht finden weitgehend im Computer statt, wo man Techniken erprobt, mit denen Temperatur- und Niederschlagsmuster verändert werden können, wie etwa das Einbringen von Aerosolen in die Stratosphäre, das chemische Aufhellen von Meereswolken und das Installieren von Weltraumspiegeln im Orbit. Andere Ansätze versuchen, der Atmosphäre Kohlendioxid zu entziehen. In Anbetracht der Tatsache, dass es keine internationalen Standards oder Regeln für solche Aktivitäten gibt, dürfte jeder reale Einsatz von Geoengineering im großen Maßstab Konflikte über die Risiken und potenziellen unbeabsichtigten Nebenwirkungen auslösen.

Eine Zeitungsmeldung aus dem Jahr 2033 …

Klimatisches Geoengineering in Bangladesch sorgt für Proteste

Dhaka, 4. April 2033

Bangladesch hat als erstes Land der Welt den Versuch unternommen, den Klimawandel durch das Freisetzen einer Tonne Sulfat-Aerosol in die Atmosphäre aus einer umgebauten Boeing 797 zu verlangsamen. Es war der erste von sechs geplanten Flügen, um den Aufheizungseffekt der Sonnenstrahlung zu verringern. 25 Länder reagierten auf diese beispiellose Aktion mit diplomatischen Protesten. In mehreren Ländern kam es vor den Gebäuden der

Botschaft Bangladeschs zu gewalttätigen Demonstrationen. Regierungsbeamte in Dhaka betonten, die Maßnahme sei «unverzichtbar für den Selbstschutz» des Landes, das in letzter Zeit vermehrt von Hurrikanen mit großer zerstörerischer Wirkung heimgesucht worden war, trotz der Warnungen zahlreicher Wissenschaftler, dass ein solcher Eingriff massive unbeabsichtigte Folgen wie etwa heftigen sauren Regen oder einen Abbau der Ozonschicht auslösen könnte.

Ressourcen von Umwelt und Natur. Fast alle Systeme der Erde sind natürlichem und menschengemachtem Stress ausgesetzt, der schneller zunimmt, als die internationalen Umweltschutzbemühungen kompensieren können. Institutionen, die einzelne Sektoren überwachen, werden zunehmend Probleme bekommen, die komplexen wechselseitigen Abhängigkeiten zwischen Wasser, Nahrung, Energie, Land, Gesundheit, Infrastruktur und Arbeitskraft zu überblicken.

- Es wird erwartet, dass 2035 die **Luftverschmutzung** weltweit die wichtigste Ursache von umweltbedingten Todesfällen sein wird, wenn die Politik sich nicht auf neue Maßnahmen zu Verbesserung der Luftqualität einigen kann. Bereits jetzt sind nach Angaben der Weltgesundheitsorganisation mehr als 80 Prozent der Stadtbewohner einer Luftverschmutzung ausgesetzt, die die vorgegebenen Grenzwerte übersteigt.
- Die Hälfte der Weltbevölkerung wird laut UN im Jahr 2035 unter **Wasserknappheit** leiden. Der gestiegene Bedarf infolge von Bevölkerungswachstum, steigendem Verbrauch und Agrarproduktion wird die Wasservorräte übersteigen, die darüber hinaus in einigen Regionen durch Erschöpfung der Grundwasserbestände und Veränderung der Niederschlagsmuster unsicherer werden. Mehr als 30 Länder – fast die Hälfte davon im Nahen Osten – werden bis 2035 extrem hohen Wasserstress erleben, der für zunehmende ökonomische, soziale und politische Spannungen sorgen wird.

- **Eisschmelze** in Arktis und Antarktis wird nach und nach den Meeresspiegel immer schneller ansteigen lassen. Eine zunehmend schiffbare Arktis wird die kommerziellen Handelsrouten in der Schifffahrt verkürzen und in den kommenden Jahrzehnten den Zugang zu den natürlichen Ressourcen dieser Region erleichtern. Gletscherschmelze im Hochland von Tibet – von wo aus fast alle großen Flüsse Asiens gespeist werden – wird ebenfalls weitreichende Konsequenzen haben.
- Mehr als ein Drittel des **fruchtbaren Bodens** der Welt, der 95 Prozent der weltweiten Nahrungsproduktion liefert, ist derzeit geschädigt, und dieser Anteil wird angesichts der wachsenden Weltbevölkerung sehr wahrscheinlich noch steigen. Bodendegradation – der Verlust von Bodenproduktivität, in erster Linie durch Eingriffe des Menschen – erreicht bereits jetzt eine Geschwindigkeit, die bis zu 40 Mal höher liegt als die Neubildung des Bodens.
- Die Diversität der **Biosphäre** wird trotz fortwährender nationaler und internationaler Anstrengungen auch weiterhin schrumpfen. Klimawandel wird die Effekte von Verlust und Verschlechterung von Lebensraum, Übernutzung, Verschmutzung und invasive fremde Arten noch verstärken – mit schweren Folgen für Wälder, Fischerei und Feuchtbiotope. Viele marine Ökosysteme, besonders Korallenriffe, werden durch Erwärmung und Versauerung der Ozeane in ihrem Bestand gefährdet.

Der Streit um Wasserrechte

Eine wachsende Zahl von Ländern wird durch Bevölkerungswachstum, Urbanisierung, Wirtschaftsentwicklung, Klimawandel oder schlechtes Wassermanagement Wasserstress erleben. Dort, wo es gemeinsame Wasserressourcen gibt, werden die Spannungen zunehmen. Historisch gesehen haben Wasserstreitigkeiten zwischen Staaten meist eher zu vertraglichen Regelungen als zu gewalttätigen Konflikten geführt, doch dieser Trend wird schwerlich Bestand haben können. Dammbau, industrielle Wasserverschmutzung und die Nichterfüllung oder Ablehnung bestehender Vertragsregelungen verschärfen den Wasserstress, doch politische und kulturelle Spannungen spielen oft eine noch größere Rolle.

Für fast die Hälfte der weltweit 263 internationalen Flussgebiete gibt es kein kooperatives Managementabkommen, und auch bei den 600 grenzüberschreitenden Grundwasserleitsystemen existieren nur in einer Handvoll von Fällen Regelungen. Viele der bestehenden Vereinbarungen können überdies nicht an akute Notsituationen wie Klimawandel, Verlust von Biodiversität oder Wasserqualität angepasst werden. Aktuelle Streitigkeiten in wichtigen Flussgebieten wie dem Mekong, dem Nil, dem Amudarja, dem Jordan, dem Indus und dem Brahmaputra zeigen, wie Wasserverwaltungsstrukturen in einer Zeit zunehmend knapper Ressourcen angepasst werden müssen.

Gesundheit. Die Gesundheit von Mensch und Tier wird zunehmend miteinander verbunden sein. Die wachsende globale Konnektivität und ein Wandel der Umweltbedingungen werden nicht ohne Auswirkungen auf die geografische Ausbreitung von Krankheitserregern und ihren Wirten und damit auch auf das Auftreten, die Übertragung und die Ausbreitung vieler menschlicher und tierischer Infektionskrankheiten bleiben. Durch vernachlässigte Schwachpunkte in den nationalen und globalen Systemen zur Krankheitsbekämpfung wird der Ausbruch von Infektionskrankheiten schwieriger zu entdecken und zu beherrschen sein. Damit vergrößert sich die Gefahr, dass sich Epidemien weit über ihren Entstehungspunkt hinaus ausbreiten.

- Nichtübertragbare Krankheiten wie Herzkrankheiten, Schlaganfall, Diabetes und psychische Erkrankungen werden allerdings in den nächsten Jahrzehnten weitaus stärker zunehmen als Infektionskrankheiten. Der Grund dafür sind demografische und kulturelle Faktoren, wie die weltweit steigende Lebenserwartung, mangelhafte Ernährung und Hygiene, Urbanisierung und ein zunehmendes Sozialgefälle.

Konvergierende Trends verändern Macht und Politik

Zusammen werden diese globalen Trends das Regieren erschweren und dabei neu definieren, was es bedeutet, Macht auszuüben. Die Zahl und Komplexität der Themen, die die Handlungsreichweite einer einzelnen Gemeinde oder eines Staates übersteigen, nimmt zu – und das mit größerer Geschwindigkeit als vor Jahrzehnten. Fragen, die früher nur langfristig gestellt wurden, bringen immer häufiger auch kurzfristige Auswirkungen mit sich. So haben beispielsweise komplexe Wechselbeziehungen wie der Klimawandel und rücksichtslose oder nachlässige Anwendungen von Biotechnologie das Potenzial, menschliches Leben zu schwächen oder zu zerstören. Cyber- und Informationstechnologie – komplexe Systeme, von denen der Mensch zunehmend abhängig ist – werden auch in Zukunft neue Handels-, Politik- und Konfliktformen schaffen, deren Auswirkungen wir nicht sofort überblicken können.

Die Trends in Wirtschaft, Technologie und Sicherheitspolitik sorgen dafür, dass es immer mehr Staaten gibt, die geopolitischen Einfluss ausüben können. Damit geht die unipolare Periode im Gefolge des Kalten Krieges zu Ende. Der ökonomische Fortschritt des letzten Jahrhunderts hat – mit Brasilien, China, Indien, Indonesien, dem Iran, Mexiko und der Türkei – die Anzahl der Staaten vergrößert, die für sich in Anspruch nehmen können, eine Groß- oder Mittelmacht zu sein. Damit betreten neue Akteure – mit ihren widerstreitenden Interessen und Werten – die politische Bühne und versuchen, die internationale Ordnung in ihrem Sinn zu gestalten. Trotz der großen Unsicherheit über die Zukunft des globalen Wirtschaftswachstums stimmen führende Experten weitgehend in ihrer Einschätzung überein, dass Schwellenländer wie China und Indien künftig einen deutlich größeren Anteil zum globalen BIP beitragen werden als derzeit – womit sich der Fokus der weltweiten Wirtschaftsaktivität nach Osten verschiebt.

Technologie und größerer Wohlstand versetzen Individuen und kleine Gruppen in die Lage, auf eine Weise zu handeln, die früher allein Staaten vorbehalten war – und damit die etablierten Muster von politischer Führung und Konflikt grundlegend zu verändern. Genau so, wie Veränderungen beim materiellen Wohlstand das internationale Kräftegleichgewicht infrage stellen, übt die Mittelschicht in wohlhabenden Ländern, die über mehr Macht verfügt, aber wirtschaftlich benachteiligt sind, einen außerordentlichen Druck auf die traditionellen Beziehungen zwischen Staat und Gesellschaft aus, insbesondere auf die Erwartungen, die Regierung und Bürger, Eliten und Massen bezüglich ihrer Rollen, Verantwortung und wechselseitigen Beziehungen aneinander haben. Dank der Erfolge der Armutsbekämpfung gibt es, ganz besonders in Asien, deutlich mehr Individuen und Gruppen, die nicht mehr lediglich ums Überleben kämpfen, sondern stattdessen die Macht von Konsum, Ersparnissen und politischer Stimme ausüben – eine Macht, die heutzutage von Internet und modernen Kommunikationstechnologien verstärkt wird.

- Die IKT-Revolution schenkte Individuen und kleinen Gruppen Zugang zu Informationen und die Möglichkeit, weltweiten Einfluss auszuüben. Ihr Handeln, ihre Interessen und Werten besitzen mehr Gewicht als je zuvor.
- Non-Profit-Organisationen, multinationale Konzerne, religiöse Gemeinschaften und eine Reihe anderer Gruppierungen können heute Reichtum, Einfluss und eine Gefolgschaft sammeln. Mit diesen Möglichkeiten können sie sich auf eine Weise um Wohlstand und Sicherheit kümmern, die möglicherweise effizienter ist als das, was politische Organe vermögen.
- Genauso hat die immer breitere Verfügbarkeit von Waffentechnologien in Verbindung mit effektiver Rekrutierungsarbeit und Kommunikation nichtstaatliche Gruppen in die Lage versetzt, regionale Ordnungen auf den Kopf zu stellen.

Das Informationsumfeld fragmentiert Öffentlichkeiten und ihre zahllosen wahrgenommenen Realitäten. Damit rückt ein gemeinsames Verständnis des Weltgeschehens in weite Ferne, das früher die internationale Zusammenarbeit erleichterte. Einige Menschen beginnen überdies, demokratische Ideale wie freie Meinungsäußerung und den «Markt der Ideen» infrage zu stellen. Dort, wo noch ein zunehmendes Misstrauen gegenüber Institutionen und das Proliferieren, Polarisieren und Kommerzialisieren der traditionellen und sozialen Medien hinzukommt, beschreiben einige Wissenschaftler und politische Beobachter unsere Zeit als eine Epoche «postfaktischer» Politik. Verwerfliche Kampagnen zur Manipulation der Öffentlichkeit sind in einem solchen Kontext relativ leicht durchzuführen, wie die jüngsten russischen Aktivitäten sowohl hinsichtlich der Ukraine als auch bei der amerikanischen Präsidentenwahl (einschließlich der Manipulation angeblicher Wikileaks-Enthüllungen) beweisen.

- Studien haben herausgefunden, dass Informationen, die der Meinung oder der vorgefassten Ansicht eines Menschen widersprechen, dessen Überzeugungen nicht ins Wanken bringen oder verändern. Stattdessen wird sein Eindruck verstärkt, dass diese neue Information aus einer voreingenommenen oder feindseligen Quelle stammt, was die Polarisierung von Gruppen mit unterschiedlichen Meinungen weiter verstärkt.
- Was die Sache noch schlimmer macht: Menschen wenden sich oft an Führungsfiguren oder andere, die denken wie sie – im Vertrauen darauf, dass diese die «Wahrheit» für sie interpretieren. Nach einer Untersuchung des Edelman Trust Barometer tut sich zwischen akademisch gebildeten Nachrichtenkonsumenten und der Masse der Bevölkerung eine gewaltige Vertrauenskluft auf. Die internationale Untersuchung ergab, dass die Befragten sich zunehmend auf «jemanden, der so ist wie sie», verlassen und dass sie dieser Person mehr Vertrauen schenken als einem CEO oder Regierungsvertreter.

- Eine Pew-Studie aus dem Jahr 2014 zeigte, dass bei den Befragten in den USA der höchste Vertrauenswert für eine Nachrichtenagentur gerade einmal bei 54 Prozent lag. Als Alternative beziehen die Menschen ihre Nachrichten über die Welt und lokale Ereignisse aus den sozialen Medien.

Die Macht von Individuen und Gruppen, politische Resultate zu verhindern, ist viel leichter einzusetzen als die konstruktive Macht, neue politische Maßnahmen und Ausrichtungen zu formulieren oder Lösungen für gemeinsame Herausforderungen umzusetzen, besonders dann, wenn die Glaubwürdigkeit von Autoritäten und Informationen fragwürdig erscheint.

- Das macht es demokratischen Regierungen umso schwerer, ein Narrativ über das gemeinsame Interesse zu definieren und zu kommunizieren. Außerdem erschwert es das Umsetzen von Politik.
- Für politische Parteien bedeutet es eine weitere Schwächung ihrer traditionellen Rolle als eine Instanz, die Interessen bündelt und gegenüber dem Staat vertritt. Interessengruppen haben seit Anfang der 1970er Jahre – lange vor dem Internet – einen Aufstieg erlebt, der auf Kosten der Mitgliedschaft von politischen Parteien ging, doch Informationstechnologie und soziale Netzwerke haben diesem Trend eine neue Dynamik verliehen.
- Für autoritär gesinnte Führer und Regimes wird die Versuchung, Information zu beherrschen und zu manipulieren im gleichen Maße zunehmen wie die Verfügbarkeit der technischen Mittel dazu.

Das Wesen der Macht verändert sich

Das Zusammenwirken globaler Trends erschwert politische Führung und Kooperation. Dadurch verändert sich der strategische Kontext so stark, dass die traditionellen, materiellen Formen der Macht nicht mehr ausreichen, um die gewünschten politischen Ergebnisse zu gestalten und zu sichern. Materielle Macht – typischerweise gemessen an Bruttoinlandsprodukt, Militärausgaben, Bevölkerungsgröße und Technologie-Niveau – war schon immer ein primärer Hebel des Staates und wird es auch künftig bleiben.

Mit diesem Instrument können mächtige Staaten Agenden festlegen und Kooperation initiieren – so wie in jüngster Zeit beim Pariser Klimaschutzabkommen. Sie können sogar unilateral Ergebnisse erzwingen, wie Russlands Annexion der Krim beweist. Materielle Macht kann aber nicht den Einfluss erklären, die nichtstaatliche Akteure wie der IS auf die gegenwärtige Sicherheitslage haben, oder die Grenzen, an die große Staatsmächte beim Versuch gestoßen sind, solchen Entwicklungen entgegenzutreten. Materielle Macht ist auch wenig geeignet, jene zu beeindrucken, die ihr die Gefolgschaft verweigern.

Das Erzielen und Sichern von Resultaten – sei es beim Bekämpfen von gewalttätigem Extremismus oder beim Managen extremer Wetterereignisse – wird durch die Proliferation von Akteuren, die ein Veto einlegen oder die Fähigkeit zum Handeln unterbinden können, immer schwieriger. Immer mehr staatliche und nichtstaatliche Akteure bedienen sich neuer oder nichttraditioneller Formen von Macht. Sie nutzen das Internet oder ihre Netzwerke, sie manipulieren sogar ihr Umfeld, um Ereignisse zu beeinflussen und für Unruhe zu sorgen, und schränken damit die Fähigkeit «materiell mächtiger» Staaten zunehmend ein, zu einem vertretbaren Preis Ergebnisse zu erzielen. Staaten und große Organisationen müssen immer häufiger damit rechnen, dass jene, die nicht ihrer Meinung sind – ob Aktivisten, Bürger, Investoren oder Verbraucher – aussteigen, die Gefolgschaft verweigern oder protestieren, manchmal auch gewalttätig. Überdies können dank der immer weiter reichenden globalen Konnektivität durch Informations- und andere Netzwerke plötzlich auch schwächere, aber gut vernetzte Akteure einen überproportional großen Einfluss ausüben.

Die mächtigsten Akteure der Zukunft werden Staaten, Gruppen und Individuen sein, die materielle Fähigkeiten, Beziehungen und Informationen schneller, ganzheitlicher und anpassungsfähiger einsetzen können, als es in früheren Generationen üblich war. Sie werden ihre materiellen Fähigkeiten nutzen, um Einfluss zu gewinnen und manchmal auch, um Resultate zu erzielen oder zu verhindern. «Die Macht der Ergebnisse» aber werden sie unter Beweis stellen, indem sie im großen Maßstab Unterstützer mobilisieren und indem sie Informationen einsetzen, um Gesellschaften oder Staaten im Sinne ihrer Sache zu überzeugen oder zu manipulieren. Aus sich überschneidenden, aber nicht identischen Interessen und Werten ergibt sich die Fähigkeit, ansprechende Narrative und Ideologien zu schaffen, Aufmerksamkeit zu generieren und Vertrauen und Glaubwürdigkeit zu kultivieren. Die mächtigsten Akteure werden dazu in der Lage sein, Staaten – ebenso wie Konzerne, soziale oder religiöse Bewegungen und Individuen – dazu zu bewegen, themenübergreifende Netzwerke der Kooperation zu schaffen, indem sie ihre umfassenden und ausgewogenen materiellen Mittel sowie ihre Beziehungs- und Informationskompetenz einsetzen. Die Sicherung von Resultaten wird nur durch eine konstante Beziehungspflege möglich sein.

Die nahe Zukunft

Zunehmende Spannungen

Die globalen Trends, die politische Führung herausfordern und das Wesen von Macht verändern, werden in den nächsten fünf Jahren erhebliche Auswirkungen haben. Sie werden in allen Regionen und allen Regierungsformen für Spannungen sorgen, sowohl innerhalb als auch zwischen Staaten. Diese Umstände werden in den kommenden Jahren zur wachsenden Bedrohung durch den Terrorismus beitragen und mit dafür sorgen, dass die Zukunft der Weltordnung auf der Kippe steht.

Die inneren Spannungen in vielen Ländern nehmen zu, weil die Bürger die Frage stellen, was sie in einer sich ständig verändernden Welt von ihrer Regierung erwarten können. Die Menschen verlangen von ihren Regierungen, dass sie zu Hause zuverlässig und flächendeckend Frieden und Wohlstand garantieren, auch wenn die Bedingungen im Inland zunehmend durch Geschehnisse im Ausland beeinflusst werden.

Diese Dynamik vergrößert ihrerseits die Spannungen zwischen den Ländern – und sie erhöht das Risiko zwischenstaatlicher Konflikte während der nächsten fünf Jahre. Ein Europa, dem die Hände gebunden sind, Unsicherheit über Amerikas Rolle in der Welt und geschwächte Normen für Konfliktprävention und Menschenrechte öffnen Freiräume für China und Russland. Diese Konstellation könnte auch regionale und nichtstaatliche Aggressoren ermutigen – und regionale Rivalitäten neu beleben, so etwa zwischen Riad und Teheran, Islamabad und Neu-Delhi oder zwischen den beiden koreanischen Staaten. Defizite politischer Führung werden auch die gefühlte Bedrohung in Ländern wie Pakistan und Nordkorea verstärken.

- Die wechselseitige wirtschaftliche Abhängigkeit zwischen den großen Mächten ist nach wie vor ein probates Mittel gegen den Ausbruch von Aggressionen, doch sie allein wird vielleicht nicht ausreichen, um künftige Konflikte zu vermeiden. Große und mittlere Mächte werden nach Möglichkeiten suchen, um die Abhängigkeiten zu reduzieren, die sie für ökonomischen Zwang und finanzielle Sanktionen verwundbar macht, was ihnen potenziell mehr Handlungsspielraum schenkt, um ihre Interessen aggressiv zu verfolgen.

Die Bedrohung durch Terrorismus wird wahrscheinlich steigen, weil Staaten, Gruppen und Individuen immer vielfältigere Möglichkeiten haben, einander Schaden zuzufügen. Die Folge der zunehmenden Spannungen innerhalb und zwischen den Ländern – und der wachsenden Bedrohung durch Terrorismus – ist zunächst einmal eine größere globale Unordnung und ein Hinterfragen der Regeln, Institutionen und Machtverteilung der derzeitigen Weltordnung.

Europa. Die Wurzeln der sich verschärfenden Spannungen in Europa und der Zweifel, was seinen künftigen Zusammenhalt angeht, liegen in Institutionen begründet, die ihren Herausforderungen in den Bereichen Wirtschaft und Sicherheit nicht gewachsen sind. EU-Institutionen legen die Geldpolitik der Eurozone-Staaten fest, doch die Staaten behalten die Verantwortung für fiskalische Angelegenheiten und Sicherheit – die ärmeren Länder bleiben auf ihren Schulden und schwachen Wachstumsperspektiven sitzen und jedes Land formuliert seinen eigenen Sicherheitsansatz. Die Frustration der Bürger über Immigration, langsames Wachstum und Arbeitslosigkeit ist der Nährboden für Nativismus und eine Präferenz nationaler Lösungsansätze für kontinentale Probleme.

- *Perspektive:* Europa kann sich auf weitere Erschütterungen gefasst machen – die Banken sind nach wie vor unzureichend kapitalisiert und reguliert, die Migration innerhalb Europas und nach Europa wird weitergehen und der Brexit wird regionale und separatistische Bewegungen in anderen europäischen Ländern stärken.

Europas alternde Bevölkerung wird die Produktivität der Wirtschaft senken, den Konsum in Richtung Dienstleistungen – also beispielsweise ins Gesundheitswesen – verschieben, weg von Gütern und Investitionen. Das Fehlen jüngerer Arbeitskräfte wird die Steuereinnahmen sinken lassen und Debatten über eine Immigration zur Ergänzung der Erwerbsbevölkerung auslösen. Die Zukunft der EU ist an ihre Fähigkeit geknüpft, ihre Institutionen zu reformieren, Arbeitsplätze und Wachstum zu schaffen, das Vertrauen in die Eliten wiederherzustellen und auf die Sorgen der Bürger einzugehen, dass Immigration nationale Kulturen radikal verändern wird.

Vereinigte Staaten. Die nächsten fünf Jahre werden die Widerstandsfähigkeit der USA auf eine Probe stellen. Ähnlich wie in Europa haben auch dort wirtschaftlich schwere Zeiten gesellschaftliche Trennlinien und Klassengrenzen offenbart. Angesichts stagnierender Löhne und zunehmender Einkommensungleichheit wachsen die Zweifel an der globalen wirtschaftlichen Integration und am «amerikanischen Traum» sozialer Mobilität. Der Anteil amerikanischer Männer im Alter von 25–54, die keine Arbeit suchen, hat den höchsten Stand seit der Weltwirtschaftskrise der 1930er Jahre erreicht. Allerdings sind im Jahr 2015 die mittleren Einkommen um fünf Prozent gestiegen und in einigen Kommunen gibt es Anzeichen einer Erneuerung – erschwingliche Immobilien, hohe Renditen für Auslands- und Inlandsinvestitionen, ausreichend Jobangebote für gut ausgebildete Immigranten und niedrige Erwartungen an staatliche Hilfen.

- *Perspektive:* Trotz der Anzeichen für eine Verbesserung der Wirtschaftslage stehen bedeutende Herausforderungen bevor: Das Vertrauen in die politische Führung und Institutionen sinkt, die politische Landschaft ist stark polarisiert und die Staatseinnahmen sind aufgrund des bescheidenen Wachstums und wachsender Ausgaben für Leistungsansprüche begrenzt. Obendrein dürften neue Fortschritte bei der Entwicklung von Robotik und künstlicher Intelligenz den Arbeitsmarkt weiter verunsichern. Gleichzeitig wächst überall auf der Welt die Unsicherheit im Hinblick auf Washingtons Führungsrolle. Es ist jedoch nicht das erste Mal, dass die USA eine problematische Zeit überstehen mussten, man denke etwa an die Verzagtheit der 1970er Jahre, aus der die USA wirtschaftlich gestärkt und mit einer neuen globalen Führungsrolle herauskamen. Innovation auf nationaler und lokaler Ebene, flexible Finanzmärkte, Risikotoleranz und ein demografisches Profil, das ausgewogener ist als in den meisten anderen großen Ländern zeigen, dass es Potenziale für eine Verbesserung gibt. Und schließlich: Das Besondere an den USA ist, dass sie auf einem integrativen Ideal – dem allgemeinen Recht auf Leben, Freiheit und dem Streben nach Glück, wie unvollkommen es auch immer umgesetzt sein mag – anstatt Rasse oder ethnischer Zugehörigkeit begründet wurden. Dieses Erbe ist nach wie vor ein wichtiger Vorteil, wenn es darum geht, mit Spaltungen fertigzuwerden.

Zentral- und Südamerika. Zentralamerika hat derzeit Probleme mit schwachen Staaten und Drogenschmuggel, ein Zustand, der auch noch einige Zeit Bestand haben wird. Südamerika dagegen ist seit einiger Zeit stabiler als viele andere Regionen der Welt und hat viele demokratische Fortschritte erlebt – darunter nicht zuletzt das Überstehen populistischer Wellen sowohl von rechts als auch von links. Doch das Bemühen der Regierungen um größere wirtschaftliche und soziale Stabilität stößt durch Budget- und Schuldenzwänge an seine Grenzen. Die schwächelnde internationale Nachfrage nach Rohstoffen bremst das Wachstum. Die Erwartungen der neu in die Mittelschicht Aufgestiegenen werden die öffentlichen Kassen belasten, politische Unzufriedenheit schüren und möglicherweise die beachtlichen Erfolge der Region bei der Armutsbekämpfung gefährden. Zivilgesellschaftliche Aktivistenorganisationen werden wahrscheinlich die sozialen Spannungen anfachen, indem sie die Korruption der Elite, die marode Infrastruktur und das Missmanagement anprangern. Angst vor drohender Abwahl könnte einige Amtsinhaber zu Versuchen verleiten, ihre Machtposition zu schützen. Eine Periode intensiver politischer Konfrontationen und demokratischer Rückschritte könnte in einigen Ländern die Folge sein. Gewalt ist besonders im nördlichen Zentralamerika virulent, wo Gangs und organisierte Verbrechergruppen die grundlegenden Regierungsfunktionen untergraben und Regierungen zu schwach sind, manche Basisgüter und -dienstleistungen bereitzustellen.

- *Perspektive:* Zentral- und Südamerika werden wahrscheinlich auch weiterhin einen regelmäßigen Austausch von Regierungen erleben, die ein ökonomisches Missmanagement betreiben und sich durch Korruption auszeichnen. Linke Regierungen haben in Ländern wie Argentinien, Guatemala und Peru bereits die Macht verloren und sind in Venezuela stark angeschlagen. Die neuen Führer werden jedoch nicht viel Zeit haben, unter Beweis zu stellen, dass sie es besser machen können. Ein Erfolg der viel beachteten Reformen in Mexiko könnte andere Länder veranlassen, vergleichbare politische Risiken einzugehen. Der Beitrittsprozess zur OECD könnte für einige Länder Chance und Anreiz sein, ihre Wirtschaftspolitik zu verbessern – in einer Region mit einer recht ausgewogenen Altersdemografie, signifikanten Energieressourcen und gut etablierten wirtschaftlichen Verbindungen nach Asien, Europa und in die USA.

Nabelschau im Westen? Die politischen Führer der demokratischen Industriestaaten Nordamerika, Europa, Japan, Südkorea und Australien werden nach Wegen suchen, das Wohlbefinden der Mittelschicht wiederherzustellen und in einigen Fällen gleichzeitig die populistischen und nativistischen Stimmen im Land zu besänftigen. Das Ergebnis könnte ein Westen sein, der stärker als seit Jahrzehnten mit sich selbst beschäftigt ist, der versucht, kostspielige außenpolitische Abenteuer zu vermeiden, während er zu Hause mit Plänen experimentiert, um fiskalische Grenzen, demografische Probleme und Vermögenskonzentration in den Griff zu bekommen. Weitaus stärker als anderswo wird dieser Blick nach innen in der Europäischen Union zum Tragen kommen, die mit Fragen der politischen Führung in der EU und anderen Binnen-Herausforderungen zu kämpfen hat.

- Die inneren Spaltungen, demografischen Probleme und die schwache Wirtschaftsleistung der Europäischen Union bedrohen ihren Status als Global Player. Die Notwendigkeit einer Restrukturierung der europäischen Beziehungen im Gefolge der britischen Entscheidung, die EU zu verlassen wird die internationale Durchsetzungskraft der Region für mindestens die kommenden fünf Jahre schwächen und könnte auch die transatlantische Zusammenarbeit beeinträchtigen. Die ablehnende Haltung von Teilen der Bevölkerung der Region gegenüber Immigranten wird den innenpolitischen Rückhalt der europäischen Regierungen schwächen.

- Fragen nach der Rolle der USA in der Welt konzentrieren sich auf die Frage, was das Land sich leisten kann und was die Unterstützung der Bürger finden würde – Hilfe für Verbündete, Konfliktmanagement oder das Überwinden der eigenen inneren Spaltungen. Die Bürger und Regierungen anderer Länder schauen nach Washington und suchen nach Anzeichen von Kompromiss und Kooperation, mit besonderer Aufmerksamkeit für Welthandel, Steuerreform, Bereitschaft der Arbeitnehmer für neue Technologien, Rassenprobleme sowie die Offenheit für Experimente auf Bundesstaats- und Kommunalebene. Bleiben die innenpolitischen Fortschritte aus, wäre das ein Signal für eine Verhärtung der Verhältnisse, eine Schwächung der Mittelschicht und potenziell ein weiteres globales Abdriften in Richtung Chaos und regionale Einflusssphären. Doch Amerika verfügt über ein enormes Human- und Sicherheitskapital. Viele der besten Köpfe der Welt wollen in den Vereinigten Staaten leben und arbeiten. Die Hoffnung auf eine kompetente und konstruktive Außenpolitik der USA ist im In- und Ausland nach wie vor groß.

China. China steht vor einer gewaltigen Prüfung, bei der seine politische Stabilität auf dem Spiel steht. Nach dreißig Jahren Wirtschaftswachstum von historischen Dimensionen und sozialem Wandel erlebt China inzwischen ein deutlich langsameres Wachstum und die Spätfolgen seiner Schuldenblase. In dieser Situation versucht Peking den Umbau von einer investitionsgetriebenen, exportbasierten Ökonomie zu einer vom Binnenkonsum angetriebenen Wirtschaft. Um ihre Legitimation und die politische Ordnung nicht zu gefährden, muss die Regierung das Bedürfnis der neuen Mittelschicht nach sauberer Luft, bezahlbarem Wohnraum, verbesserten Dienstleistungen und nachhaltigen Chancen befriedigen. Die Konsolidierung von Präsident Xis Macht könnte das Ende des bisherigen Systems für eine stabile Herrschaftsfolge bedeuten, und der chinesische Nationalismus – eine Tendenz, die Peking bisweilen gezielt einsetzt, wenn es sich mit Gegenwind aus dem Ausland konfrontiert sieht – könnte sich als schwer kontrollierbar erweisen.

- *Perspektive:* Peking dürfte über hinreichend Ressourcen verfügen, um sein Wachstum zu konsolidieren, bis die Bemühungen um ein Ankurbeln des privaten Konsums zu greifen beginnen. Je stärker es allerdings seine wirtschaftlichen Anstrengungen auf Staatsunternehmen konzentriert, desto größer werden die Risiken für einen Finanzschock, der seine Fähigkeit zur Wirtschaftslenkung infrage stellen würde. Automatisierung sowie die Konkurrenz der Billigproduzenten aus anderen asiatischen Ländern und sogar Afrika werden die Löhne für ungelernte Arbeiter unter Druck setzen. Die zusehends schrumpfende Erwerbsbevölkerung des Landes wird als starker Gegenwind für Wachstum wirken.

Russland. Russland will durch Nationalismus, Modernisierung seines Militärs, nukleares Säbelrasseln und Engagement im Ausland seinen Großmachtstatus wiederherstellen. Doch zu Hause ist sein Handlungsspielraum beschränkt, weil die stagnierende Wirtschaft einem dritten Rezessionsjahr in Folge entgegensteuert. Moskau legt Wert auf Stabilität und Ordnung, es verspricht den Russen Sicherheit – auf Kosten von individueller Freiheit und Pluralismus. Moskaus Fähigkeit, auf der internationalen Bühne eine Rolle zu spielen – und sei es durch Störmanöver –, dient auch zur Legitimierung der Macht und ist Grundlage für die Popularität der Regierung. Russischer Nationalismus spielt in dieser Geschichte eine große Rolle. Präsident Putin preist die russische Kultur als das letzte Bollwerk konservativer christlicher Werte gegen europäische Dekadenz und die Flutwelle des Multikulturalismus. Die persönliche Beliebtheit Putins ist ungebrochen, doch Zustimmungsraten von 35 Prozent für die regierende Partei zeigen, dass die

Geduld der Bürger angesichts sich verschlechternder Lebensbedingungen und Machtmissbrauchs auch Grenzen kennt.

- *Perspektive:* Wenn die Taktik des Kreml scheitert, wird die unzufriedene Elite die Stabilität im Inland gefährden – und wenn Russlands Status leidet, droht ein aggressiveres Auftreten auf internationalem Parkett. Russlands demografische Lage hat sich seit den 1990er Jahren etwas verbessert, ist jedoch immer noch alles andere als entspannt. Die Lebenserwartung von Männern ist die niedrigste aller Industriestaaten, und der Bevölkerungsrückgang wird sich fortsetzen. Je länger Moskau zögert, seine Wirtschaft zu diversifizieren, desto stärker wird die Regierung auf Nationalismus und das Einschränken der persönlichen Freiheit setzen, um ihre Macht zu erhalten.

Eine Zeitungsmeldung aus dem Jahr 2021 …

Heftige Proteste der «Gig Worker» in London und New York

London, 17. September 2021

Das Gig Workers Movement (GWM), die Organisation der stetig wachsenden Zahl unabhängiger Zeitarbeiter, hat in London und New York mit teils gewalttätigen Demonstrationen und Denial-of-Service-Angriffen auf die Computersysteme großer Unternehmen gegen schlechte Bezahlung, mangelnde Beschäftigungssicherheit und das Fehlen von Sozialleistungen protestiert. Sprecher der Bewegung warnten, dass weitere energische Proteste folgen werden, wenn die Betroffenen nicht mehr Zusatzleistungen wie Lebensmittelbeihilfen und Wohngeld bekommen würden. Von den Cyberattacken waren Millionen von vernetzten Geräten betroffen; die Computersysteme der betroffenen Unternehmen wurden außer Gefecht gesetzt.

Steigendes Selbstbewusstsein in China und Russland. Peking und Moskau werden versuchen, an vorübergehenden Wettbewerbsvorteilen festzuhalten und das, was sie für historisches Unrecht halten, zu korrigieren, bevor ihre wirtschaftlichen und demografischen Probleme ihre materiellen Fortschritte noch weiter verlangsamen und der Westen wieder in Tritt kommt. China und Russland halten beide an ihrer Sichtweise fest, nach der sie in ihrer Region das Recht auf eine dominante Rolle haben und regionale Politik und Wirtschaft so gestalten können, wie es ihren Sicherheits- und Wirtschaftsinteressen entspricht. Beide sind in den letzten Jahren aggressiv aufgetreten, ihren Einfluss in der Region zu vergrößern, die USA geopolitisch herauszufordern und Washington zum Akzeptieren regionaler Einflusssphären zu zwingen – etwas, das die USA in der Vergangenheit stets abgelehnt haben. Zum Beispiel betrachtet China die dauerhafte Präsenz der US Navy im Westpazifik, den hohen Stellenwert der US-Allianzen in der Region und den Schutz der USA für Taiwan als nicht mehr zeitgemäß und ein Beispiel für die Fortführung des chinesischen «Jahrhunderts der nationalen Demütigung».

- Die jüngsten chinesisch-russischen Kooperationen waren allerdings eher taktischer Natur und es ist wahrscheinlich, dass sie sich wieder in Konkurrenz verwandeln werden, wenn Peking den russischen Interessen in Zentralasien in die Quere kommt und wenn Peking über andere Optionen für eine billige Energieversorgung verfügt als Russland. Abgesehen davon ist es nicht klar, ob es für das, was China und Russland als ihre natürlichen Einflusssphären betrachten, eine von beiden Seiten akzeptierte Grenze gibt. Indiens zunehmende Machtposition in der Region wird solche Rechnungen noch komplizierter machen, wenn Neu-Delhi Beziehungen mit Peking, Moskau und Washington aushandelt und seine eigenen expandierenden Interessen verfolgt.

Eine Zeitungsmeldung aus dem Jahr 2019 …

China kauft unbewohnte Fidschi-Insel, um Militärbasis zu bauen

Peking, 3. Februar 2019

Heute wurde bekannt, dass ein chinesisches Entwicklungsunternehmen mit Verbindungen in die chinesische Regierung und Volksbefreiungsarmee kürzlich der Regierung der Fidschi-Inseln für 850 Millionen Dollar die unbewohnte Insel Cobia abgekauft hat. Westliche Sicherheitsanalysten gehen davon aus, dass China plant, auf der Insel im Südpazifik, 3150 Meilen südwestlich von Hawaii, eine ständige Militärbasis zu errichten.

Russlands aggressives Auftreten wird in den Baltischen Staaten und anderen Teilen Europas die antirussischen Ressentiments verstärken und das Risiko eines Konflikts erhöhen. Russland wird internationale Zusammenarbeit suchen – manchmal auch nur zum Schein – und gleichzeitig die Normen und Regeln, die seinen Interessen zuwiderlaufen, offen infrage stellen. Außerdem wird es der Führung anderer «gelenkter Demokratien», die zum Widerstand gegen amerikanische Politik und Präferenzen aufrufen, Unterstützung gewähren. Moskaus Herz hängt nicht besonders an den Regeln der globalen Wirtschaft und man kann damit rechnen, dass es Dinge tun wird, die die institutionellen Vorteile von USA und Europa schwächen. Moskau wird die Entschlossenheit von NATO und Europa auf die Probe stellen und versuchen, die Glaubwürdigkeit des Westens zu untergraben; es wird versuchen, Brüche zwischen Europas Norden und Süden, Osten und Westen auszunutzen und einen Keil zwischen die USA und Europa zu treiben.

- Auf die gleiche Weise wird Moskau im Nahen Osten und allen anderen Teilen der Welt aktiv werden, wo es den Eindruck hat, dem Einfluss der USA etwas entgegensetzen zu können. Und Russland wird entschlossen an seinen Nuklearwaffen festhalten – als Abschreckung, als Gegengewicht zu stärkeren konventionellen Streitkräften und als Eintrittskarte in den Club der Supermächte. Die russische Militärdoktrin sieht angeblich in Situationen, in denen Russlands vitale Interessen bedroht sind, auch einen begrenzten Einsatz von Nuklearwaffen vor, um den Konflikt zu «deeskalieren», indem man demonstriert, dass ein Fortsetzen des konventionellen Konflikts die Gefahr mit sich bringt, zu einem massiven Austausch von Nuklearschlägen zu eskalieren.

In **Nordostasien** sind zunehmende Spannungen rund um die Koreanische Halbinsel wahrscheinlich, die sich in den kommenden Jahren zu einer ernsthaften Konfrontation auswachsen könnten. Kim Jong-un konsolidiert seine Machtposition durch eine Kombination aus Günstlingswirtschaft und Terror, außerdem unternimmt er alles, um sein Atomwaffen- und Raketenprogramm voranzubringen. Er entwickelt Langstreckenwaffen, die bald das amerikanische Festland bedrohen könnten. Peking, Seoul, Tokio und Washington haben einen gemeinsamen Anreiz, die Sicherheitsrisiken in Nordostasien zu verringern, doch eine lange Vorgeschichte von Kriegen und Besatzungsregimes sowie natürlich das aktuelle gegenseitige Misstrauen machen jede Kooperation schwierig. Ständige nordkoreanische Provokationen einschließlich weiterer Nuklearwaffen- und Raketentests könnten die Stabilität in der Region gefährden und die Nachbarländer veranlassen, aktiv zu werden, gegebenenfalls auch unilateral, um ihre Sicherheitsinteressen zu schützen.

Gegensätzliche Ansichten über Instabilität

China und Russland stellen die globale Unordnung als das Ergebnis einer Kampagne des Westens dar, die – ihrer Überzeugung nach eigennützige – amerikanische Vorstellungen und Freiheitswerte in jede Ecke des Planeten transportieren soll. Westliche Regierungen sehen Instabilität als ein grundlegendes Problem, das durch das Ende des Kalten Krieges und eine unvollständige politische und wirtschaftliche Entwicklung noch verschlimmert wurde. Sorgen über schwache oder scheiternde Staaten gibt es seit mehr als einer Generation, weil man von ihren externen Effekten überzeugt ist – seien es Krankheiten, Flüchtlinge oder in einigen Fällen auch Terroristen. Die zunehmende Verflechtung des Planeten macht es jedoch zu einer illusorischen Vorstellung, dass man sich von der Peripherie abschotten kann, genauso wie die zunehmende Verbreitung von Menschenrechtsnormen den Einsatz von staatlicher Gewalt gegen die eigene Bevölkerung zu einer inakzeptablen Option macht.

Eine Konsequenz des Rückzugs von USA und damaliger UdSSR nach Ende des Kalten Krieges war, dass es keine Unterstützung mehr gab für eine Politik der starken Hand, für Militär und Sicherheitskräfte, die um Protektion bitten konnten. Die nichtindustrielle Welt erlebt eine wirtschaftliche Entwicklung, die in ihrer Geschwindigkeit und ihrem Ausmaß beispiellos ist. Bürger, die aufgrund dieser Entwicklung auf einmal nicht mehr arm sind, fordern zunehmend auch eine politische Führung, die sie beteiligt und auf ihre Bedürfnisse eingeht – auch das macht autoritären Regierungen das Leben schwer. Wo politische und wirtschaftliche Entwicklung mehr oder weniger parallel – oder zumindest kurz nacheinander – stattfanden, haben Modernisierung und Stärkung der Rechte des Einzelnen die politische Stabilität gestärkt. Wo ökonomische Entwicklung schneller oder ganz ohne politische Veränderungen ablief – so wie etwa in großen Teilen der arabischen Welt sowie im Rest von Afrika und Südasien –, war Instabilität die Folge. China ist in dieser Hinsicht eine bemerkenswerte Ausnahme. Das Bereitstellen öffentlicher Güter hat dort bislang die politische Ordnung gestützt, doch die aktuelle Kampagne gegen Korruption hat eine gewisse Unsicherheit ausgelöst und die Zahl der öffentlichen Proteste hat in den letzten 15 Jahren zugenommen. Russland ist die andere erwähnenswerte Ausnahme: Wirtschaftswachstum – weitgehend das Resultat hoher Energie- und Rohstoffpreise – hat dabei geholfen, das Chaos der Jelzin-Jahre zu überwinden.

Die Erfahrungen der USA im Irak und in Afghanistan haben gezeigt, dass Zwang und Finanzspritzen einen schwachen Staat nicht kurieren können. Stattdessen erfordert es Integration, Zusammenarbeit der Eliten und eine staatliche Verwaltung, die sowohl das Militär unter Kontrolle halten als auch öffentliche Dienstleistungen liefern kann, um eine stabile politische Ordnung zu schaffen. Das zu erreichen hat sich als schwerer erwiesen als erwartet.

- Kim ist entschlossen, Nordkorea die internationale Anerkennung als nuklear bewaffneter Staat zu sichern, aus Gründen der Sicherheit, des Prestiges und der politischen Legitimierung. Anders als sein Vater und Großvater hat er wenig Interesse gezeigt, an Gesprächen zur atomaren Abrüstung teilzunehmen. 2012 schrieb er den Nuklearstatus des Nordens in der Parteiverfassung fest und unterstrich dies nochmals während des Parteitags von 2016.
- Was Nordkorea angeht, steckt Peking in einer strategischen Zwickmühle. Pjöngjangs Verhalten konterkariert Chinas Behauptung, dass die Militärpräsenz der USA in dieser Region ein Anachronismus ist, und macht gleichzeitig deutlich, wie begrenzt Pekings Einfluss auf seinen Nachbarn und Schützling Nordkorea ist – oder vielleicht auch nur, wie begrenzt Pekings politische Bereitschaft ist, seinen Einfluss geltend zu machen. Eine Folge von Nordkoreas Verhalten ist, dass die amerikanischen Allianzen gestärkt werden, dass die Verbündeten der USA entschlossener auftreten und dass es gelegentlich unter diesen Verbündeten zu engerer Zusammenarbeit kommt. Auf lange Sicht könnte es zu einer Änderung in Pekings Umgang mit Nordkorea kommen.
- Auch Tokio und Seoul stehen vor bedeutsamen Entscheidungen. Beide sind stark darauf fokussiert, den Sicherheitsschirm der USA zu erhalten, während sie ihre eigenen Sicherheitsfähigkeiten verbessern.

Naher Osten und Nordafrika. Praktisch alle Trends in dieser Region gehen in die falsche Richtung. Dauerkonflikte und das Fehlen von politischen und wirtschaftlichen Reformen bedrohen selbst die Erfolge bei der Armutsbekämpfung, den einzigen Lichtblick in dieser Region in jüngster Zeit. Die Abhängigkeit von Ressourcen und Entwicklungshilfe aus dem Ausland haben die dortigen Eliten gestützt, dabei aber gleichzeitig zu einer Abhängigkeit der Bürger vom Staat geführt, weil Märkte, Beschäftigung und Humankapital sich nicht entfalten konnten. Da die Ölpreise wahrscheinlich nicht wieder die Höhen der Zeiten des Ölbooms erreichen werden, müssen die meisten Regierungen Geldleistungen und Subventionen an die Bürger kürzen. Inzwischen haben aber auch hier die sozialen Medien den Menschen ein Werkzeug an die Hand gegeben, mit dem sie ihrer Frustration öffentlich Luft machen können. Konservative religiöse Gruppen – darunter Ableger der Muslimbruderschaft und Schia-Bewegungen – sowie ethnische Organisationen wie die verschiedenen kurdischen Gruppierungen stehen als Alternativen zu den schwachen Regierungen der Region bereit. Solche Gruppen bieten oftmals bessere Sozialleistungen als der jeweilige Staat, und ihre Politik spricht die Menschen an, die in der Regel konservativer und religiöser sind als die politischen und religiösen Eliten der Region.

- *Perspektive:* Die gegenwärtigen Trends werden, wenn ihnen nichts entgegengesetzt wird, die Region zersplittern. Der Einfluss extremer Islamistengruppen dürfte zunehmen, die Toleranz (und damit auch die Bleibemöglichkeiten) für Minderheiten dürfte weiter schwinden, was den Weg bereitet für neue Flüchtlingsströme. In arabischen Staaten wie Ägypten und eventuell Saudi-Arabien könnte die Angst vor Instabilität die politische Führung dazu verleiten, ihre Macht gewaltsam durchzusetzen – ein Impuls, der gegenläufige Trends wie die größeren Möglichkeiten politischer Einflussnahme durch neue Medien, die freieren Informationsflüsse und den Rückgang der Armut konterkarieren. Alternativ könnte der Übergang zur Demokratie ein attraktives Modell liefern, sofern diese größere Stabilität und Wohlstand für alle verspricht. Fortschritte in Bereichen wie Armutsbekämpfung, Bildung und Frauenrechte in einigen Teilen der Region schaffen eine Dynamik, mit der man die wachsende Zahl junger Menschen, die in den kommenden Jahren das arbeitsfähige Alter erreichen, gewinnen könnte.

Aus geopolitischer Sicht werden größere humanitäre Krisen und regionale Konflikte im Nahen Osten und Nordafrika die Glaubwürdigkeit der internationalen Konfliktlösungs- und Menschenrechtsnormen weiter untergraben. In den Hauptstädten der Region ist der Eindruck entstanden, dass Washington unzuverlässig ist. Das hat Russland und möglicherweise China als Alternativen auf den Plan gerufen und die arabischen Staaten hinsichtlich amerikanischer Hilfszusagen vorsichtig werden lassen. Diese Wahrnehmung hat ihren Ursprung im Ziehen «roter Linien» in Syrien, die dann nicht durchgesetzt wurden, in fehlender Unterstützung für Mubarak und andere arabische Amtsinhaber 2011, in einer angeblichen Kehrtwende in Richtung Iran und weg von den traditionellen sunnitischen Verbündeten und Israel sowie in einem Gefühl der Vernachlässigung im Gefolge des zunehmenden US-Engagements in Asien.

- Gleichzeitig werden der Iran, Israel und vielleicht auch die Türkei im Vergleich mit anderen Staaten der Region an Macht und Einfluss gewinnen, dabei aber weiterhin miteinander im Streit liegen. Die wachsende Macht, das nukleare Potenzial und das aggressive Verhalten des Iran werden auch weiterhin Israel und den arabischen Golfstaaten Sorgen bereiten. Der sektiererische Charakter des regionalen Konkurrenzkampfs zwischen dem Iran und Saudi-Arabien, der sich in Hetzreden und Vorwürfen der Häresie äußert, lässt diese Besorgnis in der ganzen Region zunehmen.

Subsaharisches Afrika. Demokratische Praktiken finden mehr Raum, zivilgesellschaftliche Gruppen haben sich ausgebreitet und die Forderungen der Bürger nach besserer politischer Führung sind lauter geworden. Dennoch leiden viele afrikanische Staaten nach wie vor unter einem «Big Man»-System, Günstlingswirtschaft und ethnischer Bevorzugung. Viele Staatsoberhäupter konzentrieren sich mehr aufs politische Überleben als auf Reformen – und manche von ihnen ignorieren verfassungsmäßige Amtszeitenbegrenzungen. Auch die Entwicklung der Weltwirtschaft bedroht die Entwicklung, weil die Rohstoffpreise niedrig und ausländische Investitionen schwach bleiben. Selbst einige Länder, die Fortschritte in Richtung Demokratie gemacht haben, bleiben anfällig und werden vor und nach Wahlen oft von Wellen der Gewalt erschüttert. Spannungen zwischen Christen- und Muslimgruppen könnten zu einem Konflikt eskalieren.

- *Perspektive:* In den nächsten fünf Jahren wird die wachsende Bevölkerung vieler afrikanischer Länder jünger, urbaner, mobiler, vernetzter und gebildeter werden – und diese Menschen werden nach mehr Gehör verlangen. Rasche Urbanisierung hat zur Folge, dass die Infrastruktur überlastet und die Korruption der Elite stärker sichtbar wird, und das wird die Frustration der Menschen über das, was ihr Staat ihnen an Dienstleistungen und Chancen offeriert, steigen lassen. Rund 75 bis 250 Millionen Afrikaner werden extremen Wasserstress zu spüren bekommen – die wahrscheinliche Folge sind Massenmigrationen. Dennoch wird Afrika ein Experimentierfeld bleiben für Regierungen, Konzerne, NGOs und Individuen, die versuchen, die Entwicklung voranzutreiben. Die Fortschritte der letzten zwei Jahrzehnte – dazu zählen eine größere Mittelschicht, eine zunehmend vitale Zivilgesellschaft und die Zunahme demokratischer Institutionen – lässt Aufwärtspotenzial erkennen.

Südasien. Indien wird in den nächsten fünf Jahren der am schnellsten wachsende Wirtschaftsraum der Welt sein, während sich Chinas Wirtschaft abkühlt und das Wachstum andernorts ins Stottern gerät. Innere soziale und religiöse Spannungen werden Indiens Aufstieg jedoch komplizieren. Dennoch wird Neu-Delhi auch weiterhin kleineren südasiatischen Ländern über Entwicklungshilfe und zunehmende Verflechtung mit Indiens Wirtschaft die Chance bieten, an seinem Wachstum teilzuhaben. Auch das ist Teil der Bemühungen Indiens, seine Rolle als die vorherrschende Regionalmacht zu festigen. Afghanistan, Pakistan und die fragilen ethnischen Beziehungen in der Region werden auch weiterhin unter gewalttätigem Extremismus, Terrorismus und Instabilität leiden.

Das Schreckgespenst des Terrorismus in Gestalt von Laschkar-e Taiba (LeT), Tehrik-i-Taliban Pakistan (TTP) und al-Qaida mit ihren Verbündeten – ebenso wie die Ausbreitung des IS und Verständnis für die mit ihm verbundene Ideologie – wird weiter über der Region schweben. Die Konkurrenz um Arbeitsplätze in Verbindung mit der Diskriminierung von Minderheiten könnte zur Radikalisierung der Jugend beitragen, zumal wenn man die ungleichen Geschlechterverhältnisse mit berücksichtigt: In einigen Ländern sind Männer deutlich in der Überzahl.

- *Perspektive:* Welcher Art die indische Entwicklung sein wird, hängt davon ab, ob es die in der Region allgegenwärtigen Probleme in Bereichen wie Gesundheitswesen, Hygiene und Infrastruktur in den Griff bekommt. Der Anteil unterernährter Kinder etwa liegt in Indien höher als im Afrika jenseits der Sahara. Populismus und Sektierertum werden zunehmen, wenn es Bangladesch, Indien und Pakistan nicht gelingt, Arbeitsplätze und Bildung für wachsende Stadtbevölkerungen zu schaffen, und wenn auch weiterhin in erster Linie im Sinne einer Identitätspolitik regiert wird. Gesundheit, Ernährungssicherheit, Infrastruktur und Lebensunterhalt werden unter Umweltverschmutzung, Erdbeben und den Auswirkungen des Klimawandels einschließlich einer veränderten Monsundynamik und zunehmender Gletscherschmelze leiden. Südasiens offene Haltung gegenüber dem Privatsektor, lokalen Gruppen und NGOs sichert ihm jedoch eine gute Ausgangsposition für eine Ära des selbstbestimmten Individuums, zumal wenn die Regierungen der Region ihre Unterstützung für chauvinistische Gruppen, die die Gesellschaft spalten, einschränken.

Eine Zeitungsmeldung aus dem Jahr 2032 …

IWF: Wirtschaft in Afrika wächst schneller als in Asien

Washington, 11. Februar 2032

Nach einer Erhebung des Internationalen Währungsfonds (IWF) hat die Wachstumsrate der afrikanischen Wirtschaft im letzten Jahr fünf Prozent überstiegen, womit Afrika zum ersten Mal vor Asien liegt. Dazu mussten zahlreiche Verbesserungen zusammenwirken, um die regionale Entwicklung voranzutreiben. Die Produktion billigerer Solaranlagen und Solarbatterien haben in den letzten zehn Jahren die Energieversorgung in der Region revolutioniert, Fortschritte bei Gen-Nahrungsmitteln und Wasserentsalzungstechnologie konnten die Nahrungsmittelproduktion stabilisieren, mehr Finanzdienstleistungen, digitales Zahlungswesen und Peer-to-Peer-Crowdfunding haben den Handel angekurbelt und die breite Verfügbarkeit von 3D-Druck hat den lokalen Produktionssektor wachsen lassen, der Afrikas wachsende Erwerbsbevölkerung für sich nutzen konnte.

In **Südasien** wird Pakistan sich gezwungen fühlen, Indiens wirtschaftlicher und konventionell-militärischer Macht auf asymmetrische Weise etwas entgegenzusetzen. Pakistan wird versuchen, seine nukleare Abschreckung gegenüber Indien zu verstärken, indem es sein Nuklear-Arsenal einschließlich Trägersystemen vergrößert. Dazu gehört auch die Entwicklung von «nuklearen Gefechtsfeldwaffen» und seegestützten Waffen. Indien dagegen wird seine Aufmerksamkeit in gleicher Weise auf Islamabad und Peking richten – und militärische Partnerschaften mit Europa, Japan, den USA und anderen anstreben –, um seine konventionelle Schlagkraft zu stärken, während es gleichzeitig versucht, seine Dominanz gegenüber Pakistan auszubauen.

Die Einkommen in Schwellenländern steigen schneller und stärker als je zuvor

Indien und China haben ihr Pro-Kopf-Einkommen viel schneller verdoppelt als deutlich kleinere Schwellenländer in der Vergangenheit.

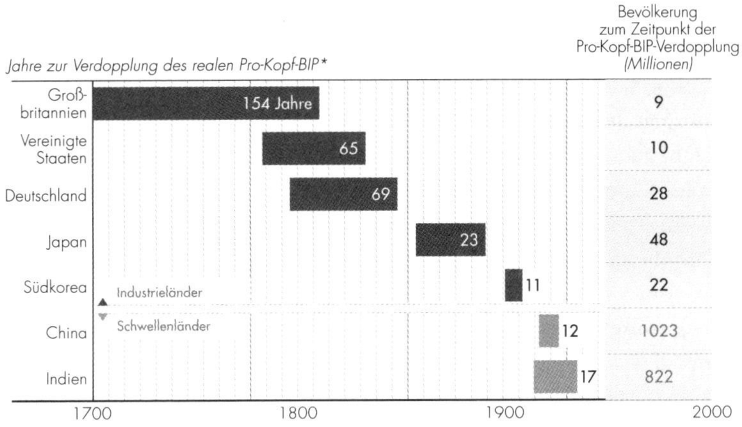

* Von jährlich 1300 auf 2600 Dollar bei Kaufkraftparität.
Quelle: Groningen Growth and Development Center, The Maddison Project Database, Groningen, Niederlande, 2013. http://www.ggdc.net/maddison/maddison-project/home.htm. Version 2013.

- Seegestützte nukleare Waffensysteme für Indien, Pakistan und vielleicht China würden den Indischen Ozean im Verlauf der nächsten 20 Jahre immer mehr zu einer Atomwaffenzone machen. Und wo es mehrere Atommächte gibt, die keine klare Regelung für den Fall haben, dass nuklear bewaffnete Schiffe aufeinandertreffen, steigt das Risiko für Fehleinschätzungen und unbeabsichtigte Eskalation. Die entsprechenden Anforderungen für seegestützte Trägersysteme verzichten auf einen Sicherheitsschritt, der bislang dafür gesorgt hat, dass in Südasien Nuklearwaffen und Trägerraketen getrennt gelagert wurden.

Wachsende Bedrohung durch Terrorismus

Die Bedrohung durch Terrorismus wird wahrscheinlich zunehmen, weil die Mittel und Motivation von Staaten, Gruppen und Individuen, anderen zu schaden, immer vielfältiger werden. Lange schwelende Konflikte und die Bedingungen des Informationszeitalters geben Terroristen die Möglichkeit, in großem Maßstab zu operieren und zu rekrutieren. Darin offenbart sich die neue Dimension der Bedrohung. Der Terrorismus tötet weltweit weniger Menschen als Verbrechen oder Krankheiten, doch die Möglichkeit, dass Einzelpersonen, die auf apokalyptische Zerstörung aus sind, eine neue Größenordnung von Waffen in die Hände bekommen, ist nur zu real. Dieser ultimative Anschlag – ein Ereignis, das wenig wahrscheinlich ist, aber gravierende Auswirkungen hätte – unterstreicht, wie wichtig es ist, dass Staaten diesem Thema ihre Aufmerksamkeit widmen und dass es in diesem Bereich internationale Zusammenarbeit gibt.

Terroristen werden ihre Gewalttaten auch weiterhin durch ihre eigene Interpretation von Religion rechtfertigen, doch es kommen auch noch einige andere Triebkräfte ins Spiel. Überall im Nahen Osten gibt es Länder, in denen der Zusammenbruch staatlicher Strukturen Raum schafft für Extremisten. Der Stellvertreterkrieg zwischen dem Iran und Saudi Arabien verstärkt das Sektierertum zwischen Schiiten und Sunniten – wobei einige militante Gruppen sich über religiöse Differenzen weiter zersplittern. Zusätzlich bleibt der Eindruck einer «westlichen Hegemonie» ein wirksamer Schlachtruf für manche Gruppen, die sich unter dem erklärten Ziel formieren, den «Fernen Feind» zu schlagen.

- Die geografische Basis des religiös motivierten Terrorismus dürfte sich ändern, doch der Aufstieg von gewaltbereitem religiösem Nationalismus und die Spaltung zwischen Schiiten und Sunniten dürften sich kurzfristig eher noch verstärken und könnten bis 2035 anhalten. Mächtige Ideologien wie der salafistische Dschihadismus, sei es in der Version des IS oder von al-Qaida, schaffen in einer

Region, in der vor dem Hintergrund einer Generationen umfassenden Geschichte autokratischer Herrschaft und wirtschaftlicher Ungleichheit derzeit ein gewaltiger politischer Wandel abläuft, einen Brennpunkt, in dem Gewalt wahrscheinlicher wird. Das militante Christentum und der militante Islam in Zentralafrika, der militante Buddhismus in Myanmar und der gewalttätige Hindu-Nationalismus in Indien werden auch weiterhin Terror und Konflikte schüren.

- Extremisten werden in einigen Teilen der Welt die Wut der Menschen ausnutzen und die gefühlte Ungerechtigkeit mit einer gemeinsamen tiefreligiösen Identität verknüpfen. Dank ständig zunehmender Konnektivität, dem Versagen staatlicher Strukturen in weiten Teilen der Entwicklungsländer und der zunehmenden Entfremdung infolge des Verschwindens traditioneller Arbeit aus den Industrieländern wird Religion zu einer immer stärkeren Quelle von Sinn und Kontinuität. Der rapide Wandel und ein Dasein in politischer und wirtschaftlicher Ungewissheit oder Verunsicherung werden viele Menschen dazu treiben, sich Ideologien und Identitäten zuzuwenden, die ihnen Sinn und Kontinuität versprechen.
- Fortschritte in der Informationstechnologie – sei es die Druckerpresse und Gutenberg-Bibel im 15. Jahrhundert oder die Erfindung des World Wide Web im Jahr 1989 – erlauben auch religiösen Inhalten eine weite Verbreitung, was zum Teil auch daran liegt, dass es sich bei Religionen um grenzüberschreitende Ideen handelt, die im Alltag der Menschen oftmals mehr Gewicht haben als staatliche Autorität. Die große Mehrheit der Gläubigen ist friedfertig, doch wer extreme Ansichten hat, wird dank moderner Informationstechnologie Gleichgesinnte und beeinflussbare Rekruten finden. In der Doktrin der meisten Weltreligionen – einschließlich Christentum, Islam und Judentum, Buddhismus und Hinduismus – lassen sich ausgrenzende Aspekte finden, die sich auf diese Weise instrumentalisieren lassen.

Abgesehen von Religion gibt es auch psychologische und soziale Faktoren, die Menschen zur Beteiligung an Terror motivieren und die es Terroristengruppen erleichtern werden, Nachwuchs und Ressourcen zu finden und Zusammenhalt zu stiften.

- *Ein gewisses Maß an Entfremdung* – sei es, dass man die Verbindung zum soziokulturellen Mainstream verloren hat, nicht am politischen Prozess teilnehmen kann oder vom ökonomischen Nutzen der Gesellschaft ausgeschlossen ist.
- *Ethnische oder verwandtschaftliche Bindungen* – Peergruppen, Sozial- oder Familiennetzwerke – sowie das Verlangen nach Abenteuer, Ruhm und Zugehörigkeit.
- *«Denationalisierung»* – junge Immigranten in europäischen Städten verlieren die Verbindung zur Gemeinschaft ihrer Herkunft. Hinzu kommt das Fehlen von wirksamen Anreizen, eine neue europäische Identität zu akzeptieren.
- *Ethnische und religiöse Spannungen* (jenseits der heutigen Brennpunkte), so etwa zwischen Malaien und Thais in Thailand, zwischen Muslims und Buddhisten in Myanmar oder zwischen Christen und Muslims in Nigeria.

Technologie bleibt ein zweischneidiges Schwert. Einerseits wird sie die Kommunikation, Rekrutierung, Logistik und Effizienz von Terroristen unterstützen. Andererseits gibt sie den Behörden immer ausgefeiltere Techniken an die Hand, Bedrohungen zu identifizieren und einzuordnen – wenn die Öffentlichkeit es erlaubt. Technologie wird nichtstaatliche Akteure auch weiterhin dazu befähigen, ihre Aktivitäten und Identität zu verschleiern. Der Einsatz von Cyber-Tools, etwa um elektrische Systeme außer Gefecht zu setzen, hat das Potenzial, großflächige Störungen zu verursachen. Ebenso entscheidend wird Kommunikationstechnologie für die Fähigkeit nichtstaatlicher Akteure sein, neue Mitglieder zu rekrutieren, Operationen zu finanzieren und ihre Botschaften zu verbreiten. Technologische Fortschritte werden auch die technologischen Hürden für Szenarien mit geringer Wahrscheinlichkeit, aber potenziell katastrophalen Auswirkungen senken, wie etwa terroristische Anschläge mit Massenvernichtungswaffen, und die Proliferation tödlicher konventioneller Waffensysteme an terroristische Gruppen ermöglichen.

- Technologie wird die Bedrohung weiter dezentralisieren – etwa von einer organisierten und kontrollierten al-Qaida zu einer fragmentierten Dschihadisten-Miliz. Dieser Trend stellt für die Terrorismusbekämpfung eine Herausforderung dar, weil sich das Wesen künftiger terroristischer Anschlagspläne und Strategien verändert.

Eine Zeitungsmeldung aus dem Jahr 2019 …

Mexiko verbietet nach erneutem Attentatsversuch private Drohnen

Mexiko-Stadt, 13. Mai 2019

Mexikos Regierung hat heute bekannt gegeben, dass es ab sofort gegen das Gesetz verstößt, private Drohnen zu besitzen. Der Erklärung ging der fünfte Attentatsversuch in weniger als drei Monaten voraus, bei denen Drogenkartelle mit Hilfe einer «Drohnenbombe» hochrangige Regierungsvertreter töten wollten. Das letzte Ziel war der neue Innenminister.

Die Weltordnung steht auf dem Spiel

Die Weltordnung der Nachkriegszeit, die die heutigen Strukturen und Institutionen von Politik, Wirtschaft und Sicherheit hervorgebracht hat, ist fraglich geworden, weil Macht weltweit gestreut wird, wodurch auch die Stühle am «Tisch» der globalen Entscheidungsprozesse neu verteilt werden. Aufstrebende Mächte versuchen heute, die Spielregeln und den internationalen Kontext so zu verändern, wie es ihren Interessen dienlich ist. Diese Dynamik macht es schwierig, internationale Institutionen wie den UN-Sicherheitsrat oder die Bretton-Woods-Institutionen zu reformieren, und es stellt sich die Frage, ob politische Rechte, Bürger- und Menschenrechte, die seit 1945 Inbegriff liberaler Werte und des amerikanischen Führungsanspruchs waren, dies auch weiterhin sein werden. Normen, die als gesichert galten, werden zunehmend bedroht sein, wenn gegenwärtige Trends anhalten. Ein Konsens für die Festlegung neuer Normen dürfte hingegen kaum zu erreichen sein – zumal Russland, China und andere Akteure wie der IS sich bemühen, bestimmte Regionen und internationale Normen nach ihren Vorstellungen umzugestalten. Einige Merkmale der sich herausbildenden Weltordnung sind klar:

- Der geopolitische Wettbewerb nimmt zu. China und Russland versuchen, ihren Einfluss auf die Nachbarregionen zu verstärken und eine Ordnung zu etablieren, in der der Einfluss der USA nicht dominiert.
- Obwohl Staaten und Organisationen nach wie die Erwartungen der Bürger hinsichtlich einer zukünftigen Ordnung beeinflussen, werden Sorgen der Bürger und subnationale Belange den Staat so lange unter Druck setzen, bis Außen- und Innenpolitik nicht mehr auseinanderzuhalten sind.
- Das wird kurzfristig dazu führen, dass in einigen Staaten die Bereitschaft nachlässt, bestehende Sicherheitskonzepte und Menschenrechte anzuerkennen, auch wenn Einzelpersonen und kleine Gruppen diese Ideen über neue und traditionelle Plattformen, Orte und Institutionen propagieren.
- Man kann davon ausgehen, dass autoritäre Regimes Menschenrechtsnormen zunehmend neu interpretieren und manipulieren werden. Eine wahrscheinliche Folge ist, dass auf internationaler Ebene der Konsens über die extraterritorialen Verpflichtungen von Staaten zu bröckeln beginnt, etwa hinsichtlich der Anwendung von Konzepten wie der Schutzverantwortung – mit absehbaren negativen Folgen für die heimische Zivilgesellschaft und das Lösen von humanitären Konflikten.
- Die Normen und Praktiken, die sich im Zusammenhang mit dem Klimawandel herausbilden – und ihr Einfluss auf internationale und staatliche Entwicklungspolitik –, sind das Gebiet, auf dem im 21. Jahrhundert die Verständigung auf einen Kodex allgemein anerkannter Prinzipien am wahrscheinlichsten ist. Nach einer Umfrage des Pew-Instituts erklärte in 40 Ländern eine Mehr-

heit der Befragten, Klimawandel sei ein ernstes Problem, und im weltweiten Mittel bezeichneten 54 Prozent Klimawandel als ein sehr ernstes Problem.

Die Wahrscheinlichkeit, dass internationaler Konkurrenzkampf auf kurze Sicht eine größere globale Unordnung und Unsicherheit zur Folge hat, wird so lange hoch bleiben, wie der À-la-carte-Internationalismus Bestand hat. Wenn dominante Staaten nur in kleinen Teilbereichen globaler Fragen an Zusammenarbeit interessiert sind, während sie gleichzeitig in regionalen Belangen ihre Interessen aggressiv durchzusetzen versuchen, werden internationale Normen und Institutionen ausgehöhlt und das internationale System zerfällt in einzelne, umkämpfte regionale Einflusssphären.

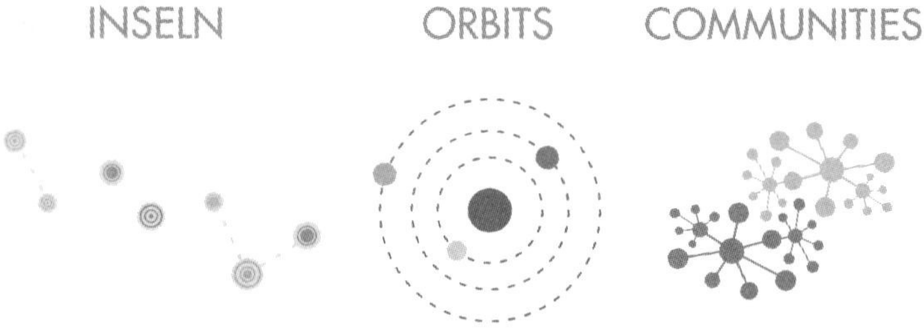

Drei Szenarien für die fernere Zukunft

Will man weiter als fünf Jahre in die Zukunft blicken, kommen so viele Eventualitäten ins Spiel, dass es hilfreich sein kann, sich darauf zu fokussieren, wie sich ausgewählte Trends, Entscheidungen und Unsicherheiten über unterschiedliche Pfade entwickeln könnten – erzählt in einer Reihe von kurzen Geschichten, die man als Szenarien bezeichnet. Natürlich kann kein einzelnes Szenario die Gesamtheit der künftigen Entwicklungen beschreiben, doch es kann ausmalen, wie die wichtigsten Themen und Trends die Zukunft bestimmen könnten, so wie Schlagworte wie «Kalter Krieg» oder «Gilded Age»* die dominanten Themen vergangener Perioden definiert haben. Wir glauben, dass die drei wichtigsten Unwägbarkeiten, die die nächsten 20 Jahre prägen werden, zurückgehen auf:

1. **Innenpolitische Dynamiken.** Wie Regierungen und Bürger ihre Erwartungen aneinander neu verhandeln und in einer Ära tiefgreifender Veränderungen, geprägt von einem neuen politi-

---

* «Gilded Age», das «Vergoldete Zeitalter», wirtschaftliche Blütezeit in den USA von etwa 1870 bis 1900 (Anm. d. Übers.).

schen Selbstbewusstsein der Menschen und einem rapiden wirtschaftlichen Wandel, politische Ordnung schaffen;

2. **Dynamiken zwischen Ländern.** Wie große Mächte und bestimmte Individuen und Gruppen Formen von Wettbewerb und Kooperation entwickeln und

3. **Kompromisse zwischen langfristigem und kurzfristigem Denken.** In welchem Ausmaß Staaten und andere Akteure sich kurzfristig auf die komplexen globalen Probleme wie Klimawandel und transformative Technologien vorbereiten.

Die drei Szenarien – «Inseln», «Orbits» und «Communities» – stellen die Frage, auf welche Weise zentrale Trends und Entscheidungen ineinandergreifen und so unterschiedliche Pfade in die Zukunft kreieren könnten. Diese Szenarien malen alternative Reaktionen auf die Volatilität der nächsten Jahre aus – auf nationaler (Inseln), regionaler (Orbits) und transnationaler (Communities) Ebene. Sie beleuchten auch unterschiedliche Reaktionen der USA auf diese Trends – zum Beispiel, innenpolitische und wirtschaftliche Interessen der USA über Außenbeziehungen zu stellen; globales Engagement, um amerikanische Interessen im Ausland zu verteidigen, oder ein Anpassen der Regierungspraxis, um sich die vergrößerte Zahl einflussreicher Akteure zunutze zu machen. Wir wissen nicht, welches Ergebnis eintreten wird, doch die folgenden Szenarien beschreiben die Themen und Probleme, vor denen Politiker in den kommenden Jahrzehnten stehen werden.

Die Methodologie der Szenarioanalyse

Gute Szenarien sind viel eher eine Kunst als eine Wissenschaft. Die Geschichten müssen fundiert genug sein, um plausibel zu erscheinen, gleichzeitig aber auch fantasievoll genug, um unsere Hypothesen über die Zukunft infrage zu stellen – schließlich vollführt die Welt immer wieder überraschende Volten. Keines der hier dargestellten Resultate ist jedoch in Stein gemeißelt. Die Entscheidungen, die Menschen treffen – individuell und kollektiv, absichtlich oder zufällig –, sind und bleiben die größten Variablen für den Lauf der Dinge. Viele weitere Szenarien hätten sich aus den Trends, die wir in diesem Bericht diskutieren, konstruieren lassen, allerdings hoffen wir, dass die Szenarien, die wir gestaltet haben, das Denken und die Diskussion über die Zukunft anregen werden.

- Kreativ über die Zukunft nachzudenken ist oft schwierig, weil wir dazu neigen, uns in unserem Urteil von der jüngsten Vergangenheit und aktuellen Ereignissen beeinflussen zu lassen. Das Entwickeln alternativer Szenarien hilft, unausgesprochene Vorannahmen über die Zukunft zu hinterfragen, es zeigt neue Möglichkeiten und Handlungsalternativen auf, die andernfalls schwer zu erkennen wären.
- Unsere Szenarien – und die Herausforderungen und Chancen, für die sie stehen – schließen sich nicht unbedingt gegenseitig aus. Die Zukunft wird vermutlich Elemente aus allen Szenarien enthalten, allerdings mit unterschiedlicher Intensität oder abhängig von der jeweiligen Weltregion. Zum Beispiel könnte die Zukunft, die im «Insel»-Szenario ausgemalt wird, einige Staaten dazu veranlassen, auf zunehmende wirtschaftliche Instabilität und die Selbstbezogenheit des Westens zu reagieren, indem sie aktiv werden, um ihre eigenen Interessen zu sichern und die Welt mehr in Richtung unseres «Orbits»-Szenarios zu bewegen. Wenn es nationalen Regierungen nicht gelingt, ökonomische und technologische Veränderungen effektiv zu managen, könnte dies alternativ dazu führen, dass lokale Regierungen und private Akteure eine größere Rolle spielen, womit die Bedingungen gegeben wären, dass unser «Communities»-Szenario Realität wird.
- Wir freuen uns, wenn unsere Leser diese Szenarien dazu nutzen, ihre aktuellen Planungsannahmen zu hinterfragen und strategisch darüber zu reden, wie man sich auf die Herausforderungen und Chancen vorbereiten soll, die vor uns liegen könnten. Die Szenarien sollten im Licht jeweils neuer Entwicklungen immer wieder neu bewertet werden.

Inseln

Dieses Szenario beschäftigt sich mit einer Neustrukturierung der Weltwirtschaft, die lange Perioden von langsamem oder gar Nullwachstum zur Folge hat. Damit wird die Annahme infrage gestellt, dass traditionelle Modelle von Wohlstand und zunehmender Globalisierung sich in Zukunft fortsetzen werden. Dieses Szenario betont die Probleme der Governance, das Bedürfnis nach wirtschaftlicher und sozialer Sicherheit zu erfüllen, wenn sich zunehmender Widerstand gegen die Globalisierung formiert, wenn neue Technologien Arbeit und Handel verändern und die politische Instabilität wächst. Dieses Szenario zeigt, welche Entscheidungen die Regierungen angesichts der Veränderungen in Wirtschaft und Technik treffen müssen, Entscheidungen, die einige Regierungen dazu veranlassen könnten, den Blick nach innen zu richten, die Unterstützung für multilaterale Kooperation zu reduzieren und eine protektionistische Politik zu betreiben. Andere dagegen könnten Wege finden, neue Quellen für Wirtschaftswachstum und Produktivität zu erschließen. Das Wort hat ein Ökonom, der mit einem Abstand von 20 Jahren über die globale Finanzkrise von 2008 nachdenkt:

Die letzten Jahre, in denen wir uns mit den Schattenseiten von Globalisierung, finanzieller Volatilität und zunehmender Ungleichheit auseinandersetzen mussten, haben die Welt verändert. Zunehmende Staatsverschuldung, alternde Bevölkerungen und schrumpfende Investitionen verschärften den Druck auf die Industriestaaten. Die Forderungen der Bürger und Unternehmen nach Schutz vor den Schwankungen des Marktes, vor technischen Umwälzungen, Epidemien und Terrorismus trieben manche Länder dazu, den Blick nach innen zu richten. In den Ländern, denen es nicht gelang, den

Wandel zu managen, wuchs die Frustration der Bürger und die politische Instabilität nahm zu. Viele Regierungen hatten Mühe, die Dienstleistungen für ihre Bevölkerung zu gewährleisten, weil die Steuereinnahmen mit den wachsenden Verpflichtungen nicht Schritt halten konnten. In den Bevölkerungssegmenten, die vor der Finanzkrise «Mittelklasse-Status» erworben hatten, war das Risiko am größten – viele erlebten einen sozialen Abstieg zurück in vergleichsweise Armut. Die Globalisierung verlangsamte sich, weil Regierungen infolge des innenpolitischen Drucks eine protektionistische Politik zu verfolgen begannen. Die meisten Ökonomen machen in erster Linie die folgenden Entwicklungen verantwortlich dafür, dass das globale Wirtschaftswachstum sich verlangsamte und ein großer Teil der Globalisierungstrends der vorangegangenen Jahrzehnte sich zunehmend umkehrte:

- **Die Zunahme von Ungleichheit,** während der Wohlstand sich immer stärker konzentrierte, löste soziale Spannungen und eine Gegenbewegung gegen die Globalisierung aus.
- **Die Verbreitung von künstlicher Intelligenz** und Automatisierungstechnologien stellte mehr Branchen auf den Kopf, als Ökonomen erwartet hatten. Dieser Trend sorgte für Unmut unter der großen Zahl der freigesetzten Arbeitnehmer. Sie bildeten eine Wählergruppe, die einige Regierungen dazu zwangen, ihre Mitgliedschaft in globalen Handelsinstitutionen und die Erfüllung von Verträgen, deren Unterstützung sie zugesagt hatten, zu beenden.
- **Handelsmuster verschoben sich,** weil Regierungen regionale Handelsblöcke und bilaterale Handelsabkommen globalen Vereinbarungen vorzogen. Die weite Verbreitung neuer Technologien wie etwa der additiven Fertigung (3D-Druck) verschaffte in vielen Fällen lokalen Anbietern einen Wettbewerbsvorteil vor ausländischen Anbietern, was die globalen Handelsströme von Fertigungsprodukten reduzierte.
- **Verlangsamtes Wachstum der Weltwirtschaft** drückte die Energiepreise und setzte die energieabhängigen Wirtschaften Russlands, des Nahen Ostens und Südamerikas zusätzlich unter Druck, während es gleichzeitig den Wettbewerb zwischen den Energieproduzenten verstärkte.

- **China und Indien steckten in der «Middle Income Trap» fest:** Ihr Wirtschaftswachstum, Lohnniveau und Lebensstandard stagnierten, weil es ihnen nicht gelang, genügend Binnennachfrage für ein höheres Wirtschaftswachstum zu erzeugen, um einen Rückgang des Außenhandels zu kompensieren.
- **Innenpolitische und wirtschaftliche Herausforderungen führten dazu, dass die USA und Europa ihren Blick nach innen richteten.** Die USA und die EU verfolgten eine protektionistische Politik, um ihre heimischen Industrien zu schützen. Europäische Staaten litten unter dem Rückgang der Exporte und einem unterentwickelten Dienstleistungssektor. Deutschland und Frankreich fanden genug Gemeinsamkeiten, um die Eurozone zusammenzuhalten, doch neue Konjunkturprogramme konnten in den europäischen Peripheriestaaten keine dauerhafte Belebung des Wirtschaftswachstums bewirken. Die mangelnde Bereitschaft zu einer Lockerung der Arbeitsgesetzgebung schränkte die Fähigkeit der EU-Mitgliedsstaaten ein, international wettbewerbsfähig zu bleiben oder gar ihre Wettbewerbsfähigkeit zu steigern.
- **Die Zunahme von Urheberrechtsschutzverletzungen und Cyberattacken** veranlasste manche Regierungen zur Einführung strikter Kontrollen, die den Informationsfluss und die Kooperation im Internet behinderten.
- **Der Wandel der Klimabedingungen** war für viele Regierungen eine große Herausforderung, besonders im Nahen Osten und in Afrika, wo lange Dürreperioden das Angebot von Nahrung und Wasser reduzierten und hohe Temperaturen die Möglichkeiten der Menschen einschränkten, im Freien zu arbeiten. Viele Flüchtlinge aus diesen Regionen wussten nicht, wohin sie sich wenden sollten, weil eine Reihe von schweren Terroranschlägen in westlichen Ländern in den betroffenen Ländern zu einer strengen Sicherheitspolitik führte, die die Einwanderung einschränkte.
- **Die globale Epidemie von 2023** führte zu einem dramatischen Rückgang der internationalen Reisetätigkeit infolge der Versuche, die Ausbreitung der Krankheit zu stoppen. Das wiederum trug zu einer Verlangsamung des Welthandels und zu einem Rückgang der Produktivität bei.

Die Kombination all dieser Faktoren führte zu einer weniger offenen und stärker segmentierten Welt, weil besorgte Staaten im übertragenen ebenso wie im wörtlichen Sinn versuchten, sich gegen extreme Herausforderungen abzuschotten und zu «Inseln» in einem Ozean der Volatilität zu werden. Die internationale Zusammenarbeit bei globalen Problemen wie Terrorismus, scheiternden Staaten, Migration und Klimawandel ging zurück und stärker isolierte Staaten waren zu Alleingängen gezwungen. Sinkende Wehretats und drängende innenpolitische Probleme trugen ebenfalls dazu bei, dass der Westen auf den Einsatz von militärischer Gewalt verzichtete, sofern nicht seine vitalen Interessen bedroht waren. In diesem Umfeld verkümmerte das System der amerikanischen Allianzen. In Teilen Afrikas, des Nahen Ostens und Südasiens nahm die Instabilität zu.

20 Jahre nach der Finanzkrise von 2008 sind die wirtschaftlichen Herausforderungen nicht verschwunden, doch es mehren sich die Hinweise darauf, dass nun eine Ära von Wirtschaftswachstum und Wohlstand beginnen könnte. Technologische Fortschritte wie künstliche Intelligenz, Maschinenlernen, additive Fertigung und Automatisierung haben – obwohl sie die traditionellen Arbeitsmärkte bedrohen – das Potenzial, die Effizienz und Produktivität zu steigern, wodurch in vielen Ländern neue Bereiche für Beschäftigung und wirtschaftliches Wachstum eröffnet werden. Die Erkenntnis, dass die kreativsten und innovativsten Lösungen eher durch das Kooperieren von Mensch und Maschine als durch Maschinen allein erreicht werden, trägt dazu bei, frühere Arbeitsplatzverluste zu revidieren, obwohl neue Beschäftigung durch Weiterqualifizierung sich nicht für alle verdrängten Arbeitnehmer realisieren ließ.

Außerdem hat die Verlangsamung von Globalisierung und Handel eine ganz neue Generation von Experimenten, Innovationen und Unternehmergeist auf lokaler Ebene ausgelöst. Die durch CO_2-Steuern gestiegenen Kosten für Nahrungsmittelimporte haben lokaler landwirtschaftlicher Produktion neuen Aufschwung verliehen. Am ausgeprägtesten sind diese Entwicklungen in Gesellschaften, wo Zugang zu Online-Bildungsressourcen besteht und wissenschaftlich-technisches Wissen unter gleichgesinnten Unternehmern und Hobby-Technologen weitergegeben wird. Einige Regierungen sind jedoch schlecht darauf vorbereitet, die Sicherheitsfragen zu überblicken, die die Verbreitung neuer Technologien aufwerfen, so dass auch eine Vermehrung von technisch versierten kriminellen Banden und Terrorgruppen sowie neuen Methoden zum Umgehen staatlicher Kontrollen zu beobachten war.

Auch Entwicklungen in den Bereichen Biotechnologie und Gesundheitswesen lassen neue Industrien und höhere Produktivität entstehen; ein verbesserter Zugang zur Gesundheitsversorgung sorgt für gesündere Erwerbstätige. Eine Zunahme der Erwerbsbevölkerung durch bessere Gesundheitsversorgung hat in allen Ländern mit alternder Bevölkerung das Potenzial, einen ökonomischen Schub auszulösen. Der verbreitete Einsatz von Robotik und künstlicher Intelligenz in medizinischer Grundversorgung und Diagnostik trägt ebenfalls dazu bei, erschwingliche Versorgung breiter verfügbar zu machen, und hat die Kostenlast für die Pflege älterer Menschen für klamme Regierungen verringert.

Die Steigerung des Wirtschaftswachstums wird auch weiterhin von neuen Technologien, lokaler Innovation und Unternehmergeist abhängig sein. Es besteht nach wie vor ein akuter Bedarf für staatliche Programme, die zukünftige Störungen des Wirtschaftsgeschehens abfedern und all jene auffangen können, die am wenigsten in der Lage sind, sich anzupassen. Um diese Probleme lösen zu können, muss man jedoch die politische Polarisierung überwinden, die es vielen Regierungen unmöglich gemacht hat, die nötigen Kompromisse in ihren Haushalten durchzusetzen. Eine dauerhafte Unterstützung dieser Bemühungen von Seiten der Regierung durch einen wiederbelebten Austausch von Technologien, Fachwissen und Ressourcen könnte dazu beitragen, die ökonomischen Gräben zu überwinden, die innerhalb und zwischen Ländern bestehen.

Konsequenzen des Insel-Szenarios

Dieses Szenario stellt die Frage, was es bedeutet, wenn es den Regierungen nicht gelingt, den Wandel der globalen ökonomischen Bedingungen zu managen, die zu wachsender Ungleichheit, geringeren Wachstumsraten in den Industrieländern, zum Schwund von Arbeitsplätzen und gesellschaftlichen Spaltungen geführt haben. Dieses Szenario unterstreicht, wie wichtig es ist, dass die reichen Länder sich den negativen Nebenwirkungen der Wirtschaftspolitik der Vergangenheit stellen und mit den Spannungen zwischen Populismus und Integration fertigwerden. Am meisten Erfolg werden die Staaten haben, deren Regierungen Forschung und Innovation fördern, Informationsaustausch erleichtern, ein hohes Bildungsniveau und lebenslanges Lernen in Naturwissenschaft, Technologie, Ingenieurwesen und Mathematik sicherstellen; deren Regierungen Umschulungen anbieten und deren Steuer-, Immigrations- und Sicherheitspolitik Hightech-Talente anzieht und bindet. Solche Entwicklungen würden größere Experimentierfreude, mehr Innovation und Unternehmergeist fördern, die heimische Fertigung ankurbeln und Arbeitsplätze schaffen.

Auf der anderen Seite werden Staaten, die sich entscheiden, den Zugang zu Informationen zu reglementieren, das Recht am geistigen Eigentum nicht zu schützen und dem Zustrom von hoch qualifizierten Hightech-Arbeitnehmern entgegenzuwirken, sehr wahrscheinlich nicht vom ökonomischen Nutzen künftiger technologischer Fortschritte profitieren. Sicherheit wird ein weiteres wichtiges Thema sein, weil diese Entwicklungen auch Probleme in Gestalt von technologiegestützten Terrorangriffen oder kriminellen Aktivitäten schaffen.

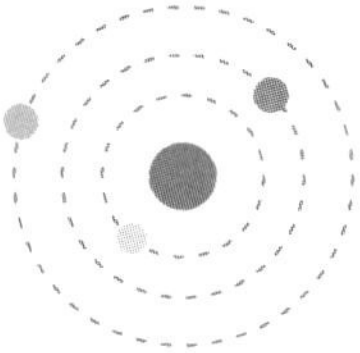

Orbits

Dieses Szenario erkundet eine Zukunft voller Spannungen, ausgelöst von konkurrierenden Großmächten, die außenpolitisch um ihre eigene Einflusssphäre kämpfen, während sie gleichzeitig versuchen, zu Hause die innenpolitische Situation stabil zu halten. Es untersucht, wie Trends wie der zunehmende Nationalismus, veränderte Konfliktmuster, revolutionäre neue Technologien und die nachlassende Bereitschaft zu globaler Zusammenarbeit ineinandergreifen und das Risiko interstaatlicher Konflikte vergrößern. Dabei schaut es auf politische Entscheidungen, die Stabilität und Frieden stärken oder Spannungen verschärfen würden. Diese Entscheidungen werden mit den Augen eines nationalen Sicherheitsberaters betrachtet, der in seinen Memoiren über seine Bewertung der internationalen Lage kurz vor dem Ende der zweiten Amtszeit von Präsident Smith im Jahr 2032 reflektiert:

Im Verlauf von Smiths Präsidentschaft war ich Zeuge einer Reihe von Entwicklungen, die mir die Hoffnung gaben, dass der nächste Präsident die Welt in einem viel besseren Zustand vorfinden wird. Dabei ist es noch gar nicht lange her, dass zunehmende geopolitische Spannungen die Welt an den Rand eines zwischenstaatlichen Konflikts führten.

Eine Kombination aus widerstreitenden Werten zwischen rivalisierenden Staaten, militärischer Aufrüstung, aufkommendem Nationalismus und innenpolitischer Unsicherheit schuf eine Ära zunehmender geopolitischer Konkurrenz zwischen den großen Mächten. Anfang der 2020er Jahre war das weltpolitische Engagement der USA durch politische Polarisierung und fiskalische Belastungen begrenzt, was im Ausland zu der Einschätzung führte, dass die USA sich auf eine längere Periode der außenpolitischen Zurückhaltung zubewegten. Insbesondere China und Russland sahen diese Zeit als eine Chance, sich größeren Einfluss über ihre Nachbarländer zu sichern, jeder in seiner jeweiligen Wirtschafts-, Politik- und Sicherheitszone. Auch der Iran versuchte, sich die Instabilität im Nahen Osten zunutze zu machen und seinen Einfluss in der Region zu vergrößern.

Mitte der 2020er Jahre führten diese Entwicklungen dazu, dass sich das internationale System in verschiedene, umkämpfte regionale Sphären auflöste. Die Mächte im Zentrum dieser Sphären versuchten innerhalb ihrer Regionen, ihr Recht auf einen privilegierten Einfluss in Sachen Wirtschaft, Politik und Sicherheit durchzusetzen. China setzte seine wirtschaftliche und militärische Macht zunehmend ein, um das Verhalten benachbarter Länder zu beeinflussen und Zugeständnisse von ausländischen Unternehmen zu erzwingen, die Zugang zu seinen Märkten suchten. Indien, Japan und andere Staaten verfolgten eine robustere unabhängige Außenpolitik, um den chinesischen Eingriffen in ihre Interessenbereiche etwas entgegenzusetzen. Dadurch nahmen die regionalen Spannungen in Ost- und Südasien zu. Auch Russland trat in Zentralasien entschlossener auf, um Moskaus Einfluss auf diese Region zu konsolidieren und einer Ausdehnung der chinesischen Präsenz entgegenzuwirken.

Die regionalen Spannungen nahmen zu, als China gigantische Projekte aufsetzte, die die lokalen Umweltbedingungen veränderten, so etwa das Umleiten großer Flüsse zum Nachteil benachbarter Staaten. Angesichts zunehmend schlechter werdender Umweltbedingungen in China dachte die Führung in Peking über ambitioniertere Geoengineering-Projekte wie das tonnenweise Einbringen von Sulfat-Aerosolen in die Atmosphäre nach, um die Temperaturen zu senken. Diese Überlegungen lösten eine internationale Debatte über die ethischen Implikationen aus, die auftreten, wenn ein einzelner Staat Maßnahmen ergreift, die das globale Ökosystem beeinflussen. Einige Staaten gingen so weit, China mit Strafmaßnahmen zu drohen, sollte sich Peking unilateral an der Beeinflussung des Klimas versuchen.

Als Präsident Smith vor acht Jahren ins Amt kam, waren sich die nationalen Sicherheitsexperten weitgehend einig, dass sich der geopolitische Wettbewerb zwar verschärfen würde, dass jedoch wirtschaftliche ebenso wie politische Interessen der Staaten einen direkten militärischen Konflikt verhinderten. Das schien sich zu bewahrheiten, als China, Iran und Russland jeweils einem direkten militärischen Konflikt aus dem Weg gingen und stattdessen auf niedrigschwelligere Konfrontation setzten – diplomatischer und wirtschaftlicher Zwang, Propaganda, Cyberattacken, Stellvertreterkonflikte und indirektes Anwenden militärischer Macht –, was die Unterschiede zwischen Krieg und Frieden verwischte. Regelmäßiges Opfer dieser Konflikte war «die Wahrheit», weil Propaganda aus den beteiligten Staaten – verbreitet über eine Vielzahl von sozialen, kommerziellen und offiziellen Medienkanälen – Informationen über das tatsächliche Geschehen verzerrte, falsch darstellte und formte. Die Gesamtheit dieser Aktionen höhlte nach und nach internationale Normen über die Souveränität und die friedliche Lösung von Konflikten aus und unterstrich den Eindruck, die USA habe sich aus der Weltpolitik zurückgezogen.

Schon zu Beginn seiner ersten Amtszeit entschied der Präsident, dass die USA nicht länger tatenlos zusehen und diesen Entwicklungen freien Lauf lassen konnten. Er begann die Allianzen der Vereinigten Staaten zu stärken und setzte zunehmend US-Streitkräfte ein, um internationale Normen wie die Freiheit der Seefahrt durchzusetzen. Das Bemühen von China, Iran und Russland, sich durch die Stationierung einer großen Zahl hochentwickelter Waffensysteme – wie etwa präzisionsgesteuerten Langstreckenwaffensystemen zur Abschreckung rivalisierender Militärmächte, die in ihrer regionalen Sphäre agierten – auf die Führung traditioneller militärischer Konflikte vorzubereiten, verstärkten weltweit den Eindruck einer eskalierenden Sicherheitsrivalität zwischen diesen Ländern auf der einen sowie den USA und ihren Verbündeten auf der anderen Seite. Was wir zu dieser Zeit nicht in seiner ganzen Tragweite erkannten, war die Tatsache, dass Peking, Moskau und Teheran zunehmend besorgt auf das Ansehen im eigenen Land schauten, das sie durch wirtschaftlichen Druck und soziale Spannungen bedroht sahen. Es brachte sie zu der Überzeugung, dass sie sich bei einer Herausforderung ihrer Interessen von außen keinerlei Kompromisse erlauben durften, um nicht den Eindruck von Schwäche zu erwecken. Der Zusammenstoß zwischen einem unbemannten chinesischen U-Boot und einem Schiff der japanischen Küstenwache, das vor den Senkaku-Inseln patrouillierte, die russischen Hackern zugeschriebenen Cyberattacken gegen europäische Finanzzentren und die Drohung des Iran, seine zunehmend zielgenauen ballistischen Raketen gegen saudische Energie- und Entsalzungsanlagen einzusetzen, waren einige der Krisen, die nur knapp an einer Eskalation zu einem größeren Konflikt vorbeischrammten.

Es bedurfte erst eines Atompilzes in Südasien, um uns aus unserer Selbstzufriedenheit aufzurütteln. Ich erinnere mich, wie die Krise zwischen Indien und Pakistan begann: Der zweite Indus-Wasservertrag wurde von beiden Seiten aufgekündigt, kurz darauf gab es eine Serie von Explosionen in Neu-Delhi, die die indische Regierung umgehend pakistanischen Extremistengruppen zuschrieb. Islamabad dementierte jegliche Beteiligung, doch beide Seiten begannen, ihre Streitkräfte zu mobilisieren. Nach einigen unübersichtlichen Tagen mit Cyberangriffen, die auf beiden Seiten die Fähigkeit zur Lagebeurteilung beeinträchtigten, eskalierte die Situation schnell. Nach einer späteren Untersuchung wurde die Krise durch KI-Systeme in den militärischen Entscheidungszentren noch verschlimmert, die Signale des Gegners, die zur Abschreckung gedacht waren, als Hinweis auf aggressive Absichten fehlinterpretierten. Das Ergebnis war der erste Einsatz einer Atomwaffe in einem Konflikt seit 1945.

Unterstützt von China unternahmen die USA rasche Schritte, um die Krise zu entschärfen – wir hatten Glück. Die Eskalation des Konflikts zu einem regelrechten Atomkrieg wurde in letzter Minute abgewendet. Präsident Smith und dem chinesischen Präsidenten wurde in diesem Jahr gemeinsam der Friedensnobelpreis verliehen. Wichtiger noch war der indisch-pakistanische Krieg von 2028, der allen großen Mächten vor Augen führte, was für ein gefährliches Spiel wir spielten. Es folgten eine Reihe von vertrauensbildenden Maßnahmen und Rüstungskontrollvereinbarungen mit China und Russland, die die Kapazitäten der gefährlichsten Eskalationswaffen begrenzten. Putins Nachfolger unternahm auch große Anstrengungen, Russlands Beziehungen zu Europa zu reparieren – sehr zum Nutzen der russischen Wirtschaft. Diese Erfahrungen erlaubten es den USA und den anderen großen Mächten, eine Vertrauensbasis aufzubauen, die eine Zusammenarbeit auch in anderen Sicherheitsfragen wie der instabilen Situation in Nordkorea und dem Nahen Osten möglich machte.

Der nächste Präsident der USA wird es mit einer Welt zu tun haben, in der geopolitische Konkurrenz zwar noch existiert, in der aber die großen Mächte gelernt haben, im Interesse der Selbsterhaltung auf Gebieten gemeinsamer Interessen miteinander zu kooperieren. Ohne den Schock, den wir alle bei der Beinahe-Katastrophe in Südasien erlebten, hätten die Entscheidungen, die Präsident Smith und andere zu treffen hatten, zu einem ganz anderen Ergebnis führen können.

Konsequenzen des Orbits-Szenarios

Dieses Szenario untersucht, wie zunehmende geopolitische Konkurrenz das Risiko zwischenstaatlicher Konflikte vergrößern und die regelbasierte internationale Ordnung bedrohen könnte. Es unterstreicht, wie wichtig es ist, Verbündete nicht zu verunsichern und zu verhindern, dass «Grauzonen-Konflikte» die internationalen Normen aushöhlen und zu einem Krieg zwischen großen Mächten eskalieren. Außerdem bringt das Installieren neuer Angriffskapazitäten wie Hyperschall-Waffen, autonome Systeme, Anti-Weltraumwaffen und Cyberoperationen neue – und noch nicht gut erforschte – Eskalationsdynamiken mit sich, die das Risiko von Fehleinschätzungen vergrößern.

Wachsende geopolitische Spannungen, die destabilisierende Ereignisse produzieren und für alle Beteiligten die Gefahr vergrößern, können für Rivalen einen Anreiz darstellen, Gemeinsamkeiten zu finden und vertrauensbildende Maßnahmen auszuhandeln, um die Risiken zu minimieren. Zum Beispiel könnte die Vorstellung eines haarscharf abgewendeten Krieges – oder einer große Naturkatastrophe, die die gravierenden weltweiten Auswirkungen des Klimawandels deutlich macht – Nationen zur Zusammenarbeit im Interesse der Selbsterhaltung bewegen, was eine stabilere internationale Ordnung zur Folge haben könnte. Solch ein Ergebnis ist allerdings alles andere als ausgemacht, was unterstreicht, wie wichtig es ist, mit zunehmender geopolitischer Konkurrenz auf eine Art und Weise umzugehen, die das Risiko von Fehleinschätzungen und Eskalation reduziert und gleichzeitig dort, wo es gemeinsame Risiken gibt, die Möglichkeit einer stärkeren Zusammenarbeit offenlässt.

Communities

Dieses Szenario geht der Frage nach, was geschieht, wenn die Fähigkeiten nationaler Regierungen angesichts der gewaltigen künftigen Herausforderungen für Wirtschaft und politische Führung an ihre Grenzen stoßen, so dass ein Freiraum entsteht, in den kommunale Entscheidungsträger und private Akteure hineinstoßen können, um unsere Vorstellungen über die Zukunft von politischer Führung auf den Kopf zu stellen. Dieses Szenario betont die Trends im Zusammenhang mit dem sich verändernden Wesen der Macht und den Entwicklungen in der IKT, die zahlreichen neuen Akteuren politische Einflussmöglichkeiten gewähren. Es zeigt, wie sich aus solchen Trends Entscheidungsmöglichkeiten ergeben, die sowohl Chancen als auch Hürden für die politische Führung der Zukunft bedeuten. Das Szenario ist geschrieben aus der Sicht einer zukünftigen Bürgermeisterin einer großen kanadischen Stadt, die im Jahr 2035 zurückblickt und über die Veränderungen nachdenkt, die sie in den vorangegangenen 20 Jahren erlebt hat:

Der zunehmende politische Einfluss von Gruppen unterhalb und jenseits nationaler Regierungen erscheint im Rückblick unausweichlich. Staatliche Behörden waren in einem sich rapide verändernden Umfeld einfach weniger effizient darin, bestimmte Bedürfnisse der Bürger zu managen als Kommunalverwaltungen, die sich besser auf zunehmend mächtige gesellschaftliche Gruppen und Wirtschaftsunternehmen eingestellt hatten. Hinzu kam, dass eine Reihe öffentlicher Dienstleistungen privatisiert wurden, als das Vertrauen der Öffentlichkeit in die staatliche Führung zunehmend nachließ. Direkte kommerzielle Transaktionen ohne staatliche Zwischeninstanzen wurden alltäglich und die Menschen gewöhnten sich zunehmend daran, nichtstaatliche Programme in Anspruch zu nehmen. Damit wurden die Kontrollmöglichkeiten des Staates weiter verringert – ebenso wie die Möglichkeit, über Gebühren und Steuern Einnahmen aus diesen Transaktionen zu generieren.

Zentrale staatliche Funktionen wie Außenpolitik, militärische Operationen und Verteidigung blieben zwar in der Zuständigkeit nationaler Regierungen, doch die Bevölkerung verließ sich für ein wachsendes Spektrum von Belangen in Bereichen wie Bildung, finanziellen, kommerziellen, juristischen und Sicherheitsdienstleistungen zunehmend auf lokale Behörden, soziale Bewegungen oder religiöse Organisationen. Gleichzeitig gewannen auch Unternehmen einen weitreichenden Einfluss durch immer ausgefeilteres Marketing, Produktdifferenzierung und Incentive-Programme zur Stärkung einer intensiven, grenzüberschreitenden Kundenloyalität. Unternehmen aus dem Privatsektor engagierten sich zunehmend im Privatleben ihrer Angestellten, mit immer umfangreicheren Dienstleistungsangeboten in Bereichen wie Bildung, Gesundheitsversorgung und Wohnungswesen. Multinationale Konzerne spielten eine immer größere Rolle bei der Bereitstellung öffentlicher Güter und der Finanzierung von globaler Forschung. Die Beziehungen der Menschen definierten sich zunehmend über veränderliche und vernetzte Gruppen außerhalb staatlicher Programme. Beziehungen und Identitäten werden in unserer Zeit nicht auf Grundlage einer Nationalität, sondern mit Hilfe von Informations- und Kommunikationstechnologien auf der Basis gemeinsamer Ideen, Ideologien, Beschäftigungsverhältnisse und Geschichten definiert. Fortschritte in der Biotechnologie haben außerdem dazu geführt, dass es inzwischen in einigen Ländern Klassenschranken gibt zwischen den Menschen, die sich Human-Modifikationen leisten können, und anderen, die nicht künstlich «verbessert» sind.

Als die Fähigkeit, Informationen zu kontrollieren und zu manipulieren, zu einem entscheidenden Einflussfaktor wurde, bewiesen viele Unternehmen, Lobbygruppen, Hilfsorganisationen und Kommunalverwaltungen mehr Geschick als staatliche Behörden, wenn es darum ging, die Macht von Ideen umzusetzen und an Emotionen zu appellieren, um die Menschen dazu zu bewegen, ihre Agenda zu unterstützen. In einigen Fällen gaben Regierungen bereitwillig einen Teil ihrer Macht an diese Netzwerke sozialer und kommerzieller «Communities» ab, in der Hoffnung, politische Spaltungen und Bürgerfrust zu überwinden – und um kommunale Dienstleistungen zu offerieren, die der Staat nicht anbieten konnte. In anderen Fällen sicherten sich subnationale Körperschaften einzeln oder im Verbund gegen den Willen staatlicher Institutionen größere Autorität.

Im Nahen Osten betrat eine «verlorene Generation» unzufriedener arabischer Jugendlicher die Bühne. Ihre prägenden Erfahrungen waren von Gewalt, Unsicherheit, Vertreibung und Mangel an Berufs- und Bildungsperspektiven (insbesondere bei den jungen Frauen) bestimmt. Mit Hilfe der Informationsnetzwerke forderten sie die traditionellen zentralisierten staatlichen Strukturen heraus. Die arabische Jugend forderte in einer Reihe von Ländern mehr Dienstleistungen und politische Reformen, die ihnen ein größeres politisches Mitspracherecht einräumen würden. Außerdem formierte sich eine breite gesellschaftliche Ablehnung des gewaltsamen religiösen Extremismus jener Terroristengruppen, die Anfang des 21. Jahrhunderts auf der Weltbühne auftauchten. Diese Bewegungen breiteten sich schon kurz nach ihrer Gründung rasch in der Region aus.

Die Erfahrungen des Nahen Ostens haben sich anderswo wiederholt, wenn auch nicht überall mit dem gleichen Ergebnis. So hatte Moskau etwa während eines alles andere als reibungslosen Regierungswechsels große Probleme, die öffentliche Ordnung aufrechtzuerhalten, weil die Russen sich zusammenschlossen, um gegen die grassierende Korruption der Regierung und die Macht der Oligarchen zu protestieren und kommunale wirtschaftliche und politische Reformen einzufordern. Manche Regierungen kreierten erfolgreiche Modelle, ihre Macht mit kommunalen Behörden zu teilen, andere machten sich die Ressourcen transnationaler Stiftungen und gemeinnütziger Organisationen zunutze, um die Bedürfnisse ihrer Bürger zu befriedigen. Wieder andere schlugen interne Proteste mit Gewalt nieder und bedienten sich moderner Informationstechnologien, um Dissidenten zu identifizieren und aus dem Verkehr zu ziehen. Auch Chinas kommunistische Partei verfolgte anfangs diesen Ansatz, wurde aber zu einem Strategiewechsel und zu Kompromissen gezwungen, als es zusehends schwieriger wurde, die Macht allein mit Gewalt zu erhalten. Andere Regierungen gaben dem internen Druck nach und zerfielen entlang ethnischer, religiöser oder Stammesgrenzen.

Die Folgen waren chaotisch. Die Fragen politischer Führung durchliefen weltweit einen Prozess aus Versuch und Irrtum, um den Bedürfnissen und Forderungen der Menschen besser gerecht zu werden. Beweglichere und offenere Staaten wie die USA passten ihren Umgang mit öffentlichem Engagement und Politik den neuen Realitäten an, indem sie die Energie subnationaler und nichtstaatlicher Akteure für sich einspannten und Städte und andere Formen kommunaler Politik aufwerteten. Kommunale Verantwortungsträger wie ich selbst arbeiteten zunehmend mit unseren Pendants überall auf der Welt zusammen, unterstützt von unserer nationalen politischen Führung. So konnten wir Informationen und Ressourcen miteinander teilen und neue Ansätze für gemeinsame Probleme wie Klimawandel, Bildung oder Armutsbekämpfung entwickeln.

Sich an diese neue Art des Regierens zu gewöhnen, fiel Kanada, den USA und anderen liberalen Demokratien leichter, die im öffentlichen und privaten Sektor eine Tradition starker Führung hatten, ganz anders als Länder mit zentralisierter Regierung. Autoritäre Regimes, die sich der breiteren Streuung von Macht widersetzten und versuchten, die Aktivitäten von Nichtregierungsorganisationen zu beschneiden und zu kontrollieren, sahen sich breiten Bürgerbewegungen gegenüber, die stetig ihre Autorität untergruben. Im schlimmsten Fall entglitt der nationalen Regierung der Zugriff auf Teile des Staatsgebiets, in dem dann Extremisten, kriminelle Banden und Warlords hochkamen.

Im Lauf der Zeit entwickelten sich kommerzielle und religiöse Organisationen ebenso wie zivilgesellschaftliche Gruppen und kommunale Behörden zu vielfältigen Koalitionen unterschiedlicher Stakeholder – in einigen Fällen einschließlich der staatlichen Regierungen. Diese neuen Ansätze zur Lösung globaler Probleme gruppierten sich nach und nach um einen gemeinsamen Wertekodex, darunter die Achtung der Menschenrechte. Staaten, kommunale Verantwortungsträger und politisch engagierte Bürger, kommerzielle und zivilgesellschaftliche Organisationen sind inzwischen routinemäßig an regionalen und interregionalen Prozessen und themenspezifischen Netzwerken beteiligt. Sie schaffen alternative Foren, in denen positive Veränderungen gestaltet werden. Soziale Bewegungen, religiöse Organisationen, lokale Regierungen und Gruppierungen treiben die politischen Agenden nationaler Regierungen voran. Losgelöst aus seinem früheren Kontext des Kalten Krieges definiert der Begriff «Freie Welt» heute die vernetzte Gruppe von staatlichen, substaatlichen und nichtstaatlichen Einrichtungen, die kooperativ zusammenarbeiten, um Respekt für persönliche Freiheit, Menschenrechte, politische Reformen, umweltverträgliche Politik, freien Handel und Informationstransparenz zu fördern.

Konsequenzen des Communities-Szenarios

Dieses Szenario untersucht Fragen im Zusammenhang mit der Zukunft von politischer Führung. Danach werden Regierungen politische Maßnahmen und Prozesse brauchen, die öffentlich-private Partnerschaften mit einem breiten Spektrum von Akteuren fördern – kommunale Verantwortliche, NGOs und Zivilgesellschaften –, um die neuen Herausforderungen zu meistern. Speziell multinationale Konzerne und gemeinnützige Stiftungen könnten die Arbeit von Regierungen in Bereichen wie Forschung, Bildung, Ausbildung, Gesundheitspflege und die Bereitstellung von Informationsdienstleistungen für bedürftige Gesellschaften zunehmend ergänzen.

Zwar werden Staaten die Hauptverantwortlichen für nationale Sicherheit und andere Aspekte der «Hard Power» bleiben, doch die Qualität und Robustheit ihrer «Soft Power» würde parallel zu ihrer Fähigkeit, Communities von lokalen, privaten oder transnationalen Akteuren mit einzuspannen, zu- oder abnehmen. Liberale Demokratien, die dezentralisierte politische Entscheidungsstrukturen und öffentlich-private Partnerschaften unterstützen, haben die besten Voraussetzungen, um in dieser Welt erfolgreich zu agieren. In diesen Ländern wird Technologie die Interaktion von Öffentlichkeit und Regierung auf neue Weise ermöglichen, etwa in der Form kollektiver Entscheidungsprozesse. Andere Länder werden jedoch vielleicht nicht ganz so gut fahren, was zu einer Vielfalt von Ergebnissen führen kann, darunter zunehmender Autoritarismus und Staatsversagen.

Was wir aus den Szenarien lernen können: Chancen durch Resilienz

Schaut man sich die Trends aller drei Szenarien an, wird eindrucksvoll deutlich, dass die Welt in den kommenden Jahren volatiler werden wird. Staaten, Institutionen und Gesellschaften werden von oberhalb und unterhalb der Ebene des Nationalstaats unter Druck geraten, sich mit systemrelevanten Herausforderungen auseinanderzusetzen – und umgehend aktiv zu werden. Von oben werden Klimawandel, Technologiestandards und -protokolle sowie internationaler Terrorismus eine multilaterale Zusammenarbeit erfordern. Von unten wird die Tatsache, dass Regierungen den Erwartungen ihrer Bürger nicht gerecht werden, neben Themen wie Ungleichheit und Identitätspolitik das Risiko von Instabilität erhöhen. Um auf diese Herausforderungen angemessen zu reagieren, sind nicht nur ausreichend Ressourcen und Kapazitäten nötig, sondern auch ein politischer Wille. Dessen ungeachtet könnte das Ausmaß dieser Probleme die Fähigkeit von einzelnen Staaten und internationalen Institutionen übersteigen, im Alleingang eine Lösung zu finden. Das heißt, dass ein breites Spektrum von öffentlichen und privaten Akteuren eine größere Rolle übernehmen könnten.

Was die Szenarien jedoch auch unterstreichen, ist die Tatsache, dass die gleichen Trends, die kurzfristige Risiken bedeuten, langfristig bessere Entwicklungen möglich machen können – vorausgesetzt, dass die breitere Streuung von Macht und Akteuren eine größere Resilienz beim Umgang mit Brüchen und Unsicherheit zur Folge hat. In einer Welt, die uns immer häufiger und immer heftiger überrascht, werden die Akteure am erfolgreichsten sein, die über Resilienz verfügen – die sich besser an veränderliche Bedingungen anpassen, unter widrigen Umständen durchhalten und nach Fehlern schnell erholen und wieder handlungsfähig werden können.

Obwohl Resilienz in einer chaotischen Welt eine immer größere Bedeutung bekommt, wird Widerstandskraft bei den traditionellen Berechnungsmethoden für die Macht eines Staates kaum je mit einbezogen. Der plötzliche Zusammenbruch der Sowjetunion ebenso wie der Kollaps staatlicher Autorität im Zuge des «Arabischen Frühlings» zeigen, dass Staaten auf eine Weise zerbrechlich sein können, die von konventionellen Messgrößen nicht erfasst wird.

- So ist zum Beispiel nach traditionellen Messgrößen für Macht – also etwa BIP, Militärausgaben und Populationsgröße – Chinas Anteil an der globalen Macht im Wachsen begriffen. Gleichzeitig zeigt China jedoch auch mehrere Merkmale, die eine Anfälligkeit für künftige Erschütterungen erwarten lassen – eine zentralisierte Regierung, politische Korruption und eine Wirtschaft, die für ihr Wachstum unverhältnismäßig stark auf Investitionen und Nettoexporten basiert.
- Die USA dagegen zeigen viele Faktoren, die mit Resilienz in Verbindung gebracht werden, darunter dezentrale politische Strukturen, eine diversifizierte Wirtschaft, eine integrative Gesellschaft, eine große Landmasse, Biodiversität, eine sichere Energieversorgung sowie Allianzen und die Fähigkeit zu globaler militärischer Machtprojektion.

Die Regierungen, Organisationen und Individuen, die am besten in der Lage sind, Chancen zu erkennen und sie kooperativ zu ergreifen, werden am ehesten erfolgreich sein, doch das Zeitfenster für das Etablieren neuer Formen der Zusammenarbeit wird kleiner. Die Herausforderung, kollektiv zu handeln, wächst parallel zu den globalen Herausforderungen. Die kurzfristigen Entscheidungen, die Individuen, Organisationen und Staaten treffen, werden ausschlaggebend sein dafür, ob man sich mit der gegenwärtigen Krise der Regierungsfähigkeit und Kooperation auseinandersetzt – oder ob jetzt eine längere Periode der spontanen und unkoordinierten Reaktionen auf Unsicherheit und Volatilität beginnt, die die Spannungen innerhalb und zwischen Staaten nur noch verstärken wird. Das Management von Allianzen, das Verbessern von nationaler politischer Führung und internationalen Institutionen, die Bereitschaft zum Mobilisieren eines breiten Spektrums von kommerziellen, religiösen, gesellschaftlichen Vereinigungen sowie Interessenverbänden auf allen Entscheidungsebenen wird wesentlichen Einfluss darauf haben, ob positive Ergebnisse erzielt werden können.

Probleme, die gemeinsame Schwachstellen und die Notwendigkeit eines globalen Vorgehens offenbaren – wie etwa der Klimawandel und die zunehmende Bedrohung durch Terrorismus –, könnten ein Anreiz für Staaten sein, ihre Resilienz zu stärken, besonders im Fall begrenzter Kooperationen. Diese Probleme könnten Staaten aber auch dazu führen, in internationalen Institutionen und anderen transnationalen Foren eine bessere Chance zur Entwicklung von Lösungen und zu koordiniertem Handeln zu sehen. Ein solches Denken wiederum könnte eine neue Ära des globalen Engagements einläuten, in der Staaten mit lokalen Regierungen, Unternehmen und zivilgesellschaftlichen Gruppen kooperativ zusammenarbeiten, um existenzielle Herausforderungen zu meistern, die die Menschheit bedrohen.

- Zwei viel beachtete UN-Projekte – die «Agenda für nachhaltige Entwicklung» und das «Rahmenübereinkommen über Klimaänderungen» – legten übergeordnete strategische Ziele fest, die durch eine Zusammenarbeit zwischen Regierungen und öffentlich-privaten Partnerschaften verfolgt werden sollen. Solche Initiativen erlauben es den Beteiligten, ihre Ziele immer weiter anzupassen und zu verfeinern, und sie ermöglichen es zivilgesellschaftlichen Gruppen, bei der Festlegung internationaler Normen und globaler Vereinbarungen mitzuwirken.
- Eine größere Resilienz auf institutioneller Ebene könnte auch mit dem Etablieren spezieller strategischer Planungseinheiten, Übungen, Technologien oder Prozesse einhergehen, die die Reaktionszeiten in Krisensituationen beschleunigen.

- Auch die Wahl künftiger UN-Generalsekretäre wäre eine Gelegenheit, die strategische Ausrichtung der UN-Organe zu beeinflussen und mit jedem Führungswechsel hinsichtlich der absehbar auf uns zukommenden Herausforderungen neue Prioritäten zu setzen.

Die negativen Seiten der Globalisierung veranlassten einige Staaten zu einer protektionistischen und nationalistischen Politik, doch sie bringen auch Chancen mit sich, auf lokaler Ebene Resilienz und Innovation zu stärken. Die Verlangsamung von Globalisierung und Handel sowie die Verbreitung additiver Fertigungstechnik (3D-Druck) könnten eine Stärkung lokaler Dienstleistungen zur Folge haben, was wiederum die Selbstständigkeit lokaler Gesellschaften und Gruppen erhöhen würde. Diese Entwicklungen könnten Unternehmergeist und Fertigung einen neuen Schub verleihen, zum Nutzen lokaler Communities. Staaten und Universitäten – unter deren Schirmherrschaft traditionellerweise jene wissenschaftlichen Entdeckungen stattfinden, die Entwicklungen auf dem privaten Sektor ermöglichen – könnten sich für lokale Entwicklungen einsetzen, die Produktivität und Innovation ankurbeln, indem sie einen breiteren Zugang zu wissenschaftlicher und technischer Ausbildung gewähren und indem sie Grundlagenforschung betreiben.

Wie lässt sich die Resilienz eines Staates bewerten?

Die Resilienz eines Staates ist wahrscheinlich ein besserer Indikator für seinen Erfolg im Umgang mit künftigen Perioden von Chaos und Unruhe als traditionelle Maßstäbe materieller Macht allein. Die erfolgreichen Staaten von morgen dürften diejenigen sein, die heute in Infrastruktur, Wissen investieren; die in Beziehungen investieren, die Erschütterungen widerstehen können – sei es in Wirtschaft, Umwelt, Gesellschaft oder IT.

Untersuchungen nennen unter anderem folgende Faktoren, die die Resilienz eines Staates vergrößern können:

- **Governance:** Regierungen, die in der Lage sind, Waren und Dienstleistungen zu liefern, politische Integration zu fördern, Rechtsstaatlichkeit durchzusetzen und sich das Vertrauen ihrer Bevölkerung zu verdienen, werden besser aufgestellt sein, Erschütterungen zu absorbieren und im gegebenen Fall die Bürger hinter sich zu haben.
- **Wirtschaft:** Staaten mit diversifizierter Wirtschaft, überschaubaren Staatsschulden und ausreichenden Finanzreserven, robustem Privatsektor und anpassungsfähiger, innovativer Erwerbsbevölkerung werden widerstandskräftiger sein.
- **Sozialsysteme:** Eine vorbereitete, integrierte und geordnete Gesellschaft wird im Fall unerwarteter Veränderungen über mehr Zusammenhalt und Widerstandskraft verfügen und eine größere Toleranz für den Umgang mit widrigen Umständen haben.
- **Infrastruktur:** Eine robuste kritische Infrastruktur – einschließlich diversifizierter Energiequellen und sicherer, redundanter Kommunikations-, Informations-, Gesundheits- und Finanznetzwerke – verringert die Verwundbarkeit eines Staates durch Naturkatastrophen, aber auch seine Anfälligkeit für vorsätzliche Störversuche durch Cyberattacken und andere Arten von Angriffen.
- **Sicherheit:** Staaten mit großer Militärkapazität, kompetenter und vertrauenswürdiger Polizei und Katastrophenschutz, einem guten Verhältnis zwischen Militär und Zivilbevölkerung und robusten Bündnissen werden mit höherer Wahrscheinlichkeit in der Lage sein, sich gegen unerwartete Angriffe zu verteidigen und nach destabilisierenden Schocks ihre innere Ordnung wieder herzustellen.
- **Geografie und Umwelt:** Staaten, die über eine große Landmasse, eine breite Biodiversität sowie Luft, Nahrungsmittel, Boden und Wasser von guter Qualität verfügen, werden eine höhere Resilienz gegen Naturkatastrophen aufweisen.

Initiativen, die für eine ständige Weiterbildung der Erwerbsbevölkerung sorgen, die der Erwerbsbevölkerung Mobilität und Sicherheit garantieren, die einen Technologievorsprung in einer Reihe von Disziplinen sichern, werden die Resilienz eine Staates gegen potenzielle technologische Umwälzungen in Bereichen wie Automatisierung, Datenanalyse, künstlicher Intelligenz oder Biotechnologie vergrößern. Eine solche Resilienz verringert das kurzfristige Risiko für Jobs und Märkte und ermöglicht diesen Technologien damit auf lange Sicht, eine größere ökonomische Effizienz und Produktivität zu erreichen.

- Ein Zusammenspiel aus erschwinglicher öffentlicher und privater Weiterbildung würde den Erwerbstätigen helfen, sich an die Veränderungen des Arbeitsmarktes anzupassen und damit der populistischen Überzeugung entgegenzuwirken, dass der durchschnittliche Arbeiter den Eliten gleichgültig ist. Ähnlich wie das duale Ausbildungssystem in Deutschland könnten solche Initiativen eine Zusammenarbeit zwischen Staat, Privatunternehmen sowie öffentlichen oder privaten Bildungsinstitutionen sein, um neue oder neu in Land gekommene Arbeitskräfte, frisch Entlassene und Langzeitarbeitslose weiterzubilden.
- Akademische Institutionen könnten in Abstimmung mit angehenden Arbeitgebern Curricula der erforderlichen Fertigkeiten entwickeln. So würden Pools von Arbeitnehmern entstehen, die perfekt qualifiziert sind für die neuen und neu entstehenden Berufsfelder – etwas, das vielen Hightech-Unternehmen derzeit noch fehlt. Ein solches Vorgehen könnte einerseits akademische Institutionen darin unterstützen, aktuell und relevant zu bleiben, und gleichzeitig den Bedarf an staatlicher Unterstützung für Arbeitslose langfristig deutlich senken.

Für die Teilnahme an solchen Programmen könnte man den Unternehmen Anreize in Form von Steuererleichterungen oder Lohnkostenzuschüsse für Neueinstellungen gewähren. Von solchen Programmen besonders profitieren würden Industrieländer mit raschen Technologieumbrüchen, globalem Konkurrenzkampf um Arbeitskräfte und einer gut ausgebildeten, aber schrumpfenden

Erwerbsbevölkerung. Solche Initiativen könnten auch das Urheber- und Patentrecht stärken, Anreize für die Start-ups in neuen Industrien schaffen, sich in bestimmten Kommunen anzusiedeln, die zu den Unterstützern der Initiative gehören. Sie könnten dazu beitragen, den Technologievorsprung ihres Landes beim Definieren der entsprechenden Protokolle und Standards zu verteidigen.

Kommunikationstechnologie kann für eine Transparenz sorgen, die die Resilienz eines Staates erhöht, indem sie Bürgern bessere Einblicke in politische Entscheidungsprozesse ermöglicht, die Korruptionsbekämpfung unterstützt und spaltende Impulse abschwächt. Das Schaffen von Medien- und Technologieorganisationen, die für eine objektive Berichterstattung sorgen und für eine transparente Überprüfung von Fakten stehen, wäre ein erster Schritt zur Errichtung eines Fundaments für größeres Vertrauen in Regierung und Institutionen. Mehr transparente Kommunikation und mehr Bürger, die zu kritischem Denken erzogen wurden, sorgen dafür, dass es weniger Angst und mehr Verständnis für unterschiedliche Perspektiven gibt. Ausgestattet mit mehr Vertrauen könnten auch Bevölkerungssegmente wie Minderheiten, die sich traditionell eher nicht gesellschaftlich engagieren, die Chance zu größerer Integration und einem freieren Ideenaustausch ergreifen.

In Gesellschaften, die aktuell Probleme haben, so etwa im Nahen Osten, ist es für das Schaffen von Resilienz auch erforderlich, die Kräfte zurückzudrängen, die Extremismus befördern. Es gibt im Nahen Osten erste Anzeichen, dass die Menschen die Nase voll haben von einem Extremismus, der die Bezeichnung «islamisch» missbraucht. Diese Frustration könnte die Menschen dazu bewegen, extremistische Ideologien abzulehnen und stattdessen auf politische Reformen zu drängen. Überall im Nahen Osten und Nordafrika treiben Extremisten mit Verbindungen zum Islam Menschen dazu, sich offen oder im Verborgenen vom Islamismus abzugrenzen. So hat etwa Ennahda, die regierende Partei Tunesiens, kürzlich ihre Absicht bekannt gegeben, sich nicht länger islamistisch zu nennen, sondern sich als muslimische Demokraten zu bezeichnen. Als einer der Gründe für die Entscheidung wurde eine Ablehnung der Konnotationen angeführt, die mit dem Begriff «islamistisch» verbunden sind.

Eine Investition in Daten, Methoden, Modellrechnungen und Überwachung von unverzichtbaren menschlichen und natürlichen Ressourcen wie etwa Infrastruktur, Energie, Wasser oder Luftqualität – könnten den Anstoß geben für die Entwicklung nachhaltiger Technologien und könnte die Resilienz von Communities und Umwelt stärken. Die absehbare starke Nachfrage des Privatsektors nach Klimaschutztechnologien und -dienstleistungen wird dafür sorgen, dass manche Länder und Konzerne früh eine Spitzenposition in diesem neuen Markt besetzen. Die Profitabilität solcher Entwicklungen könnte ihrerseits dafür sorgen, dass keine Naturkatastrophe oder andere Krise nötig sein wird, um die Politik in dieser Frage zu verändern. Programme, die gleichzeitig die kurzfristige Krisenreaktionsfähigkeit und die langfristige Entwicklung von klimafesten und anpassungsfähigen Systemen stärken, könnten die Schäden, die durch den anhaltenden Druck in den Bereichen Bevölkerungsentwicklung und Umwelt drohen, gering halten. Zu den Nutznießern würde die Bauwirtschaft ebenso gehören wie Energiesektor, Bergbau, Landwirtschaft, Versicherungswesen, Finanzsektor sowie Forschung und Entwicklung. Die Auswirkungen wären lokal ebenso wie international zu spüren.

Die stärkste Resilienz werden jene Gesellschaften aufweisen, denen es gelingt, das gesamte schöpferische und kooperative Potenzial ihrer Bürger zu nutzen – einschließlich Frauen und Minderheiten. Solche Gesellschaften gehen mit dem Strom der historischen Ereignisse, anstatt dagegen anzuschwimmen. Sie schöpfen aus dem stetig wachsenden Reservoir menschlicher Gestaltungskraft, um die Zukunft zu gestalten. In allen Ländern, selbst unter den trostlosesten Umständen, wird es immer Menschen geben, die sich entschließen, ihre Kraft einzusetzen, um Wohlbefinden, Glück und Sicherheit anderer zu vergrößern – und sich neuester Technologien bedienen, um dies im großen Maßstab zu tun. Doch auch das Gegenteil wird zutreffen: Destruktive Kräfte werden über mehr Möglichkeiten verfügen als jemals zuvor. Die wichtigste Frage, vor der Regierungen und Gesellschaften stehen, ist, wie man individuelle, kollektive und nationale Begabungen auf eine Art und Weise zusammenbringen kann, die nachhaltige Sicherheit, Wohlstand und Hoffnung schafft.

Methodologische Anmerkungen

Das National Intelligence Council (NIC) bemüht sich, in jeder Ausgabe der *Global Trends* einen innovativen Ansatz zu wählen, strenge Projektionsmethoden einzusetzen, immer mehr unterschiedliche Perspektiven einzubeziehen und die Relevanz des Berichts für die Politik zu maximieren. Wir haben diese Tradition in der vorliegenden sechsten Ausgabe der *Global Trends* fortgeführt, indem wir unseren analytischen Prozess um einige Elemente erweitert haben.

- Wir haben zunächst regionale Trends untersucht und diese Einschätzungen dann zusammengefasst, um breitere globale Dynamiken zu identifizieren.
- Wir haben aufkommende Trends und ihre Konsequenzen in zwei Zeitrahmen betrachtet: ein kurzfristiger Fünfjahresblick, der sich auf Themen konzentriert, die die nächste Regierung der USA beschäftigen werden, und eine langfristige Projektion über 20 Jahre, um die strategische Planung der USA zu unterstützen.
- Wir haben ein neues Konzept für die Betrachtung geopolitischer «Macht» entwickelt, das sich von früheren Methoden unterscheidet, bei denen die staatliche basierte materielle Macht – also etwa Bruttoinlandsprodukt und Militärausgaben – zu stark im Mittelpunkt stand. Wir beziehen nun auch nichtmaterielle Aspekte von Macht mit ein – dazu gehören Ideen und Beziehungen, aber auch die zunehmende Bedeutung wichtiger Unternehmen, sozialer Bewegungen und Individuen.
- Wir haben ausgiebig von analytischen Simulationen Gebrauch gemacht – unter Einsatz von Expertenteams, die die wichtigsten internationalen Akteure verkörperten –, um die künftige Entwicklungsrichtung der Weltregionen, der internationalen Ordnung, des Sicherheitsumfelds und der Weltwirtschaft zu beleuchten.
- Wir haben in allen Regionen und Themenbereichen das Potenzial für Brüche und Quantensprünge geprüft und dabei besonders nach der Art von Brüchen Ausschau gehalten, die wahrscheinlich eine grundlegende Veränderung des Status quo bedeuten würden. Diese sind im Text als fiktive Zeitungsartikel aus der Zukunft herausgestellt.

Zu einem frühen Zeitpunkt haben wir einen frischen Blick auf eine Reihe langfristiger Planungsannahmen geworfen, die von den beiden großen Parteien der USA seit 1945 geteilt wurden, um diejenigen unter ihnen zu identifizieren, die mit der höchsten und niedrigsten Wahrscheinlichkeit mit einem neuen strategischen Kontext kollidieren werden. Das half uns dabei, Themen, Länder und Menschen zu priorisieren, mit denen wir uns auseinandersetzen wollten, und den Umfang unserer Recherchen einzugrenzen. Letzten Endes führte uns die zwei Jahre dauernde Sondierung der wichtigsten Trends und Unwägbarkeiten in mehr als 35 Länder, in denen wir mit mehr als 2500 Personen zusammentrafen, die uns dabei halfen, die Trends und Unwägbarkeiten so zu verstehen, wie sie heute gelebt werden – und die wahrscheinlichen Entscheidungen, die Eliten und Normalbürger, mit diesen Bedingungen konfrontiert, in der Zukunft vermutlich treffen. Gespräche mit hochrangigen Offiziellen und Strategen weltweit vertieften unseren Einblick in die Entwicklung der strategischen Absichten und nationalen Interessen der großen Mächte. Wir führten persönliche Gespräche und Korrespondenzen mit Hunderten von Natur- und Gesellschaftswissenschaftlern, Vordenkern, religiösen Würdenträgern, Unternehmens- und Branchenvertretern, Diplomaten, Entwicklungsexperten sowie Frauen-, Jugend- und zivilgesellschaftlichen Organisationen auf der ganzen Welt.

Wie schon früher haben wir eine Vielzahl von Szenarien entwickelt, um darzustellen, wie die wichtigsten Unwägbarkeiten und aufkommenden Trends zusammenwirken könnten, um alternativen Versionen der Zukunft zu produzieren. Die Szenarien betrachten auch die wichtigsten Entscheidungen, die Regierungen, Organisationen und Individuen treffen könnten, um auf sich abzeichnende Tendenzen zu reagieren.

Letztlich bieten wir einen Rahmen, der das Verständnis für die Komplexität der Welt schärfen und die Möglichkeit von harten, plötzlichen Brüchen aufzeigen soll. Das Projekt stellt dar, wie wir als professionelle Analysten, die sich bemühen, «die Dinge beim Namen zu nennen», die Trends und ihre Konsequenzen einschätzen. Diese Bewertungen geben weder die offizielle Politik der US-Regierung noch eine gemeinsame und aufeinander abgestimmte Position der US-Nachrichtendienste wieder. Wir legen unseren Bericht in aller Bescheidenheit vor, im vollen Bewusstsein der Kühnheit dieser Aufgabe und in der Gewissheit, dass wir Fehler gemacht haben werden – die alle ausschließlich unsere eigenen sind. Dessen ungeachtet sind wir aber davon überzeugt, dass die Veröffentlichung unserer Prognosen der nahen und fernen Zukunft den Ausgangspunkt für ein gemeinsames Verständnis der Risiken und Chancen der Zukunft liefern kann.

Glossar

Bei **Binnenflüchtlingen** (engl. Internally Displaced Persons, IDPs) handelt es sich um Personen oder Gruppen, die dazu gezwungen oder genötigt wurden, ihr Heim oder ihren ständigen Aufenthaltsort zu verlassen oder zu fliehen und die dabei keine international anerkannten Grenzen überschritten haben. Auslöser können bewaffnete Konflikte, Gewalt, Menschenrechtsverletzungen, Naturkatastrophen, menschengemachte Katastrophen oder deren Folgen sein.

Ein **Flüchtling** ist eine Person, die sich gemäß der UN-Flüchtlingskonvention von 1951 «aus begründeter Furcht vor Verfolgung wegen ihrer Rasse, Religion, Staatszugehörigkeit, Zugehörigkeit zu einer bestimmten sozialen Gruppe oder wegen ihrer politischen Überzeugung außerhalb ihres Heimatlandes befindet und dessen Schutz nicht beanspruchen kann oder wegen dieser Befürchtungen nicht beanspruchen will».

Führende Wirtschaftsnationen sind die größten Industriestaaten der Welt, die Mitglieder der G7: USA, Japan, Deutschland, Großbritannien, Frankreich, Italien und Kanada plus China. Der Begriff ist nicht gleichbedeutend mit «größte Wirtschaftsräume», denn Brasilien und Indien haben mittlerweise ein größeres BIP als Kanada und Italien, und mehrere andere Länder – Russland, Indonesien, Mexiko, Südkorea und Saudi-Arabien – haben im Bezug auf Kaufkraftparität mehrere G7-Staaten überholt. Dennoch halten wir an dieser Gruppierung fest, weil diese Länder vergleichbare Größen von nationaler Wirtschaft und Pro-Kopf-Vermögen aufweisen sowie eine Reihe demografischer Herausforderungen gemeinsam haben.

Globalisierung ist der Prozess der Interaktion und Integration zwischen Völkern, Unternehmen und Regierungen der Welt, angetrieben durch den Fluss von Handel, Kapital, Menschen, Ideen und Informationen über Grenzen hinweg.

Wir folgen der Definition der Weltbank, die **Governance** als «die Traditionen und Institutionen, durch die in einem Land Regierungsgewalt ausgeübt wird», beschreibt. Dazu gehören «der Prozess, durch den Regierungen gewählt, überwacht und ersetzt werden; die Fähigkeit der Regierung, eine rationale Politik effizient zu formulieren und umzusetzen; sowie der Respekt der Bürger und des Staates für die Institutionen, die die wirtschaftlichen und sozialen Interaktionen unter ihnen regeln».

Mit den Begriffen **Industrieländer** und **Entwicklungsländer** unterscheidet man zwischen Staaten, die weitgehend industrialisiert sind und ein relativ hohes Pro-Kopf-Einkommen aufweisen, und Staaten, in denen Industrialisierung und Wohlstand weniger weit verbreitet sind. Im Rahmen dieser Studie bezeichnen «Entwicklungsländer» jene Staaten, die vom IWF der Gruppe der «Schwellen- und Entwicklungsländer» zugerechnet werden, das sind alle Länder außer den Industrienationen USA, Kanada, Westeuropa, Japan, Südkorea, Australien und Neuseeland. Obwohl die Weltbank mittlerweile präzisere Termini zur Differenzierung des wirtschaftlichen Entwicklungsstands benutzt – und wahrscheinlich eine wachsende Zahl von Organisationen diese Begriffe übernehmen wird –, halten wir an dieser Stelle an den traditionellen Bezeichnungen fest, weil diese nach wie vor weithin verwendet werden, unter anderem auch von den Vereinten Nationen und zahlreichen Wirtschaftsorganisationen.

Internationales System beschreibt Machtverteilung und Interaktionen zwischen Staaten sowie die Gruppe von Institutionen, Regeln und Normen, die diese Interaktionen regeln. Der Begriff **Internationale Ordnung** wird oft benutzt, um das Wesen dieser Interaktionen zu charakterisieren, meistens in Verbindung mit einer bestimmten Art von Ordnung, so etwa der regelbasierten internationale Ordnung, die nach 1945 geschaffen wurde.

Islamistisch ist eine Gruppe oder Bewegung, die die Rolle des Islam in der Politik und manchmal auch in anderen Bereichen des öffentlichen Lebens vergrößern will. Eine solche Bewegung kann, muss aber nicht gewaltbereit sein.

Klima umfasst die Durchschnittswerte, Varianzen und andere Statistiken des Wettergeschehens über einen Zeitraum von mehreren Jahrzehnten oder länger. **Wetter** dagegen bezieht sich auf kurzfristige atmosphärische Bedingungen in einer bestimmten Region. Zum Wetter gehören sehr heiße, kalte oder regnerische Tage, zu extremen Wetterereignissen gehören dagegen lange Dürreperioden, Fluten, Hitzewellen, Kältewellen oder heftige tropischen Stürme.

Klima-Variabilität beschreibt die Schwankungen des Klimas, seine Abweichungen (nach oben oder unten) von langfristigen Mittelwerten.

Klimawandel bezeichnet eine nicht zufällige Veränderung des Klimas, gemessen über mehrere Jahrzehnte hinweg oder länger.

Ein **Migrant** ist eine Person, die eine internationale Grenze überschritten oder innerhalb eines Landes ihren gewöhnlichen Aufenthaltsort dauerhaft verlassen hat, unabhängig davon 1) was ihr rechtlicher Status ist, 2) ob dieser Ortswechsel freiwillig oder unfreiwillig erfolgte, 3) welche Gründe zu dem Ortswechsel führten, und 4) der Dauer ihres Aufenthalts.

Migration ist die Bewegung einer Person oder Gruppe von Personen, entweder über eine internationale Grenze oder innerhalb eines Staates. Migration ist eine Bevölkerungsbewegung, dazu gehört jede Art der Bewegung von Menschen, gleichgültig, von welcher Dauer, Zusammensetzung oder Ursache. Darunter fallen Flüchtlinge, Vertriebene, Wirtschaftsmigranten und Menschen, die aus anderen Gründen ihren Lebensmittelpunkt verlagern, auch zum Zweck der Familienzusammenführung.

Nationalismus ist eine Ideologie, die auf der Prämisse basiert, dass die Loyalität und Zuneigung eines Menschen zu seiner Nation stärker ist als andere Individual- oder Gruppeninteressen. Eine **Nation** ist eine große Gruppe von Personen, die über eine gemeinsame Abstammung, Geschichte, Kultur oder Sprache verfügt und die in einem speziellen Staat oder Territorium leben. Eine Nation kann ein Staat sein, muss es aber nicht.

Nativismus ist die Bevorzugung von im Land geborenen oder alteingesessenen Bewohnern gegenüber Neuankömmlingen oder Immigranten. Er kann auch die Form einer Betonung traditioneller oder lokaler Gebräuche bei gleichzeitiger Ablehnung äußerer Einflüsse annehmen.

Populismus ist ein politisches Programm, das den Normalbürger in den Mittelpunkt stellt, meistens als Gegensatz zur Elite. Populistische Ansätze können aus dem politisch rechten oder linken Spektrum kommen oder Elemente aus beiden kombinieren. Populismus kann demokratische und autoritäre Bewegungen bezeichnen und fordert in der Regel eine direkte Verbindung zwischen dem Volk und der politischen Führung.

Dank

Der Entstehungsprozess ist ebenso wichtig wie der endgültige Bericht. Das NIC lernt von Menschen und Organisationen überall auf der Welt und stößt dabei, gleichsam als Nebeneffekt, strategische und zukunftsgerichtete

Diskussionen über alle Kulturgrenzen und Interessenlagen hinweg an. Unser zwei Jahre währender Prozess begann 2014 und führte uns in 36 Länder und Territorien – er erlaubte uns, auf der Basis von rund 2500 unterschiedlichen lokalen Perspektiven zu einem globalen Blickwinkel zu finden.

Auf jeder Reise trafen wir Menschen aus allen sozialen Schichten in großen und oft auch kleinen Städten. Wir suchten Perspektiven aus der Welt von Wirtschaft, Philanthropie, Naturwissenschaften, Technologie, Geisteswissenschaften und globaler Politik. Wir trafen uns mit religiösen, mit akademisch gebildeten und mit praktisch orientierten Männern und Frauen. Unsere Treffen mit Studenten und Jugendlichen waren besonders wertvoll – sie waren eine Herausforderung, den Blick auf das zu richten, was sein könnte. Unsere Gesprächspartner waren ohne Ausnahme großzügig mit ihren Einsichten und ihrer Zeit, selbst dann, wenn sie schwierige Botschaften übermittelten. Es gab zahlreiche «Aha-Erlebnisse», die uns halfen, regionen- und themenüberspannende Verbindungen herzustellen. Einige Gesprächspartner versuchten zweifellos, Einfluss zu nehmen auf die offizielle Sichtweise Washingtons, doch die meisten teilten ihre Erwartungen an die Zukunft mit uns, sei es lokal oder international. Wichtig ist, dass sie alle sich selbst in gewisser Weise in der Verantwortung sahen für die Welt der Zukunft – was unsere wichtige Erkenntnis unterstreicht, dass die Entscheidungen und das Handeln von Individuen heute wichtiger sind als je zuvor.

Wir können an dieser Stelle nur einigen Personen und Organisationen namentlich danken, doch schulden wir allen, die sich mit uns trafen, großen Dank. Dankbar sind wir auch für die Unterstützung des Außenministeriums und seiner Botschaftsbelegschaften in den jeweiligen Ländern, die viele dieser Treffen vermittelt haben.

Afrika. In Angola teilten Organisationen aus Zivilgesellschaft und Regierung ihre Einsichten über Urbanisierung und Armutsbekämpfung mit uns und halfen uns zu verstehen, wie Luanda, die viertgrößte Stadt Afrikas, sich auf die Zukunft vorbereitet. Ein kurzer Abstecher nach Botswana warf ein Schlaglicht auf entscheidende Chancen, auf der erfolgreichen Governance der letzten Jahre aufzubauen. Im Kongo waren wir dankbar für Diskussionen mit Führungspersönlichkeiten aus Zivilgesellschaft, Regierung und traditionellen Stammesverbänden. Im Senegal führten wir mit Thinktanks nützliche Diskussionen über Religion, Technologie und Jugend. Begegnungen anderswo auf dem Kontinent halfen uns dabei, das demografische und wirtschaftliche Potenzial der Region ebenso zu sondieren wie die aktuellen Dynamiken in Technologie, Energie und Identitätspolitik.

Asien-Pazifik-Raum. In Australien arrangierten das Office of National Assessments, das Futures Hub am National Security Institute der Australian National University, das Lowry Institute und die Commonwealth Scientific and Industrial Research Organization für uns Workshops und lieferten durchgängig kritisches Feedback. Unsere Zeit in Burma verbrachten wir mit zahlreichen Organisationen aus Zivilgesellschaft und Regierung in Gesprächen über Themen wie Beziehungen zwischen den Religionen, politische Reformen und Konfliktbewältigung. In China waren besonders mehrere Besuche bei den China Institutes of Contemporary International Relations sowie an der Universität Peking hilfreich – ebenso wie Sitzungen mit dem China Institute for International Strategic Studies, an der Universität Nanjing, der Nationalen Verteidigungsuniversität, Fudan-Universität, der Renmin-Universität und der China Executive Leadership Academy in Pudong. In Indonesien gewannen wir bei Treffen mit Studenten, Umweltaktivisten, Wirtschaftsvertretern, Provinzbeamten, Menschenrechtsaktivisten und religiösen Führern und ebenso mit Mitgliedern des Centre for Strategic and International Studies, des Institute for Policy Analysis of Conflict und anderer Thinktanks wertvolle Einsichten. In Japan danken wir unter anderem dem Japan Institute of International Affairs, der Tokyo Foundation, dem Institute for Energy and Economics sowie dem Asian Development Bank Institute. In Singapur waren das Prime Minister's Strategy Office, die S. Rajaratnam School of International Studies und das Ostasien-Institut der National University of Singapore besonders hilfreich in Fragen von Geopolitik und Projektionsmethodologie. In Südkorea widmete man uns einen von ASAN organisierten Event und wir erfuhren auch viel vom WTO Law Center, der Ewha Womans University, der Seoul National University und der Hankuk-Universität für Fremdsprachen. Besonders danken wir Rory Medcalf und Andrew Shearer in Australien, Cui Liru und Da Wie in China, Shingo Yamagami in Japan sowie Peter Ho in Singapur, die uns halfen, die sich verändernde Dynamik Asiens und ihre globalen Auswirkungen zu verstehen.

Europa. Wir danken unseren Mitreisenden in Sachen Strategie- und Zukunftsbewertungen, darunter in Großbritannien dem Cabinet Office, der Joint Intelligence Organisation, dem Defense Concepts and Doctrine Centre im Verteidigungsministerium, der Blavatnik School of Government und der Oxford Martin School an der Universität Oxford, außerdem Zukunftsforschungsprogrammen bei der Europäischen Union, der NATO und der OECD. Für Unterstützung, herausragende Einsichten und ihre Großzügigkeit beim Organisieren oder Arrangieren von Meetings danken wir: Thomas Bagger, Leiter des Planungsstabs im deutschen Außenministerium, und seinem britischen Pendant Peter Hill; Paolo Ciocca, stellvertretender Generaldirektor der italienischen nationalen Sicherheitsbehörde; außerdem dem früheren Premierminister Schwedens, Carl Bildt,

Hans-Christian Hagman vom Außenministerium und Lars Hedstrom von der Swedish Defense University. Äußerst dankbar sind wir Professorin Monica Toft, die an der Universität Oxford einen zweitägigen Workshop über die Zukunft der Religion organisierte und einen signifikanten Beitrag zum endgültigen Bericht über Demografie und Sicherheitsdynamik leistete. Angela Wilkinson, Expertin für Szenariotechnik in Oxford, die wichtiges frühes Feedback zu Methoden und Entwürfen lieferte – und uns den Mut gab, die notwendigen Kurskorrekturen vorzunehmen. Kenneth Hackett, US-Botschafter am Heiligen Stuhl, arrangierte zwei unvergessliche Treffen mit hohen Vertretern des vatikanischen Außenministeriums sowie mit religiösen Männern und Frauen, die in Afrika, Europa, dem Nahen Osten und Pakistan arbeiten. Ein ähnliches Treffen in Istanbul mit Führern von religiösen Minderheiten der Türkei und der Levante hinterließ unauslöschliche Eindrücke. Wir profitierten von der außerordentlichen Anziehungskraft von Wilton Park in England und der unermüdlichen Arbeit von Richard Burge und Julia Purcell. Wichtige Beiträge kamen von Chatham House, dem International Institute for Strategic Studies sowie Thinktanks in Italien, Spanien und der Türkei. Schließlich halfen uns Treffen mit führenden Politik-Strategen und ranghohen Beamten aus Deutschland, Dänemark, Finnland, Frankreich, Italien, den Niederlanden, Spanien, Schweden, der Schweiz, Russland, den USA, der Europäischen Union sowie von Einrichtungen der UN – und oft auch aus Washington – problembereichsübergreifende Einsichten zu gewinnen.

Naher Osten und Nordafrika. Diskussionen mit ranghohen Beamten und führenden Persönlichkeiten der Zivilgesellschaft in Israel, Jordanien, Tunesien, den Vereinigten Arabischen Emiraten und der Westbank unterstrichen alte und neue Unsicherheitsfaktoren ebenso wie positive Aussichten. Auch den vielen Vordenkern, Journalisten und anderen, die ihre Erfahrungen und Perspektiven online und anderweitig offiziell dokumentiert mit uns geteilt haben, sind wir zu großem Dank verpflichtet. In Tunesien danken wir den diplomatischen Vertretungen der USA in Tunis und Tripolis für ihre Einsichten und für das Arrangieren von Treffen mit Experten aus Zivilgesellschaft, Regierung und Regionalpolitik und zahlreichen Frauen- und Menschenrechtsaktivisten, Arbeiter- und Parteivertretern sowie Experten für regionale Sicherheitsfragen.

Südasien. In Bangladesch unterstrichen Treffen mit Stadtplanern und NGOs die Bedeutung individueller Beiträge zur lokalen Fürsorge, während Diskussionen mit Thinktanks unsere Sicht von Religion, regionalem Handelspotenzial und Klimawandel bereicherten. Wir danken Daniel Twining vom German Marshall Fund für das Organisieren einer großartigen Woche von Treffen in Delhi und Mumbai mit der Observer Research Foundation, der Vivekenanda International Foundation, Lehrkräften und

Studenten an der Jawaharlal-Nehru-Universität, Brookings India, Gateway House, der Public Health Foundation of India, Tata Industries, dem Finanzministerium Indiens, PRS Legislative Research, TeamLease, einem der größten privaten Arbeitgeber Indiens und anderen. Wir sind auch dankbar für aufschlussreiche Gespräche mit Händlern an der Bombay Stock Exchange, Journalisten sowie führenden Persönlichkeiten der hinduistischen und muslimischen Zivilgesellschaft.

Nord-, Mittel- und Südamerika. Wir danken US-Diplomaten in Brasilien, Chile, Mexiko und Peru für das Organisieren eines straffen Programms von Treffen mit alten und neuen Freunden. In Brasilia, São Paulo und Rio de Janeiro trafen wir uns mit Akademikern, Regierungsbeamten und Vordenkern, darunter viele führende Akademiker, dem Zukunftsforscher Sylvio Kelsen Coelho, Carlos Eduardo Lins da Silva von der São Paolo Research Foundation (FAPSEP), Ricardo Sennes von Prospectiva und Rubens Ricupero von der Fundação Armando Alvares Penteado. In Chile sind wir dankbar für die Zeit und die Einsichten von Außenminister Heraldo Muñoz, den Teilnehmern eines Roundtables zur internationalen Politik, organisiert von der strategischen Planungsgruppe des Ministeriums sowie der von Senator Hernan Larrain und Alvaro Garcia Hurtado von Valor Minero. Wir danken Sergio Bitar, Direktor des Global Trends and Future Scenarios-Projekts bei Inter-American Dialogue, für das Organisieren eines Dinners mit führenden strategischen Köpfen, darunter die Carlos Ominami Fundacion Chile 21 und Senator Guido Girardi Lavin, Gründer der chilenischen Kongress-Initiative Challenges of the Future. In Mexiko danken wir dem früheren Außenminister Jorge Castaneda, Alejandro Hope, Transparency International und anderen Rechtsstaatlichkeits-Initiativen, Ilena Jinich Meckler und Studenten des Instituto Tecnológico Autónomo de México (ITAM) für einen bemerkenswerten Roundtable, Jorge Chabat von CIDE, und der Botschaft der USA für das Veranstalten eines Roundtables führender Wirtschaftswissenschaftler. Außerdem profitierten wir von einem Workshop über die Zukunft der Region, den das Center for Research for Development in Mexiko (CIDAC) mit Experten aus ganz Zentral- und Nordamerika organisierte. In Peru sind wir dankbar für die Zeit mit Außenminister Ricardo Luna, Jose Ugaz von Transparency International, Vordenkern wie Roberto Abusada vom Instituto Peruano de Economia und Vertretern von Industrie, Medien und Universitäten. Ein außergewöhnliches Treffen mit dem Zukunftsforscher Francisco Sagasti krönte unsere Zeit in Lima.

In Kanada danken wir dem International Assessment Secretariat im Privy Council Office und dem Canadian Security Intelligence Service für ihre konsequente Unterstützung und das Ermöglichen des wichtigen Austauschs mit kanadischen Politikern und Wissenschaftlern – was es uns erlaubte, wichtige Erkenntnisse in den letzten Manuskriptstadien einem Praxistest zu unterziehen.

In den Vereinigten Staaten danken wir dem Director of National Intelligence James Clapper und Deputy Director Stephanie O'Sullivan für die stete Ermutigung sowie ihr Engagement für strategische Analyse, Transparenz und die Diversifizieren der Perspektiven, die in unsere Arbeit einfließen. Wir profitierten von einem unmittelbaren Zugang zum derzeitigen und früheren Nationalen Sicherheitsrat, der Führung von Außen- und Verteidigungsministerium, politisch Verantwortlichen und Mitgliedern des Office of Net Assessment, die alle dazu beitrugen, die politische Relevanz der *Global Trends* möglichst groß werden zu lassen. Besondere Anerkennung gebührt in dieser Hinsicht dem Undersecretary of State for Political Affairs Thomas Shannon und seinem Stab, den Directors of Policy Planning, Jonathan Finer und David McKean, NSC Senior Director for Strategic Planning Salman Ahmed und dem Direktor des Office of Net Assessments im Verteidigungsministerium, James Baker. Stets hilfreiche Ratschläge, gute Laune und unerschütterliche Unterstützung kamen vom derzeitigen NIC-Vorsitzenden Greg Treverton und seiner Stellvertreterin Beth Sanner sowie von den früheren Vorsitzenden Chris Kojm, Tom Fingar und Joe Nye und den Stellvertretern Joseph Gartin, David Gordon und Ellen Laipson. David und seine Kollegen in der Eurasien-Gruppe ebenso wie Thomas Wright von Brookings engagierten sich über das übliche Maß hinaus bei der Analyse von geopolitischen und ökonomischen Analysen und dem Füllen von Lücken, wo immer es nötig war. Mathew Burrows, früherer NIC-Berater und Hauptautor von *Global Trends 2030*, *2025* und *2020*, verband seine Übergabe mit entscheidenden Ratschlägen und setzte seine Unterstützung von *GT* weiter mit demografischen Analysen fort. Richard Cincotta, Banning Garrett und Barry Hughes lieferten in ähnlicher Weise wichtige persönliche Erkenntnisse ebenso wie Kontakte aus der Zeit früherer *GT*s.

Drei bemerkenswerte Denker – der Science-Fiction-Autor David Brin, die frühere CIA-Leiterin Carmen Medina und Professor Steve Weber von der Universität Berkeley – halfen uns in einem frühen Stadium beim South by Southwest Interactive Festival im texanischen Austin, unser Denken zu schärfen und ein immer breiteres Publikum anzusprechen. Peter Feaver von der Duke University und Will Inboden von der University of Texas at Austin leiteten ein Team von Wissenschaftlern, die dauerhafte Planungsannahmen der USA seit 1945 identifizierten. Professor John Ikenberry von der Princeton University organisierte Workshops über wichtige Themen, setzte sich mit den Prämissen des Berichts auseinander und lieferte durchgängig entscheidendes Feedback und Unterstützung, ebenso wie seine Kollegen Robert Art, Dale Copeland, Daniel Drezner, Martha Finnemore,

Harold James, Robert Jervis, Jonathan Kirchner, Charles Kupchan, Jeff Legro, Mike Mastanduno, Kate McNamara, John Mearsheimer, Rajan Menon, John Owen, Barry Posen, Randy Schweller, Jack Snyder, William Wohlforth und Ali Wyne. Außerdem danken wir Casimir Yost von der Georgetown University, dem früheren Direktor der Strategic Futures Group im NIC, für seine Vorreiterrolle bei der Gestaltung verschiedener Zukunftsversionen der USA. Bruce Jones gebührt Dank dafür, dass er das NIC an Workshops des Brookings Institute über Multilateralismus beteiligt hat. Mark Sable las eine Reihe von Entwürfen und gab uns extrem hilfreiche Ratschläge zu Stil, Sprache und Argumentation.

In ähnlicher Weise sind wir dankbar für Workshops unter der Leitung von Deborah Avant am Sié Chéou-Kang Center for International Security and Diplomacy der Universität Denver, von Sumit Ganguly an der Indiana University, von Steven Krasner an der Stanford University und von Steve Weber an der Universität Berkeley. Die Autorin Karen Armstrong, Valerie Hudson von Texas A&M, Eric Kauffman von der University of London, Kathleen Kuehnast vom US Institute of Peace und Hamid Khan von der University of South Carolina gehören zu den Menschen, die das NIC maßgeblichen dabei unterstützten, sich mit Genderthemen und religiösen Fragen auseinanderzusetzen. Nick Evans und sein Team bei Strategic Business Insights gewährten uns umfangreiche und intelligente Unterstützung bei der Beurteilung von Schlüsseltechnologien und ihren Konsequenzen. Wir danken auch dem New Yorker Kongressabgeordneten Steve Israel für das Ausrichten einer Diskussionsveranstaltung am Baruch College. Unser Denken profitierte vom kritischem Feedback von Experten und Diskussionsteilnehmern am Atlantic Council, American Enterprise Institute, der Brookings Institution, dem Carnegie Endowment for International Peace, der Columbia University, dem Council on Foreign Relations, dem Center for Strategic and International Studies, der Georgetown University, der George Washington University, der Harvard University, der Heritage Foundation, der Illinois State University, der Penn State University, dem Research Triangle-Konsortium in North Carolina, dem Stimson Center, der Southern Methodist University und dem World Affairs Council of Dallas, der Stanford University, der University of Texas at Austin, der Texas A&M University und den National Laboratories in Oak Ridge, Livermore und Sandia.

Die Studie hätte nicht realisiert werden können ohne die fachkundige und zupackende Unterstützung von Hannah Johnson und ihren Kollegen bei SAIC und Leidos, die uns halfen, Workshops, analytische Simulationen und Übungsszenarien zu organisieren. In gleicher Weise profitierten wir von Konferenzbegleitung durch Jim Harris, Greg Brown und vielen anderen bei Centra Technologies und dem Bureau of Intelligence and

Research im Außenministerium. Auftragsstudien vom Atlantic Council, dem Economist Intelligence Unit, der Eurasia Group, dem Institute for the Future, RAND, dem Stimson Center und Strategic Business Insights lieferten Ausgangsbewertungen in den wichtigsten Funktionsbereichen. Außerdem sind wir dankbar für die vielen Beiträge von Kollegen, Mitarbeitern und aus der Öffentlichkeit, die uns über unsere Tumblr-Webseite oder direkt erreichten. Wir danken Dr. Jeffrey Herbst und dem Newseum für die Partnerschaft mit dem NIC für die Buchpräsentation von *Global Trends*.

Und schließlich möchten wir folgenden Personen für ihre Beiträge Anerkennung und Dank zollen:

Clement Adibe, Bill Anderson, Anders Agerskov, Mark Bessinger, Richard Betts, Andrew Bishop, Phillip Bobbitt, Hayley Boesky, Hal Brands, Esther Brimmer, Shlomo Brom, Sarah Chayes, Erica Chenoweth, Gregory Chin, Ed Chow, Jack C. Chow, Thomas Christensen, Sean Cleary, Peter Clement, Keith Darden, James Dator, Jacquelyn Deal, Larry Diamond, Karen Donfried, Eric Edelman, Eran Etzion, Nick Evans, Darryl Faber, Mark Fitzpatrick, Jack Goldstone, Lawrence Gostin, Paul Heer, Francis Hoffman, Peter Huybers, Kim Jae-On, Joseph Jaworski, Kerri-Ann Jones, Rebecca Katz, John Kelmelis, Cho Khong, Andrew Krepinevich, David Laitin, Hardin Lang, Doutje Letting, Michael Levi, Marc Levy, Peter Lewis, Edward Luck, Anu Madgavkar, Elizabeth Malone, Thomas Mahnken, Katherine Marshall, Monty Marshall, Wojciech Maliszewski, Jessica Mathews, Michael McElroy, Walter Russell Mead, Suerie Moon, Anne Marie Murphy, Kathleen Newland, John Parachini, Jonathan Paris, Tom Parris, Stewart Patrick, Minxin Pei, Robert Putnam, Ebhrahim Rahbari, Kumar Ramakrishna, Eugene Rumer, Tomas Ries, Paul Salem, Miriam Sapiro, Derek Scissors, Lee Schwartz, Peter Schwartz, Jim Shinn, Anne Marie Slaughter, Constanze Stelzenmüller, Teija Tiilikainen, Avi Tiomkin, Ashley Tellis, Ivan Arreguin-Toft, Andrew Trabulsi, Ben Valentino, Kristel Van Der Eist, Peter Wallensteen, Stephen Watts, Judith Williams, Kevin Young, Amy Zegart und Suisheng Zhao.

TEIL 2

Einleitung

Diese Studie ist das Ergebnis umfangreicher Forschungen und Begegnungen quer durch eine Vielfalt an Regionen und Themen. Der breitgefächerte Input wurde in der Absicht gewählt, einen Werkzeugkasten zur Beurteilung der strategischen Risiken und Möglichkeiten über die nächsten 20 Jahre bereitzustellen. Der zweite Teil umfasst zwei grundlegende Elemente dieser Studie:

Der erste Abschnitt, «Die nächsten fünf Jahre nach Regionen», stellt einen systematischen Überblick über alle Weltregionen dar. Im Fokus stehen zentrale Auswirkungen der Veränderungen der nächsten fünf Jahre.

Der zweite Abschnitt, «Wichtige globale Trends» erforscht diese zentralen Auswirkungen über einen Horizont von 20 Jahren, gegliedert nach Themen wie Demografie, Wirtschaft, Governance und Sicherheit statt nach Regionen.

Die nächsten fünf Jahre nach Regionen

Fortgesetzte Instabilität und wichtige Anpassungen in den Bereichen Politik, Wirtschaft, Gesellschaft und Umwelt werden weltweit die nächsten fünf Jahre prägen. Ungeachtet wichtiger Unterschiede in den einzelnen Regionen wird die ganze Welt Urbanisierung, Migration und Belastungen durch umweltbedingte, ökologische, technologische und klimatische Veränderungen erleben. Vielen Gesellschaften wird es nicht gelingen, die Entwicklungsleistungen der letzten zwei Jahrzehnte – insbesondere für die neuen Angehörigen ihrer Mittelschicht – im vollen Umfang zu bewahren, was auf Defizite im politischen Handeln reicher wie armer Länder verweist. Moderne Informationstechnologien werden die unterschiedlichen Haltungen zu Globalisierung, Politik und Korruption verstärken; als Demütigung und Unrecht wahrgenommenes staatliches Vorgehen wird gleichzeitig Proteste und gewaltbereite Massenbewegungen provozieren. Strukturelle Veränderungen in der Weltwirtschaft – von der Technologie und Finanzwirtschaft, die hohe Einnahmen generieren, ohne Arbeitsplätze zu schaffen, bis hin zu einem Schuldenanstieg, der ein zukünftiges Wachstum belastet – werden diesen Wandel noch beschleunigen. Unzufriedenheit wird viele Gesellschaften populistischen, nativistischen oder nationalistischen Anführern in die Arme treiben; andere werden vielleicht ganz nüchtern neu darüber nachdenken, welche Verpflichtungen Staatsbürger untereinander haben, wenn die Kosten nicht mehr tragbar sind. Eine Fragmentierung von Weltregionen und Staaten ist möglich – ja sogar wahrscheinlich –, falls sich mehrere geopolitische Machtzentren bilden.

- **Ökonomische Belastungen.** Die wichtigste ökonomische Unwägbarkeit wird aus globaler Sicht in den nächsten fünf Jahren das Wachstum Chinas sein: Wie erfolgreich hält Peking Wirtschaftswachstum und Auslandsinvestitionen aufrecht und schafft – mehr oder weniger effektiv – den überfälligen Übergang von einer durch Export und Investitionen angeheizten Wirtschaft hin zu einem Wachstum durch eigenen Konsum. Chinas Wirtschaft ist von 2 Prozent des globalen BIP im Jahr 1995 auf 14 Prozent im Jahr 2015 angewachsen und war mehrere Jahre lang die größte Quelle globalen Wachstums; ein scharfes ökonomisches Abbremsen in China würde das Wachstum andernorts unterminieren und den weltweiten Fortschritt bei der Reduzierung der Armut verlangsamen. Während einer solchen Rezession wären viele Regierungen einem steigenden öffentlichen Reformdruck ausgesetzt, um Beschäftigung und integriertes Wachstum zu fördern – Veränderungen, die womöglich die Kontrolle und die Möglichkeiten dieser Regierungen, ihren politischen Unterstützern Vorteile zukommen zu lassen, bedrohen würden.
- **Politische Belastungen.** Nur wenige Regierungen sind zu solchen politischen und ökonomischen Reformen bereit, und vielen Staaten fehlt einfach die Kraft, sich den Herausforderungen zu stellen. Im Nahen Osten und in Nordafrika werden sich diese Defizite mit gesellschaftlichen und geopolitischen Kräften verbinden und zur Entstehung – oder Fortdauer – von Chaos und Gewalt führen. Im entwickelten Westen wird die allgemeine Ernüchterung ihren Ausdruck in populistischen oder reformerischen Stimmen finden, die Wohlstands- und Machtungleichgewichte thematisieren werden. In Ost- und Südasien wie auch in Lateinamerika wird die Unzufriedenheit mit Korruption, Kriminalität und ökologischen, gesundheitlichen und urbanen Belastungen weiterhin den Aktivismus und Forderungen nach Reaktionen der Regierungen anheizen.
- **Gesellschaftliche Belastungen.** Gesellschaftliche Konfrontation und Polarisierung, die oft in Religion, traditioneller Kultur oder Widerstand gegen eine alle Unterschiede einebnende Globalisierung wurzeln, werden in einer Welt immer schnellerer Kommunikationsmittel eine immer wichtigere Rolle spielen. Die neuen

Technologien werden wahrscheinlich auch weiterhin die politische Polarisierung verstärken und den Einfluss extremer oder randständiger Gruppen wachsen lassen, weil sie deren Präsenz und Reichweite steigern. Militante extremistische und terroristische Gruppen werden transnational präsent sein, zwar noch immer zersplittert, aber im Ideen- und Ressourcenaustausch mit Organisationen in Afrika, der arabischen Welt und Süd- und Südostasien. Die Verbreitung bestehender oder neu auftauchender Infektionskrankheiten wird ein Risiko für alle Nationen und Regionen bleiben, vor allem aber für Regierungen, die nicht in der Lage sind, sich auf solche Krisen vorzubereiten.

- **Geopolitische Belastungen.** Die Rivalitäten der Großmächte und das Konfliktrisiko werden in den nächsten fünf Jahren wachsen. Gründe sind das Zerfasern des gegenwärtigen internationalen Systems und die Ambitionen Chinas und Russlands auf eine wichtigere Position und größeren Einfluss. Staaten und nichtstaatliche Akteure gleichermaßen werden neue und unkonventionelle Formen der Machtausübung einsetzen, etwa ihre Leistungsfähigkeit im Cyberspace und in den sozialen Netzwerken, um Ergebnisse zu beeinflussen und Disruption zu provozieren. Das Entstehen verschiedener miteinander rivalisierender Machtzentren ist in den nächsten fünf Jahren möglich, wenn regionale Aggressionshandlungen und die Missachtung internationaler Normen nicht geahndet werden.
- **Umweltbelastungen.** Wissenschaftlichen Untersuchungen zufolge war 2016 das wärmste Jahr seit Beginn der Aufzeichnungen im Jahr 1880, und 16 der 17 wärmsten Jahre wurden seit 2000 gezählt. Es ist wegen der normalen Bandbreite der Klimaschwankungen zwar schwer, kurzfristige Temperaturtrends vorauszusagen, doch grundsätzlich wird die globale Temperatur im Laufe der nächsten fünf Jahre sicher steigen. Diese Erwärmung hat Auswirkungen auf Stürme und Regenmengen, das Schmelzen der Polkappen, steigende Meeresspiegel und die allgemeinen Lebensbedingungen der Menschen. Besonders heftig wird der Wandel jenen beträchtlichen Teil der Weltbevölkerung treffen, der sich in klima-verletzlichen Gebieten konzentriert, etwa in Küstenstädten und urbanen Zentren mit knappen Wasserressourcen.

Ost- und Südostasien

Diese ethnokulturell vielfältigste Region der Welt, die gleichzeitig mit größter Wahrscheinlichkeit an ökonomischer Bedeutung gewinnen wird, steht sicher auch in nächster Zukunft im Zentrum der ökonomischen Kooperation und des geopolitischen Wettbewerbs. Im Fall China steigern viele Faktoren die politische Unsicherheit: eine sich verlangsamende Wirtschaft, Pekings Versuch, seine Vormachtstellung in Asien zu festigen, ein schrumpfendes Potenzial an Arbeitskräften infolge der demografischen Alterung und die Machtfülle des Präsidenten Xi. Diese Unsicherheit wirft einen Schatten auf Frieden und Wohlstand in der Region, da China tief in die globale Wirtschaft integriert ist und die Region ökonomisch stabilisiert, internationale Normen und Regeln aber zugunsten eigener Interessen nur selektiv akzeptiert und umzugestalten versucht. Chinas Souveränitätsansprüche etwa im Südchinesischen Meer provozieren Reaktionen der Nachbarn und schüren im Inneren nationalistische Stimmungen, die Pekings Handlungsspielraum beschneiden könnten. Das Zusammenspiel von Sicherheitswettlauf, Regimestabilität und ökonomischer Kooperation wird die meisten regionalen Interaktionen beeinflussen. Mittelmächte wie kleinere Staaten suchen Garantien gegen das chinesische Durchsetzungsvermögen, wollen aber andererseits die mit China verbundenen ökonomischen Chancen nicht opfern; das Risiko einer weniger robusten chinesischen Wirtschaft kommt als Komplikation hinzu. Risiken und Chancen der einzelnen Länder in der Region werden auch davon abhängen, wie sich die Vereinigten Staaten und Japan, aber auch aufstrebende Mächte wie Indien und Indonesien gegenüber China verhalten.

- Die vielen alten **territorialen und maritimen Streitigkeiten** in der Region werden wohl kaum in den nächsten fünf Jahren ausgeräumt werden, sondern vielmehr weiter schwelen, zu Hilfeersuchen an die USA führen und den Ausbau regionaler Institutionen und Bewältigungsmechanismen wie des Verbands Südostasiatischer Nationen (ASEAN) erschweren. Eine weitere Eskalation der

Spannungen an einer der asiatischen Verwerfungslinien würde wahrscheinlich das Vertrauen der Wirtschaft unterminieren und Investitionen wie auch die regionale ökonomische Kooperation bremsen.

- Peking könnte zu der Ansicht gelangen, dass sich für **China** das «Fenster strategischer Chancen» schließt, die Gelegenheit also, sich größeren Einfluss in der Region zu sichern, bevor sich ein stärkerer Widerstand gegen den Aufstieg des Landes entwickelt, etwa aufgrund eines gesteigerten strategischen Augenmerks der USA auf die Region, einer intensiveren japanischen Verteidigungspolitik, der neuen Führung Taiwans und des wachsenden Gefühls einer eigenen Identität dort, des nordkoreanischen Atomprogramms und Chinas eigener wachsender ökonomischer Aufgaben. Die Sicht des Auslands auf China wird wahrscheinlich von Pekings Bereitschaft abhängen, sich weithin akzeptierten internationalen Regeln zu unterwerfen.
- Ein immer selbstbewussteres **Japan** wird sich international stärker engagieren. Es wird sich potenziell intensiver in regionale und globale Sicherheitsfragen einbringen und ein stärkerer Partner der Vereinigten Staaten werden, zunächst, indem es an seine stabilen ökonomischen Beziehungen, besonders zu Südostasien, anknüpft. Die zunehmende Unsicherheit in Ostasien, vor allem durch Chinas wachsende Macht und Durchsetzungskraft, drängt Tokio dazu, aus der Nachkriegszeit herrührende Beschränkungen seiner Sicherheitsstrategien zu lockern und die Voraussetzungen für eine Strategie kollektiver Selbstverteidigung zu schaffen.
- **Indien** wird sich wahrscheinlich intensiver in ost- und südostasiatische Wirtschafts- und Sicherheitsbelange einbringen, vor allem, wenn sich seine Beziehung zu Japan weiter festigt. Chinas Ambitionen und seine Missachtung indischer Interessen stärken Neu-Delhis Neigung, in der Zusammenarbeit mit Japan und den Vereinigten Staaten Ausgleich und Absicherung zu suchen. Zwar schränken die wachsenden Bedenken des Westens in Bezug auf den Freihandel die Optionen ein, doch eine Übereinkunft ähnlich der Transpazifischen Partnerschaft (TPP) könnte Indien zu einem ökonomischen Joker werden lassen, seine wirtschaftliche Integration mit den Vereinigten Staaten und anderen wichtigen pazifi-

schen Ökonomien potenziell vertiefen, die Wirtschaftsreformen und das Wachstum des Landes mit vorantreiben und Indiens Fähigkeit, eine selbstbewusstere regionale ökonomische Rolle zu übernehmen, stärken.

- **Indonesien** hat die größte muslimische Bevölkerung weltweit und könnte eine globale Rolle bei der Moderierung der muslimischen Reaktion auf den Einfluss globalisierter Terrornetzwerke übernehmen. Aufgrund seiner gewaltigen Biodiversität könnte es viel zur Erhaltung der noch bestehenden Primärwälder der Welt beitragen. Allerdings hat das Land auch weiterhin mit der Herausforderung, einen ausgedehnten Archipel effektiv zu regieren, zu kämpfen. Das Niederbrennen indonesischer Wälder trägt zur globalen Kohlendioxidemission ebenso bei wie zur Luftverschmutzung und zu einer erhöhten Sterblichkeit an Bronchialkrankheiten in ganz Südostasien. In **Malaysia** könnten Veränderungen in der Rassen- und Religionspolitik des demokratischen, mehrheitlich malaiisch-muslimischen Landes Auswirkungen auf die Demokratisierung und gesellschaftliche Stabilisierung der Region haben und helfen, globale Bemühungen gegen die Radikalisierung zu fördern. Malaysia und Indonesien erleben wie andere muslimische Staaten den wachsenden Einfluss immer intoleranter auftretender Salafisten auf den traditionellen, vom Sufismus geprägten Islam. Diese Entwicklung heizt die Spannungen in ihren multiethnischen und multireligiösen Gesellschaften an. **Thailand** und die **Philippinen** kämpfen mit ordnungspolitischen Fragen, die sich aus aufkommenden autokratischen Vorlieben ergeben.
- Wichtige **ökonomische Verschiebungen, demografische Veränderungen und urbane Belastungen** durch die anhaltende Abwanderung in die Städte werden in den asiatischen Ländern in den nächsten fünf Jahren wahrscheinlich an Bedeutung gewinnen und politische Reaktionen erfordern. Alternde Bevölkerungen werden die Notwendigkeit, chronische Krankheiten besser zu bekämpfen, wachsen lassen und den Mittelbedarf der Regierungen steigern. Die ökonomische Ungleichheit könnte die öffentliche Unzufriedenheit in China und anderen Ländern der Region fördern, zumal die Unternehmen durch Niedriglohn-Wettbewerber aus der Region und anderen Teilen der Welt stärker unter Druck

geraten. Peking wird den Druck spüren, den Ambitionen und Forderungen seiner wachsenden Mittel- und Oberschicht gerecht zu werden oder ihre Enttäuschung zu mildern.

- Unter dem **Klimawandel** mit Unwettern, Sturmfluten, einem Anstieg des Meeresspiegels und Überschwemmungen haben ost- und südostasiatische Länder, deren Bevölkerungen sich in den Küstenbereichen ballen, überproportional zu leiden. Ständiger Klimastress wird die Resilienz auch gegenüber eher unbedeutenden Wetterereignissen reduzieren. Laut einer Meinungsumfrage des Pew-Forschungszentrums hält die Öffentlichkeit in China, Malaysia und auf den Philippinen den Klimawandel für die schwerwiegendste Bedrohung ihres Lebens, und für Einwohner Indonesiens, Japans und Südkoreas zählt er zu den größten drei Bedrohungen. Auch Ängste in Hinblick auf die Wasser- und Nahrungsmittelsicherheit gehören zu den Umweltsorgen der Region. Dürren in Kambodscha, Laos und Thailand werfen ein Schlaglicht auf diese Risiken. Eine Kooperation in Wasserfragen wird in einer dicht bevölkerten Region, in der Myanmar, Kambodscha, China und Laos sich um die Wasserführung streiten und die Liste der regionalen Konflikte damit noch verlängern, von entscheidender Bedeutung sein.
- Auf dem Gebiet der **öffentlichen Gesundheit** gelten mehrere Länder der Region als Gefahrenherde für das Auftauchen von Influenzaviren mit pandemischen Potenzial. Das hochpathogene Vogelgrippevirus H5N1 ist im Geflügel Chinas, Indonesiens und Vietnams endemisch und hat bei Menschen eine hohe Sterblichkeitsrate. Das hochpathogene Virus H7N9 zirkuliert ebenfalls in chinesischem Geflügel; seit 2013 ist eine steigende Zahl menschlicher Ansteckungen beobachtet worden.

Geopolitische Bedeutung der Region in den nächsten fünf Jahren: Wohin entwickelt sich China? Alle Länder in der Region sind stark von Chinas ökonomischen und politischen Aussichten abhängig. In den nächsten paar Jahren wird sich zeigen, ob Peking die Lebensstandards weiterhin steigern und die Zahl derer, die von der Wirtschaft profitieren, ausdehnen kann, während es seine Wirtschaft strukturell verändert, sie vom Export weg und zu Konsum und Dienstleistungen hin orientiert und zu einem ausgeglicheneren Mitspieler im Welthandel wird statt zu einem immer größeren Konsumenten von Rohstoffen. Abgesehen von seinen Handels- und Wirtschaftsbeziehungen spielt China jetzt auch eine große Rolle in den Entwicklungsplänen verschiedener Länder überall in der Region; die meisten ostasiatischen Völker – und viele in Südasien, Zentralasien und Europa – betrachten chinesische Investitionen mit Wohlwollen, was Peking einen Weg öffnet, seinen Einfluss im Ausland zu steigern. Sobald jedoch Peking seine Versprechen ökonomischer Partnerschaft, wie sie die Asiatische Infrastrukturinvestmentbank (AIIB) und die Projekte der Seidenstraßeninitiative *One Belt, One Road* verkörpern, nicht einhält, könnte dies den ausländischen Partnern das chinesische Engagement vergällen und Chinas weltweitem Ruf ebenso schaden wie seinen Bemühungen, Zentral- und Westasien als neue Exportmärkte zu erschließen.

Pekings größte politische Bewährungsprobe liegt darin, eine immer selbstbewusstere und engagiertere Öffentlichkeit zufriedenzustellen, die eine verantwortliche Regierung, gesellschaftliche Mobilität und anhaltendes Wachstum erwartet, ohne soziale Instabilität oder die Kontrolle durch die Kommunistische Partei Chinas (KPCh) zu riskieren. Der in letzter Zeit verstärkte Einsatz von Überwachungs- und sonstigen modernen Kommunikationstechnologien und die fortgesetzte Unterdrückung der Menschenrechte stehen für soziale Kontrolle bei gleichzeitiger Ablehnung des Pluralismus und jeglicher politischer Alternative zur KPCh.

- Auch **religiöse und ethnische Spannungen** werden Chinas Fähigkeit auf die Probe stellen, Entwicklungen anzunehmen und zu tolerieren, die das Land historisch als eine Bedrohung seiner Autorität betrachtet hat. Chinas schon jetzt beachtliche muslimische und christliche Bevölkerungsanteile werden den Prognosen zufolge in den nächsten zwei Jahrzehnten weiter wachsen. Die Regierung überwacht und beschneidet muslimische Aktivitäten in der Provinz Xinjiang, was die Einwohner gegen Peking aufbringt, und auch die mehreren zehntausend Christen, die in «Hauskirchen» im Untergrund Gottesdienste feiern, haben oft unter Verfolgung durch die Regierung zu leiden. Tibet, wo die Bevölkerung innerhalb Chinas am schnellsten wächst, könnte wie schon in der Vergangenheit zum Schauplatz von Unruhen werden.

- **Fragen der öffentlichen Gesundheit** werden in den nächsten Jahren zum Tragen kommen. Die steigenden Einkommen in China verschieben die Lebensmuster hin zu westlichen Konsumstandards, was zu höheren Raten chronischer Krankheiten wie Fettleibigkeit, Herzerkrankungen und Krebs führt. Wenn Millionen Menschen ungesund leben – und die Bevölkerung des Landes rapide altert –, wird der vorhersehbare Anstieg nicht übertragbarer Krankheiten die Leistungsfähigkeit des chinesischen Gesundheitssystems ebenso belasten wie die Kapazität der Regierung, in Gesundheitsinfrastruktur zu investieren und ausreichend Personal auszubilden.
- **Umweltprobleme** werden zunehmen. In vielen Regionen hat Peking Schwierigkeiten, seinen Bürgern Wasser in ausreichender Menge und Qualität zur Verfügung zu stellen. Die Degradation landwirtschaftlich bedeutsamer Ressourcen und die starke Verschmutzung durch die Industrie haben die Luftqualität in vielen Städten verschlechtert; es kam zu Protesten, wenn die Bedingungen vor Ort unerträglich wurden. Krebs und andere umweltbedingte Krankheiten treten in manchen Regionen so massiv auf, dass man keine modernen Forschungsmethoden braucht, um die Probleme zu erkennen.

Diese Herausforderungen werden in eine Phase fallen, in der sich das ökonomische Wachstum verlangsamt, die chinesische Wirtschaft einen Strukturumbau durchmacht und Rechnungen aus der schuldenfinanzierten Bautätigkeit im In- und Ausland seit der globalen Finanzkrise von 2008/2009 fällig werden. Gleichzeitig zentralisiert die chinesische Führung die Macht immer stärker und verfolgt einen Antikorruptionskurs, der zwar in der Öffentlichkeit Anklang findet, aber einen Teil der reichsten Chinesen verstimmt hat. Dieser innenpolitische Hintergrund wird eine Rolle spielen, wenn es darum geht, ob Chinas wachsender Einfluss in Asien und der Welt neue Dynamik und Effektivität in das internationale System bringt oder zu systemischen ökonomischen Erschütterungen und einem erhöhten Risiko regionaler Konflikte führt.

- Erfolge bei der Bewältigung dieser Herausforderungen könnten Rückwirkungen auf **Chinas Annäherung an seine ostasiatischen Nachbarn** haben. Ein glatter und gelungener ökonomischer Übergang und eine geeintere Führung würden Pekings Selbstvertrauen im Umgang mit Japan, den Philippinen und Vietnam stärken. Diese Staaten werden ihre territoriale Souveränität wohl verteidigen können, doch ausländische Unternehmen, Universitäten und Einzelpersonen werden die Anpassung Chinas erschweren, indem sie Schutz vor Cyberkriminalität und dem Diebstahl geistigen Eigentums, vor Behördenschikanen und Marktmanipulationen fordern.
- Peking wird **internationalen Einfluss und Respekt** genießen, wenn es mit Hilfe der neuen multilateralen Investitionsinitiativen des Landes gelingt, Beschäftigung und Lebensbedingungen im In- und Ausland zu fördern. Allerdings könnten multilaterale Investitionen auch den Einfluss Chinas im Ausland gefährden, vor allem, wenn der freundliche Umgang mit korrupten Regimen in Afrika zu jenem Unmut in der Bevölkerung führt, wie ihn die Vereinigten Staaten im Nahen Osten haben erleben müssen.
- Ähnlich könnte Peking von einer führenden Rolle bei der **Steuerung von Treibhausgasemissionen** und dem Kampf gegen einen Anstieg der Meeresspiegel, Umweltverschmutzung, extreme Wetterereignisse und den Verlust des Artenreichtums in der Region profitieren. Umweltthemen werden weiterhin der Schlüssel zur Lebensqualität sein und die Zivilgesellschaft in der Region auf die Straße bringen. Die Regierungen können hier ihre Reaktions- und Innovationsfähigkeit unter Beweis stellen.
- Da die Bevölkerung russischer Abstammung im Fernen Osten stark sinkt und ostrussische Städte weitgehend verwaist sind, wäre es natürlich, dass sich das chinesische Interesse und die Begierden auf den Norden richten und sich womöglich die Reibereien in diesem Gebiet verstärken. Sehr viele Chinesen sind schon unter den verschiedensten Vorwänden mit Visa und Geschäftsinteressen in die Region eingesickert.
- Ob Peking seine Verbindungen zu Islamabad und Pjöngjang gegen die langwierigen Bedrohungen durch Afghanistan und Nordkoreas Atomprogramm effektiver nutzt, wird deutliche Aus-

wirkungen auf den Frieden und die Stabilität in Süd- und Nordostasien haben.

Weitere Überlegungen: Partnerschaftsmanagement. Partnerschafts- und Bündnismanagement werden die vorrangigen Aufgaben der Vereinigten Staaten in Ostasien sein, mit Freihandelsabkommen wie der Transpazifischen Partnerschaft (TPP), die das Potenzial bieten, der Region bei der Diversifizierung weg von einer übergroßen Abhängigkeit von China zu helfen. Allerdings sehen viele TPP-Mitglieder – ebenso wie die Wirtschaftselite, die arbeitende Bevölkerung und die politische Führung mancher asiatischer Länder – in China eher eine Chance als eine Bedrohung und hegen Zweifel, was das Konzept und die Einsatzbereitschaft der USA bei TPP angeht. Chinas Größe, sein Entwicklungsstand und sein besonderer Bedarf, auch an Rohstoffen und hochwertigen Investitionsgütern, machen das Land zu einem möglichen Geschäftspartner für andere Länder in der Region – als Markt, Investitionsquelle und Produktionsstandort. Die Vereinigten Staaten können hier nicht unbedingt mithalten.

- Unter **Verbündeten und Partnern der USA** herrscht in Anbetracht der innenpolitischen und sonstigen internationalen Probleme Washingtons und potenziell eingeschränkter Ressourcen auch weiterhin Unsicherheit über die Zukunft der US-amerikanischen «Neuausrichtung» in Bezug auf die Region.
- In **Nordostasien** werden Peking, Tokio und Seoul ökonomisch voneinander abhängig bleiben, selbst wenn sie ihre jeweilige sicherheitspolitische Leistungsfähigkeit verbessern. Sie werden Sicherheitsrisiken entschlossen angehen und die Dynamik der Sicherheitsdilemmata und die wechselseitige Eskalation vermeiden müssen, die auftreten können, wenn Defensivmaßnahmen als offensiv gedeutet werden.
- Trotz einiger Fortschritte werden politisch belastete Symbolhandlungen und historische Konflikte eine Vertiefung der **japanisch-südkoreanischen** Sicherheitsbeziehungen in den nächsten fünf Jahren wahrscheinlich verhindern. Die Enttäuschung Südkoreas darüber, dass China Nordkorea nicht in die Schranken

weist, wird Seoul zu einer Kooperation mit Tokio und Washington veranlassen, auch wenn Seoul in China weiterhin einen überaus wichtigen Partner in den Bereichen Tourismus, Handel und Investitionen sieht. Gleichzeitig wird Japan sich weiterhin aktiv diplomatisch und sicherheitspolitisch in der Region und darüber hinaus engagieren. Japans Wirtschaft stagniert zwar insgesamt, bleibt aber die drittgrößte der Welt und sorgt – trotz des Bevölkerungsrückgangs – dafür, dass es dem Großteil seiner alternden Bevölkerung materiell immer besser geht.

In **Südostasien** wird eine wachsende gegenseitige ökonomische Abhängigkeit den Hintergrund für Großmachtrivalitäten, interne Auseinandersetzungen, religiöse Radikalisierung und politische Unsicherheit im Inneren mit Kämpfen zwischen Demokratisierung und Autoritarismus bilden. Wechselnde Kombinationen dieser Probleme könnten die offene, stabile und sich entwickelnde regionale Gemeinschaft dem Risiko der Stagnation, des Autoritarismus und der Instabilität aussetzen, doch bleibt dies unwahrscheinlich. Der Nationalismus wird eine starke Kraft bleiben, aber aus sich selbst heraus wohl kaum die zunehmende ökonomische Integration der Region stören.

- **Indien, Indonesien und Vietnam** werden auch aufgrund ihrer eigenen Entwicklungsleistungen, ihrer schnell wachsenden Handelsbeziehungen und ihrer im Vergleich zu vielen ihrer Konkurrenten günstigen demografischen Profile zu weit wichtigeren asiatischen Akteuren als in den letzten Jahrzehnten. Das Vorbild für die ökonomische Integration in der Region wird die ASEAN-Wirtschaftsgemeinschaft sein mit ihren Zielen der Liberalisierung und Harmonisierung des Handels und den vereinfachten Zollformalitäten, dem Austausch von Dienstleistungen, der Liberalisierung des Investment- und Kapitalmarktes und der Konnektivität der Infrastruktur.
- **Sicherheitspolitische Herausforderungen** werden einen fortgesetzten Aufbau und potenziellen Einsatz von militärischen Instrumenten in der Region begründen. Wenn die Wirtschaft ähnlich weiterwächst wie heute, werden die Länder in der Region die

Militärausgaben steigern, teils aus innenpolitischen Gründen, teils, um sich gegen China und Unsicherheiten in Bezug auf das Engagement der USA in der Region abzusichern. Die Konflikte im Ost- und Südchinesischen Meer werden sich fortsetzen, und die ASEAN-Staaten werden größere Summen zur Bekämpfung des radikalen Islamismus ausgeben müssen.

- Unter **Mängeln der politischen Führung** leiden autoritäre wie demokratische Regimes in der Region, und sie alle werden weiterhin Mühe haben, politische Strategien umzusetzen, die Korruption zu bekämpfen und oft problematische Beziehungen zwischen den Entscheidungsträgern auf nationaler Ebene und den Amtsträgern, die die Politik vor Ort umsetzen müssen, zu managen. Für die Stabilität in der Region wird es sehr wichtig sein, wie gut die Regierungen öffentliche Güter bereitstellen und die steigende Nachfrage nach besseren Lebensstandards erfüllen können.

Nachdenken über eine Neuausrichtung Chinas

China neu auszurichten, es von einer durch Investitionen angeheizten und exportorientierten Wirtschaft in eine Wirtschaft zu verwandeln, die sich stärker auf die eigenen Konsumenten stützt, wird Jahre der Anpassung erfordern, mit weitreichenden Konsequenzen für das Alltagsleben in China wie auch für die Wirtschaftspartner weltweit. Peking hat das Wachstum des Landes lange mit ungewöhnlich hohen Investitionen in – oft nicht ausgelastete oder ineffektive – Infrastruktur und Ausstattung stimuliert. Dies war Teil eines heute nicht mehr haltbaren Modells, das nur unter großen Schwierigkeiten in nächster Zukunft durch ein konsumorientiertes Wachstum wird ersetzt werden können.

- Im Jahr 2015 lagen Chinas Investitionen bei mehr als 40 Prozent des BIP, also weit über dem 30-Prozent-Durchschnitt anderer aufstrebender asiatischer Ökonomien und nur knapp unter den Spitzenwerten der jüngeren Vergangenheit. Keine andere wichtige Wirtschaftsnation hatte zu Friedenszeiten je eine so hohe Investitionsrate.
- Selbst mit einem realen Anstieg der Investitionen um nur 1 Prozent pro Jahr wie zuletzt 1990, dem Jahr nach der Nieder-

schlagung der Proteste auf dem Platz des Himmlischen Friedens, würde es ein ganzes Jahrzehnt mit einem jährlich um 8 Prozent wachsenden privaten und staatlichen Konsum dauern, bis sich das Verhältnis von Konsum und Investitionen dem der asiatischen Nachbarn angeglichen hätte.

Wenn Peking diese Neuausrichtung tatsächlich gelänge, wäre damit die Zerstörung althergebrachter Muster in Chinas Binnenwirtschaft verbunden.

- Ein höherer privater Konsum würde die Spielräume privater Unternehmen erweitern, die schneller auf die Nachfrage von Konsumenten reagieren können als Unternehmen im Staatsbesitz. Aber er würde auch den Druck auf Peking erhöhen, lange vermiedene rechtsstaatliche Verbesserungen vorzunehmen und das geistige Eigentum besser zu schützen sowie eine private Konsumfinanzierung zu entwickeln.
- Ebenso wichtig wäre, dass eine Beschränkung der ökonomischen Rolle der chinesischen, meist mit der Schwerindustrie verbundenen Staatsfirmen einen der wichtigsten Kontrollhebel der Regierung schwächen würde – in den letzten Jahren hat Peking wenig Bereitschaft dazu gezeigt.
- Der private Konsum hinkt wegen der hohen individuellen Sparrate hinterher, an der sich auch wohl kaum etwas ändern wird, solange Peking nicht seine Programme zum Ausbau des sozialen Netzes stärkt, insbesondere die Gesundheitsfürsorge und die Renten. Allerdings würden solche Aufstockungen in Konkurrenz zu Ausgaben für die militärische Modernisierung und innere Sicherheit stehen.

Eine neu ausgerichtete chinesische Wirtschaft wäre sicher weiterhin ein wichtiger Akteur der Weltwirtschaft und besser für langfristiges Wachstum positioniert. Sie wäre aber auch ein ganz anderer Handelspartner, in der Region wie weltweit.

- Man kann davon ausgehen, dass China mit einem schwächeren Fokus auf Infrastruktur und Schwerindustrie weniger Investitionsgüter – etwa Maschinen und Produktionsanlagen – und einen geringeren Anteil an Rohmaterialien wie Eisenerz und Kupfer importieren würde, die man für Investitionsgüter dringender braucht als für Konsumgüter. Sie standen zusammen für fast 800 Milliarden US-Dollar oder 47 Prozent der gesamten chinesischen Importe im Jahr 2015. Deutschland, Japan und Länder, die weltweit Rohstoffe exportierten, zählten zu den wichtigsten Lieferanten.

- Ein stärker entwickelter Konsumsektor würde fast sicher höhere Importe von Konsumgütern, Nahrungsmitteln und landwirtschaftlichen Produkten bedeuten, Kategorien, die 2015 nur etwa 90 Milliarden US-Dollar oder nicht einmal 6 Prozent der chinesischen Importe ausmachten. Abgesehen von China sind die führenden Exporteure dieser Güter die Vereinigten Staaten und Deutschland (für Konsumgüter) und die Vereinigten Staaten und die Niederlande (für Nahrungsmittel und landwirtschaftliche Produkte). Diese überaus wettbewerbsfähigen Exporteure würden wahrscheinlich am meisten von einer stark wachsenden chinesischen Nachfrage profitieren. Selbst wenn eine stärker auf Konsum ausgerichtete chinesische Wirtschaft ihre Nachfrage größtenteils selbst befriedigen könnte, würde weltweit die Nachfrage nach solchen Gütern steigen – Gewinner wären gleichermaßen die Produzenten in China und im Rest der Welt.
- Wie sich die Neuausrichtung auf den Import von Zwischenprodukten – Teilen, die man für die Herstellung und Montage von Waren für den Export oder den einheimischen Einsatz braucht – auswirken würde, ist weniger klar. Ein beträchtlicher Teil der Konsumgüter, die China heute produziert, würde wahrscheinlich einen schnell wachsenden Konsumentensektor im Land selbst ansprechen. Allerdings wäre die Produktion mit geringer Wertschöpfung wachsender Konkurrenz anderer Länder in Ostasien wie auch in Südasien und sogar Afrika ausgesetzt.

Peking verfügt über mehr als genug Ressourcen, um den Übergang zu erleichtern. Ausgaben der Regierung und gelenkter Staatsunternehmen könnten das Wachstum stützen, bis die Anstrengungen zur Ankurbelung des privaten Konsums greifen. China könnte es sich sogar leisten, die Entscheidung noch einmal volle fünf Jahre hinauszuzögern. Doch der Übergang – und das Ungleichgewicht, das ihn nötig macht – wird immer teurer und zerstörerischer, je länger man ihn aufschiebt; die kommenden Jahre werden wahrscheinlich der günstigste Zeitpunkt für Peking sein, auch wenn das Wachstum schon nachlässt.

- In den nächsten 20 Jahren wird das Medianalter der chinesischen Bevölkerung von 37 auf fast 46 Jahre steigen. Es folgt ein weiterer schneller Altersanstieg, und die arbeitende Bevölkerung nimmt sogar ab. Chinas Rentenalter wurde Anfang der 1950er Jahre festgelegt, als die Lebenserwartung sehr niedrig lag, und eine offene Diskussion über eine Verschiebung des Renteneintrittsalters ist im Gange. Ungeachtet dessen werden steigende Kosten für die Gesundheitsfürsorge der alternden Bevölkerung eine zusätzliche Belastung bringen.

CHINA

2035 Bevölkerungsprojektion

1.408.316.000

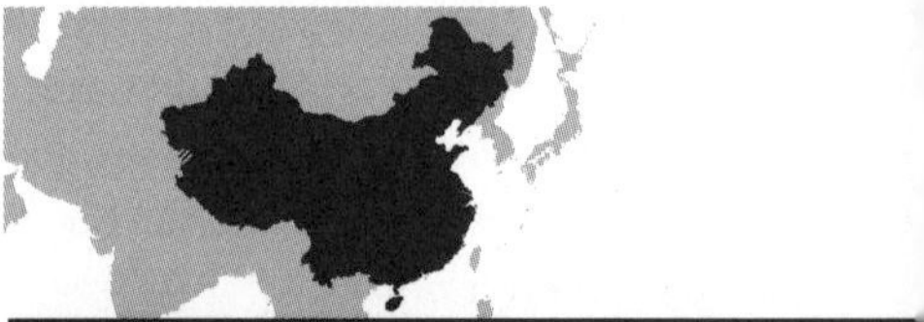

Städtische Bevölkerung

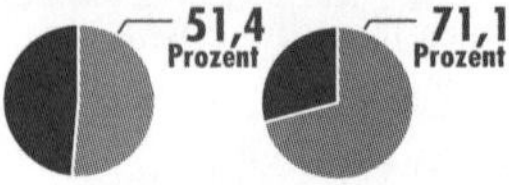

Religion, 2015[1]

Agnostiker | Volks- oder traditionelle Religionen | Buddhisten | Chris
Ethnisch-Religiöse 4,3 | Muslime 1,7 | Sonstige 7,4

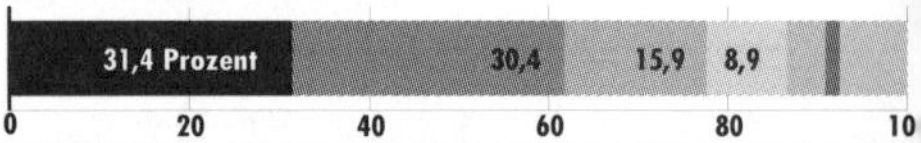

Alphabetisierungsrate bei Erwachsenen, 2015

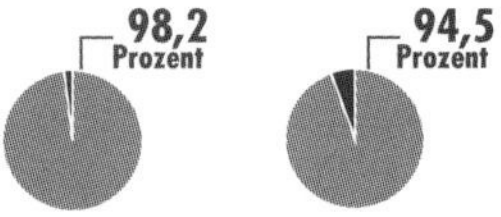

Bildungsniveau, 2015 und 2035

Durchschnittliche Schulzeit in Jahren

	Männer 2015	Männer 2035	Frauen 2015	Frauen 2035
	9,2	9,6	8,9	9,6

Höchster Abschluss

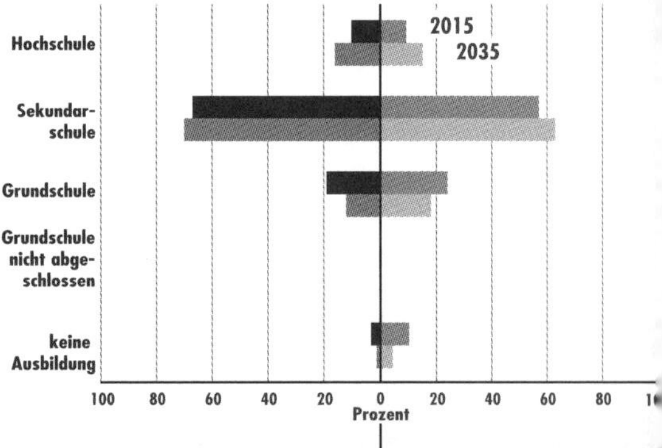

	2015	2035
Geschlechterverhältnis (Männer pro 100 Frauen)	106,3	106,2
Medianalter[2]	37,0	45,7
Gesamtfertilitätsrate[3]	1,6	1,7

Lebenserwartung

Männer 2015	Männer 2035	Frauen 2015	Frauen 2035
74,5	78,8	77,6	81,3

1 Schätzungen zur religiösen Zugehörigkeit basieren auf Daten der World Religion Database und sind auf ein Zehntelprozent ger

2 Anders als das Durchschnittsalter teilt das Medianalter die Bevölkerung in zwei gleich große Hälften 50% sind jünger und 50% älter als das Medianalter. Es wird benutzt, um die Alterung einer Bevölkerung zu beschreiben.

3 Die Gesamtfertilitätsrate ist die prognostizierte durchschnittliche Kinderzahl, die eine Frau zur Welt bringt, wenn sie bis zum E ihrer Gebärfähigkeit lebt.

Anmerkung: Die demografischen Daten sind für jene Länder dargestellt, die Schätzungen zufolge im Jahr 2035 die größte Bevölke in der jeweiligen Region haben werden.

NDONESIEN

35 Bevölkerungsprojektion

04.847.000

Städtische Bevölkerung

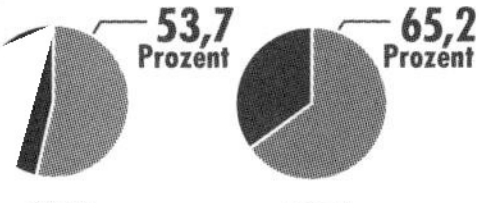

Religion, 2015[1]

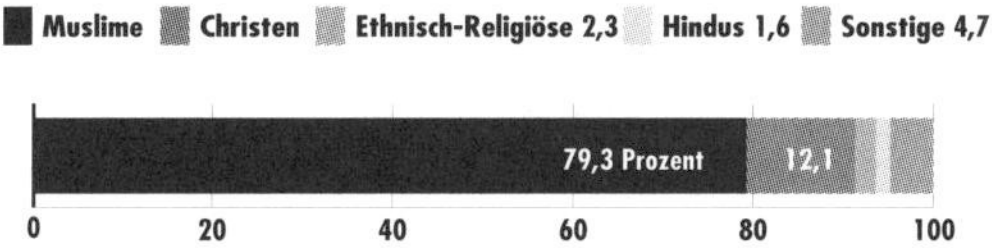

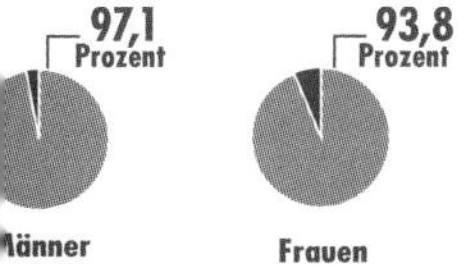

2015 | 2035

Bildungsniveau, 2015 und 2035

Männer | Frauen

Durchschnittliche Schulzeit in Jahren

Männer 2015	Männer 2035	Frauen 2015	Frauen 2035
10,3	11,6	10,4	11,7

Höchster Abschluss

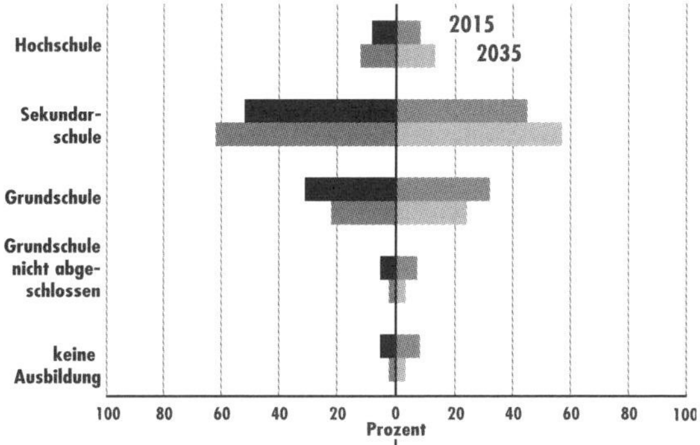

Geschlechterverhältnis
(Männer pro 100 Frauen)

2015	2035
101,4	99,8

Medianalter[2]

2015	2035
28,4	33,2

Gesamtfertilitätsrate[3]

2015	2035
2,4	2,0

Lebenserwartung

Männer 2015	Männer 2035	Frauen 2015	Frauen 2035
67,0	69,8	71,2	74,7

chätzungen zur religiösen Zugehörigkeit basieren auf Daten der World Religion Database und sind auf ein Zehntelprozent gerundet.
nders als das Durchschnittsalter teilt das Medianalter die Bevölkerung in zwei gleich große Hälften 50% sind jünger und 50% sind lter als das Medianalter. Es wird benutzt, um die Alterung einer Bevölkerung zu beschreiben.
)ie Gesamtfertilitätsrate ist die prognostizierte durchschnittliche Kinderzahl, die eine Frau zur Welt bringt, wenn sie bis zum Ende ırer Gebärfähigkeit lebt.
nerkung: Die demografischen Daten sind für jene Länder dargestellt, die Schätzungen zufolge im Jahr 2035 die größte Bevölkerung er jeweiligen Region haben werden.

Südasien

Gewaltige Veränderungen im Inneren wie in den außenpolitischen Beziehungen werden die Sicherheit und politische Stabilität in Südasien in den nächsten fünf Jahren prägen, vor allem der geplante Abzug der internationalen Truppen aus Afghanistan, die sich vertiefende Beziehung zwischen den Vereinigten Staaten und Indien, Chinas nach Westen ausgerichtete Entwicklungsziele im Rahmen seiner Seidenstraßeninitiative und Übergriffe durch den Islamischen Staat im Irak und in der Levante (ISIL) und andere Terrorgruppen. Südasien wird sich auch weiterhin vielen Herausforderungen ausgesetzt sehen, etwa politischen Unruhen – insbesondere Pakistans Kampf um die Aufrechterhaltung der Stabilität – wie auch gewalttätigem Extremismus, konfessionellen Spaltungen, Regierungsdefiziten, Terrorismus, Identitätspolitik, wachsenden Umweltproblemen, schwachen Gesundheitssystemen, einer Ungleichbehandlung der Geschlechter und demografischem Druck.

Diese Faktoren werden so gut wie sicher zu weiteren Verzögerungen bei der ökonomischen Integration und den politischen Reformen führen, die die Region braucht, um die Entwicklungsgewinne der letzten Jahrzehnte zu kapitalisieren.

- Regierungen in der ganzen Region werden in Anbetracht der drängenden ökologischen und urbanen Belastungen, die sich schon jetzt ankündigen, Schwierigkeiten haben, die wachsenden **Erwartungen der Bevölkerung** zu erfüllen. Es wäre dem Fortschritt wahrscheinlich förderlich, wenn man die Korruption bekämpfen würde und Bedingungen schaffen könnte, unter denen Initiativen von Einzelnen und Gemeinschaften erfolgreich agieren könnten.
- Geopolitisch liegt die größte Hoffnung der Region in der Fähigkeit Indiens, sein **ökonomisches und menschliches Potenzial** zu nutzen, um den Handel und die Entwicklung in der Region voranzutreiben. Gleichzeitig stellen Afghanistans unsichere Zukunftsaussichten, der Extremismus und die Gewalt in Pakistan und das stets vorhandene Risiko eines Krieges zwischen Indien

und Pakistan wohl die größten Herausforderungen dar, wenn es darum geht, das Potenzial der Region zu erschließen.

Die geopolitische Bedeutung der Region in den nächsten fünf Jahren: Konkurrenz. Trotz anhaltender Probleme wie dem gewalttätigen Extremismus und den Spannungen zwischen den beiden Atommächten Indien und Pakistan verändert sich die globale Bedeutung der Region gerade. Die iranische Wirtschaft öffnet sich nach der Milderung der Sanktionen, China richtet sich nach Westen aus. Auch Indien ist ein immer wichtigerer Faktor in der Region. Geopolitische Kräfte beginnen die Bedeutung des Landes für Asien neu zu gestalten, und die Vereinigten Staaten und Indien werden sich stärker annähern als je zuvor in ihrer Geschichte. Neu-Delhi wird zum Opfer des eigenen Erfolgs werden, wenn Indiens wachsender Wohlstand die ökologischen Probleme noch verschärft. So wird etwa die Stromversorgung von 300 Millionen Einwohnern, die heute noch ohne Elektrizität leben, Indiens Kohlendioxid-Fußabdruck deutlich vergrößern und die Umweltverschmutzung steigern, wenn dafür Kohle- oder Gaskraftwerke eingesetzt werden.

Neu-Delhi wird bei regionalen Handels- und Infrastrukturinvestitionen die Kooperation mit Bangladesch, Myanmar, Iran, Nepal und Sri Lanka verstärken. Eine solche Kooperation könnte Stabilität und Wohlstand in großen Teilen der Region fördern, vor allem, wenn Indien die Unterstützung der politischen Parteien in der Region gewinnt.

- **Die Unsicherheit an der afghanisch-pakistanischen Grenze** – politisches Chaos, immer wieder aufflammende Aufstände und schlechte Grenzsicherung – wird neben dem Afghanistan-Konflikt und gewaltbereiten Extremistengruppen zu den vorrangigen Triebkräften regionaler Instabilität gehören. Mehr als 30 dieser Gruppen bedrohen die Stabilität in der Region, und Drogen werden auch weiterhin eine wichtige Einkommensquelle für nichtstaatliche Akteure einschließlich der Dschihadistengruppen in Afghanistan bleiben. Die Gefahr des Terrorismus, die von Gruppen wie Laschkar-e-Taiba, Tehrik-i-Taliban Pakistan und al-Qaida und deren Untergruppen sowie von einer Expansion des ISIL und einer Sympathie für die damit verbundene Ideologie ausgeht, wird ein entscheidendes Unsicherheitselement in der Region bleiben.

- In weiten Teilen Südasiens wird der **Anteil von Jugendlichen an der Bevölkerung massiv wachsen**, was die Nachfrage nach Bildung und Arbeit in ungeahnte Höhen treiben wird. Einer Schätzung zufolge wird allein Indien in den nächsten Jahrzehnten 10 Millionen Arbeitsplätze pro Jahr schaffen müssen, um die Menschen unterzubringen, die neu auf den Arbeitsmarkt drängen. Mangelnde Chancen infolge unzureichender Ressourcen könnten im Zusammenspiel mit gesellschaftlicher Diskriminierung zur Radikalisierung eines Teils der Jugend in der Region beitragen. Dazu kommt, dass die weit verbreitete Geschlechtsselektion vor der Geburt zu einem überproportionalen Männeranteil in der Jugendkohorte des Landes führt, was die gesellschaftliche Stabilität negativ beeinflussen kann, da zahlreiche Sozialwissenschaftler die Korrelation zwischen jungen Männern ohne Zukunftsperspektiven und Gewalt hervorheben.
- **Pakistan,** das mit Indiens Wirtschaftskraft nicht mithalten kann, wird zudem andere Wege suchen, um wenigstens den Anschein eines Gleichgewichts zu wahren. Das Land wird sich um eine bunt gemischte Gruppe ausländischer Partner bemühen, von denen es ökonomische und sicherheitspolitische Hilfe bekommen kann, und eine glaubhafte atomare Abschreckung entwickeln, indem es sein Nukleararsenal und die dazugehörigen Abschussbasen erweitert, darunter auch atomare Gefechtswaffen und seegestützte Optionen. In seinen Bemühungen, die militante Gewaltbereitschaft zurückzudrängen, wird auch Islamabad mit vielfältigen Bedrohungen der inneren Sicherheit konfrontiert werden. Dazu kommen eine allmähliche Abnutzung der in diesen Operationen eingesetzten Ausrüstung, schrumpfende finanzielle Ressourcen und eine Debatte über die notwendigen Veränderungen, um Extremismus möglichst wenig Raum zu geben. Gewalttätiger Extremismus wird in dieser Zeitspanne wohl kaum eine existenzielle Bedrohung für Pakistan darstellen, aber er wird negative Auswirkungen auf die Stabilität der Region haben.

Weitere Überlegungen: Umwelt, Gesundheit und Urbanisierung. Südasiens schlecht regierte Länder sind kaum für die ganze Bandbreite der schon einsetzenden oder demnächst bevorstehenden Herausforderungen gewappnet, die sich aus der fortgesetzten Urbanisierung ergeben werden. Die Region wird immer urbaner. Es entsteht eine Megacity von Neu-Delhi bis Islamabad, unterbrochen nur durch ungünstiges Terrain – und politische Grenzen. Auf dem Subkontinent werden wohl drei der zehn weltgrößten Städte und 10 der größten 50 liegen. Allein schon die Bereitstellung der öffentlichen Dienstleistungen für solche expandierenden Bevölkerungen wäre für jedes Land eine große Herausforderung und kann Regierungen mit knappen Ressourcen in Südasien überfordern, doch urbane Gebiete dieser Größe lassen auch neue gesellschaftliche, politische, ökologische und gesundheitliche Schwachstellen entstehen, indem sie zum Beispiel neuen politischen Bewegungen Einfallstore und religiösen Organisationen einen Nährboden bieten, da verschiedene Gruppen hier miteinander in Kontakt kommen.

- In der Entwicklungsphase, in der sich Südasien gerade befindet, wächst mit der Urbanisierung fast unvermeidlich die **Umweltverschmutzung** und schafft Bedingungen, die der Gesundheit der Menschen und Nahrungsmittel schaden und die ökonomischen Kosten des Stadtlebens erhöhen. In Südasien liegen schon heute 15 der 25 am stärksten verschmutzten Städte, und allein in mehr als 20 Städten Indiens ist die Luftqualität schlechter als in Peking. Auch Entscheidungen zur Abfallwirtschaft werden die Qualität des urbanen Lebens stark beeinflussen; eine hohe Bevölkerungsdichte bei beschränkten öffentlichen Dienstleistungen kann Probleme der Gesundheitsfürsorge verstärken und die Verbreitung von Infektionskrankheiten fördern.
- Megastädte tragen zwar oft zum nationalen Wirtschaftswachstum bei, aber sie verstärken auch die **Gegensätze zwischen Reich und Arm** und erleichtern die Entstehung neuer Identitäten, Ideologien und Bewegungen. Südasiens Städte haben die größten Slums der Welt, und ein wachsendes Bewusstsein für die ökonomische Ungleichheit, die sie exemplarisch vor Augen führen, könnte zu sozialen Unruhen führen. Wenn Migranten aus ärmeren

Regionen in Gebiete ziehen, die mehr Chancen bieten, könnte die Konkurrenz um Bildung, Arbeitsplätze, Wohnungen oder Ressourcen bereits bestehenden ethnischen Hass anfachen, wie es in Teilen Indiens auch schon geschehen ist.

- Frisch urbanisierte Bevölkerungen neigen zudem zu einer **intensiveren Religiosität.** In Pakistan und Bangladesch könnten die Belastungen des Stadtlebens Bewegungen des politischen Islam fördern. Die älteste und am tiefsten verwurzelte islamische Gruppierung in beiden Nationen, Jamaat-e-Islami, ist vor allem in den Städten aktiv.
- Auch Hindutva, der hinduistische Nationalismus, ist ein vorwiegend urbanes Phänomen in Indien: Die radikalste politische Hindutva-Partei, Shiv Sena, hat Indiens Handelszentrum Mumbai in den letzten vier Jahrzehnten immer wieder über längere Zeiträume hinweg regiert. Prognosen zufolge überholt Indien im Jahr 2050 Indonesien als das Land mit der weltweit größten muslimischen Bevölkerung, was angesichts des Misstrauens unter den Religionen Stabilitätsfragen aufwirft. Das Gefühl der Bedrohung durch den Terrorismus und die Vorstellung, dass die Hindus in ihrer Heimat ihre Identität verlieren, hat zur wachsenden Unterstützung von Hindutva, manchmal mit gewalttätigen Kundgebungen und Terrorismus, beigetragen. Indiens größte politische Partei, die Bharatiya Janata Party, bemüht sich immer stärker darum, Hindutva in die Regierungspolitik einzubeziehen, was die Spannungen in der gegenwärtig schon großen muslimischen Minderheit ebenso anheizt wie die Konflikte mit den muslimisch geprägten Staaten Pakistan und Bangladesch.

Der Klimawandel wird Südasien fast sicher in Form von höheren Temperaturen treffen, die der Gesundheit und der Nahrungsmittelsicherheit schaden. Steigende Konzentrationen von Treibhausgas und eine lokale Aerosolbelastung können die Niederschlagsmuster verändern. Fast die Hälfte der Weltbevölkerung lebt in den Monsungebieten Südasiens, und selbst leichte Abweichungen bei Zeitpunkt und Stärke der Monsunregen können schwere Folgen für die regionale Landwirtschaft haben. Die landwirtschaftliche Produktion, die Wasserverfügbarkeit, die hydroelektrische Energiegewinnung und die Netzstabilität würden durch ein verspätetes Einsetzen des Monsuns beträchtlich reduziert. Umgekehrt würden steigende Niederschlagsmengen in manchen Gebieten, darunter Bangladesch, die Überschwemmungen verschärfen und Auswanderung zur Folge haben.

- Der **Klimawandel** könnte zu einer noch schnelleren Gletscherschmelze im Pamirgebirge führen, aus dem sich die Flüsse im Norden Pakistans und Indiens speisen. Tropische Sturmfluten zusätzlich zu einem auch nur leichten Anstieg des Meeresspiegels könnten die schon jetzt knappe Landmasse Bangladeschs weiter schrumpfen lassen, die Trinkwasservorräte verunreinigen und die Menschen nach Indien und Myanmar abdrängen, wo sich ethnische und regionale Konflikte dadurch verschärfen würden.
- Indien und Pakistan leiden zudem unter verschiedenen **extremen Wetterereignissen.** Bekannt sind etwa die massiven Überschwemmungen, die Pakistan 2010 verheerten, unberechenbare Monsunregen, die die Nahrungsmittelsicherheit beeinträchtigten, und Hitzewellen, die 2015 mehr als 1000 Opfer in Pakistan und 2500 in Indien forderten. Eine noch stärkere Veränderung in den Monsunmustern als in den letzten Jahren – als «Jahrhundertfluten» immer häufiger wurden – könnte Pakistans Dämme wegspülen, die schon jetzt nur mit Mühe die Wasserfluten aus den abgeholzten Wäldern und Schluchten aufnehmen. Gleichzeitig werden die langfristigen Risiken eines Anstiegs der Meeresspiegel stärker ins öffentliche Bewusstsein treten, wenn die Malediven und andere Pazifik-Inseln allmählich im Meer versinken.
- **Sich verändernde Niederschlagsmuster** könnten Wasserökosysteme so beeinflussen, dass gefährliche, durch Wasser übertragbare oder mit Wasser verbundene Krankheiten wie Malaria, Cholera und Kinderlähmung in massiver Häufung auftreten. Sturmfluten und Überschwemmungen können Millionen Menschen mit Abwässern und sonstigem verschmutztem Wasser und den verschiedensten Krankheiten in Kontakt bringen. Dies macht Investitionen in modernere und belastbare Wassersysteme zu einem lebenswichtigen Faktor für die öffentliche Gesundheit und Sicherheit.

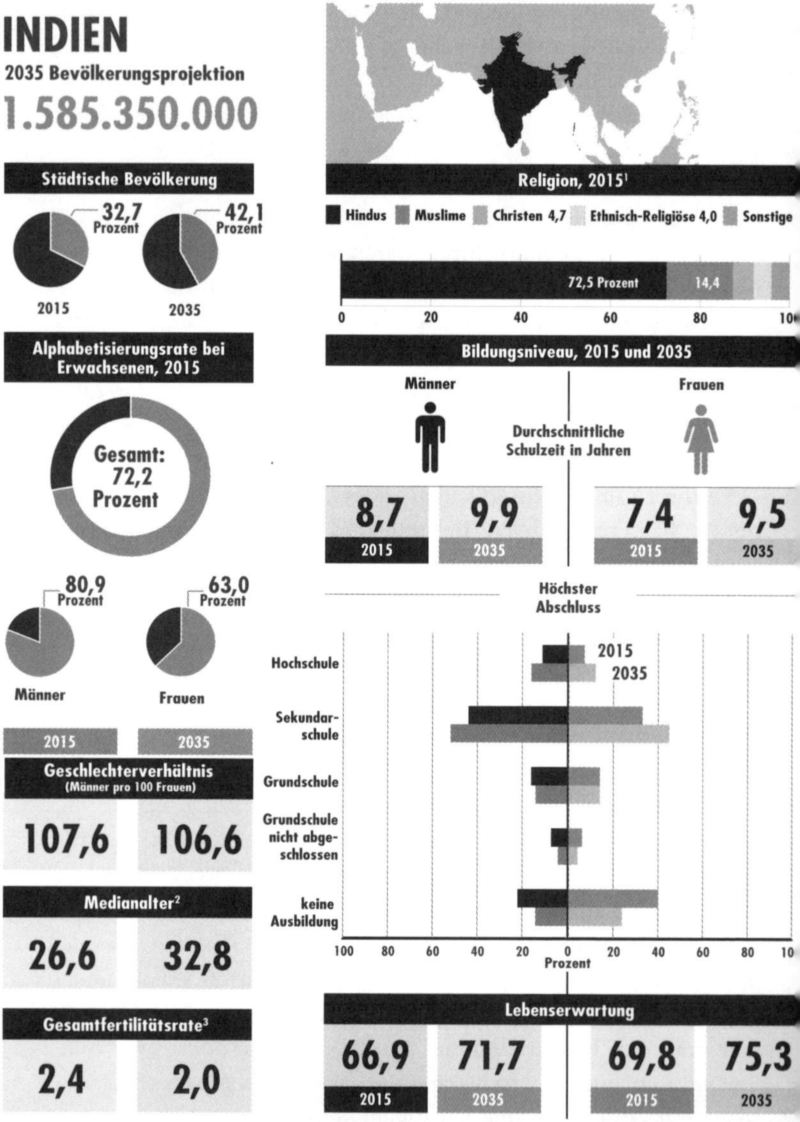

1 Schätzungen zur religiösen Zugehörigkeit basieren auf Daten der World Religion Database und sind auf ein Zehntelprozent geru
2 Anders als das Durchschnittsalter teilt das Medianalter die Bevölkerung in zwei gleich große Hälften 50% sind jünger und 50% älter als das Medianalter. Es wird benutzt, um die Alterung einer Bevölkerung zu beschreiben.
3 Die Gesamtfertilitätsrate ist die prognostizierte durchschnittliche Kinderzahl, die eine Frau zur Welt bringt, wenn sie bis zum Er ihrer Gebärfähigkeit lebt.

Anmerkung: Die demografischen Daten sind für jene Länder dargestellt, die Schätzungen zufolge im Jahr 2035 die größte Bevölkeru in der jeweiligen Region haben werden.

Der Nahe Osten und Nordafrika

Politischer Aufruhr wird den Nahen Osten und Nordafrika in den nächsten fünf Jahren prägen. Die Bevölkerungen stellen höhere Ansprüche an ihre etablierten Eliten, und in verschiedenen gescheiterten Staaten werden weiterhin Bürger- und Stellvertreterkriege geführt. Auseinandersetzungen zwischen religiösen und politischen Kräften sind wahrscheinlich, wenn niedrige Energiepreise die Institutionen schwächen. Dazu wird wohl auch ein Sicherheitswettlauf zwischen Iran, Saudi-Arabien, Türkei, Israel und vielleicht Ägypten gehören, in den auch China, Russland und die Vereinigten Staaten einbezogen sein könnten. Die überall feststellbare Abkopplung der Führung und der Elite von der normalen Bevölkerung wird fast sicher in vielen Ländern der Region in dieser Zeit bestehen bleiben. Sozioökonomische Probleme werden sich verstärken, und die im autoritären, repressiven und unfreien Erbe der Region wurzelnden Spannungen könnten Rufe subnationaler Gruppen, vor allem der Kurden, nach besserer Repräsentation lauter werden lassen.

- Die zentrale Herausforderung für die Region besteht darin, das Wachstum zu steigern und die notwendigen politischen Bedingungen und ökonomischen Chancen zu schaffen, um ihre **jungen Einwohner im arbeitsfähigen Alter zu motivieren.** Wenn dies allerdings nicht so geschieht, dass das Potenzial der Menschen anerkannt wird und gleichzeitig die traditionellen Glaubensüberzeugungen gewahrt bleiben, wird der Mangel an Gerechtigkeit und Respekt weiterhin Verzweiflung und eine schlechte Behandlung der Mitmenschen nähren. In extremen Fällen kann die fehlende Menschenwürde zur religiösen Radikalisierung beitragen, oft im Zusammenspiel mit einem erstarkenden Säkularismus in der arabischen Welt, der durch die Globalisierung, die Außenpolitik des Westens und die sozialen Medien, die konservative Gläubige als anstößig wahrnehmen, befeuert wird.

Der Aufruhr der letzten Jahre hat eine Phase bedeutender Fortschritte in der Armutsbekämpfung und im individuellen Empowerment unterbrochen. Die extreme Armut ist in der Region seit 1987 allmählich zurückgegangen, mit den größten Fortschritten in Algerien, Jordanien, Marokko und Ägypten. Der Anteil der Bevölkerung unterhalb der Armutsgrenze ist etwa in Ägypten von 12 Prozent im Jahr 1981 auf nur noch 2 Prozent im Jahr 2005 gesunken. Die Unruhen in den am schwersten betroffenen Ländern haben diese Entwicklung zweifellos gestoppt oder sogar umgekehrt. Ähnlich hat der Iran seit 1979 die Armut zurückgedrängt. Die Mittelschicht des Landes ist gewachsen, die Alphabetisierungsrate gestiegen. In Ländern, die stabiler waren, aber Flüchtlinge in großen Mengen aufgenommen haben, vor allem Libanon und Jordanien, wird sich, sofern keine Hilfe von außen kommt, der Trend ebenfalls bald umkehren, wenn die Flüchtlinge die schon beschränkten ökonomischen Ressourcen zusätzlich belasten und die Gesundheitssysteme weiterhin überbeanspruchen. Gleichzeitig setzen die niedrigen Ölpreise die Staatshaushalte und Ökonomien der Golfstaaten unter Druck. Sie sind kaum in der Lage, strategisch wichtige Länder wie Ägypten finanziell zu stützen oder anderen Hilfe anzubieten.

- Revolutionäre und konterrevolutionäre Dynamiken in Ägypten, Bürgerkriege in Irak, Libyen, Syrien und Jemen sowie der fortdauernde israelisch-palästinensische Konflikt waren einem Wachstum aus eigener Kraft in der Region wenig zuträglich. Sie unterbanden alle Bemühungen um bessere politische und ökonomische Chancen.
- Das in der Region übliche Instrument im Umgang mit öffentlicher Unzufriedenheit – Subventionen und andere Barzahlungen, finanziert durch Kohlenwasserstoffe und Hilfen aus dem Ausland – gerät ins Stocken, weil die Ölpreise deutlich unter dem Niveau der Jahre vor 2014 liegen und sich kaum erholen werden. Nach fast einem Jahrzehnt der Kapitalüberschüsse, die über Hilfszahlungen zumindest teilweise auch ihren Weg in die Nicht-Ölstaaten fanden, und großer Investitionen und Auslandsüberweisungen steuert die Region auf eine deutliche Kapitallücke zu. Die reicheren Ölstaaten des Golf-Kooperationsrats (GCC) werden ihre Reserven nutzen, um ihren Binnenverbrauch aufrechtzuerhalten, aber

weniger zu verteilen haben. Produzenten auf mittlerem Niveau wie Algerien und Irak werden Mühe haben, sich den sozialen Frieden weiterhin zu erkaufen, was das Risiko erhöht, dass sie brutal gegen abweichende Meinungen vorgehen. Ägypten, Jordanien, Libanon und Tunesien werden weniger von der Großzügigkeit der Golfstaaten profitieren, was ihre Wirtschaftslage verschlechtert und die Gefahr der Instabilität in diesen Ländern erhöht. Israel und die Türkei könnten sich als nichtarabische Staaten ohne größere Ölvorkommen diesen Belastungen entziehen, haben aber beide keine so starke Wirtschaft oder genügend regionale Verbindungen, um als wichtiger Motor des regionalen Wachstums zu fungieren.

In den nächsten fünf Jahren wird das staatliche Versagen, die Forderungen der Bevölkerung nach Sicherheit, Bildung und Arbeitsplätzen zu erfüllen, auch weiterhin einen fruchtbaren Boden für **gewaltbereite Radikalisierung** bieten. Eine Unterstützung illiberaler religiöser und konfessioneller Elemente könnte an Popularität gewinnen. Dadurch würde die historische Toleranz gegenüber Minderheiten schrumpfen, einem gewaltsamen Vorstoß hin zu einer homogeneren Region würde der Boden bereitet. Alternativ könnte das Vorgehen der Extremisten noch immer den Radikalismus diskreditieren und mehr Bürger dazu ermutigen, sich um die staatlichen Institutionen zu scharen.

- Innere Konflikte und gesunkene Öleinnahmen belasten die Verwaltungsstrukturen in der Region und führen zu einem **Niedergang der gesamten Verwaltung und der Bereitstellung von Dienstleistungen.** Ausgedehnte Konfliktphasen strapazieren auch die Institutionen: Zwischen 2004 und 2014 – also in einer Phase mit Bürgerkriegen und Regimewechseln in Irak, Syrien, Jemen und Libyen – sanken die Werte der Staaten der Region bei den Governance-Indikatoren der Weltbank in den wichtigen Bereichen Mitspracherecht und Verantwortlichkeit, politische Stabilität und Abwesenheit von Gewalt, Leistungsfähigkeit der Regierung, Rechtsstaatlichkeit und Korruptionskontrolle.
- Im Licht dieser **Defizite der zentralen Verwaltung und Regierung** werden wahrscheinlich Individuen und Stämme, die sich

auf einer subnationalen Ebene organisieren und mobilisieren, eine größere Rolle in der politischen Debatte spielen. Die Entstehung lokaler und munizipaler Räte in den Kriegsstaaten Syrien und Libyen kann als Beispiel für diesen Trend dienen.

Geopolitische Bedeutung der Region in den nächsten fünf Jahren: Ansteckung und Rivalitäten. Angesichts der langjährigen brutalen Gewalt, der Bürgerkriege, des Machtvakuums und der humanitären Krisen ist wohl bestenfalls mit einem beschränkten Fortschritt hin zu einem regionalen Sicherheitsrahmen zu rechnen. Entsprechend wird die Region von staatlichen und nichtstaatlichen Akteuren gestaltet werden, die um politische und strategische Bodengewinne für ihre eigenen Auffassungen von Religion ringen, aber auch daran arbeiten, die Ansichten und das Verhalten weiterer Kreise von Gläubigen zu manipulieren.

- Die **Intensität der Gewalt** in der Levante und auf der Arabischen Halbinsel droht die Region weiter zu fragmentieren, indem sie in der Golfregion, der Levante und dem Maghreb unterschiedliche politische und ökonomische Bedingungen schafft. Durch transnationale radikalislamistische Ideen und Bewegungen wird die Ansteckung weit in das subsaharische Afrika, nach Europa und Zentral-, Ost- und Südasien hineingetragen.
- Besonders anfällig ist das Gebiet, wenn es um Wasser und lokale, nationale und transnationale Spannungen wegen des **Zugangs zu Wasserressourcen** geht. Selbst die reichsten Staaten in der Region, die Entsalzungsanlagen zur Wasserversorgung nutzen, stehen vor existenziellen Problemen, wenn diese Anlagen gefährdet sind.

Die Missstände in der Region sind wohl kaum einzudämmen und werden dafür sorgen, dass zunehmende humanitäre Krisen und Viktimisierung von Zivilisten weiterhin internationale Normen der Konfliktbewältigung und der Menschenrechte untergraben. Ein lautes Werben für diese Normen von Seiten des Westens ohne ausreichende Rückendeckung oder materielle Unterstützung schwächt das Ansehen des Westens in den Augen der arabischen

Öffentlichkeit noch weiter. In den Hauptstädten der Region hat man den Eindruck, dass die Vereinigten Staaten kein verlässlicher Partner sind – das mag an dem Schwenk der USA in Richtung Asien liegen oder an Washingtons Entscheidung, Mubarak und andere arabische Amtsinhaber 2011 nicht zu unterstützen. Dieser Eindruck hat die Tür zu einem geopolitischen Wettlauf mit Russland und womöglich China geöffnet. Außerdem entziehen arabische Staaten sich jetzt eher, wenn es um Verpflichtungen gegenüber Washington geht. Inmitten fortdauernder Konflikte werden auch die Flüchtlingsströme nicht enden – allerdings werden sich manche Flüchtlinge gezwungen sehen, andere Ziele anzusteuern als das immer weniger gastfreundliche Europa.

Iran, Israel, Saudi-Arabien und vielleicht die Türkei behalten wohl ihre Macht und ihren Einfluss auf Staaten in der Region, die mit Instabilität zu kämpfen haben, aber sie liegen untereinander bei den verschiedensten Themen im Streit, und einige von ihnen stehen vor innenpolitischen Herausforderungen, die ihre regionalen Ambitionen wahrscheinlich beeinflussen werden. Irans wachsende Macht, seine atomaren Möglichkeiten und sein aggressives Verhalten werden Israel, Saudi-Arabien und einigen anderen GCC-Staaten weiterhin Sorgen machen. Verschärft werden sie noch durch den konfessionellen Charakter der regionalen Konkurrenz zwischen Iran und Saudi-Arabien mit ihrer entmenschlichenden Rhetorik und ihren Häresievorwürfen, die den Konflikt in der ganzen Region immer wieder anfachen.

- Die Instabilitätsrisiken in arabischen Staaten wie **Ägypten, Algerien und Saudi-Arabien** werden fast sicher auf lange Sicht wachsen, vor allem, wenn der Ölpreis niedrig bleibt. Riad nimmt gerade einige Wirtschaftsreformen und sehr viel kleinere gesellschaftliche und politische Reformen in Angriff. Diese Bemühungen sind wichtig und können mehr Arbeitsplätze für die saudische Jugend schaffen, könnten aber auch zu spät kommen, um die Hoffnungen des Volkes zu erfüllen. Zudem zielen die Reformen auf die Entwicklung eines saudischen Staates, der mit aufstrebenden asiatischen und afrikanischen Exportnationen als Niedriglohn-Option oder mit entwickelten Ländern auf dem Dienstleistungssektor konkurrieren kann. Das wird überaus schwer zu erreichen sein. Auch die Unklarheit in Bezug auf den Machtübergang nach König Salman wird zu der Unsicherheit über die Aussichten der Reformbemühungen beitragen.

- Die **globale Nachfrage nach den Energieressourcen der Region** – besonders von Seiten asiatischer Staaten – wird auch weiterhin das internationale Interesse an und das Engagement in der Region sichern, doch auswärtige Mächte werden nicht bereit und in der Lage sein, die vielen Probleme der Region zu «reparieren», und einige werden in die Auseinandersetzungen hineingezogen werden. Bestehende und zukünftig aufbrechende Konflikte werden sich deswegen wahrscheinlich noch länger hinziehen.
- **Israel, Saudi-Arabien und einige andere GCC-Staaten hegen die Befürchtung,** dass Iran Gelder aus dem Gemeinsamen Umfassenden Aktionsplan (Joint Comprehensive Plan of Action, JCPOA) verwenden wird, um seine Aktivitäten in der Region zu verstärken und damit die Stabilität weiter zu untergraben. Auf längere Sicht werden diese Staaten auch das Verhalten Irans sorgfältig beobachten, wenn die Atom-Restriktionen im Zuge des JCPOA-Prozesses aufgehoben werden. Die Spannungen zwischen Iran und anderen Staaten der Region werden zunehmen, falls Teheran seine größeren finanziellen und militärischen Ressourcen nutzt, um seine Interessen in der Region aggressiv durchzusetzen, oder falls Irans Nachbarn fürchten, dass Teheran die Arbeit an Nuklearwaffen wiederaufnehmen könnte.
- Die **Rückkehr der Großmachtpolitik** in die Region mit einem erneuten russischen Engagement wird eine weitere starke Kraft sein, die die zukünftige Dynamik beeinflusst. Seit er im Jahr 2000 an die Macht kam, hat der russische Präsident Putin versucht, seine Stärke in der Region zu zeigen; Moskaus militärische und nachrichtendienstliche Unterstützung für Damaskus könnte andeuten, dass Angebote an andere frühere Verbündete der Sowjetunion wie etwa Irak und Ägypten möglich sind.

Weitere Überlegungen. Der demografische und ökonomische Druck, wie er sich in den Aufständen des «Arabischen Frühlings» manifestierte, wird wahrscheinlich nicht verschwinden und könnte sich verstärken, wenn längere Wirren eine stärkere Abwanderung qualifizierter Arbeitskräfte zur Folge haben. Die Jugendarbeitslosigkeit wird in Anbetracht des demografischen Profils der Region sicher lange Jahre eine Herausforderung bleiben, und die fehlende ökonomische Diversifizierung wird für die meisten Länder der Region auch weiterhin ökonomisches Wachstum, eine Verbesserung des Lebensstandards und die Integration in die Weltwirtschaft behindern. Land- und Wasserressourcen, die schon jetzt gefährlich knapp sind, werden durch Urbanisierung, Bevölkerungswachstum und Klimawandel weiter schrumpfen. Ein besseres Management und die Aufhebung der Sanktionen haben das iranische Wirtschaftswachstum beflügelt, doch ob die ökonomischen Fortschritte auch politische Reformen mit auf den Weg bringen werden, ist unklar.

- Eine **gerade heranwachsende verlorene Generation kriegsgeschädigter Kinder** ohne Zugang zu Bildung oder adäquater Gesundheitsfürsorge wird wahrscheinlich neue Bevölkerungen hervorbringen, die anfällig für eine Radikalisierung sind. Fortdauernde Instabilität verschlechtert die Bedingungen für Frauen in der gesamten Region, wenn man von den zunehmenden Übergriffen und Viktimisierungen der letzten Jahre ausgeht. Vor allem ein schwaches Wirtschaftswachstum und die Angst vor Arbeitslosigkeit können einen identitätsbasierten Extremismus anfachen. Die arabische Jugend, die in der achten jährlichen Umfrage von Burson-Marsteller 2016 befragt wurde, lehnte den Aufstieg des sogenannten Islamischen Staates mit überwältigender Mehrheit ab, erklärte aber gleichzeitig, ein Mangel an Arbeitsplätzen und Chancen sei der wichtigste Grund, sich von der Gruppe rekrutieren zu lassen.
- Im Licht dieser Dynamik könnte ein **wieder erstarkendes Interesse an der West Bank und am Gaza-Streifen** ein Weckruf für die arabischen Völker sein. Die Ereignisse der jüngsten Zeit – einschließlich des Bürgerkriegs in Syrien und des Aufstiegs des Islamischen Staates – lösen gleichzeitig auch eine zusätzliche palästinensische Flüchtlingsbewegung und Angst vor einem massiven Rückgang der finanziellen Unterstützung für das palästinensische

Volk aus. Palästinensischen Untersuchungen zufolge brauchen die Bewohner des Gaza-Streifens noch immer 3,9 Milliarden US-Dollar für den Wiederaufbau und die wirtschaftliche Erholung nach dem Konflikt zwischen der Hamas und Israel im Jahr 2014. Ihre Bedürfnisse liegen den arabischen Völkern der Region am Herzen: In einer 2011 vom Arab Center for Research und Policy Studies durchgeführten Umfrage sagten mehr als 80 Prozent der über 16 000 Befragten in der gesamten arabischen Welt, dass die Palästinenserfrage Sache aller Araber, nicht nur der Palästinenser sei.

Auch die Risiken von **Umweltkrisen** wie Dürren, Temperaturextremen und Umweltverschmutzung werden hoch bleiben. Land- und Wasserressourcen sind schon gefährlich knapp und werden sich durch die Urbanisierung und die Auswirkungen des Klimawandels noch einmal verknappen.

- Im **Jemen** haben Konfliktzonen, hohe Wasserpreise und zerstörte Infrastruktur die schon schwierigen Probleme mit dem Wasser noch einmal verschärft. 80 Prozent der Bevölkerung haben heute keinen Zugang zu verlässlichen Trinkwasserquellen. Ohne eine angemessene Infrastruktur kann das für die Privathaushalte gespeicherte Wasser verschmutzt werden und Moskitos, Malaria, Dengue-Fieber und Cholera zusätzliche Brutstätten bieten.
- In **Jordanien** hat der Zustrom von Flüchtlingen aus **Syrien** die Regierung gezwungen, mehr Wasser aus schwindenden Wasserschichten zu pumpen. Die Entwicklung am Oberlauf des Nils wird **Ägypten** vor neue Herausforderungen stellen, vor allem, wenn Äthiopien beginnt, das Wasserreservoir der Grand-Ethiopian-Renaissance-Talsperre zu füllen.
- Die Städte der Region, vor allem in **Iran** und **Saudi-Arabien**, zählen zu denen, die weltweit am meisten unter Luftverschmutzung zu leiden haben.

Auch die **öffentliche Gesundheit** in der Region steht vor schwierigen Herausforderungen. Ägypten zählt zu den Ländern, in denen das hochpathogene Vogelgrippevirus H5N1 heute bei Geflügel endemisch ist und eine Gefahr für den Menschen darstellt. Seit 2012 hat Saudi-Arabien mit einem Ausbruch des Middle East Respiratory Syndrome (MERS-Coronavirus) zu kämpfen, und es besteht noch immer die Befürchtung, das Virus könnte mutieren und immer ansteckender werden. Ein großflächigerer Ausbruch könnte, wenn er nicht effektiv bekämpft wird, zur Instabilität beitragen.

Ungeachtet all dieser Belastungen könnte – wenn auch mit geringer Wahrscheinlichkeit – ein positives Szenario für die Region zum Tragen kommen, falls die Ölmärkte anziehen und die Preise zu steigen beginnen. Die Staatenlenker in Iran und Saudi-Arabien würden weniger Druck spüren, sich auf einen Nullsummen-Wettbewerb um Anteile am Ölmarkt zu konzentrieren, was zu einer Mäßigung ihrer religiösen Rhetorik führen könnte. Bessere bilaterale Beziehungen könnten ihre Stellvertreterkriege entschärfen, die Region stabilisieren und potenziell dazu beitragen, geeignete Bedingungen für Volksbewegungen zu schaffen, die eine überzeugende und konstruktive Alternative zum Autoritarismus oder zu ISIL und islamischem Extremismus bieten. Ein echter öffentlicher Dialog und ökonomische Reformen, die mit den religiösen und anderen kulturellen Normen in Einklang stehen, könnten die Frustrationen kanalisieren, die Anlass der arabischen Aufstände im Jahr 2011 waren.

ÄGYPTEN

2035 Bevölkerungsprojektion

125.589.000

Städtische Bevölkerung

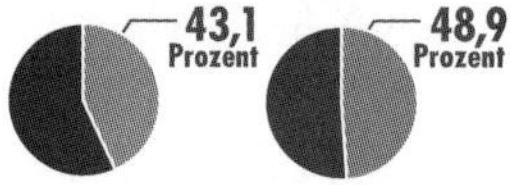

Religion, 2015[1]

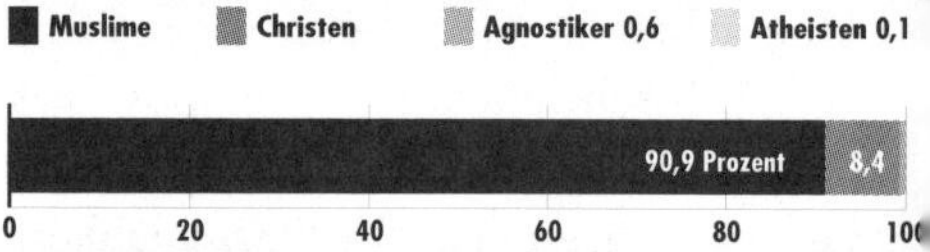

Alphabetisierungsrate bei Erwachsenen, 2015

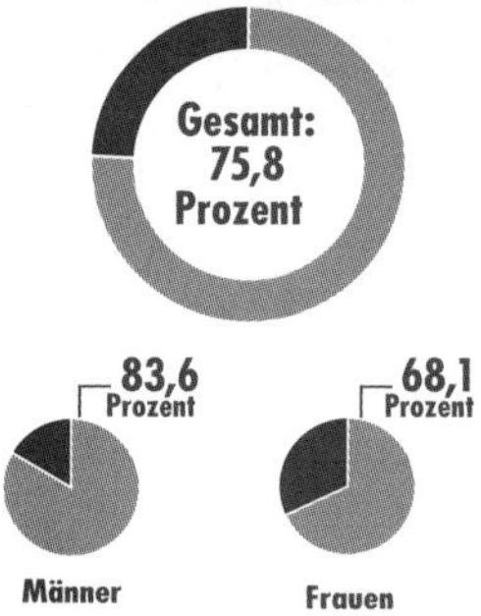

Bildungsniveau, 2015 und 2035

Männer | Frauen

Durchschnittliche Schulzeit in Jahren

Männer 2015	Männer 2035	Frauen 2015	Frauen 2035
11,1	12,7	11,0	12,8

Höchster Abschluss

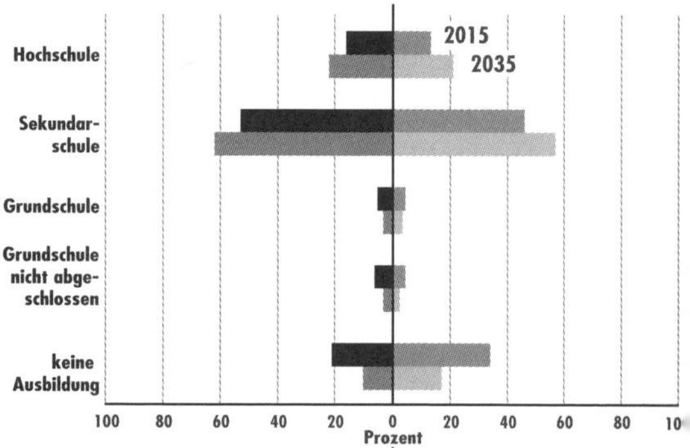

Geschlechterverhältnis (Männer pro 100 Frauen)

2015	2035
102,1	101,8

Medianalter[2]

2015	2035
24,7	27,2

Gesamtfertilitätsrate[3]

2015	2035
3,3	2,6

Lebenserwartung

Männer 2015	Männer 2035	Frauen 2015	Frauen 2035
69,2	72,5	73,6	77,1

1 Schätzungen zur religiösen Zugehörigkeit basieren auf Daten der World Religion Database und sind auf ein Zehntelprozent geru
2 Anders als das Durchschnittsalter teilt das Medianalter die Bevölkerung in zwei gleich große Hälften 50% sind jünger und 50% älter als das Medianalter. Es wird benutzt, um die Alterung einer Bevölkerung zu beschreiben.
3 Die Gesamtfertilitätsrate ist die prognostizierte durchschnittliche Kinderzahl, die eine Frau zur Welt bringt, wenn sie bis zum E ihrer Gebärfähigkeit lebt.

Anmerkung: Die demografischen Daten sind für jene Länder dargestellt, die Schätzungen zufolge im Jahr 2035 die größte Bevölker in der jeweiligen Region haben werden.

Afrika jenseits der Sahara

In den nächsten fünf Jahren wird das subsaharische Afrika dichter bevölkert, jugendlicher, urbaner, mobiler, besser ausgebildet und vernetzt sein. Das prognostizierte Bevölkerungswachstum ist das größte weltweit, und ohne Veränderungen bei der tradierten Ungleichheit der Geschlechter, einer Hauptursache für die hohe Fruchtbarkeit, wird schon die schiere Größe des Bevölkerungszuwachses die Nahrungsmittel- und Wasserreserven ebenso strapazieren wie die Leistungsfähigkeit der Gesundheitsfürsorge, der Bildungsinstitutionen und der städtischen Infrastruktur. Unter diesen Bedingungen wird auch die Auswanderung zunehmen, wo immer das Wirtschaftswachstum nicht ausreicht, um die wachsende Bevölkerung zu ernähren. In der Folge wird eine junge, urbane und vernetzte Bevölkerung der Motor der ökonomischen und politischen Dynamik werden, obwohl die geopolitischen und ökonomischen Trends, die die starke Entwicklung der Region im letzten Jahrzehnt befeuerten, schwächer werden. Gleichzeitig wird eine wachsende Bevölkerung gebildeter städtischer Jugendlicher schon vorhandene religiöse Bindungen und Proteste, die durch die Unzufriedenheit mit Korruption, steigender Inflation, hoher Arbeitslosigkeit und schlechter Regierungsarbeit angeheizt werden, fördern. Unter solchen Bedingungen werden komplexe Sicherheitsprobleme entstehen, die ethnischen Spannungen werden eskalieren und der religiöse Extremismus, insbesondere der radikale Islam und das fundamentalistische Christentum, wird sich noch weiter ausbreiten.

Wahrscheinlich wird die Region darunter leiden, dass die Wirtschaft nicht schnell genug wächst und nicht genug Arbeitsplätze entstehen, was eine verantwortungsvolle Regierungsführung besonders wichtig werden lässt und die Leistungsfähigkeit der meisten Regierungen überfordert. Sie verfügen kaum über die nötigen politischen Strategien, die Infrastruktur oder die ausgebildeten Arbeitskräfte, um ein ökonomisches Wachstum mit Hilfe der «demografischen Dividende» sicherzustellen, indem sie produktive zusätzliche Arbeitskräfte einstellen. Die chinesische Nachfrage nach Rohstoffen – ein Geldregen für afrikanische Exporteure in den letzten Jahren – wird nachlassen, wenn Chinas Wirtschaft abkühlt, und der Zustrom an Hilfsgeldern geht eventuell zurück, wenn die Wirtschaft der entwickelten Länder schwach bleibt und wachsende humanitäre Bedürfnisse in anderen Regionen um Spenden konkurrieren.

• **Massenmobilisierung, Urbanisierung und religiöse Bindung.** In Anbetracht der Expansion der Demokratie – es gibt heute mehr demokratisch gewählte Regierungen in Afrika als je zuvor seit der Entkolonialisierung Anfang der 1960er Jahre – werden afrikanische Öffentlichkeiten zunehmend auf Proteste und politische Einmischung zurückgreifen, um die Regierungspolitik zu gestalten und den gesellschaftlichen Wandel voranzutreiben. Dennoch warnen einige Fachleute davor, dass die Demokratie stillstehe oder sogar auf dem Rückzug sei; die meisten dieser jungen Demokratien bleiben schwache, korrupte und furchtbar zersplitterte Staaten – einschließlich des letzten Neuzugangs Südsudan. Der Prozess der vertieften Akzeptanz der Demokratie wird auf mittlere und längere Sicht vom Erfolg einer wachsenden Zahl selbstbewusster Organisationen der Zivilgesellschaft im Angesicht schwieriger Wahlergebnisse, unpopulärer wirtschaftspolitischer Maßnahmen, übereifriger Geheimdienste, Menschenrechtsverletzungen und unerwünschter Verfassungszusätze abhängen. In dieser Hinsicht werden Afrikas wachsende Stadtbevölkerungen eine entscheidende Rolle bei der Demokratisierung spielen, denn die Mitglieder von Organisationen der Zivilgesellschaft werden mit überwältigender Mehrheit in den Städten leben.

• Allerdings wird eine schnelle Urbanisierung wohl auch die schlechte Infrastruktur belasten. Dazu kommt die immer deutlicher sichtbare Korruption. Beides wird die öffentliche Enttäuschung über die Unfähigkeit der Regierungen, öffentliche Dienstleistungen anzubieten, noch anheizen. Stadtbewohner der ersten Generation sind meist religiöser als nachfolgende Generationen. Die Urbanisierung wird die religiöse Bindung fördern und möglicherweise religiös begründete Konflikte heraufbeschwören. Die Urbanisierung kann zudem die öffentliche Teilhabe am Regierungshandeln stärken und damit potenziell die Spannungen zwischen politischen Gruppen erhöhen. Sie kann aber auch als ein Motor der Nationsbildung dienen, der hilft, Afrikas Mosaik der Ethnien und Religionen zu verbinden. Diese divergierenden Möglichkeiten zeigen, wie wichtig es ist, von Afrika ausgehende Bemühungen um eine verantwortungsbewusste Staatsführung durch regionale und subregionale Institutionen wie die Afrikanische Union, die Westafrikanische Wirtschaftsgemeinschaft, die Ostafrikanische Gemeinschaft und die Entwicklungsgemeinschaft des südlichen Afrika nachhaltig zu unterstützen.

Komplexe Bedrohungen der Sicherheit. Es sind schon erhebliche Anstrengungen unternommen worden, um der mutwilligen Zerstörung durch Gruppen wie al-Shabaab, Boko Haram, ISIL, Ansar al-Sharia und al-Qaida im Maghreb entgegenzutreten. Dennoch werden afrikanische Regierungen weiterhin mit den asymmetrischen Bedrohungen, die von Rebellen und extremistischen Gruppen ausgehen, zu kämpfen haben. Vielen nationalen und regionalen Streitkräften wird es fast sicher an Geld, Personal und Ausbildung fehlen, um sich solchen Herausforderungen zu stellen, zumal Rebellen und Terroristen Waffen und andere Ressourcen mit Hilfe internationaler Netzwerke leicht über die vielen durchlässigen afrikanischen Grenzen hinweg beschaffen können. Afrikaner werden auch weiterhin Soldaten für internationale und regionale Friedensmissionen stellen, doch einige dieser gutgemeinten Operationen sind Ad-hoc-Mechanismen im Kampf gegen komplexe Sicherheitsrisiken – eine kaum lösbare Aufgabe unter Mandaten, die Friedenssicherung, Stabilisierung, Aufstands- und Terrorismusbekämpfung, Verhinderung von Gräueltaten und Nationenbildung vermischen. Einige Länder, die Soldaten dafür zur Verfügung stellen, werden wahrscheinlich weiterhin auf multilaterale Friedensmissionen setzen, um ihre Streitkräfte auszubilden und zu finanzieren, doch neuere Erkenntnisse darüber, dass Friedenstruppen manchmal ihrerseits Gräueltaten begehen, könnten das multilaterale Engagement bis zu einem gewissen Grad bremsen.

- **Radikalisierung.** Die meisten Staaten des subsaharischen Afrika werden gewalttätige und radikale Ideologien weiterhin ablehnen, doch die Befürworter sind mit Hilfe der sozialen Medien immer besser in der Lage, ihre Nachrichten zu verbreiten und Unruhe zu schüren. Radikale Gruppen mit ihren Versprechen der entschlossenen Opposition gegen die Regierung und direkter finanzieller Belohnungen werden einige Entrechtete ansprechen. So haben zum Beispiel christliche Milizen Zehntausende Muslime aus ihrer Heimat in der Zentralafrikanischen Republik vertrieben, während Oppositionsgruppen um die Macht kämpfen. Die Qualität der staatlichen Reaktionen auf diese Herausforderungen wird eine entscheidende Rolle spielen. Militärische und nichtrechtsstaatliche Reaktionen – wie wir sie in West- und Ostafrika gesehen haben – werden die Entwicklung nur noch komplizierter und bedrohlicher machen. Bessere Ergebnisse sind wohl von Deeskalationsmaßnahmen, einer verbesserten staatlichen Sammlung und Analyse nachrichtendienstlicher Erkenntnisse, rechtsstaatlicher Transparenz, politischer Dezentralisierung, bürgernaher Polizeiarbeit und Initiativen zur Einbeziehung und Arbeitsbeschaffung für Jugendliche zu erwarten, die die Rekrutierungsmasse der extremistischen Gruppen drastisch schrumpfen lassen würden.
- **Nachlassende Nachfrage.** Viele afrikanische Ökonomien werden anfällig blieben für Schwankungen in den globalen Rohstoffpreisen und in der Nachfrage Chinas und des Westens. Die meisten afrikanischen Rohstoffexporteure sind nicht hinreichend diversifiziert, um einen Verfall der Rohstoffpreise zu überstehen, während einige afrikanische Länder, die keine Rohstoffe haben, von niedrigen Preisen profitieren. Nach 15 Jahren beispielloser Wachstumsraten verlangsamte sich das afrikanische Wirtschaftswachstum vor allem aufgrund der schwächeren chinesischen und sonstigen Nachfrage nach Rohstoffen wie Kupfer, Öl und Gas auf 3,8 Prozent im Jahr 2015. Nigeria und Angola – die größten Ölexporteure der Region, die zudem gemeinsam etwa ein Fünftel der Bevölkerung Afrikas stellen – wurden davon schwer getroffen, und es könnte Jahre dauern, um andere, vom Öl unabhängige Einkommensquellen zu erschließen. Diese Bemühungen würden wahrscheinlich beide Regierungen dazu zwingen, die Ausgaben zu

kürzen, darunter vielleicht auch Bildungs- und andere Programme, die nötig wären, ihre große junge Bevölkerung auf Aufgaben in der modernen globalen Wirtschaft vorzubereiten.

- **Risiken für Umwelt, Ökologie und Gesundheit.** Afrikas Mosaik aus Savannen, Wäldern, Steppen, Wüsten und Trinkwasserressourcen, seine Millionen Menschen und zahllosen Ökosysteme sind ernsten Bedrohungen durch natürliche wie von Menschen gemachte Veränderungen der Umwelt ausgesetzt. Viele dieser Herausforderungen machen vor nationalen Grenzen nicht halt, übersteigen die Leistungsfähigkeit einzelner Staaten und erfordern ein koordiniertes multinationales Handeln, doch die notleidenden Staaten werden Umwelt- und Gesundheitsthemen wahrscheinlich nicht unbedingt höchste Priorität einräumen.
- **Bevölkerungsdruck, Überweidung und der Verlust von Ackerland** werden in Verbindung mit wiederholten Dürren und Überschwemmungen die Degradation der Bodenfruchtbarkeit und der Vegetationsdecke in der Region vorantreiben. Wüstenbildung bedroht das subsaharische Afrika stärker als jede andere Weltregion, und die Entwaldung, die dort doppelt so schnell wie im weltweiten Durchschnitt voranschreitet, hat vor allem in Zentralafrika einen negativen Einfluss auf Habitate, Bodengesundheit und Wasserqualität. Schätzungen gehen davon aus, dass 75 bis 250 Millionen Menschen in Afrika unter schwerem Wassermangel leiden werden, was wahrscheinlich Migrationsbewegungen auslösen wird. Unkontrolliertes Niederbrennen von Wäldern, das Kochen mit Holz und Holzkohle, die Industrialisierung sowie der weit verbreitete Einsatz von verbleitem Benzin tragen zu einer starken Luftverschmutzung bei. Ähnlich problematisch ist auch der Umgang mit Abfällen auf dem ganzen Kontinent.
- Obwohl immer stärker ins öffentliche Bewusstsein rückt, dass die **Tierwelt – insbesondere Elefanten und Nashörner – durch den Menschen stark bedroht** ist, erzielen Wilderei und illegaler Handel gewaltige Profite. Die reichen Fischbestände vor den westafrikanischen Küsten werden von kommerziellen und illegalen Fischern schnell leergefischt. Die Intensivierung der Schweine- und Geflügelzucht fördert neu auftretende, vom Tier auf den Menschen übertragbare Krankheiten, die für die Afrikaner und in

manchen Fällen auch für den Rest der Welt ökonomische und gesundheitliche Risiken darstellen.

Die politischen Auswirkungen dieser Entwicklungen werden in den 49 Ländern sehr unterschiedlich sein. Einige bewegen sich in Richtung Dezentralisierung, während andere mit Zentralisierung und Autoritarismus nach dem Muster Ruandas experimentieren. Die meisten politischen Führer werden sich auch weiterhin vor allem auf ihr politisches Überleben konzentrieren, statt sich intensiv um politische oder ökonomische Reformen zu bemühen. Der Generationenübergang in der Politik, den viele afrikanische Länder in den nächsten fünf Jahren vollziehen werden, wird ein aussagekräftiger Indikator für die zukünftige Sicherheit und Stabilität sein. Wer den Status quo aufrechterhält, riskiert Instabilität, wer die Macht an die nächste Generation weitergibt, ist voraussichtlich bei der Steuerung der von Technik und Entwicklung vorangetriebenen Veränderungen besser aufgestellt. Bei diesen Machtübergängen werden wahrscheinlich auch ethnische Spaltungen mit ins Spiel kommen, was das Konfliktpotenzial erhöht.

- **Investitionen in Humankapital – insbesondere in Frauen und junge Menschen** – und in Institutionen, die menschliche Entwicklung und Innovation fördern, werden für die Zukunftsaussichten der Region entscheidend sein. Das Anwachsen der Mittelschicht, die dramatischen Steigerungen der Lebenserwartung in den vergangenen zwei Jahrzehnten, die Dynamik der Zivilgesellschaft, die Verbreitung demokratischer Institutionen und eines demokratischen Ethos sowie die Abnahme der HIV/Aids-Fälle – dies alles verweist auf die vielen positiven Möglichkeiten Afrikas.

Die geopolitische Bedeutung der Region in den nächsten fünf Jahren: Konkurrenz der Regierungssysteme. In den nächsten fünf Jahren wird das subsaharische Afrika eine Experimentierzone bleiben, beeinflusst von Regierungen, Unternehmen, Nichtregierungsorganisationen (NGOs) und Einzelpersonen, die sich bemühen, Afrikas Entwicklungsbedingungen und letztlich den Zugang zu den Märkten der Region zu verbessern. Die meisten afrikanischen Länder werden sich auf innenpolitische Probleme konzentrieren. Sie ringen darum, die Gewinne der letzten 15 Jahre zu konsolidieren und dem geopolitischen und ökonomischen Gegenwind, der sie bedroht, zu trotzen. Der Strom der Wirtschaftsmigranten aus Afrika wird zunehmen, wenn es bei immer geringeren globalen Wachstumsraten weiterhin zu wenig Hoffnung auf Arbeit gibt und die Belastungen der ländlichen Umwelt sowie ein schnelles Bevölkerungswachstum die Städte wuchern lassen. Die Sicherheitsanstrengungen und die Bekämpfung des Terrorismus werden in der Region in nächster Zeit zunehmen, wenn der militante Islam und der christliche Extremismus sich weiter auf regionale Enklaven und sogar auf manche Städte ausbreiten.

Die Region kann durchaus zu einer Arena der geopolitischen Konkurrenz und des Kampfes um Ressourcen werden, wenn die politischen Eliten sich für unterschiedliche politische Strategien entscheiden. Eine zunehmende religiöse Bindung in vielen Teilen Afrikas könnte den Widerstand gegen einige liberale Normen und Institutionen verstärken. Dies spiegelt die gegenwärtigen Befürchtungen in Bezug auf den internationalen Liberalismus und den Unmut über den Westen wider, der Afrika seine Moralvorstellungen übergestülpt hat.

- Die **Schwäche der offiziellen politischen Institutionen** in vielen afrikanischen Staaten lässt vermuten, dass sie weiter zwischen demokratischer und autoritärer Politik schwanken werden, zumal das internationale Engagement nachlässt. Dadurch besteht das Risiko massiver politischer Instabilität. Der Rückzug der USA und des Westens aus Afrika werden im Licht der relativen Ausweitung des chinesischen Einflusses von besonderer Bedeutung sein, doch Chinas Rolle in der Region bleibt unklar. Seine Wirtschaftskraft und sein Interesse an den afrikanischen Ressourcen haben China zu einem wichtigen Finanzier der Infrastruktur gemacht, und bedeutende Investitionen chinesischer Unternehmen haben zu Pekings Ansehen in der Region beigetragen, doch die nachlassende Nachfrage Chinas nach Rohstoffen in letzter Zeit – und der schlechte Ruf chinesischer Firmen als Arbeitgeber – könnten diesen Einfluss schwächen. Russland hat seit dem Zusammenbruch der Sowjetunion keine wichtige Rolle in Afrika gespielt und hat wahrscheinlich nicht die Kapazitäten oder den Wunsch, sich intensiver zu engagieren. Die europäische Politik wird wahrscheinlich ökonomischen Zwängen unterworfen sein, könnte aber zu dem Schluss kommen, dass höhere Hilfszahlungen ein kostengünstiger Weg sind, den Zustrom von Migranten abebben zu lassen.

- Die **internationale Menschenrechtsagenda** in Afrika wird fast sicher schwächer werden. Realistische Rechnungen werden die normativen Impulse in Europa und Nordamerika aufwiegen. Afrikanische Führer werden weiterhin die Ansicht vertreten, dass der Internationale Gerichtshof gegenüber Afrikanern voreingenommen sei, und könnten dieses Gericht entschiedener ablehnen.
- Die Stromerzeugung und Technologien, die die Beton- und Mörtel-Infrastruktur überspringen – wie etwa der 3D-Druck, der viele große Fertigungsanlagen überflüssig machen könnte –, versprechen enorme ökonomische Profite und werden großes öffentliches wie privates Interesse auf sich ziehen. Investitionen in die grundlegende Infrastruktur werden für das Wirtschaftswachstum entscheidend sein, und die Ertragsmöglichkeiten gut organisierter Infrastrukturinvestitionen sind in Anbetracht des im Vergleich zu anderen Regionen großen Wachstumspotenzials Afrikas sehr gut. Ein Umfeld geringer Erträge in anderen Regionen könnte Afrika für ausländische Investoren attraktiv machen und potenziell das ökonomische und politische Schicksal des ganzen Kontinents ins Positive wenden.

Weitere Überlegungen. Afrikas Bevölkerung wird weltweit in den nächsten fünf Jahren am stärksten wachsen. Die Fruchtbarkeitsraten sind nicht so schnell gesunken, wie viele Demografen erwartet hatten. Sie sanken von 5,54 Kindern pro Frau im Jahr 1995 auf 4,56 im Jahr 2015. Der Rückgang spiegelt vielleicht den relativen Erfolg der Millenniums-Entwicklungsziele der UN besonders in den Bereichen Frauengesundheit und -bildung wider. Die Gebiete in der Mitte Afrikas werden auch weiterhin mit die jüngsten Bevölkerungen der Welt haben. Dort werden auch die höchsten Risiken für Gewalt und Instabilität lauern, wenn es nicht genügend Chancen und Steuerung gibt.

- Die **Entwicklungsbedingungen**, die sich in den letzten 15 Jahren deutlich verbessert haben, werden wahrscheinlich auf diesem Niveau verharren oder sich sogar verschlechtern, falls es dem Kontinent nicht gelingt, die Korruption zurückzudrängen und in diesem schwierigen geopolitischen und ökonomischen Umfeld Kapazitäten für eine politische und mikroökonomische Strategieplanung aufzubauen. Die fortdauernde Armut ist das drängendste Problem des subsaharischen Afrika. Die Lebenserwartung bei der Geburt liegt in Afrika bei 60 Jahren. Das ist eine deutliche Verbesserung gegenüber der Situation vor zwei Jahrzehnten, aber noch immer die niedrigste Lebenserwartung weltweit. Ein fehlender Zugang zu sauberem Wasser, sanitären Anlagen und Gesundheitsinfrastruktur steigert das Risiko einer raschen Ausbreitung ansteckender Krankheiten, von Darmparasiten bis Ebola. Trotz beachtlicher Fortschritte bei der Milderung der Auswirkungen von HIV/Aids mit internationaler Hilfe leben noch 19 Millionen Afrikaner mit dem Virus, mehr als in jeder anderen Region. Neben HIV/Aids verweisen andere Indikatoren auf die fortdauernden Probleme der öffentlichen Gesundheit auf dem Kontinent. Die Müttersterblichkeit ist in letzter Zeit gesunken, bleibt aber immer noch hoch, und die Aussichten für Kinder unter fünf Jahren sind noch schlechter: Allein 2015 starben 5,9 Millionen Kinder unter fünf Jahren – fast 16 000 pro Tag; 83 Prozent dieser Todesfälle waren auf Infektionen, Komplikationen bei der Geburt oder den Ernährungszustand zurückzuführen.
- Die **Fortschritte im Kampf gegen HIV/Aids** und die schließlich gelungene Eindämmung des Ebola-Ausbruchs in Westafrika 2014 zeigen das Potenzial für weitere Fortschritte in der öffentlichen Gesundheit durch Partnerschaften zwischen afrikanischen Staaten und der internationalen Gemeinschaft. Das subsaharische Afrika ist zum Testgelände der globalen Gesundheitsstrategie geworden. Große Hilfsorganisationen konzentrieren hier ihre Anstrengungen im Kampf gegen viele Krankheiten. Diese Initiativen haben Dutzende nationale Regierungen und

viele internationale Behörden und NGOs mit ins Boot geholt, sie erreichen Millionen Afrikaner. Die Steuerung und Implementierung dieser Netzwerke wird für afrikanische Regierungen und ihre Entwicklungspartner eine Nagelprobe für verantwortliche, effektive Staatsführung sein.

- **Afrika wird das globale Tempo der Abwanderung vom Land in die Stadt vorantreiben.** Einige afrikanische Städte haben versucht, den Zuzug in Metropolregionen zu beschränken, und auf Probleme mit der Infrastruktur und der Leistungsfähigkeit der Verwaltung verwiesen. Andere dagegen erkennen die möglichen Vorteile der Urbanisierung, und der Trend wird sich weitgehend unvermindert fortsetzen. Accra, Ibadan und Lagos haben zum Beispiel einen urbanen Entwicklungskorridor gebildet, um den Handel in den drei Städten zu verbinden, und so Wachstumsmöglichkeiten geschaffen, die wiederum Arbeitsplätze schaffen können. Im Jahr 2020 werden Lagos (14 Millionen Einwohner) und Kinshasa (12 Millionen) größer und überfüllter als Kairo sein. In vielen afrikanischen Ländern werden sich auch kleine Handelszentren zu Städten entwickeln. Nigeria wird zum Beispiel bald 100 Städte mit jeweils mehr als 200 000 Einwohnern haben.

IGERIA

35 Bevölkerungsprojektion

93.965.000

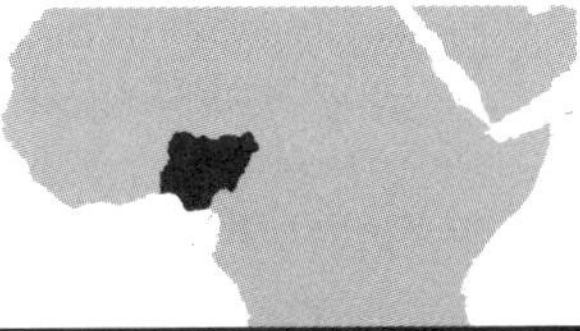

Städtische Bevölkerung

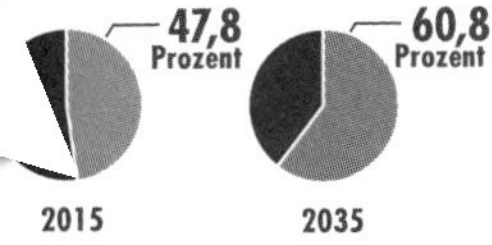

Alphabetisierungsrate bei Erwachsenen, 2015

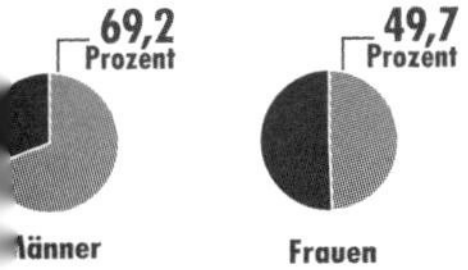

2015	2035

Geschlechterverhältnis
(Männer pro 100 Frauen)

2015	2035
103,8	104,4

Medianalter[2]

2015	2035
17,9	20,0

Gesamtfertilitätsrate[3]

2015	2035
5,6	4,3

Religion, 2015[1]

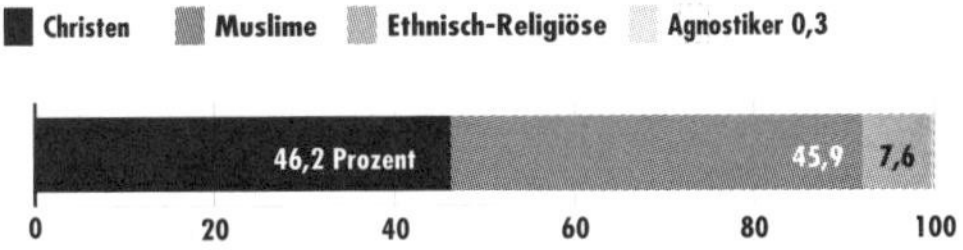

Bildungsniveau, 2015 und 2035

Durchschnittliche Schulzeit in Jahren

	Männer 2015	Männer 2035	Frauen 2015	Frauen 2035
Durchschnittliche Schulzeit in Jahren	7,6	11,1	7,3	10,9

Höchster Abschluss

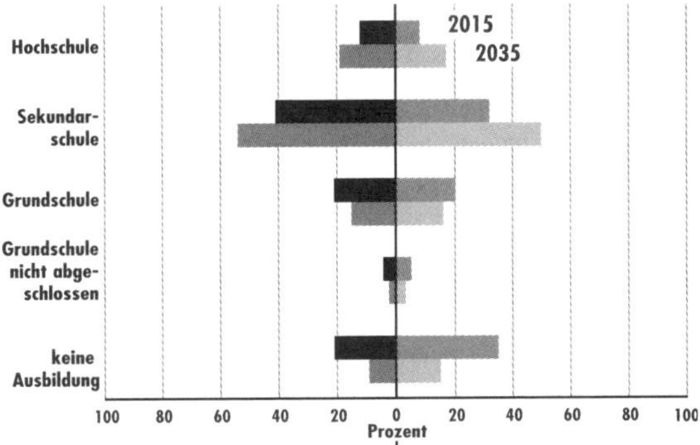

Lebenserwartung

Männer 2015	Männer 2035	Frauen 2015	Frauen 2035
52,7	58,2	53,4	59,6

Schätzungen zur religiösen Zugehörigkeit basieren auf Daten der World Religion Database und sind auf ein Zehntelprozent gerundet.
Anders als das Durchschnittsalter teilt das Medianalter die Bevölkerung in zwei gleich große Hälften 50% sind jünger und 50% sind ilter als das Medianalter. Es wird benutzt, um die Alterung einer Bevölkerung zu beschreiben.
Die Gesamtfertilitätsrate ist die prognostizierte durchschnittliche Kinderzahl, die eine Frau zur Welt bringt, wenn sie bis zum Ende ihrer Gebärfähigkeit lebt.
merkung: Die demografischen Daten sind für jene Länder dargestellt, die Schätzungen zufolge im Jahr 2035 die größte Bevölkerung der jeweiligen Region haben werden.

Russland und Eurasien

In den nächsten fünf Jahren wird die russische Führung ihre Bemühungen, Russlands Großmachtstatus wiederherzustellen, fortsetzen – durch Modernisierung des Militärs, Engagements im Ausland, die darauf ausgerichtet sind, den russischen Einfluss zu steigern und den westlichen einzudämmen, nukleares Säbelrasseln und einen wachsenden Nationalismus. Moskau bleibt unsicher in seiner Weltsicht und wird handeln, wenn es glaubt, die nationalen Interessen schützen zu müssen – wie 2014 in der Ukraine – oder seinen Einfluss in weiter entfernten Regionen – wie etwa in Syrien – stärken zu können. Mittels dieser Bemühungen hat Präsident Putin in Russland trotz schwieriger ökonomischer Bedingungen und Sanktionen seine Beliebtheit wahren können. Er wird sich weiterhin auf Zwangsmaßnahmen und Informationskontrolle stützen, um öffentlichen Widerspruch zu unterdrücken. Moskau wird auch mit seiner antiwestlichen Rhetorik und der nationalistischen Ideologie, die die imperiale und moralische Kraft des russischen Volkes heraufbeschwört, fortfahren, um die Probleme im Innern im Griff zu behalten und seine Interessen durchzusetzen.

Die Ideologie des Kremls, seine Strategien, seine Strukturen – und seine Wirtschaftskontrolle – haben die Unterstützung der Elite und des Volkes, ungeachtet einer eindeutigen Unterdrückung der Zivilgesellschaft und der Minderheiten.

- Dieses **Amalgam aus autoritärer Herrschaft, Korruption und Nationalismus** bietet eine Alternative zum westlichen Liberalismus, die viele der weltweit noch verbliebenen Autokraten und Revisionisten anspricht. Aus der Sicht Moskaus ist Liberalismus ein Synonym für Chaos und moralischen Verfall, und Bewegungen, die sich für die Demokratie einsetzen, sind Intrigen des Westens, um die traditionellen Bollwerke der Ordnung und den russischen Staat zu untergraben. Um westlichen Versuchen, Russland zu schwächen und zu isolieren, entgegenzutreten, wird Moskau Pekings Aufstieg in nächster Zeit wohlwollend begleiten, letztendlich aber Chinas Pläne vereiteln, bevor es zum Juniorpartner wird. Dies würde dem Selbstbild von der Großmacht Russland zuwiderlaufen.

Die Unsicherheit, die Enttäuschung und das Misstrauen Russlands gegenüber der liberalen Weltordnung haben ihre Wurzeln in der gleichzeitigen Erweiterung der NATO und der Europäischen Union (EU) nach dem Kalten Krieg. Sie motivieren das außenpolitische Handeln des Landes. Russlands militärische Taktik der «Grauzone», in der sich absichtlich die Grenzen von Krieg und Frieden verwischen, wird wahrscheinlich weitergehen. Das Eingreifen des Landes in verschiedenen Regionen in den letzten Jahren – in Georgien, der Ukraine und Syrien sowie durch die Unterstützung rechtspopulistischer Parteien auch in Europa – gibt allerdings zu drei wichtigen Fragen Anlass:

- Welche Prinzipien der internationalen Ordnung aus dem 20. Jahrhundert wird Russland im 21. Jahrhundert unterstützen?
- Wie weit wird Russland beim Einsatz für eine «russische Welt» gehen, wenn es die zentrale Bedeutung der russischen Kultur und die Ablehnung westlicher liberaler Werte so stark betont?
- Wie groß wird die Gefahr für die gegenwärtigen politischen Grenzen in Eurasien sein, wenn Russland die Einflusssphäre, die es sich abgesteckt hat, verteidigt?

Geopolitische Bedeutung der Region in den nächsten fünf Jahren: Noch einmal Revisionismus. Russlands aggressive Außenpolitik wird in den nächsten fünf Jahren eine Quelle beträchtlicher Unsicherheit sein. Moskau wird fast sicher weiterhin versuchen, territoriale Pufferzonen an seinen Grenzen, auch in der Arktis, einzurichten und sympathisierende autoritäre Regierungen vor allem an seiner Peripherie zu stützen. Diese Entschlossenheit wird die antirussischen Einstellungen im Baltikum und Teilen Osteuropas verhärten und das Konfliktrisiko steigen lassen. Moskau wird international dann kooperieren, wenn es Russlands geopolitischem Einfluss nützt, und Fortschritte bei Themen fördern, die dem Kreml wichtig sind, etwa bei der Nichtverbreitung von Kernwaffen, während es Normen und Regeln infrage stellen wird, die es als seinen Interessen entgegenstehend wahrnimmt. Moskau glaubt, dass die Regeln der Weltwirtschaft nicht gerade vorteilhaft für Russland sind, und wird – ungeachtet der Tatsache, dass eine flaue Wirtschaft auch weiterhin eine Quelle strategischer Schwäche ist – Maßnahmen ergreifen, um den Einfluss der USA und Europas auf diese Regeln zu schwächen. Moskau wird die Entschlusskraft der NATO und der Europäer auf die Probe stellen, um die westliche Glaubwürdigkeit zu unterminieren; es wird versuchen, die Kluft zwischen dem Norden und dem Süden Europas auszunutzen und einen Keil zwischen die Vereinigten Staaten und Europa zu treiben.

- Die **Regierung Putin wird den Militärausgaben und der Modernisierung der Armee weiter Priorität einräumen** und selbst im Angesicht ökonomischer Stagnation oder Rezession ein Hauptaugenmerk auf strategische Abschreckung legen.
- **Russland wird weiterhin auf die NATO reagieren,** auf ihre Abschreckungsmaßnahmen und ihre zunehmende – wenn auch vielleicht nicht dauerhafte – Militärpräsenz auf dem Baltikum und in Mitteleuropa. Moskau wird zudem sehr sensibel auf das Engagement der USA in diesen Gebieten reagieren, die Moskaus Ansicht nach in der rechtmäßigen Einflusssphäre des Landes liegen.
- Russlands **brachiale Cyberoperationen** werden fast sicher eine wachsende Bedrohung für den Westen darstellen. Russland versucht, seine Abhängigkeit von westlicher Technik zu reduzieren und seine Fähigkeiten in der indirekten und asymmetrischen Kriegführung zu verbessern.
- In Anbetracht der zentralen Rolle der Vereinigten Staaten in der Weltpolitik wird Russland auch weiterhin Ressourcen in **Bemühungen** stecken, **die amerikanische Politik zu seinen eigenen Gunsten zu verändern.**

Falls Moskaus Taktik nicht aufgeht, kann der geopolitische Einfluss des Landes kontinuierlich zurückgehen und eine innere Instabilität entstehen. Jedenfalls werden die schlechten ökonomischen Aussichten – niedrigere Ölpreise, Sanktionen des Westens, stagnierende Produktivität, negative demografische Entwicklung, chronische Abwanderung gerade der besten Köpfe und Unfähigkeit, in Richtung Hightech zu diversifizieren – langfristig wahrscheinlich Moskaus Ambitionen untergraben. Ökonomische und politische Reformen – das gängige Mittel gegen solche Probleme – sind von Putins Russland vorerst nicht zu erwarten.

- Ein weiterer Statusverlust könnte in ein **eher aggressiveres internationales Auftreten** münden, obwohl **wachsende ökonomische Zwänge** und der Wunsch, eine Überforderung zu vermeiden, Putins außenpolitische Leistungsfähigkeit, wenn auch nicht seine Ambitionen, mäßigen könnten.
- Allerdings hat die **russische Bevölkerung Entschlossenheit angesichts harter Lebensbedingungen gezeigt** und wird Putin vielleicht nicht im Stich lassen. Solange der Kreml den Glauben der Menschen an Russlands Größe aufrechterhalten kann, werden Aufstände in größerem Umfang wohl zu vermeiden sein.

Weitere Überlegungen: Eurasien. Wie Russland legen viele eurasische Regierungen größeren Wert auf Kontrolle als auf Reformen und leiden unter schlechten Wirtschaftszahlen und Korruption. Sie sind zudem überaus anfällig für russischen Einfluss, abhängig von russischen Auslandsüberweisungen und gewöhnt an die militärischen und kulturellen Verbindungen. Dieses Vertrauen auf Moskau, schwache eigene politische Institutionen, ein hohes Korruptionsniveau und die Repression der Öffentlichkeit steigern das Risiko von Zusammenbrüchen nach ukrainischem Muster in der Region. In diesem Kontext werden drei potenziell transformative Entwicklungen in den nächsten fünf Jahren in den Vordergrund treten:

- Eine **gesteigerte chinesische Einmischung in der Region** durch Investitionen, Infrastrukturentwicklung und Migration nach Zentralasien hinein, beispielhaft vorgeführt in Pekings Seidenstraßeninitiative, wird die Bereitschaft Russlands, Chinas Großmachtambitionen entgegenzukommen, auf die Probe stellen. Chinas Interessen in der Region werden überwiegend ökonomischer Natur bleiben, doch politische und Sicherheitsziele werden stärker, falls sich der Extremismus in China selbst intensiviert.

Russland, das ökonomisch, abgesehen von Rohstoffen, Militärtechnik und Arbeitsmöglichkeiten für Zuwanderer, trotz seiner Initiative einer Eurasischen Wirtschaftsunion wenig zu bieten hat, wird die Integration in der Region vor allem in politischen und Sicherheitsfragen zu vertiefen suchen und die Länder dabei womöglich gegen sich aufbringen.

- Eine **Lösung des Ukraine-Konflikts** hätte Auswirkungen auf die ganze Region. Eine nach Westen orientierte Ukraine, die die systemische Korruption bekämpft, die das Land seit seiner Unabhängigkeit im Jahr 1991 quält, und Reformen umsetzt, die wenigstens ein bescheidenes Wachstum ermöglichen, würde ein beeindruckendes Gegenbeispiel zum heutigen Russland bieten. Falls Russlands Intervention in der Donbass-Region allerdings zu einem ökonomischen und politischen Scheitern der Ukraine führen würde, könnte dies autoritäre Systeme überall in der Region stärken und die Entschlusskraft jener Staaten, die einen westlichen Weg einschlagen wollen, schwächen.
- Russland wird sich weiterhin bemühen, **jede ukrainische Regierung zu destabilisieren,** die versucht, sich mittels EU oder NATO in den Westen zu integrieren. Moskau wird auch weiterhin eine ganze Palette von Maßnahmen einsetzen – von finanziellen Anreizen für befreundete Regierungen über eine Unterstützung politischer Parteien und eine aktive Desinformationskampagne bis hin zu militärischer Intervention –, um antiwestliche Kräfte in anderen Staaten in der Region zu stärken.
- Der **Führungswechsel in Kasachstan und Usbekistan** – Staaten, die lange als Stabilitätsanker in Zentralasien gedient haben – wird in Moskau mit Sorge beobachtet werden. Die Nachfolgeregelungen werden wohl kaum zu dramatischen Veränderungen in der Regierungsstruktur dieser Länder führen, doch längere interne Machtkämpfe könnten das Potenzial für destabilisierende Krisen erhöhen und ein Sicherheitsvakuum entstehen lassen, das islamische Extremisten leicht für sich nutzen könnten.

ussland

35 Bevölkerungsprojektion

35.674.000

Städtische Bevölkerung

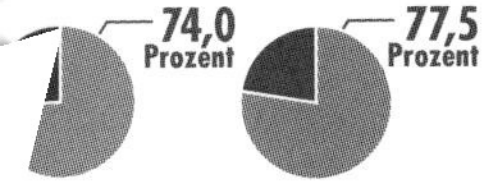

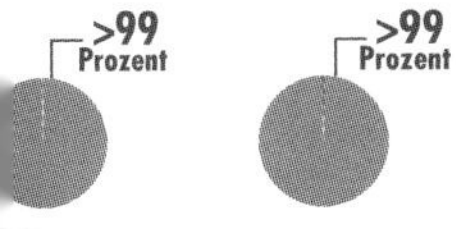

2015	2035

Geschlechterverhältnis (Männer pro 100 Frauen)

2015	2035
86,8	85,9

Medianalter[2]

2015	2035
38,7	43,6

Gesamtfertilitätsrate[3]

2015	2035
1,7	1,8

Religion, 2015[1]

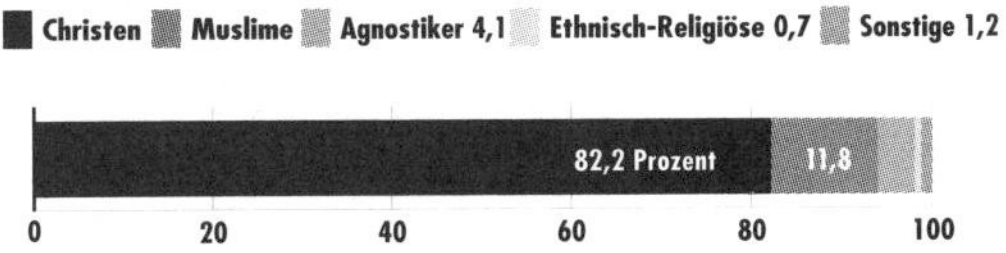

Bildungsniveau, 2015 und 2035

Durchschnittliche Schulzeit in Jahren

	Männer 2015	Männer 2035	Frauen 2015	Frauen 2035
	10,7	11,9	11,0	12,2

Höchster Abschluss

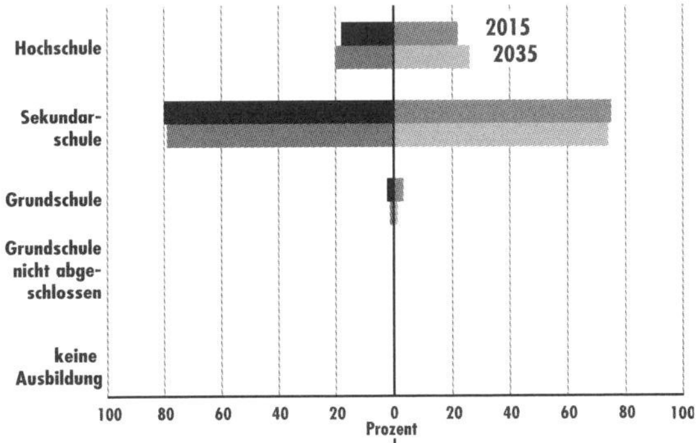

Lebenserwartung

	Männer 2015	Männer 2035	Frauen 2015	Frauen 2035
	64,5	67,1	75,8	77,8

chätzungen zur religiösen Zugehörigkeit basieren auf Daten der World Religion Database und sind auf ein Zehntelprozent gerundet.
nders als das Durchschnittsalter teilt das Medianalter die Bevölkerung in zwei gleich große Hälften 50% sind jünger und 50% sind lter als das Medianalter. Es wird benutzt, um die Alterung einer Bevölkerung zu beschreiben.
Die Gesamtfertilitätsrate ist die prognostizierte durchschnittliche Kinderzahl, die eine Frau zur Welt bringt, wenn sie bis zum Ende hrer Gebärfähigkeit lebt.
nerkung: Die demografischen Daten sind für jene Länder dargestellt, die Schätzungen zufolge im Jahr 2035 die größte Bevölkerung er jeweiligen Region haben werden.

Europa

In den nächsten fünf Jahren wird Europa sich mit der Möglichkeit auseinandersetzen müssen, dass sich das europäische Projekt auflöst, während die Nachkriegsordnung durch Zuwanderungsströme aus der instabilen, oft bedrohlichen Peripherie und durch die Zwänge einer globalisierten Wirtschaft, die die ökonomische Ungleichheit verstärken, zunehmend unter Druck gerät. Die Organisationen der Region, die Europa prägen – vor allem die EU, die Euro-Zone und die NATO –, haben den europäischen Einfluss auf der Weltbühne bisher behauptet, obwohl der europäische Anteil am Welt-BIP und der Bevölkerung zurückgeht, doch die Existenzkrise der EU, wie sie sich am Beispiel des «Brexit»-Referendums zeigt, wird sich sicher wenigstens in den nächsten Jahren fortsetzen.

Die EU hat den Regierungen zwar geholfen, gemeinsam Wohlstand, ökonomische Sicherheit und Frieden zu schaffen, doch die Tatsache, dass es in der Euro-Zone keine Fiskalunion parallel zur Gemeinschaftswährung gibt, hat dazu geführt, dass ärmere Staaten überschuldet sind, was die Wachstumsaussichten seit der Finanzkrise 2008 verringert. Zudem ist es der EU nicht gelungen, ihren Bürgern das Gefühl zu vermitteln, dass sie alle in einem Boot sitzen, was den Staatenbund in schwierigen ökonomischen Zeiten anfällig macht für einen wiederauflebenden Nationalismus unter den Mitgliedern.

- **Die Zukunft der EU und der Euro-Zone.** Politische Parteien, nationale Regierungschefs und EU-Beamte werden auch weiterhin verschiedener Meinung sein, wenn es um die angemessenen Funktionen und Machtbefugnisse der EU geht oder um die Klugheit des gegenwärtigen Beharrens der Euro-Zone auf Budgetdisziplin und Leistungsbilanzen. Den Mitgliedsstaaten fehlt ein größerer Spielraum, um das Wachstum anzukurbeln, ganz zu schweigen von entschiedeneren, pan-europäischen Lösungen für Wachstumsunterschiede und Probleme mit dem Bankensektor. Wenn trotz eines fortgesetzten schwachen Wachstums weiter solche politischen Einschränkungen gelten, wird die öffentliche Unterstützung für die EU und die nationalen Regierungen weiter zurückgehen, vor allem, wenn die Union den Herausforderungen durch Migration und Terrorismus nicht angemessen begegnen kann.

- **Eine bedrohliche Peripherie.** Die Gefahr durch ein streitbareres Russland und das Bedrohungsgefühl durch den islamistischen Terror und dessen Überschwappen aus dem Nahen Osten und Afrika wird die Öffentlichkeit der europäischen Staaten immer stärker ängstigen, aber nicht zur Unterstützung einer einheitlichen Reaktion führen. Russland bedroht Europa direkt durch Propaganda, Desinformation und finanzielle Unterstützung für Parteien, die sich gegen die EU und die USA wenden, während der ISIL ausländische Kämpfer angeworben und gefördert hat, von denen einige nach Europa zurückgekehrt sind und die Gefahr von terroristischen Angriffen noch gesteigert haben.
- **Demografischer Druck.** Eine instabile Peripherie wird weiterhin beträchtliche Mengen an Flüchtlingen und Migranten nach Europa schicken. Dies strapaziert die Reaktionsfähigkeit der nationalen Regierungen und EU-Institutionen, führt zu Spannungen zwischen den Mitgliedsstaaten und mit EU-Institutionen und steigert den Zulauf fremdenfeindlicher Parteien und Gruppierungen. Gleichzeitig entsteht durch das Altern der bestehenden europäischen Bevölkerungen ein wachsender Bedarf an neuen Arbeitskräften. EU-Institutionen und nationale Regierungen werden weiterhin nach Wegen suchen, die Zuwanderung zu beschränken und Immigranten und ihre Kinder besser zu integrieren.
- **Geschwächte nationale Regierungen.** Ein Eckpfeiler der politischen Ordnung im Nachkriegseuropa war die breite Unterstützung für eine liberale internationale Wirtschaftsordnung im Austausch gegen die sozialen Schutzmechanismen des Wohlfahrtsstaats. Diese Übereinkunft förderte die Stabilität – das Wirtschaftswachstum ebenso wie die repräsentative Demokratie. Die zunehmende Volatilität bei den Wahlen in den letzten 30 Jahren in Europa und die mühsame Erholung der Region von der Finanzkrise des Jahres 2008 belasten diese Übereinkunft. Neue populisti-

sche Parteien am rechten wie am linken Rand nutzen die allgemeine Unzufriedenheit über das langsame Wachstum, die beschnittenen Sozialleistungen, die Zuwanderung und die immer geringer werdenden ideologischen Unterschiede zwischen den etablierten linken und rechten Parteien für den eigenen Aufstieg.

Die geopolitische Bedeutung der Region in den nächsten fünf Jahren: Unsichere Einheit. Europas Status als *global player* beruhte auf seiner Einheit, seinen materiellen Möglichkeiten und einer breiten Übereinstimmung der Mitgliedsstaaten, insbesondere Frankreichs, Deutschlands und Großbritanniens, in den Zielen und geopolitischen Perspektiven. Zumindest in den kommenden fünf Jahren wird die Notwendigkeit, die europäischen Beziehungen im Licht der britischen Entscheidung, die EU zu verlassen, neu zu strukturieren, wahrscheinlich das internationale Ansehen der Region untergraben und vielleicht sogar die transatlantische Zusammenarbeit schwächen. Wir gehen davon aus, dass Russland an Selbstbewusstsein gewinnt und versuchen wird, das europäische Projekt zu spalten. Ein – unwahrscheinlicher – russischer Erfolg bei der Rückgewinnung der politischen Vorherrschaft in Kiew oder beim Unterminieren der Stabilität im Baltikum würde die Glaubwürdigkeit der EU und der NATO beschädigen.

- Das Problem einer immer unabhängigeren **Außenpolitik der Türkei, die ihre Fühler in verschiedene Richtungen ausstreckt,** und die nichtdemokratischen Impulse des Landes werden zumindest auf mittlere Sicht zu den zentrifugalen Strömungen in Europa beitragen und den Zusammenhalt der NATO wie auch die Kooperation von NATO und EU gefährden.
- Herz des europäischen Projekts war die Idee, dass Europa für Frieden, Toleranz, Demokratie und kulturelle Vielfalt steht und die spaltenden Kämpfe, die seine Geschichte belasteten, nur durch Einheit vermeiden kann. Die meisten Regierungen der EU-Staaten arbeiteten 2015 auch deshalb so intensiv daran, Griechenland im Euro zu halten, weil sie entschlossen waren, die Auflösung des europäischen Projekts zu verhindern. Ein ganzes Spektrum von Problemen stellt eine **ernste Bedrohung für die Zukunft der EU**

dar; dazu gehören der Brexit-Prozess und dessen Auswirkungen auf andere Staaten Europas, das Versagen der wichtigen EU-Staaten bei der Umsetzung nötiger Wirtschaftsreformen, das Scheitern der EU bei der Ankurbelung des Wachstums in der Region, das Versagen bei der Koordinierung der Flüchtlingspolitik und der wachsende Nativismus, der besonders in einigen neuen Mitgliedsstaaten virulent ist. Diese Belastungen könnten einen hässlichen Bruch einleiten, der die ökonomische Abwärtsspirale verstärken und zu einer weiteren Abkehr von der Demokratie führen würde.

Weitere Überlegungen. Die nächsten fünf Jahre könnten eine Chance für eine regionale Regierungsgewalt bieten. Der Brexit könnte die EU anspornen, das Verhältnis zu den Mitgliedsstaaten und der europäischen Öffentlichkeit neu zu definieren. Falls die Brexit-Entscheidung die EU-Beamten und die Regierungen der Mitgliedsstaaten dazu bringt, Strategien voranzutreiben, die die Vorteile der Kooperation deutlich machen, und falls die europäischen Führer Großbritannien einen einvernehmlichen Austritt ermöglichen, der London bei internationalen Themen weiter eng mit seinen kontinentalen Nachbarn zusammenarbeiten lässt, könnte Europa florieren. Trotz wachsender öffentlicher Unzufriedenheit mit den europäischen Entscheidungsprozessen können die europäischen Führungspersönlichkeiten sich noch immer besser auf gemeinsame Anliegen einigen und eine gemeinsame Strategie entwerfen als die Führer jeder anderen Region. Sie haben noch immer die Chance, eine effektivere EU zu formen, die den öffentlichen Sensibilitäten in Bezug auf nationale Identität und Entscheidungsfindung besser Rechnung trägt. Die gut ausgebauten Demokratien der Region haben Strukturen und Kontrollmittel, mit deren Hilfe es gelingen kann, die Wirksamkeit populistischer oder besonders extremer Staatsführer einzuschränken.

- Trotz **antidemokratischer Entwicklungen** in Ungarn und Polen haben institutionelle Zwänge den Einfluss rechter nativistischer oder populistischer Parteien gedämpft, die in gefestigteren europäischen Demokratien wie Österreich und Finnland in die Regierung eingetreten sind. Die Entwicklung starker Rechtssysteme mit tiefgreifenden Möglichkeiten der gerichtlichen Überprüfung von Gesetzen – in einem Großteil Europas nach dem Zweiten Weltkrieg eingeführt –, ist in den neueren Demokratien noch immer nicht abgeschlossen, doch selbst in Ungarn musste die Regierung einen Rückschlag hinnehmen, weil ihre Politik in den Augen der Bevölkerung anerkannte Normen missachtet hatte.

- Ungeachtet ihrer unterschiedlichen Perspektiven und Strategiepräferenzen **arbeiten Frankreich und Deutschland weiterhin zusammen**, wie die extrem enge Kooperation zwischen der deutschen Kanzlerin und dem französischen Präsidenten bei der Rettung Griechenlands, die einheitliche Haltung der EU zur Ukraine und die gemeinsame Handelspolitik gezeigt haben.
- Es bleibt abzuwarten, ob Merkel, die die Reaktion Europas auf die meisten Krisen im letzten Jahrzehnt gesteuert hat, ihre politische Dynamik zurückgewinnen wird, nachdem sie weder in Deutschland noch in der EU Unterstützung für eine Willkommenspolitik gegenüber den syrischen Flüchtlingen gefunden hat. Obwohl die anderen europäischen Länder nicht glücklich über Deutschlands Rolle waren, kann man sich kaum eine andere Führungspersönlichkeit vorstellen, die so gut in der Lage wäre, die Interessen und Reaktionen der Region auszugleichen.

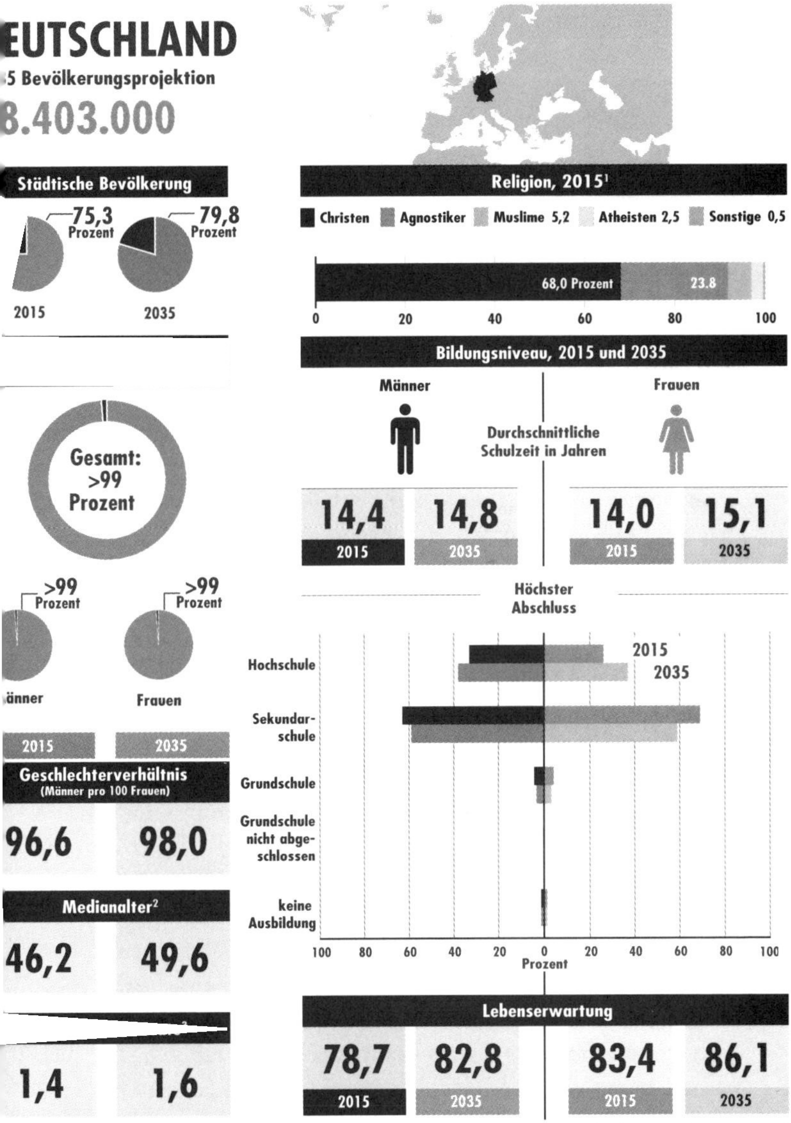

chätzungen zur religiösen Zugehörigkeit basieren auf Daten der World Religion Database und sind auf ein Zehntelprozent gerundet.
nders als das Durchschnittsalter teilt das Medianalter die Bevölkerung in zwei gleich große Hälften 50% sind jünger und 50% sind lter als das Medianalter. Es wird benutzt, um die Alterung einer Bevölkerung zu beschreiben.
)ie Gesamtfertilitätsrate ist die prognostizierte durchschnittliche Kinderzahl, die eine Frau zur Welt bringt, wenn sie bis zum Ende hrer Gebärfähigkeit lebt.
nerkung: Die demografischen Daten sind für jene Länder dargestellt, die Schätzungen zufolge im Jahr 2035 die größte Bevölkerung er jeweiligen Region haben werden.

Nordamerika

Prüfstein für Nordamerika wird der wachsende soziale und politische Druck in den nächsten fünf Jahren sein, vor allem, falls das Wirtschaftswachstum lustlos bleibt und keinen breiteren Wohlstand generieren kann. Mit einem Spektrum von Volkswirtschaften, das von den Vereinigten Staaten bis Dominica reicht, variieren die Bedingungen und Dynamiken dramatisch, doch in der ganzen Region haben die Regierungen immer größere Schwierigkeiten, wachsende öffentliche Forderungen nach einer größeren ökonomischen und sozialen Stabilität in einer Zeit, in der Budgetzwänge und Schulden die Spielräume einengen, zu befriedigen. Die öffentliche Enttäuschung ist in weiten Teilen der Region groß, weil die Unsicherheit in Bezug auf die wirtschaftlichen Bedingungen und den gesellschaftlichen Wandel wächst, während gleichzeitig das Vertrauen in die meisten Regierungen schrumpft.

Die **US-Wirtschaft** wird in Anbetracht ihrer Größe und ihrer engen Verbindungen die wichtigste Variable für die Region bleiben. Die Erholung der USA von der Finanzkrise von 2008 ging langsamer und schwieriger vonstatten als nach früheren Abschwüngen, und die meisten Vorhersagen nehmen für die nächsten Jahre ein eher bescheidenes US-amerikanisches Wirtschaftswachstum an. Es wird wahrscheinlich nicht stark genug sein, um das Wachstum in der ganzen Region anzuschieben. Uneins sind die Wirtschaftswissenschaftler allerdings, wenn es darum geht, wie lange sich die gegenwärtige Erholung fortsetzen könnte. Manche betonen, dass sie jetzt schon mehr als sieben Jahre anhält, und warnen, dass die US-Ökonomie schon «überreif» für eine neue Rezession sei, wenn man den historischen Durchschnitt betrachte. Andere weisen darauf hin, dass es in den letzten Jahrzehnten auch schon längere Wachstumsphasen mit bis zu zehn Jahren Dauer gegeben hat. Wenn die USA in die nächste Rezession rutschen, wird dies schwere Folgen für die ganze Region haben. Die Nachfrage nach Waren wird ebenso sinken wie die massiven Auslandsüberweisungen in den Süden.

• Selbst in einem zunehmend diversifizierten Land wie Mexiko machen **Überweisungen aus den Vereinigten Staaten** noch immer 2 Prozent des BIP aus. In Haiti steuern sie sogar 20 Prozent zur Wirtschaftsleistung bei. Mittelamerika wäre besonders anfällig, da die schon schwachen Volkswirtschaften von Guatemala, El Salvador, Honduras und Nicaragua 10 bis 20 Prozent ihres BIP aus Auslandsüberweisungen ziehen.

• Ein ökonomischer Abschwung in den USA würde zudem ein **traditionelles Sicherheitsventil für verzweifelte Menschen,** die Arbeit in den Vereinigten Staaten suchen, weiter schließen, und den Geldstrom der Auslandsüberweisungen reduzieren. Der Zustand der US-Wirtschaft hatte in der Geschichte wegen des starken bilateralen Handels auch immer große Auswirkungen auf kanadische Wachstumsmuster.

Mexikos Wirtschafts- und Sozialreformen werden wahrscheinlich ebenfalls mäßige politische Folgen im Land und in der Region haben. Präsident Peña Nieto hat umfassende Reformen in Schlüsselindustrien – Öl, Kommunikationswesen, Finanzwesen – wie auch in der Bildung in Gang gesetzt in dem Bemühen, Mexikos Wettbewerbsfähigkeit zu stärken, doch das Wachstum hat bisher noch nicht spürbar angezogen, und die Unterstützung in der Öffentlichkeit ist aufgrund von Korruptionsvorwürfen, fortdauernder Gewalt, einem schwächelnden Peso und inneren Krisen wie dem Verschwinden von 43 Studenten bei einer Demonstration im Jahr 2014 geschwunden. Groß angelegte Reformen wie etwa die Öffnung der mexikanischen Ölindustrie für Investitionen aus dem Ausland brauchen Zeit, doch Proteste gegen die Regierung könnten eskalieren, wenn die enttäuschten Hoffnungen in den nächsten Jahren offener zutage treten als die Vorteile.

• Da im Jahr 2018 Präsidentenwahlen anstehen und Peña Nieto nur eine Wahlperiode regieren darf, könnten die Wähler einer eher linken Opposition zuneigen, die darauf drängt, die Reformen und Handelsabkommen zurückzunehmen, wenn sie die starke ökonomische Spaltung in Mexiko nicht verringern.

• Zudem könnte der Erfolg oder Misserfolg von Mexikos

hoch gehandelten Reformen die Bereitschaft anderer Länder in der Region beeinflussen, ähnliche politische Risiken auf sich zu nehmen.

Wenn eine eher protektionistische Stimmung in den nächsten Jahren vor allem in den Vereinigten Staaten und in Mexiko Fuß fasst, könnte die Zukunft des Handels in der Region auf dem Spiel stehen. Die US-amerikanische Innenpolitik hat Zweifel an der Zukunft des Handelsabkommens der Transpazifischen Partnerschaft (TPP) aufkommen lassen, und einer der führenden potenziellen Präsidentschaftskandidaten der Linken in Mexiko für die Wahl 2018 hat dem Nordamerikanischen Freihandelsabkommen (NAFTA) die Schuld für Arbeitsplatzverluste in Mexiko gegeben. Das CAFTA-DR-Handelsabkommen zwischen den USA, Mittelamerika und der Dominikanischen Republik hat dagegen wegen seines bescheideneren Zuschnitts weniger politische Kontroversen ausgelöst.

- Die öffentliche Meinung zum Freihandel ist in der Region sehr unterschiedlich. Meinungsumfragen zufolge ist die allgemeine Besorgnis in Bezug auf den Handel in den Vereinigten Staaten relativ groß – je nachdem, wie die Fragen formuliert sind –, während eine knappe Mehrheit der Mexikaner NAFTA grundsätzlich unterstützt. Eine wachsende Mehrheit der Kanadier spricht sich für NAFTA aus, während man sich in Bezug auf die Vorteile von TPP unsicher ist.
- In dieser Atmosphäre könnte ein Wirtschaftsabschwung in der Region einige politische Führer dazu bringen, eine härtere Linie in der Handelspolitik einzuschlagen, um die Bevölkerung zu beruhigen, unabhängig davon, dass nach allgemeiner Einschätzung der Fachleute Technik und Automatisierung viel mehr zu Arbeitsplatzverlusten und niedrigen Löhnen beitragen und sich dies auch in den kommenden Jahren nicht ändern wird.

Das Thema der Einwanderung – und sogar der Reisen – aus der Karibik, Mittelamerika und Mexiko wird wohl in den nächsten fünf Jahren in der Region eine größere Rolle spielen, obwohl der

Strom der Arbeiter von Mexiko in die Vereinigten Staaten seit der Finanzkrise von 2008 nachgelassen hat. Gründe waren offenbar der Wirtschaftsabschwung und der bessere Grenzschutz in den Vereinigten Staaten sowie mehr Arbeitsmöglichkeiten und demografische Veränderungen in Mexiko. Falls der Terrorismus in den Vereinigten Staaten und Kanada aufflammt, könnten noch strengere Beschränkungen des Grenzübertritts die Bewegungsfreiheit in der Region weiter schrumpfen lassen, was politische, ökonomische und gesellschaftliche Konsequenzen hätte.

- Deutliche **Verlautbarungen einer einwandererfeindlichen Haltung im US-Wahlkampf** haben die öffentliche Stimmung in Mexiko angeheizt, was sich auch bei der mexikanischen Präsidentenwahl 2018 bemerkbar machen könnte. Je dichter die US-Grenze ist, desto wahrscheinlicher wird es zudem, dass Mexiko selbst seine Bemühungen um eine bessere Kontrolle seiner Südgrenze verstärkt, um die Menschen aus Mittelamerika davon abzuhalten, nach Mexiko zu kommen und dort zu bleiben, wenn sie nicht weiter in den Norden ziehen können.
- Die **weitere Verbreitung des Zika-Virus** in der Region im Laufe der nächsten Jahre könnte dem Tourismus schaden, der einigen Schätzungen zufolge etwa 5 Prozent zum BIP in der Karibik und etwa 7 Prozent zum mexikanischen BIP beiträgt und viele Arbeitsplätze in den südlichen US-Bundesstaaten, etwa in Florida, bietet.

Für viele Länder in der Region wird die Besorgnis in Bezug auf die Gewalt und die soziale Ordnung immer drängender, wenn auch aus unterschiedlichen Gründen. Die Gewalt verschärft sich vor allem durch den Handel mit illegalen Drogen und grassiert besonders im Norden Mittelamerikas, wo Banden und organisierte Verbrechergruppen die grundlegenden Verwaltungs- und Regierungsfunktionen unterminiert haben.

- Die Aussichten auf eine Besserung bleiben schwach, solange den Regierungen die Kapazität fehlt, den Drogenterrorismus zu bekämpfen oder öffentliche Güter wie Bildung, Gesundheitsdienste, Infrastruktur, Geschlechtergleichheit und Rechtsstaatlichkeit bereitzustellen.

- El Salvador, Guatemala und Honduras zählen zu den am stärksten von Gewalt geprägten Ländern der Welt, was man unter anderem an den hohen Mordraten an Frauen ablesen kann. Dies hat zu einem Auswandererstrom Richtung Norden geführt. In den letzten Jahren wurden auch zunehmend unbegleitete Kinder auf die Reise geschickt.
- Manche Regionen Mexikos können große wirtschaftliche und politische Fortschritte vermelden, andere jedoch kämpfen immer noch mit allgegenwärtiger Armut, Korruption und Straflosigkeit, was zu hoher Gewaltbereitschaft und sozialen Spannungen führt.
- In vielen Teilen der Region können Organisationen der Zivilgesellschaft die sozialen Spannungen noch ansteigen lassen, indem sie in ihrem Kampf um besseres Regierungshandeln das öffentliche Bewusstsein für die Korruption und das Missmanagement der Elite schärfen. Im August 2015 regten sich in Guatemala nach Enthüllungen über korrupte Machenschaften in höchsten Kreisen massive Proteste gegen die Regierung, die mit der Absetzung des Präsidenten und des Vizepräsidenten endeten. Gruppen der Zivilgesellschaft haben auch geholfen, große Demonstrationen in Honduras und Mexiko auf die Beine zu stellen. Die Proteste verliefen meist friedlich, könnten jedoch gewalttätig werden, wenn die öffentliche Enttäuschung über die politischen und ökonomischen Eliten wächst oder wenn Regierungen auf brutale Unterdrückungsmaßnahmen zurückgreifen.

Geopolitische Bedeutung der Region in den nächsten fünf Jahren: Alle Blicke sind auf die Vereinigten Staaten gerichtet. Die ganze Region wird genau prüfen, ob es unter der neuen US-Regierung Anzeichen für einen Wandel der globalen Rolle der Vereinigten Staaten gibt. In Anbetracht des starken Engagements in Afghanistan und Irak und einer extrem polarisierten Politik fragen sich außenstehende Beobachter, ob Washington den Willen und die Mittel hat, die internationale Führungsrolle weiterhin mit der gewohnten Intensität auszuüben.

- Die Haltung der USA zum Freihandel hat ziemlich viel Aufmerksamkeit auf sich gezogen, doch die Verbündeten der Vereinigten Staaten werden sich auch darum bemühen, dass Washington die Sicherheitsgarantien angesichts eines entschlosseneren Auftretens Chinas und Russlands anerkennt, und die Gegner werden ihre Handlungsspielräume ausloten. Die Sicherheitslage in Nordamerika könnte bald zu größerer Besorgnis Anlass geben, falls sich an den ökonomischen und politischen Belastungen in Schlüsselstaaten wie Mexiko oder Kuba destabilisierende Proteste entzünden, die zu Regierungswechseln oder Migrationswellen führen.

Weitere Überlegungen. Von entscheidender Bedeutung für Nordamerika wird sein, wie der öffentliche ökonomische und politische Veränderungsdruck in den nächsten Jahren kanalisiert wird. Moderne Kommunikationsmittel haben es enttäuschten Bürgern in der Region leichter gemacht, Unterstützer zu sammeln und Eliten unter Druck zu setzen, Nichtregierungsorganisationen zu mobilisieren oder die Leistungen verschiedener Regierungen der Region zu vergleichen. Es kann aber sein, dass die Reaktionen von offizieller Seite nicht immer mit den Anfragen der Zivilgesellschaft Schritt halten.

- Ob die sozialen Medien und andere Formen der Interessenvertretung im Internet sinnvollen sozialen und politischen Wandel vorantreiben können, bleibt unklar. So sind sich zum Beispiel die Eliten in Mexiko und Mittelamerika immer stärker der Risiken einer krassen Ungleichheit und der öffentlichen Aufmerksamkeit, die sie erregen kann, bewusst geworden, doch viele Beobachter bezweifeln dennoch, dass sie bereit sind, ihre finanziellen Vorteile aufzugeben, um Reformen zu fördern, die Wettbewerbsfähigkeit, Bildung, Infrastruktur und Sozialleistungen verbessern.
- Gleichzeitig sind die NGOs überall in der Region im Einsatz für bessere staatliche Dienste aktiver geworden und haben manchmal die Initiative für solche Dienstleistungen ergriffen, doch es ist oft schwer, diese Bemühungen so zu steigern, dass sie der Herausforderung gewachsen sind. Zudem bieten verschiedene

Ansätze in den Anstrengungen von lokaler und Staatsregierung Raum zum Experimentieren. Dies könnte erfolgreichere Konzepte in Gang bringen oder aber die Risiken schlechter Regierungsführung verdeutlichen.

In diesem Umfeld könnten die Wähler sich durch eine **stärker personenbezogene Politik** angesprochen fühlen, wenn sie den Eindruck haben, dass die traditionellen Parteien und Regierungen sich nicht um ihre Bedürfnisse kümmern. Mit Hilfe der Informationstechnik konnten einige Gruppen ethnischer Minderheiten strukturelle Ungleichheiten und Ungerechtigkeiten anprangern. Dieses sensible Thema wird wahrscheinlich weitere ergänzende oder entgegengesetzte Bewegungen hervorbringen.

- Manche Bürger mit den Fähigkeiten und Ressourcen, auch anderswo zu arbeiten, könnten **mit den Füßen abstimmen** und die Abwanderung qualifizierter Arbeitskräfte aus Regionen wie Mexiko und Mittelamerika verstärken, obwohl doch gerade diese Länder unbedingt menschliche Talente brauchen, um ihre Wirtschaft und ihre politischen Systeme zu stärken.
- Schließlich könnten **enttäuschte Bürger eher bereit sein, auf die Straße zu gehen**, um ihrem Ärger Luft zu machen, wenn sie zu dem Ergebnis kommen, dass die Bedingungen sich verschlechtern und eine Besserung nicht in Sicht ist. Wähler können ihre Meinung durch ihre Wahlentscheidung ausdrücken, und die Massendemonstrationen mit großer Öffentlichkeit in verschiedenen Ländern überall auf der Welt haben in den letzten Jahren gezeigt, dass die Eliten sich nicht auf die Resignation des Volkes verlassen sollten.

EREINIGTE STAATEN

;5 Bevölkerungsprojektion

65.266.000

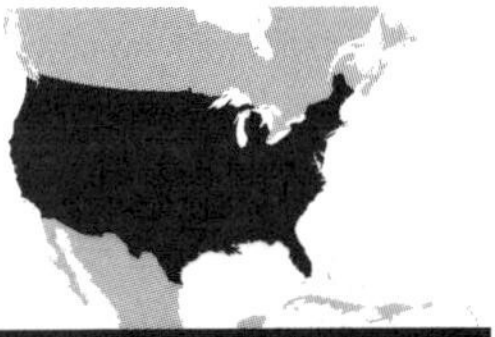

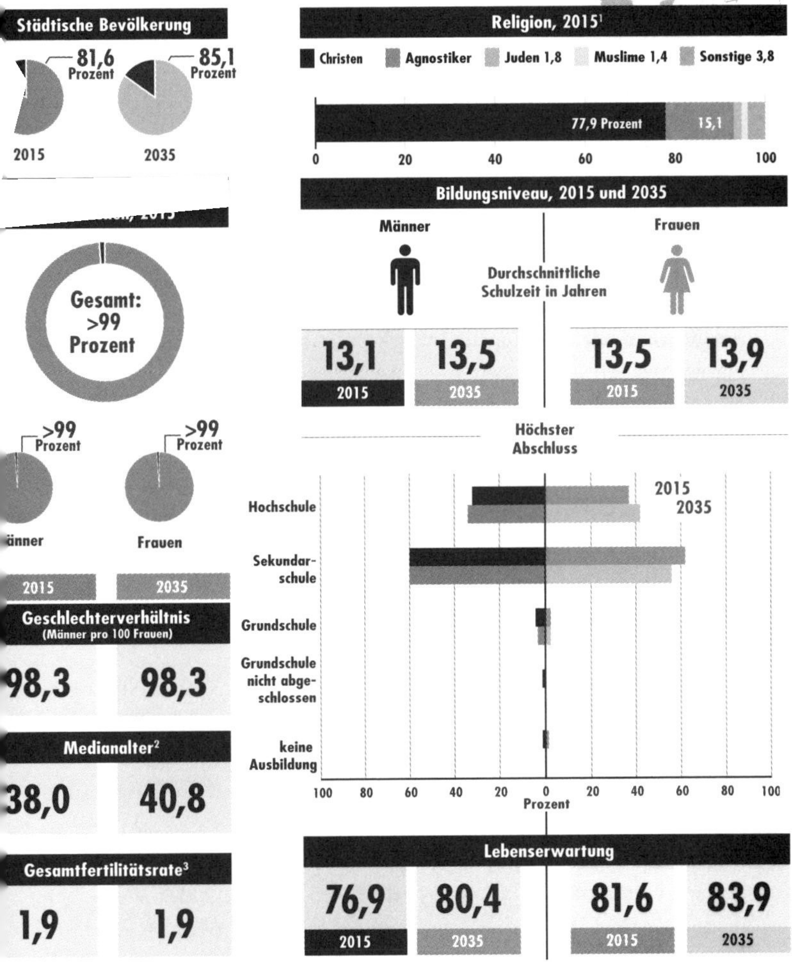

:hätzungen zur religiösen Zugehörigkeit basieren auf Daten der World Religion Database und sind auf ein Zehntelprozent gerundet.
.nders als das Durchschnittsalter teilt das Medianalter die Bevölkerung in zwei gleich große Hälften 50% sind jünger und 50% sind
:ter als das Medianalter. Es wird benutzt, um die Alterung einer Bevölkerung zu beschreiben.
)ie Gesamtfertilitätsrate ist die prognostizierte durchschnittliche Kinderzahl, die eine Frau zur Welt bringt, wenn sie bis zum Ende
ırer Gebärfähigkeit lebt.
ıerkung: Die demografischen Daten sind für jene Länder dargestellt, die Schätzungen zufolge im Jahr 2035 die größte Bevölkerung
:r jeweiligen Region haben werden.

Südamerika

In den nächsten fünf Jahren wird Südamerika häufigere Regierungswechsel erleben, weil die Bevölkerung unzufrieden ist mit ökonomischem Missmanagement, Korruption auf allen Ebenen, schwacher Wirtschaftsleistung wegen geringerer chinesischer Rohstoffnachfrage und sozialen Belastungen in Verbindung mit einer wachsenden Mittelschicht und mehr Menschen, die trotz Berufstätigkeit arm sind. Diese Bedingungen werden auch die beeindruckenden Fortschritte der Region im Kampf gegen Armut und Ungleichheit in den letzten 20 Jahren gefährden.

- Eine Stimmung, die sich gegen die Amtsträger wendet, **kehrt den Linksruck um,** der die Politik in Teilen des Kontinents in den letzten 10 Jahren prägte. Am deutlichsten wurde dies durch die Niederlagen der Linken bei der argentinischen Präsidentenwahl 2015, den Parlamentswahlen 2015 in Venezuela und dem Amtsenthebungsverfahren gegen die brasilianische Präsidentin Rousseff 2016. Dennoch klammern sich einige Amtsinhaber, die sich einer negativen Stimmung gegenübersehen, an die Macht, was zu einer Phase intensiver politischer Rivalitäten und möglicherweise in einigen Ländern zur Abkehr von der Demokratie führen könnte.

Paradoxerweise verstärken gerade die Erfolge der Linken in jüngerer Zeit den **Reiz marktfreundlicher Vorstellungen** in Bezug auf den Rechtsstaat und das Wirtschafts- und Sozialmanagement. In den letzten 12 Jahren sind Armut und Ungleichheit in Lateinamerika deutlich zurückgegangen. Gründe dafür sind steigende Löhne, besserer Zugang zur Bildung und die zunehmende Erwerbstätigkeit von Frauen. Im Jahr 2003 lebten 41,3 Prozent der Menschen in der Region unter der Armutsgrenze; 2013 war diese Zahl auf 24,3 Prozent gefallen. Lateinamerikas Mittelschicht, definiert als die Menschen mit einem Einkommen zwischen 10 und 50 US-Dollar pro Tag, wuchs in dieser Zeit von 21,3 Prozent auf 35,0 Prozent der Bevölkerung.

• Eine neuere UN-Studie ist allerdings zu dem Ergebnis gekommen, dass die Armut wieder zunimmt – von einer geschätzten Zahl von 168 Millionen Betroffenen im Jahr 2014 auf 175 Millionen im Jahr 2015 –, weil die Wirtschaft der Region an Fahrt verliert. Ein wichtiger Grund dafür ist der dramatische Verfall der Rohstoffpreise um 40 Prozent seit ihrem Höchststand 2011. Ein schwaches Wachstum wird die Regierungshaushalte belasten und die bisher schon weltweit niedrigen Investitionsraten weiter sinken lassen.

• Der Aufstieg des evangelikalen Christentums in Brasilien und in geringerem Maße auch in anderen Ländern wird **neue politische Kräfte entstehen lassen, die den Rechtsstaat unter Druck setzen** und die staatlichen Vorschriften zurückfahren wollen. Die ärmeren Schichten unterstützen diese Ansichten. In Brasilien hat sich die wachsende politische Kraft der Evangelikalen – etwa ein Fünftel der Bevölkerung – von einer früheren Allianz mit den Anführern der Linken verschoben hin zu einer konservativeren Agenda bei Themen wie Abtreibung. Gleichzeitig versucht man, die Bedürfnisse der Armen und der Mittelschicht mit einer Bildungsoffensive anzusprechen. Im Frühjahr 2016 betrieben die Evangelikalen, der so genannte «Bibel-Block», das Amtsenthebungsverfahren gegen Präsidentin Rousseff wegen Korruptionsvorwürfen. Allerdings könnten Korruptionsvorwürfe gegen verschiedene evangelikale Politiker in Brasilien ihrem Ansehen schaden.

Verbrechen und Korruption bleiben wohl die wichtigsten politischen Stolpersteine für Amtsinhaber, denen die Öffentlichkeit die Schuld an schlechteren Arbeitsmarktaussichten gibt, während der Drogenhandel und die mit den Märkten im Norden verzahnte organisierte Kriminalität an Bedeutung gewinnen. Beide Entwicklungen gefährden die Sicherheit und heizen die öffentliche Unzufriedenheit an. Regierungen, deren Arbeit als ineffektiv wahrgenommen wird oder die Bestechungen und kriminellen Aktivitäten Vorschub leisten, laufen Gefahr, gestürzt zu werden.

• Lateinamerika zählt zu den **Weltregionen mit den meisten Gewaltverbrechen.** Dort geschieht einer UN-Studie zufolge fast ein Drittel aller Tötungsdelikte weltweit. Die Mordraten Brasiliens und Venezuelas gehören zu den höchsten der Welt.

- Die **Kriminalität** wird weiter im Mittelpunkt des öffentlichen Interesses stehen. Meinungsumfragen lassen vermuten, dass viele Bürger die Kriminalität als das schwerwiegendste Problem ihrer Länder sehen, doch ökonomische Themen werden wahrscheinlich stärker in den Vordergrund rücken, wenn die Länder mit einer schwächelnden Wirtschaft zurechtkommen müssen. Länder, die stark unter dem Einfluss von Drogenkartellen leiden, erleben womöglich eine Zunahme der Gewalt wie auch eine Erosion ihrer Institutionen und der Autorität und Legitimität ihrer Regierungen.

Das allgemeine Fehlen von Strukturreformen – auf den Gebieten Bildung und Gesundheitsfürsorge bis hin zu Infrastruktur, Produktivität und Besteuerung der Schattenwirtschaft – könnte dazu führen, dass die Region ins Stolpern gerät, wenn das ökonomische Umfeld sich weniger günstig entwickelt und die Konkurrenz um ausländische Investitionen härter wird. Eine erfolgreiche Lösung des Konflikts in Kolumbien könnte eine Entwicklungschance bieten, die das Wirtschaftswachstum beflügeln könnte.

- Einige junge, aber gerade in ihrem Selbstbewusstsein gestärkte und produktive Angehörige der erwerbstätigen Armen und der Mittelschicht **wehren sich gegen Sozialabgaben** für Menschen, die in ihren Augen faul oder korrupt sind.
- Steigender **ökonomischer und humanitärer Druck in Venezuela** könnte zu weiteren brutalen Maßnahmen des gegenwärtigen Präsidenten Maduro führen, doch es ist unsicher, ob das Militär loyal zu ihm steht, und es besteht das Risiko einer humanitären Krise, die weitere Flüchtlinge in die Nachbarstaaten und vielleicht in die Vereinigten Staaten treiben würde. Ein völliger Zusammenbruch in Venezuela würde die linken Experimente des letzten Jahrzehnts in Lateinamerika wohl weiter diskreditieren und den Druck, sich auf wirtschaftliche Probleme zu konzentrieren, erhöhen.
- Die Gesundheitssysteme in der Region sind wichtige **Quellen der politischen Legitimität und der Staatsbildung,** wohl

stärker als in anderen Regionen. Alternde Bevölkerungen gefährden die Nachhaltigkeit der Gesundheitssysteme, und die Kosten werden das Wirtschaftswachstum dämpfen. Zika-Virus und Dengue-Fieber bedrohen die Region, vor allem die ärmeren Bevölkerungsteile, weiterhin.

Geopolitische Bedeutung der Region in den nächsten fünf Jahren: Politische Ökonomie. Die Bedeutung Südamerikas als geopolitischer Akteur wird in den nächsten fünf Jahren gedämpft bleiben. Es wird – zusammen mit Afrika – besonders unter dem Rückgang der chinesischen Nachfrage nach Rohstoffen, den anhaltend niedrigen Ölpreisen und kurzfristig auftretenden Umwelt- und Klimaproblemen leiden. Einige von Rohstoffen abhängige Staaten werden Schwierigkeiten haben, mit der globalen Konjunkturabschwächung zurechtzukommen, und werden auf IWF-Programme und den Freihandel setzen, um Wachstum und Beschäftigung anzukurbeln. Brasilien wird sich wahrscheinlich Argentinien anschließen beim Einsatz für bessere Beziehungen in der Region und steigenden regionalen Handel.

- Wir erwarten, dass Brasilien und andere Länder **einflussreiche Stimmen in der internationalen Koalition zur Bekämpfung des Klimawandels** bleiben werden, vor allem, wenn die Bürger die Umwelt immer stärker nicht nur als Quelle finanzieller Gewinne betrachten. Die Pazifikländer leiden besonders unter dem El-Niño-Phänomen, das die Niederschlagsmuster so verändert, dass manche Gebiete mit schweren Regenfällen und Überschwemmungen zu kämpfen haben, andere mit Dürreperioden. Klimamodelle lassen vermuten, dass die El-Niño-Klimaereignisse in der Zukunft stärker werden. Der El Niño von 2015/16, der in mancher Hinsicht stärkste bisher verzeichnete, verschärfte die Dürre in Brasilien, die schlimmste seit fast einem Jahrhundert, und hatte Einfluss auf die Trinkwasserversorgung von São Paolo wie auch auf die Stromproduktion aus Wasserkraft und die Verbreitung des Zika-Virus. Dennoch werden die Treibhausgasemissionen der Länder in der Region in Anbetracht der Nachfrage der Mittelschicht nach Autos und der Überzeugung des Energiesektors, dass eine aggressive Aufforstung Kohlendioxidemissionen kompensieren könne, wohl beträchtlich bleiben.

- Südamerikas verbliebene linksregierte ALBA-Staaten (Bolivarianische Allianz für die Völker unseres Amerika) Bolivien, Ecuador und Venezuela werden **weiterhin um die Unterstützung Pekings und Moskaus werben.** Vor allem China hat großzügig Kredite verteilt, die die Position der Amtsinhaber stärken, aber zwiespältige ökonomische Auswirkungen haben. Venezuela hat sich lange auf chinesische Finanzierung verlassen, um liquide zu bleiben, doch Peking hat seine Großzügigkeit zurückgefahren und nähert sich weltbankähnlichen Vergabekriterien an, die die ALBA-Staaten wohl kaum erfüllen können. In Venezuela könnte es zu einer tiefgreifenden Instabilität und dem Zusammenbruch der Wirtschaft kommen, wenn kein Regierungswechsel und größere ökonomische Reformen stattfinden. Selbst diese könnten sich allerdings ohne substanzielle Hilfe von außen als unzureichend erweisen.
- **Regionale Bedrohungen der Sicherheit werden zunehmen** – die Gefahr einer tiefgreifenden Instabilität in Venezuela, die boomende Coca-Produktion in Kolumbien, die die Kriminalität in Mittelamerika und Mexiko anheizt, und die Fortdauer von Drogenhandel und organisierter Kriminalität in der gesamten Region. Wenn illegale Märkte in vielen Ländern der Region wachsen, werden die Gewalt und die Korruption, die die politischen und Sicherheitsinstitutionen schwächt, zu einem noch gefährlicheren Problem werden. Lateinamerikanische Regierungen werden die Vereinigten Staaten und andere entwickelte Länder drängen, Drogen zu legalisieren.

Weitere Überlegungen. Der Rechtsruck in der Region könnte durch Korruptionsskandale in konservativen Regierungen verlangsamt oder gestoppt werden. Zu beobachten ist außerdem, dass es den Regierungen – egal ob links oder rechts – nicht gelingt, die sozioökonomische Kluft zu verkleinern, wenn die Wirtschaft an Schwung verliert. Ein solches Versagen kann zu stärker polarisierten Gesellschaften führen, in denen soziale, ethnische und ideologische Spaltungen einander verstärken. Diese Ungleichheiten könnten das Wachstum indigener und Afro-Latino-Bewegungen in einigen lateinamerikanischen Ländern in den nächsten Jahren befeuern.

Die Zika-Epidemie, die 2015 in Brasilien ausbrach und von der Weltgesundheitsorganisation zu einem Public-Health-Notfall erklärt wurde, hat sich in ganz Amerika ausgebreitet. Infektionsherde gibt es auch in Puerto Rico und im Südosten der USA. Weil sich gezeigt hat, dass Zika in manchen Fällen die neurologische Entwicklung von Föten schädigt, stellt die Epidemie potenziell eine ganz neue Gefahr auf dem Gebiet der Frauengesundheit dar.

Die Angst der Mütter, ein Kind mit Mikrozephalie zur Welt zu bringen, wird noch dadurch verstärkt, dass viele Einzelheiten der Ausbreitung des Virus in der Bevölkerung immer noch unbekannt sind, und hat dazu geführt, dass die Menschen in der Region jetzt ganz anders reisen, ihre Familie planen und ihren Alltag leben. Falls Zika sich auf Dauer in Amerika festsetzt, würde das noch größere Folgen haben, da die Regierungen dann mit den Folgen der Epidemie in den nächsten Generationen zurechtkommen und sie bekämpfen müssten.

BRASILIEN

2035 Bevölkerungsprojektion

233.006.000

Städtische Bevölkerung

2015	2035
85,7 Prozent	89,3 Prozent

Religion, 2015[1]

Christen · Spiritualisten 4,8 · Agnostiker 2,6 · Synkretistische Religionen 0,8 · Atheisten 0,4 · Sonstige 0,6

Christen: 90,8 Prozent (Skala 0 – 20 – 40 – 60 – 80 – 100)

Alphabetisierungsrate bei Erwachsenen, 2015

Gesamt: 92,6 Prozent

Männer	Frauen
92,3 Prozent	92,9 Prozent

Bildungsniveau, 2015 und 2035

Durchschnittliche Schulzeit in Jahren

	2015	2035
Männer	8,7	10,0
Frauen	9,3	10,5

Höchster Abschluss

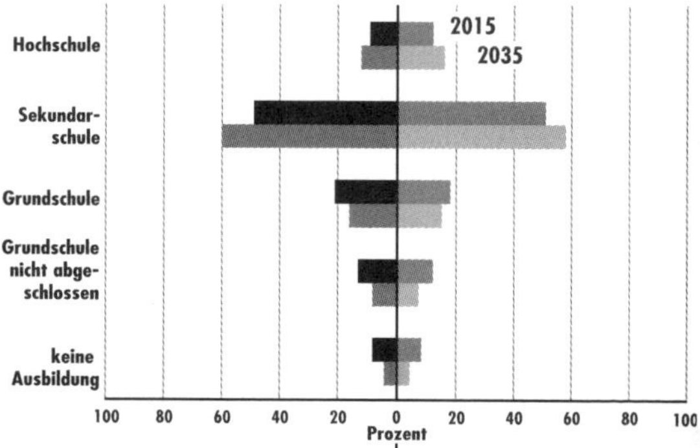

Geschlechterverhältnis (Männer pro 100 Frauen)

2015	2035
96,7	95,7

Medianalter[2]

2015	2035
31,3	39,3

Gesamtfertilitätsrate[3]

2015	2035
1,8	1,7

Lebenserwartung

	2015	2035
Männer	71,0	76,5
Frauen	78,5	82,6

1 Schätzungen zur religiösen Zugehörigkeit basieren auf Daten der World Religion Database und sind auf ein Zehntelprozent gerun
2 Anders als das Durchschnittsalter teilt das Medianalter die Bevölkerung in zwei gleich große Hälften 50% sind jünger und 50% si älter als das Medianalter. Es wird benutzt, um die Alterung einer Bevölkerung zu beschreiben.
3 Die Gesamtfertilitätsrate ist die prognostizierte durchschnittliche Kinderzahl, die eine Frau zur Welt bringt, wenn sie bis zum End ihrer Gebärfähigkeit lebt.

Anmerkung: Die demografischen Daten sind für jene Länder dargestellt, die Schätzungen zufolge im Jahr 2035 die größte Bevölkeru in der jeweiligen Region haben werden.

Arktis und Antarktis

Umweltveränderungen in der Arktis werden das globale Klima und den Zugang zu wichtigen Verkehrsrouten in den nächsten fünf Jahren prägen. Die Arktis, die sich doppelt so schnell erwärmt wie der Rest des Planeten, wird weiterhin dramatische Bilder mit Nachrichtenwert liefern, die schon zu Frühwarnsignalen der Klimaveränderung geworden sind, vor allem die atemberaubenden, hochauflösenden Videoaufnahmen von schmelzenden Gletschern und aufbrechenden Eisschilden sowie beeindruckende Aufnahmen verhungernder Säugetiere mit Symbolwert. Allerdings gibt es auch andere Veränderungen, die ebenso bedeutsam sind, etwa die schnelle Versauerung des Nordpolarmeers, der Rückgang des Reflexionsvermögens, durch das die Sonnenwärme wieder in den Weltraum abstrahlt, und die durch die steigenden Temperaturen bewirkten ökologischen Veränderungen, die Auswirkungen auf Mikroben wie auf Säugetiere haben. Abgesehen von den physikalischen Veränderungen, die die 4 Millionen Bewohner der Arktis direkt betreffen, werden die Beziehungen zwischen erhöhten arktischen Temperaturen und häufigeren Wetterextremen in Gebieten mittlerer Breite deutlicher, etwa außergewöhnliche Hitzewellen in Russland, strengere Winter in Europa und starke Schwankungen bei den indischen Sommermonsunen.

- **Schifffahrt.** Völlig eisfreie Sommer werden wohl noch ein Jahrzehnt oder länger auf sich warten lassen, doch eine immer besser schiffbare Arktis verleiht der Region eine größere wirtschaftliche und sicherheitspolitische Bedeutung. Mit dem Schmelzen des Meereises wächst die Möglichkeit drastisch verkürzter Handelsrouten zwischen den großen Handelsblöcken, wenn es etwa um Exporte aus China, Japan und Südkorea nach Europa und Nordamerika geht. Ein offeneres Nordpolarmeer bietet aber auch beträchtliche Hindernisse – und mögliche Ursachen für Katastrophen –, da Eis, Wetter und Nebel unter schon erschwerten Bedingungen immer unberechenbarer werden. In den nächsten fünf Jahren werden wegweisende Arbeiten weit über die Infrastrukturverbesserungen hinausgehen, die man in der Region selbst braucht. Netzknoten für die Kommunikation zwischen Schiffen und Küste, Umschlagsanlagen, Tankstationen und Schiffsverfolgungstechnik werden aufgebaut. Das Militär bietet typischerweise die einzigen nationalen Kräfte mit der körperlichen Leistungsfähigkeit und der Überwachungsausrüstung, die man in einer so ungastlichen Umgebung braucht, was ganz sicher zu einer Militärpräsenz in der Arktis führt, die weit über Such- und Bergungseinsätze und andere Eventualitäten hinausgeht.

- **Natürliche Ressourcen.** Die gefährlichen Wetterbedingungen und das Meereis werden die kommerziellen und nationalen Interessen an den enormen natürlichen Ressourcen der Arktis nicht dämpfen. Das größte bisher noch nicht explorierte Erdölfeld der Erde – das weit über 90 Milliarden Barrel Öl, 50 Billionen Kubikmeter Erdgas und 44 Millionen Barrel Flüssiggas enthalten könnte – wird das Interesse an Bohrungen vor der Küste weiterhin wachhalten. Eine Ausbeutung wird allerdings in den nächsten fünf Jahren ökonomisch wahrscheinlich nicht profitabel sein – solange es keine unerwartete deutliche Erholung der Ölpreise gibt – und hat auch schon scharfe öffentliche Proteste auf den Plan gerufen. Ähnlich wird eine Erschließung von Mineralien an Land eine weitgehend theoretische Option bleiben, zumal eine stabile Straßen- und Schieneninfrastruktur fehlt. Das wärmer werdende Wasser bietet dem kommerziellen Fischfang besseren Zugang, doch Umweltveränderungen und die Versauerung des Nordpolarmeeres werden unvorhersagbare Auswirkungen auf die arktischen Fischbestände haben.

Die Erwärmung der Antarktis schreitet aufgrund der größeren Tiefe und Ausdehnung des Südlichen Ozeans mit seiner massiven thermischen Trägheit im Verhältnis zu den Kontinenten rings um die Arktis langsamer voran. Außerdem reagieren die mehrere Kilometer dicken Eisschilde am Südpol im Allgemeinen langsamer als das nur einige Meter dicke schwimmende Meereis in der Arktis.

- Dennoch zeigen die schnelle Auflösung des Larsen-B-Schelfeises im Jahr 2002 und der anhaltende Rückgang des Pine-Island-

und des Thwaites-Gletscher, wie schnell Eis an der Peripherie der Antarktis durch Erwärmung des Ozeans und der Atmosphäre verloren gehen kann.

- Vor kurzem haben Wissenschaftler einen sich schnell vergrößernden Riss in Larsen C – dem viertgrößten Eisschelf der Antarktis – festgestellt. Hier könnte eine Eisplatte etwa von der Größe Delawares abbrechen. Nachdem man früher von etwa 50 Jahren ausgegangen war, schätzen einige Wissenschaftler jetzt, dass Larsen C innerhalb von fünf Jahren auseinanderbrechen könnte.
- Der Verlust von Eisschelfen und der Rückgang der Gletscher setzt das Inlandeis der Antarktis dem Meerwasser aus und wird somit den Anstieg der Meeresspiegel beschleunigen; allein Westantarktika kann die Meeresspiegel weltweit um mehr als drei Meter ansteigen lassen. Ob sich dieser Anstieg im Laufe mehrerer Jahrtausende, Jahrhunderte oder schneller vollzieht, bleibt allerdings offen.

Abgesehen von ihrer Rolle in Weltuntergangsszenarien bei steigenden Meeresspiegeln bleibt die Antarktis eine geopolitisch wichtige Region. Der Antarktisvertrag aus dem Jahr 1959, in dem sich zwölf Nationen einigten, ihre Ansprüche ruhen zu lassen, und vor allem Forschung auf dem Kontinent zuließen, bleibt der wohl erfolgreichste internationale Vertrag der jüngeren Geschichte. Allerdings würde eine leichte Zunahme russischer und chinesischer Aktivitäten in der Antarktis Befürchtungen hinsichtlich möglicher Vertragsverletzungen wecken, insbesondere bei Staaten wie Australien, Neuseeland und Norwegen, die ebenfalls Ansprüche auf die Region erheben.

- Umstrittene Aktivitäten im Südpolarmeer, etwa japanischer Walfang und chinesische Krillfischerei, werden weiterhin zu diplomatischen Auseinandersetzungen unter den Vertragsstaaten führen.

Geopolitische Bedeutung der Regionen in den nächsten fünf Jahren: Kooperationswege. Die Antarktis und vor allem die Arktis haben in nationalen Sicherheitsstrategien eine wichtige Rolle gespielt, und das abschmelzende Meereis vergrößert die ökonomischen Möglichkeiten in der Region, während gleichzeitig die Befürchtungen der arktischen Nationen in Bezug auf Sicherheit und Umwelt wachsen. Schwierige Wetterbedingungen und längerfristige ökonomische Aussichten haben die Kooperation der Länder rings um die Arktis gefördert, doch Wirtschafts- und Sicherheitsinteressen werden das Risiko eines intensiveren Wettbewerbs zwischen arktischen und nichtarktischen Nationen um Zugang zu Schifffahrtsrouten und Ressourcen steigen lassen. Längerfristig niedrige Ölpreise würden andererseits die Attraktivität potenzieller arktischer Energieressourcen schmälern.

- Russland wird fast sicher seine militärische Präsenz an der Nordgrenze weiter steigern, um seine Außensicherung und die Kontrolle seiner ausschließlichen Wirtschaftszone (AWZ) zu stärken. Es wird auch genauso sicher weiterhin internationale Unterstützung für seinen erweiterten Anspruch auf das Kontinentalschelf und sein Recht, den Schiffsverkehr innerhalb seiner AWZ zu kontrollieren, suchen. Wenn sich die Beziehungen zwischen Russland und dem Westen verschlechtern, könnte Moskau eher bereit sein, sich etablierten internationalen Prozessen oder Organisationen in der Arktis zu entziehen und unilateral zu handeln, um diese Interessen zu schützen.
- **Arktischer Rat.** Der Arktische Rat besteht aus acht Nationen, die Hoheitsgebiete jenseits des Polarkreises besitzen – Kanada, Dänemark (wegen Grönland), Finnland, Island, Norwegen, Russland, Schweden und die Vereinigten Staaten. Er gewinnt weiter an Bedeutung. Die Mitglieder des Arktischen Rats versuchen, ihre territorialen Grenzen im Arktischen Meer gemäß dem Seerechtsübereinkommen der Vereinten Nationen festzulegen, das alle Mitglieder mit Ausnahme der USA unterzeichnet haben. Seit seiner Gründung im Jahr 1996 hat der Rat sechs Dachorganisationen indigener arktischer Völker den Status ständiger Teilnehmer gewährt und China, Frankreich, Deutschland, Indien, Italien, Japan, die Niederlande, Polen, Singapur, Südkorea, Spanien und Großbritannien als ständige Beobachter zugelassen. Die Aufnahme von Beobachterstaaten, die tausende Kilometer von der Arktis entfernt lie-

gen, spiegelt das gesteigerte globale Interesse an der Region wider, obwohl die Charta des Rats Sicherheitsbelange ausschließt.

Weitere Überlegungen: Unabhängigkeitsbemühungen Grönlands. Die ehemalige dänische Kolonie hat seit 1979, als ein entsprechendes Gesetz verabschiedet wurde, allmählich an Autonomie gewonnen, und eine Mehrheit der Einwohner Grönlands befürwortet eine völlige Unabhängigkeit. Einige bekannte Wortführer haben sich intensiv für eine Loslösung im Jahr 2021, zum 300. Jahrestag der Kolonisierung Grönlands durch Dänemark, eingesetzt. Nuuks Abhängigkeit von dänischen Subventionen und der Niedergang der globalen Ölpreise haben diese Ideen für die allernächste Zukunft allerdings erst einmal in den Hintergrund rücken lassen. Die gerade einmal 57 000 Einwohner werden dennoch immer stärker mitreden bei der Nutzung der gewaltigen Bodenschätze auf der größten Insel der Welt, die sich unter dem Klimawandel ebenfalls schnell verändert.

Der Weltraum

Heute heißt der Weltraum, der einst die Domäne der Supermächte war, immer mehr Akteure willkommen, und ihre Zahl wird in den nächsten fünf Jahren noch wachsen. Obwohl nur 13 der 70 staatlichen Raumfahrtbehörden tatsächlich die Möglichkeit haben, Raketen ins All zu schicken, nehmen viele Nationen an einem breiten Spektrum von Aktivitäten im Weltraum teil, vom Betrieb von Satelliten bis zur Entsendung von Astronauten auf die Internationale Raumstation (ISS) an Bord eines russischen oder chinesischen Raumschiffs. Die Missionen sind zunehmend multinational und spartenübergreifend, was den Menschen vielleicht ein Gefühl der kollektiven Teilhabe am Weltall gibt, das sie jahrzehntelang nicht gehabt haben.

- **Multinationale Erforschung des Weltraums.** Eine wachsende Zahl von Nationen finanziert heute Missionen, die wichtige wissenschaftliche Erkenntnisse über unser Sonnensystem beisteuern. Mit seiner Mars-Orbiter-Mission im Jahr 2014 war Indien die erste Nation, der es gleich beim ersten Versuch gelang, eine Raumsonde in eine Marsumlaufbahn zu schießen. Später im selben Jahr erreichte die Sonde *Rosetta* der europäischen Weltraumorganisation ESA nach zehnjähriger Reise durchs All den Kometen 67P/Churyumov-Gerasimenko und schickte den Lander *Philae* auf seine Oberfläche. Es war die erste solche Landung in der Geschichte der Menschheit. Die Raumsonde *Dawn* erkundete als erste Vesta und Ceres. *New Horizons* lieferte der Welt die ersten Bilder eines Vorbeiflugs am Pluto und seinen Monden. Für die nächsten fünf Jahre sind unter anderem der Hin- und Rückflug einer japanischen Sonde zum Asteroiden Ryugu, Chinas Landung auf der dunklen Seite des Mondes, eine gemeinsame Mission der EU und Japans zum Merkur, die Raumsonde der Vereinigten Arabischen Emirate zur Erforschung der Mars-Atmosphäre und das James Webb Space Telescope der NASA, das alle Gebiete der Astronomie revolutionieren könnte, geplant.

- **Kommerzialisierung.** Der Weltraum gehört nicht mehr nur den Regierungen. Befeuert teils durch die Verlockungen späterer Profite und teils durch die Lücke, die schrumpfende Budgets der Weltraumbehörden wie der NASA gerissen haben, stellen Privatunternehmen wie Space-X, Blue Origin und Virgin Galactic ernst zu nehmende Programme auf die Beine, mit denen bald Menschen in den Weltraum fliegen könnten. Planetary Resources ist eine Firma, die Bergbau auf Asteroiden betreiben möchte, während Bigelow Aerospace aufblasbare Lebensräume im Weltraum verspricht. Bis zur vollen Umsetzung dieser Ideen wird es zwar noch Jahrzehnte dauern, doch in den nächsten fünf Jahren werden erste Tests stattfinden, die das Potenzial für Privatleute, das All zu erreichen, ausloten.
- **Neue Globale Navigationssatellitensysteme (GNSS).** Das Galileo-Satellitennavigationssystem soll bis 2020 seine volle Funktionsfähigkeit erlangen und signifikante Fortschritte beim Global Positioning ermöglichen. Es arbeitet mit größerer Präzision, größerer Abdeckung und auf höheren Breiten. Galileo wird das GPS der Vereinigten Staaten, Russlands GLONASS, Chinas BeiDou

und regionale Systeme der Inder und Japaner ergänzen. Geräte, die gleichzeitig Signale verschiedener GNSS-Konstellationen verarbeiten können, werden wahrscheinlich neue Funktionen – wie etwa größere Genauigkeit, Indoor- und Z-Achsen-Positionsbestimmung und Entstörung – für die mehr als 4 Milliarden Nutzer weltweit bieten, die auf weltraumgestütztes Global Positioning angewiesen sind.

- **Weltraumschrott.** Über 500 000 Teile Weltraumschrott werden derzeit im Orbit der Erde geortet, manche bewegen sich mit fast 30 000 km/h. Viele Millionen Teile sind zu klein für eine Ortung, könnten aber eine Gefahr für wichtige Satelliten oder andere Raumfahrzeuge darstellen. Es dürfte bald ein international koordiniertes Handeln notwendig werden, um die Entfernung des Weltraumschrotts zu finanzieren, der einer immer stärkeren globalen Präsenz im Weltraum gefährlich wird.
- **Militarisierung des Weltraums.** Das All wird nicht nur immer voller, es wird auch umkämpfter. Der immense strategische und kommerzielle Wert von Weltraumressourcen sorgt dafür, dass die Nationen immer stärker um Zugang, Nutzung und Kontrolle des Raums konkurrieren werden. Der Einsatz von Antisatelliten-Technologien, die absichtlich Satelliten deaktivieren oder zerstören sollen, könnte die globalen Spannungen verstärken. Eine Schlüsselfrage wird sein, ob die Raumfahrtnationen, allen voran China, Russland und die Vereinigten Staaten, sich auf einen Verhaltenskodex für die Aktivitäten im Weltraum einigen können.

Wichtige globale Trends

Die Menschen …

Im Jahr 2035 wird die Weltbevölkerung größer und älter sein und vermehrt in Städten leben. Diese Entwicklung verläuft in den Regionen allerdings unterschiedlich. Während zahlreiche aufstrebende, aber noch in Entwicklung begriffene Volkswirtschaften demografisch rasant wachsen, herrscht in vielen entwickelten Ländern Stagnation oder sogar Bevölkerungsrückgang. Diese Trends konfrontieren die Staaten mit unterschiedlichen Herausforderungen. Die zuerst genannten müssen für ihre wachsenden Bevölkerungen Infrastrukturen und Chancen schaffen, während die anderen gefordert sind, mit dem Einsatz von Technologie den Bedarf an Arbeitskräften zu minimieren und nach Perspektiven suchende Migranten aus Entwicklungsländern möglichst reibungslos in ihre Gesellschaften zu integrieren.

- Bis 2035 **wächst die Weltbevölkerung um rund 20 Prozent auf 8,8 Milliarden Menschen an.** Dabei steigt das globale Durchschnittsalter von 30 Jahren 2015 auf 34 Jahre.
- Bis dahin leben wahrscheinlich **über drei Fünftel der Weltbevölkerung in städtischen Ballungsräumen** – ein Zuwachs um fast 7 Prozent gegenüber dem Stand von 2016.

Veränderung der Bevölkerung nach Region, 2015–2035

Die Weltbevölkerung wächst zwischen 2015 und 2035 laut UN-Projektionen wahrscheinlich um 20 Prozent an, allerdings mit ungleicher Verteilung. In Afrika, wo das durchschnittliche Pro-Kopf-Einkommen – trotz einiger aufstrebender Volkswirtschaften – nur rund 5000 US-Dollar pro Jahr beträgt, wird die Bevölkerung um nahezu drei Fünftel größer. Schrumpfen wird sie dagegen in Europa mit seinem fast sechsmal höheren Durchschnittseinkommen, sofern nicht Migranten in erheblicher Zahl aus anderen Regionen zuströmen.

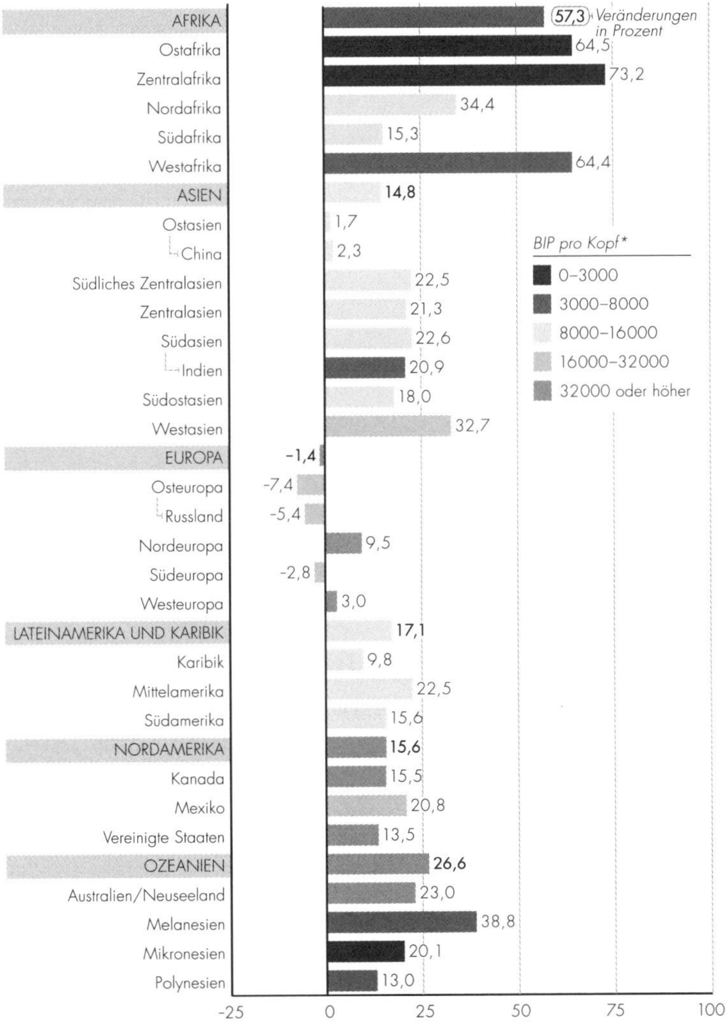

* BIP pro Kopf 2015 in Dollar nach Kaufkraftparität (KKP).
Quellen: Daten der UN zur Bevölkerung (mittlere Projektion); Internationaler Währungsfonds.

Altersstruktur von Schlüsselländern, 2015–2035

Ausgewählte Länder

Altersstruktur (Medianalter)	PROJEKTIONEN FÜR 2015				PROJEKTIONEN FÜR 2035			
JUNG (25 Jahre oder darunter) 	Niger	14.8	Kenia	18.9	Niger	15.7	Afghanistan	24.3
	Uganda	15.9	Irak	19.3	Uganda	18.9	Äthiopien	24.3
	Demokratische Republik Kongo	16.9	Jemen	19.3	Demokratische Republik Kongo	19.4	Jemen	24.5
	Afghanistan	17.5	Pakistan	22.5	Nigeria	20.0		
	Nigeria	17.9	Ägypten	24.7	Irak	21.9		
	Äthiopien	18.6			Kenia	22.6		
MITTEL (26 bis 35) 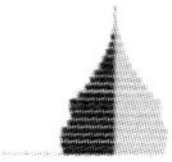	Südafrika	25.7	Türkei	29.8	Pakistan	26.8	Venezuela	33.6
	Indien	26.6	Israel	30.3	Ägypten	27.2	Mexiko	35.1
	Mexiko	27.4	Vietnam	30.4	Südafrika	30.2		
	Venezuela	27.4	Tunesien	31.2	Israel	32.5		
	Indonesien	28.4	Brasilien	31.3	Indien	32.8		
	Iran	29.5			Indonesien	33.2		
ÄLTER (36 bis 45) 	China	37.0	Kanada	40.6	Türkei	37.0	Neuseeland	41.0
	Australien	37.5	Südkorea	40.6	Tunesien	38.0	Großbritannien	42.7
	Neuseeland	38.0	Kuba	41.2	Vietnam	39.0	Frankreich	43.3
	USA	38.0	Frankreich	41.2	Brasilien	39.3	Russland	43.6
	Russland	38.7	Spanien	43.2	Australien	40.6	Kanada	44.4
	Polen	39.6			USA	40.8	China	45.7
	Großbritannien	40.0			Iran	40.9		
ALT (46 und mehr) 	Deutschland	46.2			Kuba	48.0	Japan	52.4
	Japan	46.5			Polen	48.2		
					Südkorea	49.4		
					Deutschland	49.6		
					Spanien	51.5		

Quelle: UN Population Division, World Population Prospects, Revision 2015 (Daten zum Medianalter).

Problemfelder

Fünf demografische Trends sorgen potenziell für innenpolitische Instabilität und für politische Spannungen zwischen Staaten: eine gleichbleibende junge Altersstruktur mancher Staaten; massive Migrationsbewegungen zwischen Staaten und Regionen; der Übergang in eine neue demografische Phase; fortschreitende demografische Überalterung; und Unterschiede im Wachstum von Mehrheiten und Minderheiten in einer Bevölkerung. Die Auswirkungen dieser Trends werden im Folgenden mit Beispielen von Regionen oder Staaten umrissen, in denen ihre Folgen in den nächsten fünf Jahren und in den nächsten beiden Jahrzehnten am deutlichsten hervortreten.

Staaten mit chronisch junger Bevölkerung. Staaten mit einer strukturell jungen Bevölkerung zeigten sich bislang besonders anfällig für innenpolitische Konflikte, die von staatlichen oder nichtstaatlichen Akteuren gewaltsam ausgetragen werden. Viele wurden von Regierungen geführt, die Klientelwirtschaft betrieben und zu schwach ausgestattet waren, um angemessen auf die Bedürfnisse einer Bevölkerung zu reagieren, die sich durch eine anhaltend hohe Fertilität und eine rapide Urbanisierung auszeichnet, die mangels staatlicher Mittel typischerweise ohne Raum- und Strukturplanung verläuft. Die grassierende Arbeitslosigkeit unter dem hohen Anteil an jungen Erwachsenen wirkt zusätzlich destabilisierend.

- Wie sich in den letzten 40 Jahren zeigte, sind Staaten mit junger Altersstruktur, die unter ständiger politischer Gewalt und institutionellem Versagen leiden, von Interventionen durch Mächte aus oder von außerhalb ihrer Region bedroht.
- In Regionen, in denen Staaten mit junger Altersstruktur konzentriert sind und in denen es Regierungen nicht vermochten, Aufstände einzudämmen oder niederzuschlagen, griffen bewaffnete Auseinandersetzungen immer wieder über die Grenzen des Ursprungslandes hinweg auf andere inner- und außerhalb der Region über.

Das International Program Center des US Census Bureau (USCB-IPC) sowie die UN-Bevölkerungsabteilung gehen davon aus, dass die gegenwärtigen Cluster aus Staaten mit chronisch junger Altersstruktur – die Sahelzone in Afrika, Äquatorialafrika, Irak/Syrien, Jemen, Somalia und Afghanistan/Pakistan – in den nächsten fünf Jahren erhalten bleiben und fast vollzählig bis 2035 überdauern werden.

- Die UN-Projektionen sprechen dafür, dass **Ägypten** bis 2030 **aus der Kategorie der jungen Bevölkerung ausscheiden**

wird, gefolgt von **Pakistan** 2035 und vom **Jemen,** der den Sprung in die andere Kategorie gegen 2040 schaffen dürfte. Allerdings haben sich Prognosen zum Altersanstieg der Bevölkerungen aller drei Länder in der Vergangenheit als übertrieben optimistisch erwiesen, was sich auch bei den gegenwärtigen Erwartungen herausstellen könnte.

Massenmigration. Von Regionen, in denen sich Staaten mit junger Bevölkerung konzentrieren, gingen in den letzten Jahrzehnten häufig Migrationsbewegungen aus, die durch innere Konflikte und Krisen ausgelöst wurden. Da die dortigen Verhältnisse bis 2035 erhalten bleiben, haben deren Aufnahmeländer wohl auch weiterhin mit politischen Belastungen zu rechnen. Bei den eher geordnet verlaufenden – und leichter zu bewältigenden – Strömen von Arbeitsmigranten und Touristen wird es in den Zielländern immer wieder zu Störungen kommen. Flüchtlingsströme aus Staaten mit junger Bevölkerung, die von Konflikten erschüttert werden, stellen die Aufnahmeländer wahrscheinlich vor die größte Herausforderung. Um Neuankömmlinge unterzubringen und in die Gesellschaft zu integrieren, müssen sie erhebliche finanzielle, soziale und politische Lasten stemmen – oder die Schwierigkeiten bewältigen, wenn Bevölkerungsteile schlecht integriert sind.

- Selbst vorhersagbare Ströme an Wirtschaftsmigranten können Herkunfts- und Zielländern Probleme bereiten. Die zuerst genannten sind mit der Abwanderung ihrer vielversprechendsten Arbeitskräfte und Fachleute konfrontiert, während Aufnahmeländer die erwähnten Belastungen tragen müssen. Zudem können legal zuwandernde Migranten, die Grenzkontrollen der Aufnahmestaaten umgehen oder wegen ihrer schieren Masse die Abfertigung überfordern – oder gemeinsame Routen mit illegalen Zuwanderern nutzen –, die Entstehung einer Schleuserindustrie befördern, die den Menschenhandel und das Einsickern von Terroristen begünstigt.

In den nächsten fünf Jahren werden selbst relativ stabile «Frontstaaten» in der Nachbarschaft zu Konfliktherden des Nahen und

Mittleren Ostens – darunter die Türkei, der Libanon und Jordanien sowie Süd- und Mitteleuropa als zweite Linie betroffener Staaten – entsprechende Belastungen bewältigen müssen. Wie das UN-Flüchtlingshilfswerk UNHCR feststellte, ist die Anzahl der **«anhaltenden» Flüchtlingssituationen** seit Anfang der 1990er Jahre **drastisch** auf gegenwärtig 32 **gestiegen.** Ihre durchschnittliche Dauer von jetzt 26 Jahren macht es zunehmend wahrscheinlich, dass sich die «temporären Siedlungen» zur Unterbringung von Flüchtlingen in Frontstaaten als dauerhafte Städte etablieren – freilich ohne eine vollständige Infrastruktur, eine diversifizierte Wirtschaftstätigkeit und die öffentlichen Institutionen, die planmäßig entwickelte und gut verwaltete Städte auszeichnen.

- Wenn Wachstum und Entwicklung unter einem Niveau verharren, das Stabilität aufrechterhält, könnten in den nächsten 20 Jahren in Gebieten der **Sahelzone, in denen junge Bevölkerungen konzentriert sind, Migrationsströme in Gang kommen.** Als Aufnahmeländer betroffen wären dann wohl Algerien, Ghana, Kenia, Marokko, der Senegal und Tunesien. Konflikte im Kern von Äquatorialafrika dürften Migranten nach Botswana, Kenia, Südafrika und Tansania verschlagen. Weitere Flüchtlinge aufnehmen müsste auch der Iran, sollten die Konflikte in den Clustern Irak/Syrien und Afghanistan/Pakistan anhalten.

Bevölkerungen mit einem hohen Anteil im Erwerbsalter. Staaten, in denen der Anteil der Erwerbsfähigen an der Gesamtbevölkerung besonders hoch ist – das sogenannte «demografische Fenster der Chancen» – profitieren typischerweise davon, dass sich die Gesundheit von Müttern und Kindern verbessert, pro Kind mehr in Bildung investiert wird, höhere Abschlüsse erreicht werden, das Wachstum der Erwerbsbevölkerung nachlässt und in einigen Fällen angehäufte Ersparnisse von Haushalten oder anderes Kapital die Wirtschaft ankurbeln. China und Südkorea, für die sich dieses Fenster in jüngster Zeit geschlossen hat, haben ihr Humankapital drastisch ausgebaut, produktive Technologiebereiche errichtet, ihre Städte in funktionierende Wachstumsmotoren verwandelt und privaten und staatlichen Wohlstand angehäuft.

- Seit den 1970er Jahren war die Öffnung des demografischen Fensters mit **dem Aufstieg und der Stabilität liberaler Demokratien** assoziiert – mit Brasilien, Chile, Südkorea und Taiwan in den späten 1980er und den 1990er Jahren und Tunesien in jüngerer Zeit als Beispiele. Das Muster deutet darauf hin, dass sich in den kommenden Jahren eines oder mehrere bedeutende Länder mit mittlerer Altersstruktur – darunter Algerien, Kolumbien, Ecuador, Marokko und Venezuela – stärker demokratisieren könnten.
- Die anhaltend hohen Geburtenraten in Staaten mit dauerhaft junger Altersstruktur sprechen dafür, dass nur relativ wenige afrikanische Staaten, in denen die Bevölkerung derzeit stark wächst, in den nächsten fünf Jahren in die Kategorie der mittleren Altersstruktur eintreten, während mehreren entsprechenden Clustern in Asien, darunter die fünf ehemaligen Sowjetrepubliken in Zentralasien, sowie in Lateinamerika der Übergang gelingen wird. Damit schaffen sie Voraussetzungen für starkes Wirtschaftswachstum in den kommenden Jahren.

- **Überalterung in den entwickelten Staaten.** Die Projektionen des USCB-IPC und der Vereinten Nationen sagen voraus, dass bis 2035 die Gruppe der Länder mit «alter» Bevölkerungsstruktur, die bislang nur Deutschland und Japan umfasst, um Staaten in Ost-, Mittel- und Südeuropa, einen Großteil der ostasiatischen Länder und um Kuba erweitert wird – mit China als einem möglichen weiteren Kandidaten. Die betroffenen Staaten werden ihr institutionelles Gefüge, das sie in ihren strukturell günstigen Perioden aufgebaut haben – so die sozialen Sicherungssysteme, die liberale Demokratie und die Einbindung in den globalen Kapitalismus –, an neue Verhältnisse anpassen müssen, um die Herausforderungen überalternder Gesellschaften dauerhaft zu bewältigen.

- In allen Regionen müssen sich immer mehr Regierungen angesichts **rückläufiger Zahlen von Wehrpflichtigen** damit befassen, ihre Militärapparate zu verkleinern und technisch besser auszustatten, Berufssoldaten einzusetzen und breitere Militärbündnisse einzugehen.

Regierungen von Staaten mit alternder Bevölkerung versuchen bereits eine Anpassung. Wegen der rückläufigen Anteile an jungen Erwerbsfähigen subventionierten Regierungen in Europa, Japan und Südkorea Bemühungen, die Pro-Kopf-Produktivität durch verschiedene Maßnahmen zu steigern, so durch Einführung dezentraler, netzwerkgestützter Arbeitsplätze, den verstärkten Einsatz von Robotern und Unterstützung beim lebenslangen Lernen. Zu den Mitteln, um die Erwerbsquote zu erhöhen, zählen Anreize, die Frauen und unterrepräsentierte Gruppen in qualifizierte Beschäftigung bringen und dort halten sollen, sowie Subventionen für Kinderbetreuung. Manche Regierungen förderten zudem Teilzeitarbeit für Senioren und erhöhten das Renteneintrittsalter, um Menschen länger im Erwerbsleben zu halten und die Anzahl an Empfängern von Altersbezügen zu verringern – allerdings mit gemischtem Erfolg.

- In Europa stoßen in den nächsten fünf Jahren **Bemühungen, die Renteneintrittsalter zu erhöhen** und das Arbeitsrecht zu liberalisieren, wahrscheinlich weiter auf hartnäckigen Widerstand. Galt Zuwanderung einst als Überbrückungsmittel, um den Sozialstaat zu stützen, so ist dieser Lösungsansatz inzwischen politisch «vom Tisch». Die Mitglieder der ostasiatischen «alternden Gesellschaften», in denen Bezüge gewöhnlich weniger großzügig sind als in Europa, dürften mit Blick auf Renten- und Gesundheitsreformen zu größeren Opfern bereit sein. Aber sie erwarten vom Staat, dass er ihren Lebensstandard sichert.
- Länder, deren Regierungen **politisch unfähig sind, die Ausgaben für Altersbezüge und Gesundheit zu begrenzen,** stehen vor schwierigen staatlichen Entscheidungen und müssen möglicherweise Aufwendungen für Bildung sowie andere Investitionen in ihre schrumpfende junge Bevölkerung kürzen, was ihre wirtschaftlichen Aussichten weiter eintrübt. Bemühungen, von staatlichen und arbeitgeberfinanzierten Altersvorsorgen auf private, kapitalgedeckte umzuschwenken, werden den Druck auf die öffentlichen Finanzen mindern, setzen aber die **Ruhestandsgehälter des Einzelnen Risiken** durch Verluste an den Finanzmärkten aus. Nach Finanzkrisen dürften dann Rufe nach staatlichen Eingriffen laut werden.

Unterschiedliches Wachstum zwischen Mehrheiten und Minderheiten. In multiethnischen Staaten können Unterschiede im demografischen Wachstum die soziale und politische Kluft zwischen mehrheitlichen besser ausgebildeten und wohlhabenderen urbanisierten Gruppen auf der einen und ethnischen und religiösen Minderheiten, die gewöhnlich höhere Fertilitätsraten haben oder durch Zuwanderung wachsen, auf der anderen Seite vertiefen. Wenn die politische und wirtschaftliche Teilhabe und die Bildungschancen von Minderheiten eingeschränkt bleiben – und Gettobildung gefördert wird –, führt dies möglicherweise dazu, dass die Unterschiede im Bevölkerungswachstum und Wohlstand größer werden und sich Spannungen verschärfen: ein «demografisches Sicherheitsdilemma», wie Bevölkerungswissenschaftler es nennen, das darin besteht, dass mehrheitliche Gruppen durch Ausgrenzung Sicherheit anstreben und die Perspektiven für sie gerade dadurch verschlechtern.

- Unterschiede im Bevölkerungswachstum dienen häufig – auf beiden Seiten – als **Instrumente politischer Rhetorik,** in der Unterschiede dramatisiert werden. Im Verlauf von Generation können sich die ethnischen Anteile tatsächlich verändern und in der Zusammensetzung von Schülern sichtbar werden, deren Bildung von der steuerzahlenden Mehrheit finanziert wird und die dann in Gefahr gerät, wenn sie feindliche Politiker ins Visier nehmen.
- Wegen ihrer politischen Dimension wirken sich **Veränderungen in ethnischen Zusammensetzungen** in den nächsten 20 Jahren auf Wahldemokratien potenziell am stärksten aus, insbesondere dann, wenn die politische Führung einer vorherrschenden Gruppe darauf hinarbeitet, einen Schwund ihres Wählerpotentials abzuwenden. Ein Beispiel ist Israel, wo die heutige Mehrheit aus säkularen und gemäßigt religiösen Juden den Vorhersagen zufolge in den nächsten zwei Jahrzehnten bei Wahlen an Gewicht einbüßen wird, weil ultraorthodoxe und nationalreligiöse Juden sowie palästinensische Israelis demografisch rasant wachsen.
- Entsprechend gewinnt möglicherweise in der Südosttürkei die rasch wachsende **kurdische Bevölkerung an Stimmgewicht,**

wenn sie sich besser organisiert. Veränderungen vollziehen sich ebenfalls in der Andenregion Ecuadors, Boliviens und Perus, wo die indigenen Gruppen einen zunehmend hohen Anteil an der Wahlbevölkerung stellen.

Fortschreitende Urbanisierung. Vor ungefähr einem Jahrzehnt hat die städtische Bevölkerung erstmals die ländliche zahlenmäßig überflügelt. Durch hohe Geburtenraten, steigende Lebenserwartungen und Zuwanderung wächst sie weiter, während sich das Wachstum der ländlichen in jüngerer Zeit abgeschwächt hat. Die Verstädterung wird die globale soziale und politische Entwicklung prägen, allerdings mit geografisch unterschiedlichen Folgen und abhängig von der Fähigkeit der Staaten, mit den politischen, wirtschaftlichen und sozialen Belastungen fertigzuwerden, das mit städtischem Wachstum einhergeht.

Bei angemessener Planung kann die Urbanisierung das Umfeld, die demografische Basis und die Dynamik schaffen, damit Wachstum nachhaltig verläuft: Sie versetzt Regierungen, Privatunternehmen und Einzelne in die Lage, Transaktionskosten zu senken, effizientere öffentliche Infrastrukturen und Dienste aufzubauen und zu nutzen sowie mehr Wissen zu generieren und zu verbreiten. Laut Schätzungen stellen die «Megaregionen» – vernetzte Millionenstädte, die in einem Ökosystem und einer Topografie durch Infrastruktur, Wirtschaftsbeziehungen, Besiedlung und Landnutzung zusammengewachsen sind – 66 Prozent der weltweiten Wirtschaftstätigkeit und 85 Prozent sämtlicher technologischer und wissenschaftlicher Innovationen. Schlecht verwaltete Städte und Ballungszentren sind allerdings auch Brutstätten für Armut, soziale Spannungen, Kriminalität, Umweltzerstörung und Krankheiten. Kurzfristige Entscheidungen beim Auf- und Ausbau von Infrastrukturen werden mit darüber entscheiden, wie verwundbar sich entwickelnde Megastädte angesichts extremer Wetterereignisse und des Klimawandels sein werden.

- Verstärkte Urbanisierung fördert die Entstehung **neuer sozialer und politischer Bewegungen,** weil sich in schnell wachsenden Städten soziale Probleme ohne ausreichende Fähigkeit ballen,

Defizite in der Infrastruktur zu beheben. Insbesondere schafft Urbanisierung, die nicht in angemessenem Maß von Wirtschaftsentwicklung begleitet wird und ohne Rücksicht auf ökologische Nachhaltigkeit verläuft, zusätzlich Armut und schlechte Lebensbedingungen. Fehlentwicklungen befeuern Rufe nach sozialen Veränderungen und einer Umverteilung von Ressourcen, was zur lokalen politischen Instabilität beiträgt und regional ausstrahlt, wenn Menschen abwandern.

- Selbst bei effizienter Entwicklung stellen städtische Ballungsräume auch in Europa Stadtplaner und Regierungen vor Herausforderungen, wenn es darum geht, angemessene Infrastruktur, Transportmittel, Energie- und Wasserversorgung sowie eine stabile Lebensmittel- und Gesundheitsversorgung bereitzustellen und für Luftreinhaltung zu sorgen.

Das zunehmende Geschlechterungleichgewicht

Verbesserte Bildung von Frauen, ihr Zugang zu Methoden der Geburtenkontrolle und ihre bessere Einbindung in die Arbeitswelt mit mehr Gleichberechtigung deuten darauf hin, dass die Geburtenraten in den kommenden 20 Jahren weiter sinken. Das Bevölkerungswachstum schwächt sich ab, auch wenn Fortschritte in der Biomedizin dafür sorgen, dass mehr Kinder das fortpflanzungsfähige Alter erreichen. Wahrscheinlich weiter steigen wird dagegen der Überschuss an neugeborenen Jungen gegenüber Mädchen, der für zahlreiche Länder des Mittleren Ostens, Ostasiens und Südasiens charakteristisch ist. In den letzten Jahrzehnten hat sich das Geschlechterverhältnis in Ländern wie Albanien, Armenien, Aserbaidschan, China, Georgien, Indien, Montenegro, Südkorea und Vietnam weiter zugunsten der Männern verschoben: wegen geschlechtsspezifischer Abtreibungen sowie durch selektive Tötungen und der Vernachlässigung von Mädchen.

- In den nächsten 20 Jahren leben in weiten Teilen Chinas und Indiens prognostizierte 10 bis 20 Prozent mehr Männer als Frauen. In beiden Ländern fehlen schon jetzt erheblichen Anteilen der Männer Heiratsperspektiven. Die Ungleichgewichte, deren Ausgleich Jahrzehnte in Anspruch nehmen wird, wurden für erhöhte

Kriminalitätsraten, mehr Gewaltdelikte und Verstöße gegen Menschenrechte mit in Verbindung gebracht, so die Entführung von Mädchen und Frauen und der Handel mit ihnen für Eheschließungen oder zur sexuellen Ausbeutung.

- Dass **Geschlechterungleichgewichte** auf dem Vormarsch sind, ist dem Einfluss **patrilinearer Systeme** geschuldet, die da Sicherheit verheißen, wo staatliche Fähigkeiten schwinden. Wo sie als Ideologie an Anziehungskraft gewinnen, verliert das Leben der Frauen weiter an Wert.
- Begrenzte wirtschaftliche Möglichkeiten zwingen Männer in der arabischen Welt, ihre Heirat auf spätere Zeiten zu verschieben. **Der Anstieg der Brautpreise,** die in patrilinearen Gesellschaften zwangsläufig anfallen, **und ausufernde Aufwendungen für Hochzeitsfeiern** bürden sämtlichen jungen Männern erdrückende Kosten auf und schüren Unzufriedenheit. Neben den Kosten sorgen ein unausgewogenes Geschlechterverhältnis und weit verbreitete Polygamie dafür, dass zahlreichen jungen Männern jeder Zugang zum Heiratsmarkt versperrt bleibt. Das macht sie für Anwerber von Rebellen- oder Terrorgruppen zu einer leichten Beute.

Wie die Menschen leben …

Natürliche und vom Menschen verursachte Veränderungen in zahlreichen Ökosystemen der Erde schwächen in den kommenden Jahrzehnten wahrscheinlich die Regenerationsfähigkeit auf dem Planeten und konfrontieren die Menschen mit neuen Gefahren und Herausforderungen, um ihre Gesundheit, Ernährung, Wasser- und Energieversorgung sowie Infrastrukturen zu sichern. Der Klimawandel sorgt immer häufiger für unvorhergesehene Wetterereignisse, die den Status quo bedrohen. Die Erwärmung, Versauerung und Schadstoffbelastung der Ozeane setzen empfindlichen Ökosystemen zu und gefährden die Artenvielfalt. Hitzewellen, Kälteperioden und die veränderte Dynamik, mit der sich Krankheitskeime verbreiten, bedrohen die Gesundheit der Menschheit und

Tierwelt. Auch wenn diese Risiken zeitlich und geografisch unterschiedlich stark wachsen, bedrohen sie die Zukunft eines Großteils der Weltbevölkerung und der Ökosysteme und beschwören in einigen Fällen schwere, in anderen katastrophale Schäden herauf.

Veränderungen der Umwelt und des Klimas bedrohen die Systeme auf unterschiedliche Art: Hitzewellen belasten zum Beispiel die Infrastrukturen, die Energieversorgung, die Gesundheit von Menschen und Tieren sowie die Landwirtschaft. Der jetzt schon verzeichnete und für die Zukunft prognostizierte Klimawandel wird fast sicher entscheidend mitbestimmen, mit welcher Welt sich die Menschen konfrontiert sehen, insbesondere insofern, als die Bevölkerungen nach den Prognosen gerade in den Regionen stark anwachsen, die extremen Wetterereignissen und steigenden Meeresspiegeln besonders stark ausgeliefert sind, darunter Megastädte in Küstennähe und Regionen, die schon heute unter Wassermangel leiden. Zahlreiche Belastungen, die der Klimawandel den Ökosystemen und der Umwelt aufbürdet, und die einhergehende Ausbreitung von Infektionskrankheiten werden über Landesgrenzen hinweg Folgen haben und es erfordern, dass sich Regierungen und internationale Organisationen koordinieren, um effizient reagieren zu können. Politische Maßnahmen und Programme, die Bedrohungen entschärfen und gegen sie wappnen, werden Chancen für Gutaufgestellte schaffen, von ihnen zu profitieren.

Wichtigste Trends

Veränderungen der weltweiten Systeme. Der Klimawandel, der Anstieg der Meeresspiegel und die Versauerung der Ozeane werden die jetzt schon spürbaren Belastungen durch Bevölkerungswachstum, Verstädterung, mangelhaften Umweltschutz und Nutzung von Energie und natürlichen Ressourcen zusätzlich erhöhen. Auch wenn neue Maßnahmen zum Klimaschutz dafür sorgen können, dass mit der Zeit weniger neue Treibhausgase in die Atmosphäre gelangen, haben die aus der Vergangenheit die weltweiten Durchschnittstemperatur bereits so erheblich ansteigen lassen, dass für die Zukunft mit häufigeren und extremeren Wetterereignissen wie Hitzewellen, Dürren und Starkregen mit Überflutungen zu rechnen ist. Immer neue Rekorde in den Wetteraufzeichnungen und zunehmende Wetterextreme sind für zahlreiche Wissenschaftler ein Anzeichen dafür, dass der Klimawandel anstatt schleichend, wie häufig prognostiziert, schon früher und drastischer zuschlagen wird. Die Veränderungen könnten sich mit stark schwankender Intensität vollziehen und unangenehme Überraschungen bereithalten, insbesondere insofern, als schon jetzt ein immer größerer Anteil der weltweiten Tier- und Pflanzenarten stark vom Aussterben bedroht ist.

- Präzisere regionale und zeitliche Vorhersagen zu Veränderungen verlieren zusehends an Zuverlässigkeit. Wahrscheinlich ist allerdings, dass die zu erwartenden Belastungen in allen Ländern, unabhängig vom Entwicklungsstand, vor allem auf die schwächsten – oder am stärksten benachteiligten – Bevölkerungsgruppen zukommen werden.
- Sturmfluten, die durch den Anstieg der Meeresspiegel neue Rekordstände erreichen, werden wahrscheinlich zahlreiche Küstensysteme und tiefergelegene Gebiete überschwemmen – und fast sicher zu Ausfällen in der Nahrungsmittelproduktion und Trinkwasserversorgung führen –, mit weitreichenden wirtschaftlichen, politischen und sozialen Folgen. In der Arktis werden die Veränderungen drastischer ausfallen als in mittleren Breiten. Der sommerliche Eisschwund wird das Nordpolarmeer in einer Weise schiffbar machen wie noch nie in der Geschichte der Menschheit.

Risiken für die Gesundheit von Menschen und Tieren. Veränderte Umweltbedingungen und das Zusammenwachsen der Weltregionen werden die Niederschlagsmuster, die Artenvielfalt und die geografische Verbreitung von Krankheitserregern und ihrer Wirte beeinflussen – mit Auswirkungen auf die Vitalität und Nutzbarkeit von Nahrungspflanzen und Agrarsystemen, auf die Übertragungswege menschlicher Infektionskrankheiten und Viehseuchen und mögliche medizinische und pharmakologische Entdeckungen. Die unmittelbaren Folgen von Umweltstress auf die menschliche Gesundheit durch Hitzewellen, Überflutungen, Dürren und sich häufende Stürme werden schwierige Entscheidungen dazu erzwingen, wie und wo sich Menschen ansiedeln, insbesondere in den armen Ländern Subsahara-Afrikas und Südasiens.

- **Umweltveränderungen bedrohen auch indirekt die Gesundheit von Bevölkerungen:** Sie gefährden die Versorgung mit Nahrung, führen zu Unterernährung und verschlechtern die Qualität von Luft und Wasser durch Schadstoffbelastungen. Besorgniserregende Trends bei ansteckenden übertragbaren Krankheiten – insbesondere neue, die von Tier zu Mensch überspringen, sowie neue antimikrobielle Resistenzen (AMR) – und nichtübertragbaren Erkrankungen (NCDs) wie die von Herz und Kreislauf, Schlaganfälle, Diabetes und psychische Störungen – könnten diesen Effekten geschuldet sein.
- **Verschärft** werden diese Probleme durch **demografische und kulturelle Trends,** so durch die Überalterung von Gesellschaften in Europa und Asien, eine unzulängliche Ernährung und Hygiene in Afrika und Indien, den Vormarsch von Zivilisation in bislang unbesiedelte Gebieten, aufstrebende Megastädte und ein immer stärkeres Aufklaffen der Schere zwischen Arm und Reich. Tragischerweise werden die – fast überall angestrebten – steigenden Lebenserwartungen die Versorgungssicherheit bei Nahrung und Trinkwasser in Regionen, die ihre Bevölkerungen schon jetzt kaum ernähren, noch stärker einschränken.

Wenn es die nationalen und weltweiten Gesundheitssysteme bei ihren Defiziten in Sachen Seuchenbekämpfung belassen, vergrößern sich die Schwierigkeiten, Ausbrüche rechtzeitig zu erkennen und einzudämmen, ehe sie sich bis weit über ihren Ursprungsort hinaus ausbreiten. Wegen der Vervielfachung menschlicher Kontakte und der erleichterten Bedingungen, unter denen Krankheiten um sich greifen können, bürden die schon heute weithin grassierenden chronischen Infektionskrankheiten – so Tuberkulose, HIV/Aids und Hepatitis – den Volkswirtschaften und Bevölkerungen besonders betroffener Länder auch künftig schwere wirtschaftliche und humanitäre Lasten auf, obwohl erhebliche internationale Mittel eingesetzt wurden, um sie zu bekämpfen. Zahlreiche Länder mit mittlerem Einkommen haben jetzt schon mit Belastungen durch nichtübertragbare Krankheiten zu kämpfen, die zu den bislang nicht ausgerotteten infektiösen hinzukommen.

Entscheidende menschliche Systeme in Gefahr. Obwohl vor allem dicht besiedelte Gebiete gefährdet sind, stellen die immer häufigeren extremen Wetterereignisse für alle Menschen eine Bedrohung dar. Internationale Organisationen werden verstärkt gefordert sein, Katastrophenopfer mit Nahrung, Wasser, Transportmöglichkeiten, Obdach und medizinischer Hilfe zu versorgen, wenn es Staaten und lokale Behörden versäumt haben, Risiken mit verbesserter Infrastruktur und Frühwarnsystemen zu mindern.

- **Durch Verarmung von Böden** verringern sich in den nächsten 20 Jahren die verfügbaren Flächen zur Nahrungsmittelerzeugung – mit vermehrten Versorgungsengpässen und steigenden Preisen als Folge. Von den Auswirkungen betroffen sind selbst wohlhabendere Nationen in dem Maße, in dem sie sich auf den hocheffizienten weltweiten Agrarhandel stützen, der sich unter stabilen Umweltbedingungen in Friedenszeiten entwickelt hat.
- **Die Verknappung und Verschmutzung von Wasserressourcen beeinträchtigen wahrscheinlich den ökonomischen Erfolg** und die Gesundheit von Bevölkerungen in aller Welt, darunter die der wichtigsten Entwicklungsländer. Wenn Staaten ausreichend Wasser fehlt, um Strom zu erzeugen, Güter zu produzieren oder Bodenschätze abzubauen, leidet die Wirtschaftsleistung darunter. Neben Armut, sozialen Spannungen, Umweltzerstörung, ineffizienter Staatsführung, Ungleichheit zwischen den Geschlechtern und schwachen politischen Institutionen trägt Wassermangel zu sozialen Zusammenbrüchen bei, die Staaten zum Scheitern bringen können.

Wichtige Weichenstellungen

Wie werden politische Führungen und Bevölkerungen auf eine Welt reagieren, die schlechtere Lebensbedingungen bereithält? Wahrscheinlich zwingen eine fortschreitende Umweltzerstörung, ökologische Probleme und der Klimawandel den Regierungen und Hilfsorganisationen auf allen Ebenen harte Kämpfe um Entscheidungen darüber auf, wie sie ihre Ressourcen verteilen, wenn es einerseits darum geht, kurzfristig auf Krisen zu reagieren – und insbesondere den Schwächsten in der Bevölkerung zu helfen –, während andererseits Investitionen benötigt werden, um Systeme widerstandsfähiger zu machen und anzupassen. Nie da gewesene Wetterereignisse und die Ausbreitung von Wüsten bedrohen verwundbare Bevölkerungen in Afrika, Asien sowie im Mittleren und Nahen Osten. Durch lang anhaltende Dürren brechen wahrscheinlich manche Systeme zusammen, die der Versorgung von Mensch und Vieh mit Wasser und Nahrung dienen. Vermehrte und stärkere Tropenstürme werden sich in manchen Küstenregionen und tief liegenden Gebieten durch ihre Häufung auf Infrastrukturen, Gesundheit und Artenvielfalt so verheerend auswirken, dass Bemühungen, Schäden zu beheben und Zerstörtes wiederaufzubauen, ins Leere laufen könnten. Diejenigen, die angesichts chaotischer Verhältnisse ums Überleben kämpfen, entwickeln – auf der positiven Seite – möglicherweise ganz neue Lösungsansätze zur Bewältigung der Krise oder greifen – auf der negativen – zu Gewaltmaßnahmen, fliehen, sofern möglich, wenn Nachbarn selbst leiden oder feindselig sind, aus den betroffenen Gebieten oder kommen um.

- Prominente Stimmen werden großräumige technische Eingriffe gegen den Klimawandel (das sogenannte **Geoengineering** oder **Climate Engineering**) fordern, auch wenn es für deren Beherrschung und für die rechtlichen Strukturen, die notwendig wären, um sie mit möglichst geringem sozialem Aufruhr umzusetzen, fast sicher an Forschung und Entwicklung fehlt.
- Laut werden wahrscheinlich auch Forderungen, **Opfern, die von Umweltzerstörungen extrem betroffen sind,** als Flüchtlingen eine Art «Asylrecht» einzuräumen.

Inwieweit werden Einzelne, Regierungen sowie private, zivilgesellschaftliche und internationale Organisationen auf neue Technologien setzen, um die Sicherheit bei der Versorgung mit Nahrung, Wasser und Energie zu erhöhen? Um die Luft rein zu halten und die Ozeane, die Artenvielfalt und die Gesundheit

von Mensch und Tier zu schützen? Und um die Transport- und Informationssysteme sowie andere kritische Infrastrukturen widerstandsfähiger zu machen? Wenn sich zu komplexen Klima- und Umweltereignissen keine exakten zeitlichen und räumlichen Vorhersagen treffen lassen, steigt die Dringlichkeit, Informationssysteme für Verantwortliche zu entwickeln, um möglichst in Echtzeit Einschätzungen vorzunehmen und Entscheidungen zu treffen, die Sach- und Personenschäden minimieren. Auch wenn es deutlich billiger ist, widerstandsfähige Infrastrukturen aufzubauen, als Katastrophenschäden zu beheben, müssen meist erst dramatische Krisen die Prioritäten neu ordnen, ehe sich der politische Wille zur Vorsorge und entsprechende Ressourcen mobilisieren lassen.

Und selbst nach einer Krise erlahmt der Wille, künftige Schäden zu verhüten, häufig angesichts der Größenordnung und Komplexität notwendiger Investitionen: Das Klima und die öffentliche Gesundheit müssen erforscht, beobachtet und überwacht, Gesundheitssysteme katastrophenfest gemacht, vertretbare CO_2-Budgets eingehalten und Gebäude- und Transportsysteme energieeffizient umgerüstet werden. Notwendig sind zudem «beste Praktiken» für Industrieprozesse, damit sich die Risiken für Lebensmittelsicherheit, Wasserqualität und Gesundheitssysteme verringern; ein verbessertes Wassermanagement durch eine Preis- und Zuteilungspolitik und virtuellen Wasserhandel; sowie Investitionen in wasserabhängige Sektoren wie Landwirtschaft, Energieerzeugung und Wasseraufbereitung.

Eine wachsende Herausforderung für eine nachhaltige Nutzung von Ressourcen wird darin bestehen, lokale Bedarfe an Energie und Nahrungsmitteln nahezu in Echtzeit richtig abzuschätzen. Die Abläufe im komplexen Zusammenspiel von natürlichen Ressourcen und Menschen – sowie Wildtieren – nachzuvollziehen, kann dazu beitragen, den jeweiligen Bedarf an Ressourcen besser zu durchschauen, bislang eine entscheidende Schwachstelle in einer Zeit, in der diese immer knapper werden.

Neue Investitionen in Energiegewinnung und Technik bieten wichtige Chancen, um die negativen Auswirkungen des Klimawandels zu mindern, auch wenn sie in einer enormen Größenordnung benötigt werden und Jahre der Anstrengungen erfordern, ehe sie Früchte tragen. Zu den Investitionsfeldern zählen saubere Energiequellen und Technologien wie Offshore-Windparks, Solarzellen, dezentrale Erzeugungssysteme und Speichertechnik, Effizienzsteigerung von Kraftwerken, die Nutzung von Biokraftstoffen und Abfällen sowie die Technik der CO_2-Abscheidung und-Speicherung, mit der sich Schäden durch Nutzung fossiler Quellen verringern lassen.

- Den Ausstoß von Kohlendioxid zu vermindern, **bedroht altetablierte Wirtschaftsinteressen** und bedeutet einen Umbruch für seit langem bestehende Industriekonglomerate, die auf fossilen Energieträgern beruhen.
- Energie aus dem Ozean, erneuerbare synthetische Kraftstoffe, Kernenergie der nächsten Generation, Energie lieferndes Methanhydrat, drahtlose Energieübertragung und Energy Harvesting sind vielversprechende technologische Ansätze, aber längst nicht ausgereift. Die industrialisierte Biotechnologie kann zu den Sektoren Herstellung und Ressourcenförderung, zur Ernährungssicherung, Gesundheitsversorgung und Verteidigung beitragen.

Zahlreiche neue Technologien bergen ein bedeutendes Potenzial, um die künftigen komplexen Probleme der Welt zu bewältigen, bleiben in der Wirkung aber begrenzt, wenn nur wenige Staaten oder gesellschaftliche Eliten über sie verfügen. Durch die zunehmende globale Vernetzung entsteht in den Bevölkerungen ein wachsendes Bewusstsein dafür, welche neuen Technologien vorhanden sind, und verstärktes Interesse an deren Nutzung. Wenn nationale und die internationale Politik auf technische Entwicklungen unterschiedlich schnell reagieren, kann dies Staaten und regionale sowie internationale Organisationen in ihrer Handlungsfähigkeit beeinträchtigen.

- **Technologische Fortschritte** im Gesundheitswesen, der synthetischen Biologie und der Biotechnologie, in der Informatik, Material- und Fertigungswirtschaft sowie in der Robotik verbessern wahrscheinlich die Gesundheitsprävention, Diagnostik,

Behandlung und Bewältigung von Krankheiten, verbessern die Lebensqualität und verlängern Lebenserwartungen.

- Automation könnte die Kosten für Forschung und Entwicklung in der Pharmazeutik senken – durch Einsatz computergestützter Technik zur Entwicklung neuer Medikamente und von Computersimulationen des menschlichen Körpers, die Tierversuche überflüssig machen und Fehlentwicklungen vermeiden helfen.

Fortschritte in der Biotechnologie allein reichen nicht hin, um zahlreichen bedeutenden Bedrohungen für die öffentliche Gesundheit wie antimikrobielle Resistenzen (AMR) zu begegnen. Zudem herrscht dringende Notwendigkeit, relativ einfache Technologien zu entwickeln, die für die Weltbevölkerung erschwinglich sind. Um dem nachzukommen, verändern sich wahrscheinlich die **Geschäftspraktiken, mit denen neue Medizintechnologie entwickelt wird.** So hat sich die Finanzierung der Forschung, die sich mit Pandemien und AMR befasst, bereits vom Privat- in den öffentlichen Sektor verlagert, um neue Produkte zu entwickeln. Auch Fördermittel für Entwicklung werden wahrscheinlich vermehrt aus nichttraditionellen Quellen stammen, darunter von anderen wohlhabenden Ländern, Schwellenländern und Philanthropen. Kurzum, die Modelle, nach denen Innovation entsteht, verändern sich ebenso stark wie die betreffenden Technologien.

Inwieweit werden Einzelne, Regierungen sowie private, zivilgesellschaftliche und internationale Organisationen dabei kooperieren, um die Zivil- und Katastrophenschutzsysteme widerstandsfähiger zu machen? Hilfsdienste krisenfester zu machen, spielt eine entscheide Rolle dabei, die Auswirkungen von Katastrophen, die durch den Klimawandel hervorgerufen werden – insbesondere in städtischen Ballungsräumen – zu begrenzen und ggf. schneller und effizienter Hilfe zu leisten. Vielen Staaten und lokalen Verwaltungen fehlen die Finanzmittel, um großangelegt in Infrastrukturen zu investieren, sodass erfolgreiche Maßnahmen von zivilen und internationalen Organisationen, Verbänden und Einzelnen unterstützt werden müssen. Dafür Geber und politische Akteure zu gewinnen, könnte sich als schwierig erweisen, wenn der Anreiz größer ist, Mittel für mehr anstatt für krisenfestere und redundantere Infrastrukturen aufzuwenden. Eine weitere Herausforderung besteht darin, mit Einzelnen, Forschungseinrichtungen, NGOs, Konzernen, Staaten und der internationalen Gemeinschaft daran zu arbeiten, neue Technologien und Fähigkeiten auch «Habenichtsen» verfügbar zu machen.

Wie sie kreativ und innovativ wirken …

Technik – vom Rad bis zum Siliziumchip – hat den Verlauf der Geschichte gewaltig verändert. Vorhersagen, wann, wo und wie Technologie die wirtschaftliche, gesellschaftliche und politische Entwicklung sowie die Sicherheitsperspektiven verändert, sind allerdings schwierig. So manche Prognose zu einer technischen Revolution – so die zur Kalten Fusion – hat sich bis heute nicht erfüllt, während andere Innovationen rascher und mit weiterreichenden Folgen voranschritten, als Experten sich je vorgestellt hätten. So veränderte die CRISPR/Cas-Methode, mit der sich gentechnisch veränderte Organismen erzeugen lassen, in einem rasanten Tempo die Biowissenschaften. Technologie wird sich rasch dort entwickeln und zum Einsatz kommen, wo Instrumente dazu weithin verfügbar sind und im Verbund zum Einsatz kommen, um bahnbrechend Neues zu schaffen. Eine hochmoderne Informations- und Kommunikationstechnik (IKT) verändert beispielsweise alles von Automobildesigns bis zu Produktionsabläufen. Ähnliche katalytische Effekte werden laut einigen Technologieexperten in den kommenden Jahrzehnten Fortschritte in Bio- und Nanotechnologie nach sich ziehen. Kombinationen neuer Technologien sorgen künftig für gewaltige Überraschungen und schaffen spannende neuartige Fähigkeiten, von denen einige auch auf entfernten Gebieten weitere Entwicklungen anstoßen werden. So könnten zum Beispiel die Biotechnologie und neu entwickelte Materialien Innovationen in der Energietechnik anstoßen.

Wichtigste Trends

Hochmoderne Informations- und Kommunikationstechnik (IKT), einschließlich Künstlicher Intelligenz (KI), Automatisierung und Robotik. Die Weiterentwicklung und der Einsatz von IKT können die Arbeitsproduktivität erhöhen und Geschäftsabläufe und Verwaltungspraktiken effizienter gestalten und damit das Wirtschaftswachstum ankurbeln und die Reaktionsfähigkeit von Politik verbessern. IKT wird als ein entscheidender Faktor nahezu jede bestehende und neu entstehende Industrie mit prägen. Das entstehende Internet der Dinge (IdD) und Künstliche Intelligenz (KI) sorgen dafür, dass Analyseverfahren und die Verarbeitung von Massendaten (Big Data) der Geschäftswelt neue Aufschlüsse geben, die ganze Industrien verändern und die Kommunikation zwischen Maschinen weiter vorantreiben. Die Nutzung von Technologien wie der Erweiterten Realität (AR) und der virtuellen Realität (VR) wird auch zu Veränderungen in der Gesellschaft führen, insbesondere bei den Medien, der Unterhaltung und im Alltagsleben.

- Neue IKT wirkt sich wahrscheinlich erheblich auf den **Finanzsektor** aus. Digitale Währungen, Blockchain-Technik für Transaktionen und Predictive Analytics für Zukunftsprognosen durch KI und anhand von Big Data werden Finanzdienstleistungen auf neue Fundamente stellen – mit potenziellen Auswirkungen auf die Stabilität von Systemen, die Sicherheit wichtiger Finanzinfrastrukturen und Cyber-Schwachstellen.
- Tiefgreifende Veränderungen wird neue IKT auch im **Transportwesen und im Energieverbrauch** herbeiführen. Anwendungen, die Datenanalyse, Algorithmen und geophysikalische Echtzeitinformationen kombinieren, so wie das Vermittlungsunternehmen Uber in der Personenbeförderung oder das GPS-gestützte Navigationssystem Waze für Smartphones, können Verkehrsabläufe optimieren und Energieverbräuche und Schadstoffbelastungen in Großstädten senken. Sie steigern den Nutzen halbautomatischer und selbstfahrender Kraftfahrzeuge und können die Verkehrsdichte und Unfallraten senken helfen und gewaltige Einsparungen ermöglichen.

Mögliche Probleme: Angesichts der steigenden Abhängigkeit vom Datenverkehr, die bei all diesen neu entwickelten Informationstechniken ein Risiko darstellt, müssen klare Grenzen gezogen und Standards gesetzt werden, die für Urheberrechte, den Schutz und die Sicherheit von Daten, den grenzüberschreitenden Datenverkehr und die Cyber-Sicherheit gelten, die zu immer wichtigeren Problemen in innenpolitischen und internationalen Auseinandersetzungen werden können. Die Versuche mancher Nationen, die rasche Ausbreitung von IKT einzudämmen und den Informationsfluss zu kontrollieren, könnten Stellenverlagerungen und die Volatilität an den Arbeitsmärkten minimieren, ließen aber die wirtschaftlichen und gesellschaftlichen Vorteile ungenutzt. Länder, in denen geringere ethische Bedenken herrschen, könnten Technologien, die anderswo auf Widerstand stoßen, einsetzen und Regulierungen lockern, um Hightech-Unternehmen anzuziehen und Kapazitäten für Forschung und Entwicklung aufzubauen.

Staaten, Unternehmen, Aktivistengruppen, religiöse Organisationen und Bürger versuchen, sich durch Nutzung von Information Vorteile zu verschaffen, und heizen damit einen sich hochschaukelnden Wettbewerb der Nachrichtenübermittlung mit der Gefahr an, immer tiefer in die sensibleren kognitiven und emotiven Bereiche des Menschen vorzudringen. Hatte die Frühphase der sozialen Medien Hoffnungen geweckt, dass vermehrte und eine zunehmend freie Kommunikation eine neue Ära der Demokratisierung einleiten werde, so zeigten autoritäre Staaten inzwischen ihre Fähigkeit, den Zugang zu Informationen zu begrenzen, um die Gesellschaft unter Kontrolle zu halten. In offenen Gesellschaften verstärkte der freie Informationsfluss die gesellschaftliche Spaltung und politische Polarisierung. Auch ermöglichen soziale Medien die Verbreitung gefährlicher Desinformation, die von unkritischen Zeitgenossen bereitwillig aufgenommen und an Gleichgesinnte weitergereicht wird.

- IKT könnte neue Beschäftigungsmöglichkeiten in den Bereichen Dokumentation, Fehlerberichterstattung, Schutz der Privatsphäre und rechtliche Schritte gegen Belästigungen schaffen. In den sozialen Medien verlieren die Standards beim Wahrheitsgehalt von Aussagen zunehmend an Eindeutigkeit und werden verhandelbar: Im Grenzfall wird jeder geäußerte Wahrheitsanspruch zu einer propagandistischen Behauptung ohne Wahrheitswert.

- Haben sich in Jahrzehnten oder sogar Jahrhunderten allgemein anerkannte Normen entwickelt, anhand derer sich der Wahrheitsgehalt von Behauptungen beurteilen lässt, so sorgt die technische Entwicklung inzwischen dafür, dass sich zahlreiche Probleme im zwischenmenschlichen Bereich auf neue Weise stellen und dass Regierungen, die in der Außenpolitik oder in Verhandlungen «Glaubwürdigkeit» herstellen wollen oder brauchen, mit einer Reihe neuer Herausforderungen konfrontiert werden.

Künstliche Intelligenz (oder erweiterte autonome Systeme) und **Robotik** können den technologischen Wandel potenziell über alles bisher Dagewesene hinaus beschleunigen. Manche Experten hegen die Sorge, dass das immer rasantere Tempo, in dem Technik Menschen ersetzt, die Anpassungsfähigkeit von Volkswirtschaften, Gesellschaften und Individuen überfordern könnte. Im Verlauf der Geschichte sorgte technischer Wandel dafür, dass in einer ersten Phase Beschäftigungen abgebaut und Existenzen vernichtet wurden, worauf in einer zweiten Phase bessere Arbeitsplätze in neuen Industrien und Sektoren entstanden und die Lebensstandards anstiegen. Das höhere Tempo des Wandels droht inzwischen allerdings die Anpassungsfähigkeit der Regulierungs- und Bildungssysteme zu überfordern, sodass sich Gesellschaften zunehmend schwer damit tun, Beschäftigte mit passender Qualifikation und Ausbildung zu finden.

- Autonome Fahrzeuge, die den Bedarf an Lastwagen-, Taxi-, Bus- und U-Bahnfahrern oder Lokführern senken, dürften in nächster Zeit als das dramatischste Beispiel dafür dienen, wie Technologie Arbeitsplätze vernichtet.
- Neue Technologien und die Chancen, die sie eröffnen, werden Spezialkenntnisse und komplexe Führungsqualitäten erfordern, die sich Beschäftigte, die von ihrem Arbeitsplatz verdrängt wurden, selten aneignen können. Als eine Folge dürften Fortschritte in der IKT die wirtschaftliche Kluft zwischen denen mit

nachgefragten und anderen mit obsoleten Qualifikationen weiter vertiefen.

- Neue Technologien rücken zudem die wachsende Ungleichheit mit Blick auf Chancen und Wohlstand verschärft ins öffentliche Bewusstsein. Um die negativen Auswirkungen für die Befindlichkeiten abzumildern, versuchen Softwaredesigner, mitfühlende virtuelle Welten, sogenannte Empathiemotoren, zu entwickeln, während Gesellschaftskritiker besorgt darauf verweisen, dass die übermäßige Nutzung von IKT schon jetzt zu einem Zerfall im zivilen und gesellschaftlichen Miteinander geführt habe und neue Entwicklungen wie etwa AR/VR ähnliche Folgen haben würden.

Biotechnologie und verbesserte menschliche Gesundheit. Die Biotechnologie, die durch die CRISPR/Cas-Methode jüngst einen gewaltigen Entwicklungsschub erfuhr, schreitet noch rascher als IKT voran und verspricht, weltweit die Versorgung mit Nahrung und den Gesundheitsschutz zu verbessern. Mit ihr, auch mit Gentechnik, lässt sich die Widerstandskraft von Kulturen gegen Witterungseinflüsse und Pflanzenkrankheiten, insbesondere bei seltener genutzten, erhöhen, um Agrarflächen auszuweiten und Erträge zu steigern. Fortschritte in der Gentechnik könnten auch bei der Bekämpfung von Krankheiten des Menschen bahnbrechende Erfolge bringen – durch Ausmerzung von Malaria übertragenden Stechmücken oder durch Gentherapie, die Erbkrankheiten wie Mukoviszidose heilt. In Entwicklungsländern die Ernährungssicherheit und Gesundheit zu verbessern, wird schon deshalb eine herausragende Rolle spielen, weil sich der Klimawandel auch auf die Agrarproduktion auswirkt.

Gentechnik und andere Biotechnologien werden zum medizinischen Fortschritt beitragen, indem sie bessere Diagnoseverfahren und Behandlungen ermöglichen, antimikrobielle Resistenzen bekämpfen und dafür sorgen, dass neu entstandene oder sich neu entwickelnde Krankheitskeime frühzeitig erkannt, ihre Ausbreitung eingedämmt und pandemische Ausbrüche verhütet werden können. Wenn es gelingt, manche Erbkrankheiten auszurotten oder das Immunsystem gentechnisch abwehrbereiter zu machen, verbessert sich allgemein die Lebensqualität und die weltweite Gesundheit, während Kosten im Gesundheitswesen sinken.

- Nanomaterialien werden verstärkt für Beschichtungen von Medizingerät, als Kontrastmittel in der Diagnostik, für Sensoren in der Nano-Diagnostik und eine gezielte Medikamentenverabreichung eingesetzt. Die digitale Medizin und neue medizinische Verfahren tragen künftig wahrscheinlich zur Verbesserung der globalen Gesundheit bei. Verfeinerte Werkzeuge, mit denen sich die Struktur und Funktion von lebendem Gewebe auf Nanoebene charakterisieren, überwachen und manipulieren lassen, könnten biologische Ansätze für andere technische Entwicklungen und für neuartige Fertigungsverfahren anstoßen.
- Fortschritte in den computergestützten Analyseverfahren, der Hochdurchsatzsequenzierung und den Kultivierungstechniken werden neue Erkenntnisse zum menschlichen Mikrobiom und dessen Manipulation ermöglichen – und so vielleicht neue Wege zur Behandlung von Autoimmunerkrankungen wie Diabetes, rheumatischer Arthritis, Muskelschwund, Multipler Sklerose, Fibromyalgie und sogar einigen Krebsarten eröffnen. Auch könnten bestimmte Mikroorganismen die Behandlung von Depressionen, bipolaren Störungen und stressbedingten psychischen Erkrankungen ergänzen.
- Die optische Überwachung von Neuronen und die optogenetische Veränderung von Nervenaktivitäten versprechen Neurowissenschaftlern Unterstützung darin, Gehirnaktivitäten zu verfolgen, um dem Ausbruch von Erkrankungen wie Demenz, Parkinson oder Schizophrenie vorzubeugen oder diese zu heilen. Auch könnten diese Verfahren Aufschlüsse über den Aufbau gehirnähnlicher Systeme für Künstliche Intelligenz geben.

Mögliche Probleme: In weiten Teilen der Welt gelten gentechnisch veränderte (GV) Lebensmittel noch immer als gefährlich oder unzulänglich getestet. Dass ihre Weiterentwicklung und weitere Verbreitung dort auch künftig abgelehnt werden wird, verringert das Potenzial der Gentechnik, Versorgungsquellen zu erweitern, Preise von Lebensmitteln zu senken und deren Nährwert zu erhöhen. Die Auswirkungen von Verfahren wie Gene-Drive, durch die sich Gene in Populationen beschleunigt ausbreiten und die den Gesamtbestand an Genen in Arten verändern können, sind möglicherweise kaum zu begrenzen. Eingriffe in den Genbestand einer Art wie Stechmücken, um zu verhindern, dass sie Malaria- oder andere Krankheitserreger übertragen, könnten unvorhergesehene Folgen haben. Unabhängig vom potenziellen Nutzen stoßen derlei technologische Eingriffe im Inneren wie auf internationaler Ebene zwangsläufig auf politische Widerstände.

- Bis 2035 wird sich die Lebensspanne der Menschen wahrscheinlich drastisch erhöhen. Allerdings könnte die vermehrte Langlebigkeit und verbesserte Lebensqualität den Gesellschaften insbesondere da Zusatzkosten aufbürden, wo Überalterung die öffentlichen Haushalte schon jetzt belastet. Ausgeglichen werden könnte dies durch Einsparungen im Gesundheitswesen, wenn die Entwicklung von Behandlungsmethoden gegen Erbkrankheiten und Gentherapien bahnbrechende Erfolge erzielt.
- Debatten über die ethischen Grundlagen und die Nützlichkeit von Patenten in medizinischen Entwicklungen, die über Leben und Tod entscheiden, sowie breiter gefasste Streitfragen im Bereich Technologie werden international wahrscheinlich an Schärfe zunehmen.
- Technologische Fortschritte bei der Behandlung von Krankheiten oder der Erweiterung menschlicher Fähigkeiten wie Human Enhancement sind politisch brisant, wenn man davon ausgeht, dass erste Errungenschaften zunächst nur Vermögenden zur Verfügung stehen werden. In die menschlichen Grundfähigkeiten einzugreifen, um die geistige oder körperliche Leistungsfähigkeit zu steigern, dürfte innenpolitisch und international heftige Debatten darüber entfachen, ob die Veränderung des menschliche Genpools ethisch vertretbar ist und welche Auswirkungen sie haben kann.
- Fortschritte in der Biotechnologie, darunter durch Automatisierung und Entwicklung von Standardinstrumenten und «Programmiersprachen» in der synthetischen Biologie, könnten Terroristen in die Lage versetzen, pathogene Mikroorganismen für bioterroristische Anschläge herzustellen.

Energie: Technische Fortschritte und die problematischen Auswirkungen des Klimawandels bereiten den Boden für weitreichende Veränderungen bei der Energiegewinnung wie die verstärkte Nutzung von Energie aus Wind, Sonne, Wellen, Abfallverbrennung oder Kernfusion und auch bei der mobilen und festen Speichertechnik. Während «grüne» Energiesysteme, die fossilen gegenüber wettbewerbsfähig sind, schon jetzt zum Einsatz kommen, sind für die Zukunft weitere Technologien zu erwarten, die auf fossilen und nichtfossilen Trägern beruhen. Innovationen wie Anlagen zur dezentralen Stromerzeugung, die ohne Anschluss an öffentliche Netze auskommen, aus erneuerbaren Quellen gespeist werden und Haushalte, Fahrzeuge und landwirtschaftliches Gerät versorgen können, ersetzen wahrscheinlich die gegenwärtigen Modelle von Versorgung und Verteilung und verschaffen den Bürgern mehr Unabhängigkeit. Dezentrale, aber vernetzte Systeme zur Erzeugung und Speicherung von Energie könnten die Stromversorgung und ihre Infrastruktur besser gegen Naturkatastrophen absichern und gerade in denjenigen Regionen großen Nutzen stiften, die vom Klimawandel und Extremwetterereignissen besonders stark bedroht sind.

Mögliche Probleme: Auch wenn der weltweite Energiebedarf in den nächsten 20 Jahren durch einen Mix aus fossilen Kraftstoffen, Atomenergie und erneuerbaren Quellen gedeckt werden kann, kommt flächendeckend wahrscheinlich **Energieerzeugungstechnik** zum Einsatz, die auf nichtfossilen Quellen beruht – mit Verlusten für Staaten, die von der Ausbeutung fossiler Energiereserven abhängen, um ihre öffentlichen Haushalte zu finanzieren und ihre Bürger mit Energie zu versorgen. Der Umbau ihrer Wirtschaft dürfte vielen schwerfallen. Erhebliche wirtschaftliche Folgen drohen auch den Öl- und Gaskonzernen, von denen einige zu den weltweit größten Unternehmen zählen. Ohne bedeutende Effizienzsteigerungen und Verbilligungen bei der Batterie- und anderer Speichertechnik sind auch für die Zukunft aufwendige Infrastrukturen erforderlich, die in ärmeren Ländern die Energiewende bremsen und die Mobilität und Flexibilität einschränken.

Eingriffe ins Klima: Technologien zum sogenannten Geoengineering, der großräumigen Manipulation des Erdklimas, stecken in den Kinderschuhen und beschränken sich bislang weitgehend auf Computermodelle. Eine effiziente Umsetzung würde wahrscheinlich eine ganze Serie von Maßnahmen erfordern. Bei einem Ansatz, dem sogenannten Solar Radiation Management, soll die Aufheizung der Atmosphäre dadurch verringert werden, dass in der Stratosphäre Aerosole ausgebracht, auf chemischem Wege Wolken über den Meeren aufgehellt oder Spiegel, die Sonnenlicht reflektieren, im Orbit stationiert werden. Bei einer Gruppe kostspieliger Technologien, die erst nach langer Zeit einsatzfähig werden dürften, soll Kohlendioxid aus der Atmosphäre entfernt werden: durch unmittelbare Abscheidung aus der Luft, durch Düngung der Meere mit Eisen oder durch Wiederaufforstung. Bei der CO_2-Abscheidung und -Speicherung (CCS), bei der Kohlendioxid aus den Abgasen herausgefiltert und unterirdisch eingelagert werden soll, steht ein Nachweis für ihre großflächige technische Umsetzbarkeit noch aus. Versuche, Ozeane mit Eisen zu düngen, erfolgten bislang nur in begrenztem Umfang, während Programme zur Wiederaufforstung weltweit laufen.

Potenzielle Risiken: Wenn die Auswirkungen des Klimawandels drastischer spürbar werden, steigt das Interesse am Geoingeneering, noch ehe die Folgen und Nebenwirkungen entsprechender Eingriffe wissenschaftlich absehbar sind.

Mit kontinuierlicher Forschung könnten die führenden Industriestaaten die Fähigkeit erwerben, die Entwicklung der Technologie, die für ein Solar Radiation Management notwendig ist, rasch und mit Kosten voranzutreiben, die weit unter denen liegen, die als Schäden durch den Klimawandel prognostiziert werden. Allerdings braucht die Forschung ausreichend Zeit, um Abschätzungen vorzunehmen, wie sich ein verbreiteter Einsatz der Technologie auf die Sonneneinstrahlung auf die Erdoberfläche, die Temperaturmuster und Niederschlags- und Sturmsysteme auswirken werden und wie die globalen Temperaturen in internationaler Abstimmung angemessen geregelt werden müssen.

- Als ein entscheidendes Defizit lassen sich mit Strategien des Geoengineering einige Effekte des erhöhten CO_2-Gehalts in der Atmosphäre, so die Versauerung der Ozeane, nicht bekämpfen.

Zudem stehen den Technologien zur Abscheidung von Kohlendioxid wirtschaftliche und physikalische Hindernisse entgegen, die darauf hindeuten, dass eine Umsetzung teuer und langwierig wäre und in dem Fall, dass das gespeicherte Kohlendioxid dereinst wieder in die Atmosphäre entweicht, letztlich ineffizient ausfiele.

- Technologien zur Entfernung von CO_2 aus der Atmosphäre erfordern bedeutende Forschungsanstrengungen und bringen nur dann spürbare Effekte, wenn auch beim Einsatz nichtfossiler Energiequellen ein Durchbruch gelingt.
- Die unilaterale Umsetzung von Geoengineering-Technologien, selbst mit Tests in kleinem Maßstab, würden fast sicher geopolitische Spannungen verschärfen. Auch verändern gezielte unilaterale Eingriffe in das weltweite Ökosystem wahrscheinlich die Art, wie Menschen über ihre Beziehung zur Natur und zu anderen denken.

Hightech-Material- und Fertigungswirtschaft. Entwicklungen in der Material- und Fertigungswirtschaft bilden direkt oder indirekt eine entscheidende Voraussetzung für den Großteil des technischen Fortschritts. Angesichts ihrer neuartigen Eigenschaften kommen Nano- und Metamaterialien wahrscheinlich immer stärker zum Einsatz. Schon jetzt sind mehr Güter aus den Bereichen Elektronik, Gesundheitstechnik, Energie, Transport, Bauwesen und Konsum mit derlei Materialien ausgestattet, als die meisten Menschen wissen. Wegen ihrer verbesserten mechanischen und elektrischen Eigenschaften und ihrer einzigartigen Qualitäten dürfte ihr Einsatz den von konventionellen Materialien in vielen Bereichen überflügeln und die meisten Industriesektoren revolutionieren.

Weitere Innovationen im Bereich der Hochleistungskunststoffe werden die Rohstoffmärke verändern, wenn sie sich in der Fertigungstechnik als nützlich erweisen und Kosten senken helfen. Verbundwerkstoffe mit hoher Festigkeit und Kunststoffe können konventionelle Metalle ersetzen und neue Märkte erschließen. Auch wenn sie anfangs vor allem in den Industrieländern genutzt werden, weitet sich ihr Einsatz allmählich aus. Generative Fertigungsverfahren, insbesondere der 3D-Druck, stehen zunehmend zur Verfügung und werden bald in Bereichen eingesetzt, die bislang nicht im Fokus stehen. Der 4D-Druck – die Konstruktion von Objekten, die als Reaktion auf die Umwelt Form oder Funktion verändern – wird den Entwicklern kommerzieller Anwendungen ebenfalls wirtschaftliche Vorteile verschaffen.

Potentielle Risiken: Hightech-Materialien könnten manchen Ländern, die vom Rohstoffexport abhängen, wirtschaftliche Nachteile bringen, bieten aber Wettbewerbsvorteile für Industrie- und Schwellenländer, die Fähigkeiten entwickeln, sie herzustellen und einzusetzen. Die Entwicklung neuartiger Materialien, wie die auf Nanotechnologie beruhenden, verläuft häufig schneller, als sich deren Auswirkungen auf Gesundheit und Umwelt abschätzen lässt. Bedenken in der Öffentlichkeit wegen möglicher unbekannter Nebenwirkungen werden die Markteinführung mancher verzögern. Regulierungen zum Schutz vor Risiken könnten die Nutzung und Verbreitung behindern, insbesondere in Bereichen wie Medizin und Kosmetik.

Fortschritte in der Fertigungswirtschaft, besonders die Weiterentwicklung des 3D-Drucks von einer Neuheit zu einem Routinebereich in der Präzisionsproduktion werden die globalen Handelsbeziehungen insofern beeinflussen, als sie die Bedeutung lokaler Fertigung gegenüber weitläufigeren Lieferketten erhöhen. Als ein Ergebnis erzielt die globale Arbeitsmarkt-Arbitrage sinkende Erträge, weil Ersparnisse aus Produktionsverlagerung in ferne Länder relativ zu den Einsparungen schrumpfen, wenn Fabriken in der Region effizienter arbeiten und mit geringeren Transportkosten zuliefern können. Hochentwickelte Fertigungstechniken erhöhen den beachtlichen Kostendruck auf Billigproduzenten und ihre Beschäftigten und reißen auf globaler Ebene zwischen denen, die in sie investieren und von ihnen profitieren können, und anderen eine weitere Kluft im traditionellen Nord-Süd-Gefälle auf, die sich erneut in Unterschieden bei der Verfügbarkeit von Mitteln und Technologie äußert. Allerdings werden 3D-Produzenten zur Fertigung ihrer Produkte auch künftig Rohstoffe, Elektrizität, Infrastruktur und Patente benötigen.

Weltraumgestützte Technologien. Wachsendes kommerzielles Interesse wird die Effizienz der Raumfahrt und weltraumgestützter Dienste erhöhen und neue industrielle Anwendungen für zivile und militärische Zwecke schaffen. Nach dem Vorbild der internationalen Raumstation ISS verfolgt China Pläne für eine dauerhaft bemannte Präsenz im Weltall. Privatfirmen planen bemannte Raumflüge zum Mars. Neue Satellitensysteme, die kleiner, intelligenter und kostengünstiger sind, schaffen künftig neue Fähigkeiten bei der Fernerkundung, Kommunikation, Umweltüberwachung und globalen Navigation. Satelliten in niedrigen Umlaufbahnen könnten der guten Hälfte der Erdbevölkerung, denen derzeit ein Internetzugang fehlt, ans globale Netz anschließen. Höhere Bandbreiten schaffen und verbessern den Zugang zu cloudbasierten Diensten, Telemedizin und Online-Bildungsangeboten.

Potenzielle Risiken: Gewaltige Zuwächse an Daten aus der Fernerkundung und weltraumgestützen Kommunikationssystemen bedrohen die Privatsphäre und erschweren die Möglichkeit von Akteuren, ihre Handlungen zu verbergen. Manche Staaten werden versuchen, Daten aus dem Weltraum zu blockieren oder zu überwachen, um zu schützen, was sie als ihre zentralen nationalen Interessen betrachten. Der Einsatz von hochsensiblem Fernerkundungsgerät – einstmals nur wenigen Staaten verfügbar – und offene Datenübertragung werden geopolitische Spannungen auslösen.

Wichtige Weichenstellungen

Unter Experten herrscht noch Uneinigkeit darüber, wie sich die neuen Technologien auf die Produktivität und das Wachstum messbarer Wirtschaftsleistung auswirken werden. Während für manche die Welt in Sachen Produktivität an der Schwelle einer Revolution steht, die durch Technik befeuert wird, veranschlagen andere deren Auswirkungen deutlich geringer als jene der zweiten Industriellen Revolution, die sich ab den 1870er Jahren bis Anfang des 20. Jahrhunderts vollzogen hat. Diese Skeptiker verweisen darauf, dass digitale Technik auf das Transportwesen und die Energiegewinnung bislang nur minimalen Einfluss hatte und die gemessene Wirtschaftsleistung über viele Jahrzehnte nur unerheblich veränderte.

Technologie wird eine Reihe positiver und negativer Auswirkungen haben. Wie ein Experte spöttisch bemerkt: «Technologie ist der wichtigste Grund für meinen Optimismus für die Zukunft … und für meinen Pessimismus.» Wie die Geschichte zeigt, variieren die Auswirkungen von Technik erheblich, je nach Nutzer, Zweck und örtlichem Umfeld: Geografie, Wirtschaft, Infrastruktur, Kultur und Politik. Jeder technologische Fortschritt hat einen Preis: an natürlichen Ressourcen, an sozialem Zusammenhalt oder auf schwer absehbare Weise.

Um internationale Standards zu setzen, rechtliche Rahmen zu bestimmen, ethische Grenzen für Forschung festzulegen und geistiges Eigentum zu schützen, braucht es Fähigkeiten, die bei den technologisch führenden Staaten liegen. Zeitnahe Maßnahmen mit dem Ziel, führend zu bleiben, werden sich als besonders wichtig bei denjenigen Technologien erweisen, die die menschliche Gesundheit verbessern, biologische Systeme verändern und Informations- und Automationssysteme erweitern. Multilaterale Abstimmung, die früh bei den einzelnen Entwicklungen ansetzt, vermindert das Risiko internationaler Spannungen bei der Umsetzung, erweist sich für eine Konfliktvermeidung aber möglicherweise als unzulänglich, wenn Staaten zum eigenen Nutzen Technologien und Regulierungsrahmen anstreben.

Wie sie prosperieren …

Volkswirtschaften weltweit unter Stress

In den nächsten Jahrzehnten werden neue unerwartete Belastungen die globalen ökonomischen und finanziellen Probleme, Instabilität und Unsicherheit vergrößern. Das Wachstum der Weltwirtschaft wird eher von den größten Schwellenländern, insbesondere Indien und China, getragen, deren Volkswirtschaften weiterhin schneller als die der Industrieländer wachsen, wenn auch mit geringeren Raten. Eine verstärkte Globalisierung ist allerdings ungewiss und steht unter dem Vorbehalt, dass ihr geopolitische Spannungen entgegenwirken können. Selbst bei starkem weltweiten Wachstum nehmen die Skepsis gegenüber einer weiteren Integration und der Zuspruch für Protektionismus wahrscheinlich zu, sollten sich die wohlhabendsten Volkswirtschaften weiterhin schwer damit tun, «normales» Wachstum zu erreichen, und die Schere zwischen den Einkommen in einer Reihe von Ländern weiter aufklaffen.

- **Hauptursachen schwächelnder Konjunkturen.** Zwei der weltweit größten Wirtschaftsräume – China und die EU – durchlaufen bedeutende Veränderungen, mit China als der größten Unbekannten. Die demografischen Trends, die seit dem Zweiten Weltkrieg zu einem wachsenden Angebot an Arbeitskräften führten – und die Wirtschaftsleistung und Nachfrage ankurbelten –, haben sich in den meisten großen Volkswirtschaften umgekehrt. Viele Entwicklungsländer scheuen offenbar vor den schwierigen Wirtschaftsreformen zurück, die ihre Wachstumsraten langfristig erhöhen würden.
- **Die globale wirtschaftliche Integration steht auf dem Spiel.** Nach 70 Jahren des Fortschritts hat die Liberalisierung des Welthandels an Schwung verloren. Wachsender Konsens unter den unteren Gesellschaftsschichten gegen Freihandel könnte protektionistische Reflexe auslösen und bei einer Eskalation verbreitet zu Abschottungstendenzen führen.
- **Das Problem der Produktivität.** In den letzten 150 Jahren waren Produktivitätszuwächse zu einem Großteil technologischen Fortschritten zu verdanken. Wie neue Technologie die Wirtschaft beeinflusst, ist unmöglich vorherzusagen. Ihre Auswirkungen auf die Produktivität könnten sich als entscheidend erweisen, aber auch geringer ausfallen, als es einst bei der Elektrifizierung oder der Einführung von Verbrennungsmotoren der Fall gewesen ist. Neue Technologien werden allerdings zu bedeutenden sozialen, politischen und wirtschaftlichen Verwerfungen führen, weil ihre Nutzung andere Geschäftsmethoden und neue Qualifikationen von Beschäftigten erfordert.

Wichtigste Trends

Ursachen für schwächelnde Konjunkturen. Auf die Weltwirtschaft kommen ernsthafte Belastungsproben zu, da zwei der drei größten Wirtschaftsräume – China und die EU – erhebliche Veränderungen durchlaufen. Dabei stehen hinter China die größten Fragezeichen aus, wenn es seine Wirtschaft, die von Investitionen vorangetrieben wird, auf Konsum und Dienstleistungen umstellt. Dieser Wandel in historischem Ausmaß, der acht Jahre nach der Finanzkrise noch in keiner klaren Bahn verläuft, markiert den Ausgang aus einer Ära, die gekennzeichnet war von der Abwanderung vom Land in die Städte und einer Industrialisierung, die den Bauboom des Landes vorantrieb, Lebensstandards erhöhte und Kapitalüberschüsse erzeugte, die den weltweiten Kreditbedarf decken halfen. Wegen Pekings Jahrzehnte währender «Ein-Kind-Politik» wird die Bevölkerung im Reich der Mitte rapide altern. Interne Überkapazitäten, hohe Verschuldung und ein krisenanfälliges Bankensystem setzen dem Wirtschaftswachstum des Landes Grenzen. Die übrige Welt, insbesondere die Entwicklungsländer, müssen sich darauf einstellen, dass die Nachfrage nach Rohstoffen in dem zentralen Abnehmerland nicht ewig weiterwächst und es seine Handelsbilanzen eher ausgleichen wird. Pekings Bemühungen, die unausweichlichen Schwierigkeiten und Kosten dieses Wandels zu vermeiden – so mit der letzten Runde an geförderten Kreditvergaben an Staatsbetriebe (SOE) Anfang 2016 –, ziehen die Übergangsperiode in die Länge, vergrößern Ungleichgewichte und erhöhen die Verluste von Investitionen in unproduktive Bereiche.

Den Wandel zu beherrschen und Verlagerungen zu minimieren, wird zukunftsentscheidend sein. Eine dramatische Konjunkturschwäche, die bei den einfachen Bürgern Zweifel daran weckt, dass Peking ihre Lebensbedingungen verbessern kann, könnte die soziale Stabilität und den Machterhalt der Kommunistischen Partei Chinas unterminieren und Peking die Möglichkeit nehmen, sich allein – auch mit einer noch stärkeren Konzentration von Macht – auf seine Autorität und aggressive Überwachung der Gesellschaft zu stützen, um die Stabilität aufrechtzuerhalten.

- **Peking kann die Auswirkungen des Wandels wahrscheinlich dadurch abfedern,** dass es öffentliche Ausgaben erhöht und staatliche Banken ermuntert, Projekte zu finanzieren, um die Folgen rückläufiger Investitionen – vor allem für große unproduktive

Staatsbetriebe – auf die breitere Wirtschaft möglichst gering zu halten. Höhere Altersbezüge und verbesserte Gesundheitsleistungen könnten den privaten Konsum ankurbeln und den Übergang beschleunigen helfen.

- In der Übergangsphase **drohen China drastische, kurzfristige wirtschaftliche Einbrüche** durch äußere und innere Ursachen, wie eine Finanzkrise, die Chinas größte Handelspartner erschüttert, oder durch innere Fehlentscheidungen, die das öffentliche Vertrauen untergraben.

Ein spürbarer wirtschaftlicher Einbruch in China als der weltweit zweitgrößten Volkswirtschaft könnte zu einer globalen Abkühlung führen und die Wachstumsaussichten für zahlreiche seiner Wirtschaftspartner eintrüben.

- **Das Ende von Chinas Urbanisierungs- und Industrialisierungsboom** sowie ein abflauendes Wirtschaftswachstum haben die Aussichten auf die weltweite Nachfrage nach Rohstoffen bereits eingetrübt und zu nachgebenden Börsenkursen und sinkenden Einkommen in Staaten geführt, die von Öl- und Mineralexporten abhängen. Eine weitere Abschwächung würde den Druck auf Russland, Saudi-Arabien, den Iran und andere Schlüsselländer erhöhen.
- **Ein erfolgreicher Wandel hätte für die übrige Welt segensreiche Wirkung.** Eine starke Nachfrage nach Konsum in China könnte einem breiten Spektrum an Gütern – von Waren mit geringer Wertschöpfung aus anderen Schwellenländern bis zu Luxusgütern und Hightech-Artikeln für den Privatgebrauch – neue Abnehmer verschaffen.

Vom Wandel betroffen sind auch die europäischen Volkswirtschaften, von denen viele nach der Finanz- und Wirtschaftskrise seit 2008 noch immer versuchen, ihre Konjunktur anzukurbeln, weil sie mit hohen Staatsverschuldungen kämpfen, die kaum Spielraum für fiskalische Maßnahmen lassen, um ihre alternden Bevölkerungen und reformunwilligen Mittelschichten zu besänftigen und Streitigkeiten um wirtschaftspolitische Konzepte zu entschärfen.

Ihre Weiterentwicklung – oder ihr Stillstand – wirkt sich möglicherweise auf die Dynamik der wirtschaftlichen Liberalisierung und darauf aus, wie die Führungsrolle des Westens in der Welt wahrgenommen wird.

- **Europas wirtschaftliche Zukunft ist mit politischen Hypotheken belastet.** Unsicherheiten, wie sich die politischen und finanziellen Beziehungen Großbritanniens zur EU gestalten, belasten mittelfristig wahrscheinlich das Investitionsklima und das Wachstum. Überdies wurde die Fähigkeit der EU, Wachstum durch Freihandelsabkommen zu fördern, durch den jüngsten Beschluss der Europäischen Kommission eingeschränkt, die nationalen Parlamente über das Comprehensive Economic Trade Agreement (CETA-Abkommen) mit Kanada abstimmen zu lassen – eine Reaktion auf den Druck Deutschlands und den Eindruck, dass die EU ihre Rechte überschreitet, wie er im Brexit-Votum zum Ausdruck kam. Und schließlich wird das Schengen-Abkommen, das Pass- und andere Grenzkontrollen unter 26 Mitgliedsstaaten abgeschafft hat, von einzelnen unterlaufen, um den massenhaften Zustrom von Flüchtlingen zu drosseln.
- **Ungleiche Wachstumsraten in der EU** und problematische Verschuldungsquoten in Griechenland, Spanien und Italien entzweien die Union. Die Unfähigkeit der EU, eine Währungs- und Haushaltspolitik zu gestalten, die im gesamten Raum Wachstum generiert, könnte ihr zum Verhängnis werden. Die immer lauter werdenden Stimmen von Populisten und Globalisierungsgegnern in der EU sorgen mit dafür, dass Freihandel und Wirtschaftsliberalismus weltweit an Rückhalt verlieren.

Zudem wird die Welt genau beobachten, ob die US-Wirtschaft wieder in dem Tempo wächst, das für das Land im Verlauf der Geschichte typisch war, und das Ergebnis als Bestätigung oder als Widerlegung der Tauglichkeit der US-Wirtschaftspolitik bewerten. Angesichts großer ökonomischer und sicherheitspolitischer Herausforderungen setzen offenbar viele Länder mehr als noch vor einem Jahrzehnt darauf, dass die USA Führung übernehmen, in der Mehrheit allerdings auch mit der Bereitschaft, sich dagegen abzusichern, wenn Zweifel an Washingtons Willen oder Fähigkeit aufkommen, diese außenpolitische Rolle auszufüllen.

- Die Erwartungen, dass der Abschluss der Transpazifischen Partnerschaft (TPP) und der Transatlantischen Handels- und Investitionspartnerschaft (TTIP) parteiübergreifend stark unterstürzt wird, sind drastisch gesunken.

Entwicklungsländern fehlt die Fähigkeit, «die Lücke auszufüllen», die sich durch die Konjunkturschwäche der wichtigsten Volkswirtschaften aufgetan hat. Während die meisten bereits Schritte unternommen haben, um sich in die Weltwirtschaft einzubinden, schrecken viele in einer Zeit wirtschaftlicher und politischer Ungewissheiten vor härteren – aber notwendigen – Maßnahmen für mehr Wachstum zurück: die Rolle von Staatsbetrieben reduzieren, wettbewerbsverzerrende Konsumsubventionen abbauen, Rechts- und staatspolitische Reformen umsetzen, um Auslandsinvestitionen anzuziehen, und die Arbeitsmärkte liberalisieren, auch durch verbesserte Gleichstellung zwischen den Geschlechtern.

- Wegen der Größe des Landes und seines erfolgreichen Technologiesektors **birgt Indien wahrscheinlich das größte Potenzial,** um die weltweite Konjunktur anzukurbeln, müsste dazu aber seine Energie-, Transport- und Produktionsinfrastruktur modernisieren, um nachhaltig hohes Wachstum zu generieren. Die Infrastruktur hat sich stellenweise, aber nicht in weiten Teilen des Landes verbessert. Anders als China profitiert Indien in den kommenden Jahrzehnten alljährlich von einem Zustrom von 10 Millionen neuen Erwerbsfähigen auf den Arbeitsmarkt. Allerdings erwies es sich in der Vergangenheit als schwierig, diese in Beschäftigung zu bringen, um Produktionen auszuweiten und die Wirtschaftsleistung zu steigern. Der weltweite Erfolg von Indiens Technologiesektor, der mit der glanzlosen Leistung seiner Industrie kontrastiert, macht die Ungleichgewichte deutlich, die zwischen Indiens relativ leistungsfähigem höherem Ausbildungssystem und seiner dürftigen Elementarbildung bestehen. Letztere bedarf dringender Verbesserung, um höherwertige Beschäftigung zu schaffen.

- Der **Optimismus,** den Preisausschläge bei den Rohstoffen in jüngerer Zeit mit Blick auf **Afrikas Wachstumspotenzial** nährten, erhielt Dämpfer durch Unsicherheiten darüber, ob in verschiedenen Ländern der politische Generationswechsel gelingt und ob die Städte in der Lage sind, die wachsenden Bevölkerungsmassen des Kontinents aufzunehmen. Wie Demografen prognostizieren, wächst in Afrika die Erwerbsbevölkerung (16–64 Jahre) in den nächsten beiden Jahrzehnten weltweit am stärksten, was sich für den Kontinent als wirtschaftlich segensreich oder aber stark destabilisierend erweisen kann, sollte es Regierungen nicht gelingen, Wirtschaft so zu gestalten, dass sie das Produktivpotenzial dieser zumeist städtischen Arbeitssuchenden nutzen kann.

Die Politik und die Öffentlichkeit quer durch die Entwicklungsländer zeigen sich stets besorgt, ob ein Modell für eine stabile Entwicklung zuverlässig funktioniert, auch wenn sie in die Zukunftsaussichten des eigenen Landes größeres Vertrauen setzen als in die reicherer Staaten. Darüber, welches der beste Weg zu Wohlstand ist, sind sich viele im Unklaren. In diesem Umfeld herrscht in den Ländern offenbar die Einsicht, dass sie in die globale Wirtschaft eintreten müssen, um Vorteile zu erzielen, aber auch die Befürchtung, dass Umbrüche und Rückschläge den Weg zu Stabilität und Wohlstand erschweren.

- Durch Finanzkrisen und wachsende Abstiegsängste in den Mittelschichten, zunehmende Ungleichheit und politische Polarisierung hat das westliche Modell für manche an Glanz verloren.
- Der Glaube an Pekings staatskapitalistischen Ansatz zeigt aus mehreren Gründen ebenfalls tiefe Risse: Chinas Wachstum schwächelt, der Finanz- und Immobilienmarkt erscheint krisenanfällig, unproduktive Staatsbetriebe sind hoch verschuldet, die Umweltverschmutzung verschlimmert sich, und die Ideologie der Kommunistischen Partei verliert in der Öffentlichkeit an Zugkraft.

Die Herausforderung der Finanzanpassung

Der Finanzsektor zeigte sich über Jahre hinweg besonders anpassungsfähig darin, neue Mechanismen einzurichten, um aufstrebende Märkte zu bedienen, aber auch diese Netzwerke stoßen an entscheidende Grenzen. Insbesondere wegen des «unsystematischen» Patchworks aus akzeptierten Praktiken, Märkten und Regulierungen rund um die wichtigen Währungen konnten Regierungen die Geld- und Wechselkurspolitik als Instrumente im globalen wirtschaftlichen Wettbewerb einsetzen, obwohl die WTO wettbewerbsverzerrende Eingriffe im internationalen Handel verbietet. Die einhergehenden Spannungen werden im Rahmen der G20 bislang kaum entschärft und könnten sich in heftigen Streitigkeiten entladen oder Verhandlungen um Währungsrelationen neuen Schwung verleihen.

Zu den nennenswerten Erfolgen in der Finanzkooperation zählt die Gründung des Basler Ausschusses für Bankenaufsicht vor 40 Jahren, der die Zentralbanken von über 20 Ländern darin unterstützen soll, Standards und Absprachen zu koordinieren. Die Financial Action Task Force bekämpft Geldwäsche, während das Global Forum on Transparency and Exchange of Information gegen Steuerflucht vorgeht, auch wenn die Erfolge durch eine sich immer schneller drehende «Rüstungsspirale» aus neuen illegalen Praktiken und Gegenmaßnahmen ständig infrage gestellt werden.

Allerdings könnten Differenzen zwischen Großmächten sowie die schwindende Fähigkeit der Vereinigten Staaten, Konsens herzustellen, Versuche von Regulierungsinstitutionen unterminieren, bei aufkommenden Problemen im Finanzsektor einvernehmliche Gegenmaßnahmen zu treffen und deren Umsetzung zu sichern – mit einer zunehmenden Zersplitterung der Finanzlandschaft als Folge.

Die globale wirtschaftliche Integration in Gefahr. Die ständig voranschreitende wirtschaftliche Integration in den vergangenen Jahrzehnten – eine historische Errungenschaft – stößt inzwischen auf größeren Widerstand: Immer mehr Politiker und Bewegungen wenden sich gegen Freihandel und offene Arbeitsmärkte. Nach sieben Jahrzehnten größerer globaler und regionaler Handelsabkommen liegen die Handelsbarrieren in den meisten beteiligten

Ländern bei nichtagrarischen Gütern so niedrig, dass **für größere Erfolge bei einer enger definierten Liberalisierung im Handel kaum noch Spielräume offen sind.** Bei Landwirtschaft und Dienstleistungen, wo eine weitere Öffnung in den meisten Ländern die größten innenpolitischen Widerstände hervorruft, ist das Verlangen nach WTO-Abkommen ziemlich begrenzt. Als Ergebnis konzentrierten sich die jüngsten Verhandlungen um entsprechende Abkommen auf ergänzende Fragen, insbesondere auf die Investitionspolitik. Zudem setzten Länder auf hybride Abkommen – auf umfassendere regionale «Koalitionen der Willigen» –, mit TPP und TTIP als den wichtigsten Beispielen.

- Die Volatilität an den Finanzmärkten, die Erosion der Mittelschicht und ein gewachsenes Bewusstsein für die Ungleichheit **nähren die Anschauung, dass die Liberalisierung im Handel zu weit gegangen sei.** Da die lautesten kritischen Stimmen auch aus den Vereinigten Staaten kommen, die längste Zeit federführend auf offene Märkte drängten, werden andere Länder die US-Politik besonders scharf darauf hin beobachten, ob Anzeichen einer wirtschaftlichen Abschottung erkennbar sind. In den USA steht Skepsis gegenüber dem Freihandel einem Abkommen zur Landwirtschaft entgegen. Und bei den Dienstleistungen sind in einer Reihe von Regulierungsfragen transatlantische Differenzen kaum auszuräumen.
- Schritte einiger Länder, Handel zu beschränken, sowie Widerstand gegen neue Freihandelsabkommen wie TPP bergen für die WTO das **Risiko eines «schleichenden Protektionismus».** Strengere Regulierungen oder offenere Bemühungen, Währungspolitik dazu einzuspannen, um mehr Wettbewerbsfähigkeit im Außenhandel zu gewinnen, könnten eine gefährliche Abwertungsspirale in Gang setzen, in der Länder auf entsprechende Schritte anderer möglichst frühzeitig reagieren wollen, um die eigene Wirtschaft zu schützen.

Produktivität als Herausforderung. Da die globalen Produktivitäts- und Beschäftigungszuwächse in den größten Volkswirtschaften schwinden, wird es in den kommenden Jahrzehnten wichtiger, aber auch schwieriger werden, neue Wege auszumachen, wie sich Produktivität steigern lässt. Besonders akut stellt sich diese Herausforderung in einer Zeit, in der die Erwerbsbevölkerung in den USA langsamer wächst und in Europa, China, Japan und Russland sogar zurückgeht – mit einer potenziellen Schwächung der Wirtschaftskraft als Folge. Dagegen wird diese Alterskohorte in den schwach entwickelten Regionen Afrikas und Südasiens deutlich anwachsen, dabei die dortige Politik aber stark unter Druck setzen, ihre Wirtschaft rasch anzukurbeln.

- **Technologie fungierte als ein entscheidender Antrieb bei Produktivitätssteigerungen** und weckte bei Beschäftigten Ängste um den Arbeitsplatz. Kontinuierliche technologische Fortschritte werden entscheiden sein, um Ländern, in denen die Erwerbsbevölkerung im Wachstum stagniert oder schrumpft, weiterhin Wirtschaftswachstum zu sichern. Dabei fallen künftige, von Technologie generierte Produktivitätszuwächse in den Industriestaaten bescheidener aus oder schreiten langsamer voran. Obwohl verstärkt Informationstechnik eingesetzt wurde, war in den letzten Jahrzehnten bei der Produktivität eher Schrumpfung oder Stagnation zu verzeichnen, möglicherweise deshalb, weil diese Technik hauptsächlich für Aktivitäten eingesetzt wurde, die für Nutzer kostenlos oder nur mit indirekten Kosten verbunden waren oder dazu beitrugen, kostenpflichtige Geschäftsbereiche auszumerzen, so durch soziale Medien, andere Online-Dienste, Spiele und private Kommunikation. Dagegen profitieren ärmere Länder, in denen moderne IKT weniger stark verbreitet ist, wahrscheinlich von erheblichen Zuwächsen, wenn bislang nicht versorgte Bürger Zugang zu modernen Kommunikationsmitteln erhalten.
- **Erhöhen ließe sich die Produktivität in allen Ländern** auch durch ein breit gefächertes Spektrum an grundlegenderen Schritten, so durch Verbesserung von Bildung und Ausbildung, von Infrastruktur, Forschung und Entwicklung sowie von Regulierungs- und Führungspraktiken. Alle entsprechenden Maßnahmen würden allerdings Finanzmittel, Expertise und Vorbereitungszeit erfordern, die für viele Entwicklungsländer – und sogar für Industriestaaten – nur schwer aufzubringen sind.

Die Auswirkungen von Technologie auf Beschäftigung: Ängste statt positiver Erfahrungen

Düstere Prognosen aus jüngerer Zeit über das Potenzial neuer Robotertechnik, eine Vielzahl von Arbeitsplätzen zu vernichten, gemahnten an die Schriften von Wirtschaftswissenschaftlern und die Befürchtungen, die Beschäftigte mit gefährdeten Arbeitsplätzen seit Beginn der Industrialisierung im 19. Jahrhundert hegen. Laut einer Studie könnten durch Automatisierung und Künstliche Intelligenz 45 Prozent der derzeit bezahlten Tätigkeiten verloren gehen, darunter relativ hoch bezahlte wie die von Finanzmanagern, Ärzten und höheren Führungskräften. Auch wenn die rasante Entwicklung in einigen Sektoren kurzfristig zu Arbeitsplatzverlusten führen könnte, erwiesen sich Ängste eines flächendeckenden Beschäftigungsabbaus in der Vergangenheit als unbegründet. Dennoch könnten diese Befürchtungen regierende Politiker und die Öffentlichkeit mancher Länder dazu verleiten, zum Schutz von Arbeitsplätzen der Einführung neuer Technologien Hindernisse in den Weg zu legen, sodass die Vorteile nur verzögert genutzt werden können.

Wichtige Weichenstellungen

Wirtschaftliche Integration. Manche Regierungen werden wahrscheinlich versucht sein, erneut auf protektionistische Maßnahmen zu setzen, wenn reale, mutmaßliche oder erwartete Bedrohungen für ihre Volkswirtschaften in der Bevölkerung Ängste wecken oder für Verunsicherung sorgen. Bei der wirtschaftlichen Integration Kurs zu halten, wird fast sicher politisch schwieriger werden. Künftige Schritte, um Märkte zu öffnen und zu reformieren, erfordern größeren Mut. Die Politik wird vor schwierigen Entscheidungen stehen, wie sie Menschen, die durch veränderte Marktbedingungen ihre Arbeit verlieren, unterstützen und durch Umschulung in neue Beschäftigung bringt, insbesondere wenn angespannte Haushaltslagen und wachsende Schuldenstände die Spielräume für staatliches Handeln einengen.

Technologie. Wie Länder auf die Vermarktung neuer Technologien reagieren, wird sich unmittelbar auf ihren wirtschaftlichen Erfolg und die gesellschaftliche Stabilität auswirken. Größere technologische Fortschritte werden Unternehmen erhebliche Möglichkeiten bieten, sich in anderen Ländern nach günstigen Geschäftsbedingungen umzuschauen. Regierungen (und Verbraucher) werden entscheiden müssen, wie schnell sie neue Technologien annehmen und wie sie mit den Auswirkungen umgehen.

Erwerbsbeteiligung. In den meisten Ländern liegt die größte Chance zur Steigerung der Wirtschaftsleistung in der Erhöhung des erwerbstätigen Bevölkerungsanteils – insbesondere in Gesellschaften, in denen Frauen eine geringe Beschäftigungsquote haben und in denen die Landbevölkerung in die reguläre Wirtschaft schwach eingebunden ist. Auch wenn traditionelle kulturelle Normen Maßnahmen erschweren, um ein zunehmend wichtiges Reservoir an Talenten zu erschließen, und soziale Spannungen hervorrufen, hat Untätigkeit im sich verschärfenden globalen Wettbewerb einen immer höheren Preis. Industrieländer mit alternder Bevölkerung könnten auch von der Erhöhung der Erwerbsquote unter leistungsfähigen älteren Menschen profitieren, weil fixe Renteneintrittsalter und steigende Lebenserwartungen dafür sorgen, dass sich unter durchschnittlichen Beschäftigten die unproduktive Lebensphase zunehmend ausweitet. Allerdings werden Kürzungen bei Altersbezügen auf politischen Widerstand stoßen, obwohl sie zur fiskalischen Entlastung beitragen.

Wie sie denken ...

Ideen und Identitäten, die bestimmen, wer wir sind, spiegeln unsere individuellen Überzeugungen zu uns und unserer Rolle in der Welt wider. Überzeugungen liefern ethische Leitlinien und eine Linse, durch die wir uns ein Bild von der Zukunft machen und für sie die Weichen stellen können. Sie legen fest, wer zu einer Gemeinschaft, Gruppe, Gesellschaft, einem Staat, einer Kultur und einer Zivilisation gehört und – entscheidend – wer draußen steht. Obwohl gegen Anfechtungen gefeit, sind Anschauungen und Identitäten wandelbar. Unterschiedliche Ideen und Identitäten wechselwirken miteinander, indem sie Überzeugungen darüber, welches die wichtigsten Werte sind und wie mit anderen umgegangen werden soll, infrage stellen oder verstärken. Auch werden beide von wirtschaftlichen, politischen, sozialen, technischen und anderen Entwicklungen beeinflusst. Wenn sich der allgemeine Zugang zum Internet ausweitet, kommen globale und nationenübergreifende Ideologien und Identitäten wie religiöse oder ethnische in einigen oder säkulare und liberale in anderen Regionen wahrscheinlich stärker zum Vorschein.

Menschen reagieren auf negative Ideen heftiger als auf positive. Obwohl sich in den vergangenen Jahrzehnten in den meisten Teilen der Welt die Lebenserwartung erhöht und die Lebensbedingungen, die Sicherheit, die allgemeine Gesundheit und das Wohlbefinden verbessert haben, blicken die meisten Menschen düster in die Zukunft. Rund um den Globus herrschen Gefühle der Entfremdung und Ungerechtigkeit, basierend auf realen und empfundenen Ungleichheiten, auf fehlenden Chancen und Diskriminierungen. Generationen von Wirtschaftswissenschaftlern befassten sich mit den Vorzügen und Nachteilen technischer und wirtschaftlicher Entwicklungen, welche die Arbeitswelt der Menschen veränderten. Sozialtheoretiker unterstrichen das Gefühl von Werthaltigkeit und die Identität, welche die meisten Menschen aus ihrer Arbeit ziehen, und – beginnend mit Karl Marx' «Entfremdung» – den Mangel an Befriedigung, der empfunden wird, wenn Arbeit nicht erfüllt.

- Die Erkenntnis, dass die meisten Menschen ein Bedürfnis empfinden, aus Arbeit Befriedigung zu ziehen, mag zur Erklärung für die wachsenden Anzeichen dafür beitragen, dass die «globalisierte» Wirtschaft auf Ablehnung stößt, auch gefördert durch die verstärkte Vernetzung, dank derer sich Online-Gemeinschaften und -Anhänger zusammenfinden.
- Trotz ihrer materiellen Vorteile und verbesserten technischen Mittel, die zur Unterhaltung und Freizeitgestaltung dienen, spüren Menschen mitunter Sinnverlust und sehnen sich nach Ideen, die ein Gefühl von Wert vermitteln. Die fortschreitende Automatisierung spricht dafür, dass in modernen Industriegesellschaften Fragen wie diese in den Vordergrund rücken werden.

- Überall versetzt Informations- und Kommunikationstechnik Menschen in die Lage, sich zu vernetzen und Gemeinschaften zu bilden, in denen sie Frustrationen und Ängste mitteilen können. Aber sie fördert auch Polarisierung und verringert den organisatorischen Aufwand von Rekrutierungen und gemeinsamen Aktionen.

Wirtschaftsideologien wie Sozialismus und Neoliberalismus, die den Großteil des 20. Jahrhunderts beherrschten, wurden durch den Zusammenbruch des Kommunismus bzw. die Finanzkrise ab 2008 heftig infrage gestellt. Ob sie in einer Welt bedeutsam bleiben, in der niedere Wachstumsraten und ein hohes Maß an Ungleichheit die politischen Agenden bestimmen, ist keineswegs ausgemacht. Andere politische Richtungen bleiben lebensfähige Alternativen – insbesondere Nationalismus, politischer Liberalismus und religiös-politische Anschauungen.

Dichtere Vernetzung und höhere Kommunikationsgeschwindigkeit werden in Zukunft dafür sorgen, dass sich Ideen und Identitäten schneller verändern. Bei der Ausprägung von Anschauungen spielen Diasporen eine zunehmend große Rolle. Extreme Ansichten stoßen leichter auf Gleichgesinnte. Insbesondere dadurch, dass in den Entwicklungsländern immer mehr Menschen Zugang zum Internet erhalten, werden gemeinsame Erfahrungen und Identitäten dafür sorgen, dass globale, nationale Grenzen überschreitende Bindungen deutlicher sichtbar werden, zum Beispiel die durch Religion oder Ethnie, durch Säkularismus und Liberalismus.

Traditionelle Ideen und Identitäten werden sich weiterhin als robust erweisen. Nationalismus wird in denjenigen Teilen der Welt vorherrschen, in denen Staaten oder nationale Gemeinschaften ihre Machtansprüche auf bestimmte geografische Regionen geltend machen, insbesondere wenn alternative Anschauungen und Identitäten durch den Anschluss ans Internet zugänglich werden und nationale Interessen bedrohen. Solche Dynamiken spielen unmittelbar in die geopolitische Rivalität zwischen dem westlichen Liberalismus und dem autoritären Nationalismus in China und Russland hinein. Umgekehrt sind im Westen als Reaktion auf Massenzuwanderung, wachsende wirtschaftliche Ungleichheit und sinkende Lebensstandards der Mittelschicht Nativismus und Populismus im Aufwind.

- Technologie, die wachsende Teilhabe von Frauen am wirtschaftlichen und politischen Leben, Umweltprobleme, Urbanisation, Migration und Dissens bei der Deutung religiöser und anderer kultureller Normen prägen in den nächsten 20 Jahren die einzelnen Trends. Ob diese in den Haltungen und Handlungen Ausgrenzung oder Integration fördern, ist eine maßgebliche Ungewissheit.

Wichtigste Trends

Nationenübergreifende Identitäten gewinnen an Einfluss. In den nächsten 20 Jahren breiten sich Ideen und Identitäten leicht über Grenzen hinweg aus. Fortschritte in der Informationstechnik – ob im 15. Jahrhundert mit Buchdruck und Gutenbergbibel oder 1989 mit der Entwicklung des World Wide Web – fördern gewöhnlich religiöse Anschauungen, teilweise deshalb, weil Religionen Grenzen und staatliche Hoheiten überschreiten. Migration und Flucht wirkten auf ähnliche Weise. Da Religion von jeher reichhaltigen Zündstoff lieferte, ist absehbar, dass Reibungen innerhalb und zwischen religiösen Gruppen und säkularen Gemeinschaften in weiten Teilen der Welt zunehmen. Dass sich Informationen und Anschauungen verbreiteten und rivalisierende religiöse Überzeugungen und Deutungen verstärkt ins Bewusstsein rückten, trug maßgeblich zu den Religionskriegen im 16. und 17. Jahrhundert sowie zur Entstehung der Terrorbewegungen bei, die sich heute auf den Islam oder eine andere Religion berufen. Die weit verbreitete Informationstechnologie bietet eine Plattform für extremistische Stimmen, die im Cyberspace nach Anhängern, Unterstützung und Sympathisanten suchen. Entwicklungen wie diese verstärken sich wahrscheinlich, wenn die Entwicklungsländer breiteren Zugang zum Internet erhalten und wenn neue Informationstechnologien wie Virtual Reality scheinbar intensivere und persönlichere Erfahrungen und Interaktionen quer durch Zeit und Raum ermöglichen.

Die Rolle der Religionen. Über 80 Prozent der Weltbevölkerung sind in eine Religionsgemeinschaft eingebunden. Laut einer

Studie des Pew-Forschungszentrums wird dieser Anteil wegen der hohen Fertilitätsraten in Entwicklungsländern steigen. Dass zahlreiche – die Mehrheit oder eine aktive Minderheit stellende – religiöse Gruppen Regierungen aktiver dazu drängen, Religion und ihre Werte ins Rechtssystem und in die Gesetzgebung einzubeziehen, löst wahrscheinlich heftige gesellschaftliche und politische Spannungen aus – und ruft unter den säkularen und religiösen Minderheiten in den betreffenden Ländern Ängste hervor, die sich in Abwanderung und Aufständen äußern könnten. Vor allem im Nahen und Mittleren Osten sowie in Afrika wächst die Bedeutung der Religionszugehörigkeit, während säkulares und religiös ungebundenes Denken vielfach als westliches Gedankengut gilt, das sich gegen Gott und die Werte des Glaubens richte und sozialen Zusammenhalt untergrabe.

- Religiöser Einfluss wird auf neuen Wegen geopolitisch in Bereichen spürbar werden, in denen traditionelle säkulare Interessensvertretungen – so Gewerkschaften – an Bedeutung verlieren und andere ideologische Optionen wie der Liberalismus als unbefriedigender Ersatz erscheinen. Viele religiöse Organisationen – darunter Catholic Relief Services, Compassion International oder World Vision – spielen bei grundlegenden öffentlichen Diensten, humanitärer Hilfe und in der Entwicklungsarbeit schon jetzt eine wesentliche Rolle.
- Mit 1,25 Milliarden Anhängern übernimmt die Katholische Kirche weltweit Führung in Fragen, die von Krieg und Frieden bis zur Verantwortung für die Umwelt reichen. In neuerer Zeit hat sich die Kirche zu so komplexen Themen wie der Forschung an nichtembryonalen Stammzellen oder der Ernährungs- und Lebensmittelsicherheit geäußert. Allerdings werden etablierte religiöse Organisationen – ähnlich wie öffentliche Institutionen – im modernen Kommunikationsumfeld stärker unter Beobachtung stehen.
- Der Konkurrenzkampf innerhalb und zwischen religiösen Gruppen, wenn es darum geht, Glaubensinhalte festzulegen und Hoheit über Überzeugungen zu gewinnen, wird sich wahrscheinlich verschärfen, ganz ähnlich, wie das Ringen um die Kontrolle

über politische Parteien inzwischen stärker personalisiert und erbitterter ausgetragen wird. Dabei werden radikale Aktivisten, die religiöse Minderheitspositionen vertreten, moderate Stimmen häufig übertönen, weil spektakuläre Aktionen und Hetze tendenziell mehr Aufmerksamkeit einbringen und Unzufriedenheit besser mobilisieren als Rufe nach Kompromissen. Auch wenn Gruppen gewaltbereiter Extremisten ohne technokratische Fähigkeiten nur schwer Orientierung bieten, bergen radikale Charismatiker ein durchaus hohes subversives Potenzial. Obwohl die meisten Religiösen den Extremismus nicht aktiv befördern werden, verschärfen passive Unterstützung oder stillschweigende Akzeptanz Spannungen zwischen Gruppen und verschaffen gewaltbereiten Führern als aktiv Beteiligte auf der Weltbühne Geltung. Religiöse Konflikte werden sich dann ausweiten, wenn regionale Widersacher oder äußere Mächte eine der rivalisierenden Parteien unterstützen. Zu den Beispielen zählt Syrien, wo der Iran das alawitische Regime stützt, während mehrheitlich sunnitische Staaten wie Katar, Saudi-Arabien und die Türkei ihren Glaubensbrüdern im Land beispringen.

Die Rolle des Säkularismus. Eine mögliche Reaktion auf die ausufernde religiös motivierte Gewalt könnte eine Abwendung von der Religionszugehörigkeit im Allgemeinen und eine Hinwendung zum Säkularismus sein. Weltweit stellen diejenigen, die sich als religiös «ungebunden» verstehen, nach Christen und Muslimen die drittgrößte Gruppe. Meinungsumfragen deuten darauf hin, dass die Gruppe der religiös Ungebundenen, wenn auch nicht anteilig, so in absoluten Zahlen wahrscheinlich weltweit wächst, insbesondere im asiatisch-pazifischen Raum, in Europa und Nordamerika.

- Selbst in Staaten, in denen religiöse und staatliche Strukturen eng miteinander verflochten sind, zeichnet sich ein moderater Zuwachs an Konfessionslosigkeit und säkularen Anschauungen ab. Wie Meinungsumfragen zeigen, bezeichnen sich immer mehr saudische Bürger als Atheisten. Tunesiens mitregierende Ennahda-Partei wies kürzlich darauf hin, dass sie eher unter muslimischdemokratisch als islamistisch firmieren werde, teils als Abgrenzung zu den heiklen Konnotationen, den der zuletzt genannte Begriff mit sich birgt.

Geopolitische Rivalitäten werden verstärkt ideologisch ausgetragen. Der Liberalismus bleibt für die nächsten Jahrzehnte wahrscheinlich das vorherrschende Modell für Wirtschaft und Politik, gerät aber verstärkt unter Druck und sieht sich mit öffentlichen Forderungen konfrontiert, seine Defizite zu korrigieren. Die westlichen Ideale von individueller Freiheit und demokratischem Handeln werden weltweit gewaltigen Einfluss ausüben, wie die Sehnsüchte der Migranten und Dissidenten zeigen, die sich von ihnen angezogen fühlen. Auch wenn zahlreiche Entwicklungsländer eine Modernisierung anstreben, die mehr oder minder stark entlang westlicher Linien verläuft, hat der Liberalismus über die Jahre nach Rückschlägen stark an Anziehungskraft verloren, weil politische Polarisierung, Volatilität an den Finanzmärkten und wirtschaftliche Ungleichheit in westlichen Ländern Populismus geschürt und Zweifel daran gesät haben, ob politische und wirtschaftliche Offenheit ihren Preis tatsächlich wert sind. Regierungen, welche die Bedürfnisse ihrer Bürger schwer befriedigen können, werden stark in Versuchung geraten, auf Nationalismus oder Nativismus zu setzen, um mit äußeren Feindbildern von inneren Problemen abzulenken. Derweil werden Bevölkerungen mit Ängsten, den Arbeitsplatz an Zuwanderer zu verlieren oder in wirtschaftliche Not zu geraten, wahrscheinlich empfänglicher für ausgrenzende Ideologien und Identitäten.

- Dass die Aufstände des Arabischen Frühlings niedergeschlagen wurden, hat unter anderem als langfristige Folge, dass demokratische Institutionen und Standards an Legitimität eingebüßt und organisierte Institutionen, die politische Opposition kanalisieren, an Glaubwürdigkeit verloren haben. Von den enttäuschten und traumatisierten damaligen Demonstranten, von denen viele überzeugt sind, dass der Westen das Weltgeschehen kontrolliere und für ihre Misere verantwortlich sei, werden sich viele nach Alternativen zu den einstmals unterstützten Idealen umschauen.

- Derweil werden Chinas neuerlicher wirtschaftlicher Erfolg und der Aufstieg weiterer nichtwestlicher Mächte einige Länder dazu ermuntern, Alternativen zum westlich-liberalen Modell zu erwägen, um zu einer anvisierten starken, stabilen und modernen Gesellschaft zu gelangen, auch wenn Chinas harte Hand, die schockierenden Ausmaße der Umweltverschmutzung und die wachsende öffentliche Frustration längst bekannt sind. Wenn Chinas Regierung den Nachweis erbringt, dass sie die Wirtschaft des Landes – insbesondere beim schwierigen Versuch, sie neu auszubalancieren – unter Kontrolle hat und Wachstum aufrechterhalten kann, wird das chinesische Modell an Anziehungskraft gewinnen.
- Der Nationalismus, der in Russland einen Aufwärtstrend erlebt, setzt anstatt auf staatsbürgerliche auf ethnische, religiöse und sprachliche Verbundenheit, wie die Unterstützung russischer Separatisten in der Ukraine, die Annexion der Krim, die Diffamierung von Regimegegnern als «ausländische Agenten» und eine Gesetzgebung gegen «homosexuelle Propaganda» zeigen. Manche Regionalexperten schreiben diese Aktionen Staatspräsident Putins Bemühungen zu, als Reaktion auf den Verlust an internationalem Einfluss und auf innere Zerwürfnisse über gemeinsame Ziele neuen Zusammenhalt herzustellen. Putin lobt die russische Kultur als letztes Bollwerk christlich-konservativer Werte gegen europäische Dekadenz: Mit seiner glanzvollen Geschichte, Literatur und Kultur bilde Russland einen Fels in der Brandung des Multikulturalismus. Unter Putin wird der russische Nationalismus wahrscheinlich noch aggressiver auftreten, unter Nachbarstaaten – wie schon in Georgien und der Ukraine – zuweilen gewaltsame nationalistische Reaktionen hervorrufen und unter ethnischen Minderheiten Gefühle der Entrechtung auslösen.

Ausgrenzende Ideen und Identitäten in Demokratien bedrohen den Liberalismus. Ohne Rückkehr der sozialen Sicherheit und eine gleichmäßigere Wohlstandsverteilung leistet wirtschaftlicher und sozialer Druck im Westen dem Nativismus und Populismus weiteren Vorschub mit der Gefahr, dass sich politische Gemeinschaften abschotten und ausgrenzende Strategien die Oberhand gewinnen. Wenn in den Vereinigten Staaten und in Europa – den traditionellen Hochburgen der Demokratie – der Rechtsstaat und die politische Toleranz geschwächt und politische Freiheiten eingeschränkt werden, könnten die demokratischen Ideen global an Legitimität verlieren. So, wie weltweit wahrgenommen wird, wie die USA und Europa mit polarisierender Politik und oft scharfer Rhetorik Streitigkeiten über Zuwanderung, Gerechtigkeit zwischen Rassen, Flüchtlinge und die Verdienste der Globalisierung austragen, wird die Welt auch beobachten, wie Indien seine hindunationalistischen Strömungen im Zaum hält und Israel seinen ultraorthodoxen Radikalismus bändigt. Entwicklungen wie diese könnten – wie in Ungarn und Polen geschehen – zu einer Abkehr von demokratischen Idealen – oder – wie in der Türkei – zu einer Hinwendung zum Autoritarismus führen. Ohne starke Reaktion von anderen stabilen Demokratien dürfte sich dieser Trend beschleunigen.

- Gegen Zuwanderer gerichtete und fremdenfeindliche politische Strömungen unter westlichen Demokratien werden den etablierten Parteien den Kampf ansagen und ihre Fähigkeit beeinträchtigen, ihre Anziehungskraft für breite Schichten aufrechtzuerhalten und eine Politik der Integration umzusetzen, welche die Bedürfnisse ihrer zunehmend vielfältigen Bevölkerungen befriedigt. Die nationale und internationale Sichtbarkeit populistischer Parteien und sozialer Bewegungen, die Spaltung betreiben, sowie die Tendenzen amtierender Regierungen, ihnen durch eine ausschließende Politik zuvorzukommen, könnten dem Ansehen westlicher Demokratien in der Welt zunehmend schaden und ihre Glaubwürdigkeit darin unterminieren, dass sie für liberale Werte einstehen.
- Spannungen zwischen Menschen unterschiedlicher Hautfarbe werden in Industrie- und Entwicklungsländern in der Politik wahrscheinlich ebenfalls eine wichtige Rolle spielen. Mit zunehmender Verbreitung der Informations- und Kommunikationstechnologie treten strukturelle Ungleichheiten beim Schutz der Interessen verschiedener Gruppen deutlicher hervor. Handlungen von staatlichen Akteuren und Ordnungskräften, die als Gewalt gegen Minderheitsgruppen wahrgenommen werden, verschärfen mit

hoher Wahrscheinlichkeit auch künftig die Spannungen und rufen Proteste hervor.

Wichtige Weichenstellungen

Technische Entwicklungen, zunehmende Geschlechtergleichstellung und Urbanisierung – alles Erscheinungen der Moderne – werden die Zukunft der Familie, der Religion, des Säkularismus, des Nationalismus und insbesondere des Liberalismus prägen. Jeder der genannten Faktoren birgt moralische, rechtliche, soziale und politische Herausforderungen, die wahrscheinlich nach den vorherrschenden kulturellen Normen des jeweiligen Landes bewältigt werden. Eine besonders folgenreiche Weichenstellung wird sich darum drehen, wie Glaubensgemeinschaften, Gesellschaften und Staaten mit technischen Möglichkeiten umgehen, die menschliche Biologie und die Umwelt zu verändern. Die Frage wird wahrscheinlich hitzige Debatten darüber entfachen, was ethisch akzeptabel ist, und die traditionellen Definitionen dazu, was das Menschsein und die menschliche Gruppe, das »Ich« und das «Andere» ausmacht, deutlich infrage stellen. Technische Entwicklungen, die es mehr Menschen ermöglichen, Meinungen zu äußern, werden auch dazu dienen, Unterschiede in den gesellschaftlichen Vorstellungen darüber hervorzuheben, wie weit die Gleichstellung der Geschlechter gehen, wie sich Urbanisierung vollziehen und wie politische Teilhabe verändert werden soll.

Technik und Leben. Größere technische Fortschritte, die neue Erkenntnisse vermitteln, und Bemühungen, die menschliche Anatomie zu verändern, werden die bisherigen Auffassungen darüber, was den innersten Kern des Lebens ausmacht, und die Art und Weise, wie Menschen lieben und hassen, wahrscheinlich erschüttern – und zwischen Menschen, Ländern und Regionen heftige Streitigkeiten entfachen. Sie werden innerhalb und zwischen Glaubensgemeinschaften Debatten auslösen, welche zwischen der religiösen und der säkularen Welt noch deutliche Unterschiede zum Vorschein bringen könnte. Der widerstreitende Druck, Privatsphäre zu schützen und für Sicherheit zu sorgen, hat für die Staatsführung, die Wettbewerbsfähigkeit und den gesellschaftlichen Zusammenhalt weitreichend Folgen. In Sachen Technologie werden die Weichen zunehmend politisch und ideologisch gestellt.

- **Human Enhancement.** Technische Fortschritte in der Kommunikation, der Biologie, den Kognitionswissenschaften und der Pharmakologie werden die Grenzlinie zwischen natürlicher und künstlich verbesserter menschlicher Leistung zusehends verwischen, sogar bei grundlegenden Fähigkeiten wie Gedächtnisleistung, Seh- und Hörvermögen, Konzentration und Körperkraft. Viele werden solche technischen Verbesserungen als wichtige Möglichkeiten nutzen, um in einem schärfer werdenden Wettbewerb Vorteile zu gewinnen, während andere sich ihnen aus Prinzip oder ethischen Gründen verweigern: weil sie «unnatürlich» oder ein Privileg der Vermögenderen sind. Die unterschiedliche Verfügbarkeit solcher Technologien wird die Kluft zwischen «Besitzenden» und «Besitzlosen» weiter vertiefen.
- **Gentechnik.** Gesundheitsexperten sagen voraus, dass die Forschung in der Biotechnologie im Kampf gegen manche Krebsarten und andere Krankheiten den Durchbruch bringen könnte. Erste Anwendungen solcher Methoden wären allerdings kostspielig und nur begrenzt durchführbar und würden wahrscheinlich zu hitzigen Debatten darüber führen, wer von ihnen profitiert, wenn es um Leben und Tod geht. In der Biotechnologie zeichnet sich zudem ein breiterer Trend zu einer stärker personalisierten Medizin ab, die individuell bei biologischen und genetischen Merkmalen ansetzt und der Diagnostik, Behandlung und Vorbeugung vielversprechende Perspektiven bietet. Auch hier werden die Möglichkeiten in den reichen Ländern, entsprechende Behandlungen nach Wahl einzusetzen, im krassen Gegensatz zum Kampf der Entwicklungsländer gegen Erkrankungen stehen, gegen die es bereits Heilmethoden gibt. Und schließlich könnten Fortschritte bei der Genmanipulation das Potenzial für «Designer-Babys» schaffen, die mit vorselektierten, gesellschaftlich bevorzugten Merkmalen zur Welt kommen – und Vorstellungen um Rasse und um die Vorstellungen darüber in den Blickpunkt rücken, was einen «idealen» Menschen ausmacht.
- **Entscheidungen für die Endphase des Lebens.** Angesichts

steigender Lebenserwartungen werden Millionen mehr Menschen ein Alter von 80, 90 oder sogar 100 und mehr Jahren erreichen als bisher. In den Vereinigten Staaten fällt ein erheblicher Anteil an Gesundheitskosten in den letzten sechs Lebensmonaten an. In den Entwicklungs- wie auch in den Industrieländern könnte die Versorgung so zahlreicher älterer Bürger die privaten und öffentlichen Haushalte und Gesundheitssysteme überfordern, wenn es bei den gegenwärtigen Renteneintrittsaltern und Altersversorgungen bleibt.

- Die technisierte, lebensverlängernde Biomedizin wird wahrscheinlich auch eine Rolle dabei spielen, Lebensqualität zu erhöhen, Schmerzen zu lindern und menschliche Grundfunktionen so zu verbessern, dass individuelle Selbstständigkeit gefördert und Belastungen für Pflegepersonal verringert werden. Wohnanlagen und öffentliche Einrichtungen werden mit Technik ausgerüstet, die das Sturzrisiko für Senioren senkt und ihnen die Bewältigung des Alltags erleichtert. Trends, häusliche Pflege zu fördern, eröffnen älteren Menschen mehr Möglichkeiten, wenn sie lieber im gewohnten Umfeld als im Krankenhaus sterben wollen.
- Die Nachfrage nach Möglichkeiten, die Selbstbestimmung mit Blick auf Sterben und den Tod zu erweitern, wird weltweit wachsen, darunter die nach einer verbesserten Palliativversorgung in Hospizen, die Schmerzen und Leiden lindert und psychologische Unterstützung leistet, um Ängste zu verringern und ein Sterben in Würde zu ermöglichen.
- **Schutz der Privatsphäre und Sicherheit.** Wenn Überwachungsgeräte und elektronische Sensoren immer billiger werden, größere Verbreitung finden und verstärkt in den Alltag einziehen, kommt der Grenzverlauf zwischen dem technisch Machbaren auf der einen und dem rechtlich Zulässigen und gesellschaftlich Akzeptablen auf der anderen Seite auf den Prüfstand. Mit Technik, die Personen identifiziert und ihre Aufenthaltsorte bestimmt, könnten radikal neue Methoden Einzug halten, um Verhaltensweisen am Arbeitsplatz auszuspähen und kriminellen Handlungen auf die Spur zu kommen. Algorithmen, die Verhaltensmuster hervorheben, könnten «Vorhersagen» dazu ermöglichen, welche Gesundheitsprobleme auf den Einzelnen zukommen, ob er kriminell

werden könnte, welches Bildungspotenzial in ihm steckt oder ob er sich für einen Arbeitsplatz eignet.

- Ebenso wird der verbreitete zivile Einsatz von Drohnen die Möglichkeiten erschweren, die eigene Privatsphäre zu schützen, und das Sicherheitsempfinden beeinträchtigen, wenn diese von Kriminellen genutzt werden. Drohnen stehen auch autoritären Staaten zur Verfügung, um bürgerliche Freiheiten einzuschränken.
- Globale Entscheidungen über gemeinsame Ressourcen wie öffentliche Gesundheit, Wasser, Nahrungsmittel und andere lebensnotwendige Güter werden die gegenwärtigen Vorstellungen dazu, wie weit Privatsphäre geht, was kontrolliert werden muss, und was Macht darf, unweigerlich infrage stellen.
- **Politische Teilhabe.** Auch wenn sich Menschen dank der sozialen Medien, die den Organisationsaufwand radikal gesenkt haben, deutlich leichter mobilisieren lassen, treibt manche Sozialwissenschaftler die Sorge um, dass der virtuelle Aktivismus konkretere Formen politischer Teilhabe – zum Beispiel den Gang zum Wahllokal – ablösen und damit die Qualität des politischen Prozesses mindern könnte. Manche hegen die noch schlimmere Befürchtung, dass neue Technologien die Gesellschaften zersplittern und polarisieren. Insbesondere in sozialen Medien laufen Informationen und Anschauungen anders als in den traditionellen, die sich mit einem breiten Meinungsspektrum an ein vielschichtiges Publikum wenden, durch einen Filter aus Netzwerken Gleichgesinnter, die eine Vorauswahl treffen. Diese selektive Verbreitung und Aufnahme von Informationen befördert und verstärkt Vorurteile und trägt zu Abschottung und Polarisierung bei.

Bildung. Bildung entscheidet als ein Hauptfaktor über den Erfolg von Ländern und Einzelnen, insofern sie die Chancen für Beschäftigung, Einkommen, Innovation und Entwicklung bestimmt. Rasante Fortschritte in den Bereichen Naturwissenschaft, Technik und Mathematik, in denen ein hoher Anteil an künftigen Arbeitsplätzen entsteht, setzen voraus, dass bestehende Fähigkeiten kontinuierlich gepflegt werden. Wenn Millionen junger Menschen in Ausbildung sind, um ihre Chancen für Beschäftigung zu verbessern, und sich ebenso viele Erwachsene fortbilden und beruflich weiterqualifizieren, um in sich rasch verändernden Gebieten bestehen zu können, kommt wahrscheinlich auch eine Vielfalt an neuen Bildungsmodellen auf den Markt. Weitreichende Verbesserungen bei den Bildungschancen für Frauen und Mädchen werden Frauenrechte entscheidend stärken und die Erwartungen an Geschlechterrollen verändern.

- Zahlreiche Staaten versorgen ihre Bevölkerung mit grundlegender Bildung, allerdings mit politisch geprägten – oder zensierten – Lerninhalten. Manche Regime nutzen öffentliche Schulen, um regimetreue Propaganda zu verbreiten und Patriotismus einzuimpfen. So verstärkte Russland seine Bemühungen, moskaufreundliche Einstellungen zu verbreiten, indem es an Eliteuniversitäten im Vereinigten Königreich russische Sprach- und Kulturzentren einrichtete.
- Unternehmen haben Interesse daran, unter der Belegschaft ein hohes Qualifikationsniveau aufrechtzuerhalten und sie mit aktuell geforderten Fähigkeiten auszustatten, um mit dem technischen Wandel Schritt zu halten. Arbeitgeber, die ihre künftige Wettbewerbsfähigkeit im Blick haben, nehmen Bildungsangebote ins Paket ihrer betrieblichen Leistungen auf oder verlangen kontinuierliche Weiterqualifikation als Voraussetzung für Beschäftigung. Ausweiten wird sich auch der Einsatz von Technik im Bildungsprozess. Sogenannte Massive Open Online Courses (MOOC), kostenlose Onlinekurse mit großen Teilnehmerzahlen, bilden an Eliteuniversitäten und in einflussreichen Unternehmen immer mehr Studenten und Beschäftigte in einer Vielzahl von Fächern aus und qualifizieren sie weiter. KI-Technik wird individuell zugeschnittene Lernprogramme zur Regel machen.

Geschlechterrollen. Durch demografische und wirtschaftliche Zwänge werden die Rolle und Chancen der Frauen wohl in fast allen Ländern stärker in den Fokus rücken und für Zündstoff sorgen. Das weibliche Geschlecht wird in die Personalplanungen für reguläre Erwerbsbereiche, öffentliche und private Führungsgremien und den Sicherheitssektor verstärkt einbezogen. Dass Geschlechterrollen und die an sie gestellten Erwartungen für die wirtschaftliche und sicherheitspolitische Planung entscheidend sind, findet immer mehr Akzeptanz. Der Trend zu stärkerer Gleichstellung – sei es auch nur im Dienst der Wirtschaftskraft – setzt sich weiter fort, allerdings nur langsam und mit Rückschlägen in Bereichen, in denen die Sozialisierung hinter der Stärkung der Frauenrechte zurückbleibt, und weiterhin begleitet von häuslicher Gewalt. Manche Gemeinschaften wenden sich angesichts ungesicherter Verhältnisse wahrscheinlich erneut patriarchalischen Wertestrukturen zu.

- Im Westen werden Unternehmen die weibliche Benachteiligung bei den Einkommen und Aufstiegschancen wahrscheinlich in bescheidenem Umfang verringern, um verstärkt Frauen zu gewinnen und so ihre stagnierende Produktivität zu erhöhen. Die deutliche Sichtbarkeit der Frauen, die in gesellschaftliche, staatlich-öffentliche und wirtschaftliche Institutionen rund um die Welt eingebunden sind, liefert Vorbilder für Gemeinschaften, in denen sie außerhalb der traditionellen Geschlechterrollen seltener in Erscheinung treten.
- Wachsende Unterstützung für die Vereinbarkeit produktiver mit reproduktiven Aufgaben eröffnet Frauen ebenso neue Chancen wie Bewegungen, unbezahlte Arbeit in der Familie als bedeutende Leistung für die Gesellschaft anzuerkennen. Beide Entwicklungen werden von Politik und Institutionen vorangetrieben und geben diesen umgekehrt neue Impulse.
- Verbesserte Technik und Infrastrukturen verringern künftig Belastungen im Alltag, von denen traditionell Frauen betroffen sind, und schaffen für sie größere Spielräume, um in den Arbeitsmarkt einzutreten und sich fortzubilden. Allerdings werden die Herausforderungen durch den Klimawandel und seine Folgen wie Epidemien wegen der traditionellen Verantwortlichkeiten bei Erziehung und Pflege vor allem die Frauen treffen. Belastungen werden auch dann auf sie zukommen, wenn Regierungen finanziell unter Druck geraten und Einschnitte ins soziale Netz vornehmen, sodass Ältere oder andere auf Unterstützung aus der Familie angewiesen sind. Wie staatliche Sozial- und Gesundheitsprogramme

umgesetzt werden, wird sich stark darauf auswirken, inwieweit Frauen in den Arbeitsmarkt integriert sind.

- Religiöse und kulturelle Normen, welche die Rolle des weiblichen Geschlechts in der Wirtschaft einschränken, werden wahrscheinlich durch Frauen unter Druck geraten, die Chancen für ihren gesellschaftlichen Aufstieg suchen, aber auch durch den Bedarf der Wirtschaft, ihr Reservoir an Arbeitskräften zu erweitern, um ihre Produktivität zu steigern. Fragen des Familien- und Personenstandsrechts – die unmittelbar das Verhältnis von Mann und Frau berühren – dürften gesellschaftlichen Zündstoff liefern.

Urbanisierung. Stadtbewohner in der ersten Generation sind gegenüber der breiteren Bevölkerung überproportional stark religiös eingestellt, weil sie fernab ihres weiteren familiären Umfelds in Glaubensgemeinschaften Halt suchen. Diese Dynamik birgt in Afrika und Asien – den sich am schnellsten urbanisierenden Regionen der Welt – sowohl die Chance, dass sich Religiosität stärker organisiert, wie auch das Risiko religiöser Spannungen. Urbanisierung vergrößert die Vielfalt in den Städten, bringt Menschen über kulturelle Grenzen hinweg in Kontakt zueinander und erhöht damit auch das Konfliktpotenzial. Rasantes städtisches Wachstum wird Infrastrukturen an ihre Grenzen bringen, während wachsende Ungleichheit, die im städtischen Umfeld verschärft ins Bewusstsein dringt, wahrscheinlich auch soziale Reibungen verschärft.

- In und um große Städte herum werden religiöse Gruppen in wirtschaftlich angespannten Zeiten und bei dürftiger Regierungsführung wahrscheinlich Anhängern Halt bieten und in Notlagen helfen, aber möglicherweise auch in Fragen von Autorität und Normen Spannungen mit staatlichen Obrigkeiten und anderen verschärfen. Wenn sich religiöse Gruppen eher als der Staat als fähig erweisen, soziale Grundbedürfnisse zu befriedigen, Identität zu stiften, für Gerechtigkeit zu sorgen und moralische Führung zu geben, dürfen ihre Anhängerschaft und ihr Einfluss wachsen – und unter Außenstehenden Unbehagen oder sogar Widerstände hervorrufen. In religiös pluralistischen Gemeinschaften wie dem Libanon könnte daraus neuer Konfliktstoff entstehen.

- Urbanisierung bringt unterschiedliche Bevölkerungen in engen Kontakt zueinander, verschärft den Konkurrenzkampf um Arbeitsplätze und Ressourcen und sorgt so – auf kurze Sicht – für vermehrte Fremdenfeindlichkeit gegen neu hinzukommende Gruppen, fördert aber – auf lange Sicht – typischerweise Integrationsfähigkeit und Akzeptanz. Städte können eine merkwürdige Mischung aus Toleranz und Intoleranz gegenüber Vielfalt hervorbringen. Wenn sich unterschiedliche Gruppen mischen, können zwischen ihnen Vertrautheit und Toleranz wachsen, im Miteinander über kulturelle Grenzen hinweg aber auch Einstellungen gegenüber Liberalität und Akzeptanz von Menschenrechtsstandards verändern. Wie die akademische Forschung nahelegt, kann Migration höhere Standards in Sachen Menschenrechte verbreiten: Zuwanderer werden in der neuen Gesellschaft mit ihnen konfrontiert, gelangen zu neuen Einstellungen und vermitteln diese häufig sogar dann in ihr Heimatland, wenn sie nicht auf Dauer in es zurückkehren.
- Rasante Urbanisierung erhöht wahrscheinlich auch den politischen Mobilisierungsgrad, indem sie Unmut über Verhältnisse in Städten erzeugt, der sich dann – wie längst der Fall – in neuen sozialen und politischen Bewegungen formiert.
- Derweil werden Regierungen neu bewerten, wie sie mit Minderheiten umgehen, die mehr Rechte und größeren Einfluss verlangen, wenn sie sich besser gegen Ausgrenzung zur Wehr setzen können oder wenn politische Parteien über kulturelle Grenzen hinweg an Unterstützung appellieren müssen. In Ländern mit kleinen Minderheiten ist der Anreiz für machthabende Parteien eher gering, Gruppen außerhalb ihrer Kernwählerschaft zu bedienen. Auch geraten Regierungen möglicherweise in Versuchung, ihre Basis mit Stimmungsmache gegen Minderheiten zu mobilisieren. Wenn diese allerdings wachsen und sich – durch politische, soziale oder wirtschaftliche Mittel oder durch Gewalt – mehr Gehör verschaffen, werden es führende Politiker schwerer haben, auszutarieren, inwieweit sie deren Forderungen entgegenkommen oder sich ihnen widersetzen.

Welches Bild Politiker und Medien von Vielfalt vermitteln und welche Politik sie einschlagen, um sich verändernde Bevölke-

rungen zusammenzuhalten, beeinflusst in den nächsten 20 Jahren maßgeblich, wie stark Identitäten integrieren oder ausgrenzen. Einflussreiche Gruppen, darunter die der Jungen sowie religiöse Organisationen, prägen potenziell die breitere Bevölkerung. Laut Meinungsumfragen und Studien sind Jüngere in der Bevölkerung tendenziell stärker dem Einfluss verschiedener Gruppen ausgesetzt und erleben Vielfalt, auch Vernetzung und Bindungen über geografische Entfernungen hinweg, immer mehr als Normalität. Die Generationen, die in den nächsten 20 Jahren heranwachsen und politisch aktiv werden, entwickeln wahrscheinlich ganz neue Definitionen für «Gemeinschaft».

- Wie Studien zeigten, haben die öffentliche Wahrnehmung und die mediale Darstellung von Gewalt größeren Einfluss auf Ängste als reale Risiken oder Bedrohungen. Angesichts aufsehenerregender Terrorakte an Schauplätzen, die bislang verschont blieben, sind Muslime und andere aus dem Nahen und Mittleren Osten und Nordafrika – die unabhängig von der tatsächlichen Glaubenszugehörigkeit zumeist als Muslime wahrgenommen werden – in den meisten Ländern mit nichtmuslimischer Mehrheit auch künftig Diskriminierungen ausgesetzt.
- Ein Grundaspekt jeder Kultur betrifft die Anschauungen zur angemessenen Beziehung zwischen Männern und Frauen. Wenn Gruppen aufeinandertreffen, die den Status der Frau unterschiedlich bewerten, sind gesellschaftliche Konflikte fast vorprogrammiert.

Wenn sich immer mehr einflussreiche Akteure auf konkurrierende Informationsquellen stützen und unterschiedliche Sichtweisen zu Wahrheit und Fakten vertreten, haben es Regierungen schwerer, Kompromisse herzustellen. Angesichts kombinierter Faktoren – so das wachsende Misstrauen gegenüber offiziellen Institutionen und die ausufernde Vielfalt an Informationskanälen, die polarisierende Inhalte verbreiten – reden manche akademische Forscher und politische Beobachter vom «postfaktischen Zeitalter» oder von «postfaktischer Politik». Dass zwischen Wahrheit und Unwahrheit immer seltener unterschieden wird, ist zum Teil der wachsenden Anzahl Einzelner und Gruppen geschuldet, die über verschiedene Kanäle Abnehmer mit Information versorgen. Ob diese Atmosphäre Bestand hat oder Bürger und politische Kreise die wachsenden Kommunikationsströme besser verarbeiten und sich wieder ausgewogeneren Perspektiven zuwenden, ist für die kommenden Jahre entscheidend.

- Als ein Ergebnis des «postfaktischen Trends» werden Einzelne ihre politischen Ansichten wahrscheinlich stärker auf Gefühle anstatt auf Tatsachen stützen und sich diejenigen Informationen herauspicken, die ihre bestehenden Meinungen bestätigen. Tatsächlich verstärken widersprüchliche Informationen Sichtweisen, wonach Fakten, die mit den eigenen Anschauungen kollidieren, aus voreingenommener oder feindlicher Quelle stammen, und verschärfen so die Polarisierung zwischen Gruppen.
- Um die Flut an Details zu bewerten, stützen sich Menschen auf gleichgesinnte Meinungsführer, denen sie die Deutung von «Wahrheit» zutrauen. Nach der jüngsten Untersuchung des Edelman Trust Barometers vertieft sich beim öffentlichen Vertrauen die beachtliche Kluft zwischen Nachrichtenkonsumenten, die über einen Hochschulabschluss verfügen, und der Masse der Bevölkerung. Wie die Untersuchung zeigte, verlassen sich die Befragten zunehmend auf «jemanden wie man selbst». Gleichgesinnte genießen mehr Vertrauen als Führungskräfte der Wirtschaft oder Regierungsvertreter.
- Wie eine Studie des Pew-Forschungszentrums von 2014 zeigte, lag der höchste Prozentsatz an Vertrauen in einzelne Nachrichtenagenturen unter befragten US-Bürgern bei ganzen 54 Prozent. Bürger verlassen sich eher auf soziale Medien, um an Informationen zu gelangen oder um auf Ereignisse zu reagieren.

Wie sie regieren …

Dass Regierungen sich zusehends schwer damit tun, für Sicherheit und Wohlstand zu sorgen, wirft Fragen dazu auf, ob die historisch ausgehandelten Übereinkünfte zwischen Gesellschaft und Regierung Bestand haben werden. Diese Ungewissheit und das rückläufige Vertrauen in staatliche Institutionen auf breiter Basis könnten es den etablierten Systemen schwer machen, öffentliche Erwartungen zu erfüllen und Probleme zu bewältigen, die nationale Grenzen überschreiten.

- Das Vertrauen in die Regierung, das im vergangenen Jahrzehnt in den einzelnen Ländern in unterschiedlichem Maß herrschte, ist aufs Ganze gesehen geschwunden. In einer OECD-Studie von 2015, gestützt auf Umfragen des Gallup-Instituts, sank das Maß an Vertrauen in die nationalen Regierungen quer durch sämtliche OECD-Länder von 2007 bis 2014 um 3,4 Punkte von 45,2 auf 41,8 Prozent ab – mit Rückgängen von über 25 Prozent in Slowenien, Finnland und Spanien, aber Zuwächsen von über 20 Prozent in Deutschland, Israel und Island. Nach einer im September 2016 veröffentlichten Umfrage von Gallup Poll haben nur 42 Prozent der Amerikaner zu den politischen Führern ihres Landes «großes» oder «ausreichendes» Vertrauen – ein Rückgang um rund 20 Prozent seit 2004 und ein neuer Tiefstand in den von Gallup ermittelten Trends.
- Diese Dynamik prägt Regierungsstrukturen, die seit dem Zweiten Weltkrieg Bestand hatten. Während die Demokratie in vielen Teilen der Welt unter Druck geraten ist, verweisen einige akademische Forscher darauf, dass sie insgesamt an Unterstützung verlieren könnte. Auch wenn die Anzahl der demokratisch verfassten Staaten in den letzten zehn Jahren konstant blieb, haben die weltweite Migration und wirtschaftliche Stagnation – zusammen mit Technik, die Einzelne und Gruppen in die Lage versetzt, extremistische Positionen zu verbreiten – einige einst stabile Demokratien wie Ungarn oder Polen geschwächt. In vielen Staaten gelten liberale und demokratische Institutionen als ein Hindernis dabei, Ordnung aufrechtzuerhalten. Viele etablierte Wissenschaft-

ler sehen in mehreren großen antiliberalen Demokratien drohende Instabilität, die diese vor erhebliche innere Herausforderungen stellen werde. Sogar in den von alters her gefestigten liberalen Demokratien wie dem Vereinigten Königreich und den Vereinigten Staaten sind Anzeichen von Polarisierung und Niedergang zu erkennen.

- Dagegen zeigten China und Russland, dass sie dank neuer Technologien oppositionelle Meinungsäußerungen verschärft unter Kontrolle halten können, und setzten mit deren Hilfe zusätzlich subtilere Unterdrückungsmethoden ein. Russland versuchte, die Demokratie, Freiheits- und Menschenrechte verstärkt durch intensive Propaganda und Kooperation mit anderen autoritären Regimen auszuhöhlen. 2015 setzte der Kreml ein Gesetz in Kraft, das die Arbeit «unerwünschter» ausländischer Organisationen verbietet, nach verbreiteter Ansicht ein Instrument, um gegen Abweichlertum durchzugreifen.

Wichtigste Trends

Wirtschaftlicher Wandel und die Wahrnehmung von Ungerechtigkeit werfen Fragen nach der Handlungsfähigkeit von Politik auf. Sich verringernde Raten und verändernde Quellen des Wirtschaftswachstums, die Einkommensungleichheiten vergrößern, und der Eindruck, im globalen Wettbewerb «schlecht wegzukommen», werden öffentliche Forderungen laut werden lassen, Lebensstandards zu erhöhen und abzusichern. Die Frustration über die «Globalisierung» wächst wahrscheinlich weiter, weil zahlreiche Faktoren Einkommenssteigerungen bremsen und es den Regierungen erschweren, für breiten Wohlstand zu sorgen: so ein zunehmender Konkurrenzkampf zwischen Billigproduzenten von Gütern mit geringer Wertschöpfung, eine Technisierung, die für zahlreiche Volkswirtschaften entscheidende Industrien und Sektoren umstrukturiert oder verdrängt, und Ausschläge an den weltweiten Finanz- und Rohstoffmärkten.

- Wegen fehlender politischer Alternativen vergrößert diese Schwankungsfreudigkeit wahrscheinlich die Ungleichheit zwischen Gewinnern und Verlierern – unter den Beschäftigten und

Ländern –, indem sie in zahlreichen Sektoren eine Dynamik in Gang setzt, bei dem «alles dem Gewinner zufällt». Damit verschärft sich die Auseinandersetzungen darüber, welche Rolle der Staat dabei spielt, Lebensstandards zu sichern und Wohlstand zu fördern. Manche Regierungen, die in Humankapital und Infrastruktur investieren, um Wachstum zu generieren, sehen sich möglicherweise zu einer Sparpolitik gezwungen, weil sie sich zu überschulden drohen, ehe ihre Maßnahmen Früchte tragen.

- Wirtschaftliche Instabilität untergräbt die Fähigkeit von Regierungen, Versprechen des Sozialstaats zu erfüllen. Für die entwickelten Länder, in denen die Bevölkerung überaltert und die Lebenserwartungen weiter steigen, lässt sich vorhersagen, dass die Ausgaben im Gesundheitswesen weiter wachsen, während Unternehmensgewinne und Steuereinnahmen sinken. Die Staatsverschuldung bleibt anhaltend hoch. Der öffentliche Zorn über die Unfähigkeit des Staates, die Interessen der Wähler zu wahren, wird sich wahrscheinlich vergrößern, wenn sich die Reicheren dank Finanzkraft, Technik und sozialer Netzwerke aus zahlreichen öffentlichen Systemen wie Bildung und Gesundheit zurückziehen können und damit das Vertrauen in die Solidargemeinschaft unterminieren.
- In Asien und Lateinamerika werden Mittelschichten, die sich erst in jüngerer Zeit aus der Armut herausgearbeitet haben, von niedrigeren Wachstumsraten und dem Verfall von Rohstoffpreisen betroffen sein. Die globalen Kräfte, die ihnen in den letzten Jahrzehnten Wohlstand brachten, schüren inzwischen Ängste, ihn wieder zu verlieren, weil Unternehmen nach noch billigeren Arbeitskräften Ausschau halten, verstärkt auf Automation setzen und so in Industrien und an Arbeitsmärkten Umbrüche herbeiführen. In der Öffentlichkeit breitet sich so die Überzeugung aus, dass die Regierung nicht den Interessen der breiten Bevölkerung diene. In jüngster Zeit trug diese Entwicklung mit dazu bei, dass es in Ländern mit einer neuerdings breiter aufgestellten Mittelschicht wie Brasilien und der Türkei zu Massenprotesten kam.

Entsprechend wird wahrgenommene Ungerechtigkeit angesichts von Misswirtschaft und bürokratischer Erstarrung Gesellschaften dazu bewegen, sich nach Alternativen zum Status quo umzuschauen. Rund um den Globus geben Korruption und Straflosigkeit vordringlich Anlass zur Sorge. Nach Transparency International stellt Erstere in 68 Prozent der Länder weltweit, darunter in einigen G20-Staaten, ein ernsthaftes Problem dar. Besonders akut betroffen sind demografisch junge Staaten, die am stärksten gefordert sind, für Beschäftigung zu sorgen. Wie Transparency International durch Befragungen ermittelte, müssen im Mittleren und Nahen Osten sowie in Nordafrika 50 Millionen Erwachsene Schmiergelder zahlen, um Probleme bei Behördenvorgängen zu vermeiden. Demnach werden staatliche Vertreter und Politiker als weitaus korrupter als religiöse Führer wahrgenommen, was die Spannungen zwischen Regierungen und religiösen Gruppen, die konkurrierende Dienste und Unterstützung bieten, verschärfen könnte.

- Die Sichtweise, wonach die etablierten Akteure darin versagen, koordiniert die politischen und sozialen Probleme anzupacken, trägt verstärkt zur Wahrnehmung bei, dass die bestehenden Formen staatlichen Handelns unzulänglich funktionieren. Wissenschaftliche Studien deuten darauf hin, dass Mangel an Abstimmung die Herausforderungen, vor die sich politische Führungen gestellt sehen, zusätzlich vergrößern kann. Eine Überprüfung lokaler Institutionen in Afghanistan zeigte, dass die Vielfalt der Einrichtungen ohne klare hierarchische Ordnung für Konkurrenzkämpfe zwischen Eliten sorgt und eine ordnungsgemäße Regierungsarbeit beeinträchtigt.

Wegen einer schwindenden Fähigkeit, auch nur grundlegende staatliche Aufgaben zu erfüllen, und des Unvermögens, wechselseitig konstruktive Beziehungen zur Gesellschaft zu entwickeln, drohen noch mehr Staaten auf der Welt in Instabilität abzugleiten. In einem Bericht von 2013 hebt die OECD hervor, dass die Globalisierung nicht nur legale Geschäftstätigkeiten erleichtert, sondern auch illegale Aktivitäten wie grenzüberschreitende und organisierte Kriminalität. Dies könnte Staaten schwächen, die den Herausforderungen am wenigsten gewachsen sind. 2015 bezeichnete die OECD 50 Länder und Territorien – mit einem Fünftel der Weltbevölkerung – als instabil oder in einem Konflikt begriffen. Dabei hebt sie hervor, dass instabile Verhältnisse nicht nur zwischen, sondern auch innerhalb von Staaten herrschen – mit wachsender Aussicht darauf, dass die Regionen mit «alternativ regierten Räumen» weiter wachsen. Bemühungen, in zahlreichen instabilen Staaten die Zentralgewalt wieder zu festigen, geraten so ernsthaft in Gefahr.

Unzufriedenheit und Erwartungslücke. Frustrationen über die Leistungen staatlicher Politik in den Bereichen Sicherheit, Bildung und Beschäftigung werden wahrscheinlich in die Öffentlichkeit getragen und bereiten den Boden für eine zunehmende politische Destabilisierung. In manchen Fällen entspringt die Frustration verschlechterten Lebensbedingungen und sinkenden Lebensstandards – oder dem Empfinden, dass sich die Verhältnisse langsamer bessern als in anderen Ländern –, wenn Bevölkerungen die negativen Auswirkungen der Globalisierung zu spüren bekommen. In anderen erwartet eine zunehmend wohlhabende, gut ausgebildete und gut informierte Öffentlichkeit mehr von ihrer Regierung in einer Zeit, in der die Herausforderungen an sie – darunter der Klimawandel, Terrorismus und wachsende Migration – immer komplexer und kostspieliger zu bewältigen werden. Auch kommen mit der Umverteilung von Macht durch den technischen, wirtschaftlichen und gesellschaftlichen Wandel neue Veto-Kräfte ins Spiel, die es den Regierungen zunehmend erschweren, effiziente politische Maßnahmen umzusetzen – mit einer sich vergrößernden Kluft zwischen Erwartungen und Wirklichkeit als Folge. Der wirtschaftliche und gesellschaftliche Wandel schwächt traditionelle Institutionen wie politische Parteien, die einst Interessen gebündelt gegenüber dem Staat vertraten, weil öffentliche Forderungen nach direkter Teilhabe an den komplexen Verhältnissen im modernen Staat scheitern.

- Regierungen werden es mit einer wachsenden Anzahl von Akteuren – Nichtregierungsorganisationen, Verbänden und anderen Körperschaften – zu tun bekommen, die sich, insbesondere online, direkt an Bürger wenden und Koalitionen schmieden können. Weil der Einfluss der politischen Parteien auf breiter Basis schwindet und Einzelne und Gruppen Geld und Medien dazu nutzen können, Öffentlichkeit herzustellen und – wenn zuweilen auch nur zeitweilig – Unterstützung zu mobilisieren, wird sich Politik verstärkt personalisieren und mit Blick auf Wahlergebnisse und Politikgestaltung unberechenbarer werden.

- Auch müssen sich Regierungen mit dem technologischen Wandel und damit auseinandersetzen, dass einzelne Spieler an den Finanzmärkten einen wachsenden Einfluss haben, mit dem sie – wie bei der letzten schweren Finanz- und Wirtschaftskrise – über nationale Grenzen hinweg plötzliche und schwere Erschütterungen auslösen können. Finanzexperten warnen vor einer Zunahme solcher Risiken, weil sich Spekulanten nach immer neuen Möglichkeiten umsehen, um kurzfristige Profite zu generieren, und Schlupflöcher in Regulierungen ausnutzen oder neue Fähigkeiten wie Big-Data-Analytik oder KI für den automatischen Handel entwickeln, um aus bestehenden Märkten und Instrumenten Vorteile herauszuschlagen. Andererseits wird Technik gut geführte Staaten und subnationale Verwaltungseinheiten, die öffentliches Vertrauen genießen und über geeignete Infrastrukturen verfügen, darin unterstützen, Dienstleistungen effizienter und transparenter zu gestalten, Korruption zu bekämpfen und Aktivitäten besser zu regulieren.
- Schwindende öffentliche Toleranz gegenüber Kriminalität und Korruption wird den Druck auf Regierungen erhöhen, Reformen durchzuführen, um ihren Machtverlust abzuwenden. Dieser Druck wird verbreitet eine ganze Bandbreite an staatlichen Reaktionen auslösen: Manche Regierungen setzen auf mehr Transparenz und Zuhören, während andere in autoritäre Muster zurückfallen und sich verstärkt aus der Rechenschaftspflicht stehlen. Mehr Zugang zu detaillierteren Informationen über staatliches Handeln und Meldungen über gestürzte Regierungen dürften die öffentlichen Erwartungen dazu höher schrauben, wie sich staatliche Akteure zu verhalten haben.

Aus dem Reservoir an Frustrationen können Start-up-Politiker schöpfen, um neue Formen politischer Partizipation zu entwickeln.

Populistische Ressentiments, in die Sprache der Korruptionsbekämpfung gekleidet, sind in Südasien zu einem Rohstoff für Politikgestaltung geworden. Indien und Pakistan erlebten eine Welle der «Reformpolitik» mit Massenbewegungen, die sich aus der Empörung über die politischen Eliten und etablierten Parteien speisten.

- Umfragen belegen, dass erdrückende Mehrheiten in den Bevölkerungen Eurasiens den etablierten Institutionen die Legitimität absprechen und Parlamenten, Präsidenten, Polizeibehörden, Richtern und anderen Eliten geringes Vertrauen entgegenbringen. Ähnlich zählen Korruption und Ungleichheit laut dem Pew-Forschungszentrum in China zu den wichtigsten Beschwerden der Bürger.

Der Einzug nichtstaatlicher Akteure. Die Arbeitsteilung zwischen Dienstleistern weitet sich aus, weil Regierungen zunehmend mit Unternehmen und anderen nichtstaatlichen Akteuren konkurrieren, die hoheitliche Aufgaben übernehmen. Viele sind schon länger am Markt, könnten ihre Aktivitäten aber ausweiten, weil das Vertrauen in staatliche Verwaltungen schwindet:

- **Unternehmen.** Die Globalisierung hat den Aktionsradius multinationaler Konzerne ausgeweitet und manchen die Möglichkeiten verschafft, Dienstleistungen in öffentlich-privaten Partnerschaften zu erbringen. Zuweilen im Verbund mit Regierungen haben es sich Konzerne auf die Fahnen geschrieben, gegen hartnäckige soziale Missstände und Umweltprobleme vorzugehen, um ihr Image und ihre Geschäftsergebnisse dadurch aufzubessern, dass sie auf öffentliche Bedürfnisse reagieren. So unterstützte Coca Cola in Partnerschaft mit USAID die Wasseraufbereitung in Tansania und anderswo.
- **Religiöse Vereinigungen.** Glaubensbasierte Organisationen leisteten von jeher Entwicklungsarbeit und andere Hilfen. Einige NGOs verweisen darauf, dass ihre Spender da einzuspringen bereit sind, wo staatliche Träger zögern.
- **Städte und ihre Bürger.** Mit der fortschreitenden Urbanisierung, die Megastädte entstehen lässt, gewinnen Metropolen und

ihre führenden Akteure zunehmend an Einfluss. In den letzten Jahren schlossen sich Bürgermeister der weltweit größten Städte zum Netzwerk C40 zusammen, das sich auf den Kampf gegen den Klimawandel konzentriert. 2014 hielt die Gruppe in Südafrika eine Tagung zum Klimaschutz ab. Die nächste war für Dezember 2016 in Mexiko-Stadt geplant, wo C40-Bürgermeister aus aller Welt sowie Hunderte städtische Vertreter und andere, die in Sachen Nachhaltigkeit Führung übernehmen, urbane Lösungsansätze gegen die Erderwärmung vorlegten.

- **Kriminelle und Terrororganisationen.** Immer mehr skrupellose Akteure und kriminelle Netzwerke nützen IT-Sicherheitslücken und Unterschiede in nationalen Gesetzgebungen aus. Dass sie sogar für starke Staaten zur wachsenden Herausforderung werden, zeigen die Machenschaften von Schleusermafias, die über Facebook für ihre Dienste werben und Fluchtrouten kontrollieren. Ebenso versuchten Terrororganisationen, insbesondere der Islamische Staat im Irak und in der Levante, staatliche Aufgaben zu erfüllen, um ihre Ideologie zu verbreiten und Anhänger zu gewinnen.

Wachsende Unterschiede in der Regierungsform. Wegen der großen Unterschiede, die zwischen den Staaten bei der Urbanisierung, dem Wirtschaftswachstum, den gesellschaftlichen Grundanschauungen wie die zur Geschlechtergleichheit und bei der Migration herrschen, werden in den kommenden 20 Jahren auch die Regierungsformen und die staatlichen Erfolge stärker variieren. Kompetenzen werden zwischen den nationalen, regionalen und lokalen Regierungen wahrscheinlich neu verteilt, da einige Städte und Regionen ein größeres Gewicht erhalten, als in den bestehenden administrativen Aufgabenteilungen berücksichtigt ist.

- Während die Anzahl der Staaten mit einer Ordnung wächst, in der sich demokratische und autokratische Elemente mischen, ist ein Trend zu mehr stabilen Demokratien nicht zu erkennen. Studien deuten darauf hin, dass gemischte Staaten zu Instabilität neigen. Zahlreiche Gesellschaften werden unter chronisch schwachen und stark krisenanfälligen politischen Institutionen leiden. Angesichts der herrschenden Bandbreite an Institutionalisierung und an öffentlichem Vertrauen in Politik werden die Staaten in ganz unterschiedlichem Maß in der Lage sein, politische oder umweltbedingte Krisen zu bewältigen.

- Selbst innerhalb der Regionen nehmen Qualitätsunterschiede in der Regierungsführung zu. So können in Europa die Regierungen der Nordländer dank eines relativ hohen Vertrauens in Politik leichter Informationstechnik einsetzen, um ihre Dienste für die Bevölkerung zu verbessern, während dieser Weg anderen wie Italien aus dem gegenteiligen Grund verschlossen bleibt. Schwache mittelamerikanische Staaten sind besonders krisenanfällig, während in Ländern wie Chile oder Uruguay gefestigtere Institutionen Auswirkungen wirtschaftlicher Schwierigkeiten effizient abfedern können. Eine wachsende Differenzierung zeichnet sich auch in Afrika zwischen zahlreichen gescheiterten und krisengeschüttelten Staaten auf der einen und reformfähigeren Ländern wie Ghana oder Kenia auf der anderen Seite ab.
- Erfolgreiche Staaten und untergeordnete Verwaltungseinheiten werden auf öffentlich-private Partnerschaften setzen, die Veränderungen herbeiführen können, wenn auch ohne Garantie für mehr Demokratie oder staatliche Rechenschaft. Entwicklungsländer öffnen sich solchen Partnerschaften verstärkt, um Infrastruktur aufzubauen und schlecht erreichbaren ländlichen Gebieten einen verbesserten Informationszugang zu verschaffen. Angesichts der Skepsis, welche die Krise nach 2008 gegenüber der Vorstellung ausgelöst hat, dass Wirtschaftswachstum am besten privaten Akteuren und einem schwach regulierten Markt überlassen bleibt, werden halbstaatliche Modelle, wie in Singapur betrieben, wahrscheinlich neue Anziehungskraft gewinnen.
- Insbesondere in den Entwicklungsländern werden sich wichtige Entscheidungsbefugnisse wahrscheinlich von der Regierungszentrale in die Städte und umliegenden Regionen verlagern, weil die Akteure vor Ort eine Kontrolle über ihre fiskalischen Ressourcen anstreben und Konsens mit kompetenten Bürokratien suchen, häufig auch gestützt auf private Expertise, wie ein neuerer Bericht der Brookings Institution zeigt. Städte spielen eine zuneh-

mend wichtige Rolle dabei, Maßnahmen umzusetzen, um den Klimawandel abzumildern, und organisieren sich dazu in grenzüberschreitenden Netzwerken.

Wichtige Weichenstellungen

Ob Entwicklungsländer wirtschaftlich aufholen und ihre politischen Systeme stabilisieren, wird davon abhängen, wie viel ihre Regierungen und andere in Humankapital und verbesserte öffentliche Dienste investieren. Investitionen in Humankapital, Ausbildung und Organisationsstrukturen werden darüber entscheiden, wie rasch und ob überhaupt Kapazitäten für weitere Entwicklung aufgebaut werden.

- Unklar ist, ob sich in den Industrie- und Entwicklungsländern im Zug einer Dezentralisierung Macht auf die Städte verlagert, die – so beispielsweise Lagos – bei Innovation und öffentlich-privaten Partnerschaften die Vorhut bilden, und ob Unternehmen bei Aufgaben einspringen, die einstmals der Staat erfüllte. Neuere Einschätzungen deuten darauf hin, dass Konzerne, die ins Gesundheitswesen oder in erneuerbare Energien investieren, die traditionell als Hoheitsaufgaben galten, Aktionären höhere Erträge erbringen. Das spricht dafür, dass Privatunternehmen in den genannten und weiteren Sektoren eine größere Rolle spielen könnten.
- Inwieweit Staaten sich an alternativen Entwicklungsmodellen zu den westlichen orientieren, bleibt unklar. Letztlich entscheiden Regierungsbilanzen, insbesondere mit Blick auf die Wirtschaft, wie die Bürger Erfolge beurteilen. Wenn sie in ihrer Situation keine Verbesserung erkennen, verlieren sie das Vertrauen in die herrschenden Eliten – und bringen dies dank moderner Kommunikationsmittel und Möglichkeiten zur Vernetzung deutlich zum Ausdruck. Wenn Peking die Herausforderungen bewältigt, mit denen sich Chinas Wirtschaft konfrontiert sieht, eine Stagnation der Einkommen auf mittlerem Niveau abwenden kann *(middle-income trap)* und auf Technologie setzt, um die öffentliche Meinung zu lenken – oder Protestpotenzial zu entschärfen –, werden weitere Staaten seinem Weg folgen.

Hoch entwickelte demokratische Staaten wie auch Schwellenländer stehen vor Entscheidungen, wie sie auf die Ungleichheit, wachsende Schuldenlasten und die Wahrnehmung einer unzulänglichen Regierungsarbeit reagieren. Die Fähigkeit der Politik, die genannten Probleme zu bewältigen, wird Härtetests unterzogen werden: In Zeiten harter Entscheidungen, die wahrscheinlich den Mix aus Gewinnern und Verlierern durcheinanderbringen, tun sich Regierungen schwer damit, öffentliche Glaubwürdigkeit wiederherzustellen und den Eliten weiterhin Rückhalt zu sichern. Wenn in der Öffentlichkeit offenbar die Bereitschaft zu Protesten wächst, schrumpfen für Politiker die Spielräume, schwierige Maßnahmen, vor allem solche umzusetzen, die erst auf lange Sicht wirken. In diesem Umfeld könnte sich Kontinuität aus der Staatsführung verflüchtigen, ob in demokratisch verfassten Industrieländern oder in modernen Autokratien wie Russland oder China, in denen die Macht an einzelnen Führern hängt und denen bei einem abrupten Machtwechsel noch stärker Instabilität droht.

- Regierungen und Politiker setzen wahrscheinlich auf unterschiedliche Strategien, um den Herausforderungen durch schwaches Wachstum und wirtschaftliche Ungleichheit zu begegnen. In turbulenten Zeiten gelangen mitunter Politiker mit Gestaltungskraft an die Macht, die neue Koalitionen schmieden, welche die Beziehungen zwischen Regierung und Öffentlichkeit neu ausrichten. Ihre Optionen, wie sie mit dem fortlaufenden technologischen Wandel umgehen, der den Beschäftigungsaufbau bremst und Ungleichheit schafft, bleiben dabei allerdings möglicherweise gering.
- Vor schwierigen Entscheidungen stehen die Regierungen auch wegen der Alterung der Gesellschaft und der Ungleichheit zwischen den Geschlechtern. Politiker müssen die notwendigen Anpassungen im – längste Zeit als unantastbar geltenden – Sozialsystem mit erforderlichen Investitionen ins Humankapital und anderen Initiativen austarieren, um Frauen und anderen Gruppen größere Chancen und besseren Schutz zu sichern – Entscheidungen, die sich langfristig auf die Ernährungssicherheit, das Gesundheitswesen, das Kindswohl und den Umweltschutz auswirken.

Internationale Institutionen: Wichtigste Trends

Die bestehenden internationalen Institutionen, insbesondere das UN-Behördensystem, werden Mühe haben, sich an das sich erweiternde Spektrum aus Akteuren und komplexen Problemen anzupassen, die sensible Fragen der nationalen Souveränität berühren und sich innenpolitisch stärker auswirken werden, als in der jüngeren Vergangenheit, in der internationale Abkommen noch von Eliten ausgehandelt werden konnten. Während traditionelle Organisationen wie die UN um ihre Weiterentwicklung ringen, steigt künftig der Bedarf an Friedenstruppen, humanitärem Beistand, Foren zum Kampf gegen den Klimawandel und an weiteren Mitteln, um globale Probleme zu bewältigen. Eine entstehende Mischung aus Foren, an denen sich zunehmend nichtstaatliche Akteure und regionale Institutionen beteiligen, und aus informellen Konsultationen wird sich mit grenzüberschreitenden Problemen befassen, an denen herkömmliche Ansätze scheiterten. Die Gründung der Asiatischen Infrastrukturinvestmentbank (AIIB), die Programme finanziert, aus denen sich die Weltbank heraushält, ist ein Beispiel für einen solchen regionalen Ansatz.

Zuwachs an Veto-Macht. Ein Mangel an gemeinsamen Sichtweisen unter den Großmächten und Konkurrenz unter den Schwellenländern werden größere Reformen im internationalen System behindern. Obwohl Einhelligkeit darüber herrscht, dass der UN-Sicherheitsrat (UNSC) Reformbedarf hat, ist darüber, wie Neuerungen aussehen sollen, unter den Staaten kaum Konsens in Sicht. Solche Reformen, die als notwendig anerkannt werden, sind zwar nicht unmöglich, werden aber, falls überhaupt, in den nächsten beiden Jahrzehnten nur schleppend auf den Weg gebracht werden.

Aspekte des internationalen Systems gewinnen an Bedeutung, weil Staaten Belastungen spüren und Regierungen Schwierigkeiten haben werden, Umweltveränderungen, Strukturwandel und internationale Konflikte zu bewältigen.

Der Bedarf an multilateraler Unterstützung steigt. Ein Bündel aus umweltbedingten und demografischen Faktoren – Erderwärmung, Engpässe bei der Energieversorgung, illegale Migration,

Ressourcenknappheit, Epidemien, Versauerung der Ozeane und übermäßig junge bzw. alternde Bevölkerungen – setzt nationale Regierungen, insbesondere krisenanfällige, unter wachsenden Handlungsdruck. Da die Legitimität von Staaten von innen her infrage gestellt wird, erhöht sich der Bedarf an multilateralen Ressourcen, um Lücken in der einzelstaatlichen Handlungsfähigkeit auszufüllen. Instabile nationale Regierungen werden auf vielfache entsprechende Unterstützungen angewiesen sein, darunter auf IWF-Notkredite, UN-Friedenmissionen, humanitäre Hilfen und Leitlinien, um Krankheiten einzudämmen oder auszurotten.

Eine breitere Mischung an Instrumenten für Entwicklung. Während unter instabilen Staaten und denen, die sie unterstützen, Forderungen nach multilateralen Ansätzen lauter werden, verbreitert sich auch der Mix an dazu verfügbaren Instrumenten – unter anderem durch Kredite und Finanzierungen für Länder mit mittlerem Einkommen, die bei vielen humanitären Herausforderungen künftig häufiger die Hauptlast zu tragen haben. In der Entwicklungsgemeinschaft hat sich inzwischen echte Vielfalt etabliert: Um künftigen Erfordernissen besser gerecht zu werden, arbeiten Risikokapitalgeber mit Chefs von Hilfsorganisationen, Konzernlenker mit außenpolitischen Beratern oder Verfahrenstechniker mit Nichtregierungsorganisationen zusammen. Allerdings werden die wichtigsten Geberstaaten wie China und die Vereinigten Staaten den Großteil ihrer Hilfen über bilaterale Kanäle leisten.

Zum Multilateralismus zeichnet sich keine Alternative ab

Obwohl zahlreiche formelle zwischenstaatliche Institutionen wie die UN vermehrt neue Formen der Partnerschaft eingehen werden, ist eher unwahrscheinlich, dass solche Veränderungen das multilaterale Modell, in dem jeder Staat eine Stimme hat, in den nächsten 20 Jahren infrage stellen. Der souveräne Staat hat sich als Grundpfeiler internationaler Entscheidungsprozesse als bemerkenswert tragfähig erwiesen. Trotz Veränderungen in den letzten 500 Jahren ist er das Schlüsselelement in der politischen Ordnung geblieben und wird in ihr wahrscheinlich weiterhin vorherrschen.

- Auch wenn die Welt in vielfältigen Bereichen – technischer und gesellschaftlicher Art – an unterschiedlichen Schauplätzen internationale Krisen erleben wird, ist kaum anzunehmen, dass sie in den nächsten beiden Jahrzehnten an einen Wendepunkt gelangt, der den Ansatz bei der Organisation der internationalen Beziehungen radikal verändert. Eine entsprechende Alternative wird derzeit von keinem Staat vertreten, auch wenn nichtstaatliche Akteure wie der Islamische Staat im Irak und in der Levante (ISIL), der mit gewaltsamen Mitteln ein Weltkalifat errichten will, oder die Bahai-Religion, die mit pazifistischem Aktivismus Gleichheit und eine demokratisch gewählte Weltregierung anstrebt, alternative Modelle betreiben. Obwohl solche in einigen Teilen der Welt Unterstützung finden, verhindert weiterhin die breite Vielfalt an staatlichen Einzelinteressen, dass ein anderes System auf globaler Ebene Fuß fassen kann, ziemlich so, wie sie derzeit eine Erweiterung des UN-Sicherheitsrats verhindert.
- Das Wort «Weltregierung» wird auch in Zukunft – so unsere klare Erwartung – nur selten laut ausgesprochen, auch wenn zwei der vier Bereiche, die als «Zweige» einer solchen Regierung gelten können, in den letzten Jahren an Einfluss gewonnen haben: die internationalen Gerichtshöfe und die wachsende Bürokratie von Institutionen wie die Welthandelsorganisation WTO. Klagebefugnis genießen unter ihrer Ägide anstatt Privatpersonen vor allem Staaten und bis zu einem gewissen Grad Privatunternehmen und NGOs. Bislang hat sich noch keine bedeutende oder spürbare Bewegung formiert, die darauf dringt, die beiden fehlenden Zweige – Exekutive und Legislative – aufzubauen, teils deshalb, weil dies reguläre Wahlen durch Weltbürger erfordern würde. Zumindest für den Augenblick erscheint dies als eine «zu weit gehende Vorstellung». Die Nationen begnügen sich mit dem Status quo.
- Die Vereinten Nationen als Institution für Frieden und Sicherheit ähneln 2035 wahrscheinlich stark denen von 2016, auch wenn sich ihre Instrumente und ihre Agenda weiterentwickeln. Die konstitutionellen Hürden für eine Satzungsänderung liegen hoch. Und trotz aller Klagen über reale Ungerechtigkeiten in der Architektur des UN-Sicherheitsrats haben kleine Staaten und aufstrebende Mächte großes Interesse daran, dass das System auf-

rechterhalten wird und die militärischen Großmächte eingebunden bleiben.

- Die Mehrheit in der Staatengemeinschaft wird die UN und andere multilaterale Institutionen weiterhin wegen ihrer Fähigkeit wertschätzen, einer globalen, von Staaten geführten Agenda Legitimität zu verleihen. Auch sind sich kleinere Staaten bewusst, dass multilaterale Institutionen dazu dienen, ihre Interessen zu schützen. Ohne Regeln könnten Groß- und Regionalmächte eher Zwangsgewalt ausüben.
- In ihrer Rolle gestärkt werden die internationalen Institutionen künftig auch durch wechselseitige Einbindung regionaler und subnationaler Verwaltungseinheiten, internationaler NGOs, kapitalkräftiger Philanthropen, multinationaler Konzerne und Einzelner, was ein gewisses kontinuierliches zentrales Handeln sichert. Wenn erforderlich, werden politische Reformen und Anpassungen vorgenommen, so wie bereits die Abstimmungspraxis im IWF erneuert wurde. Staaten mit wachsendem Einfluss werden ihre Rolle neu aushandeln.
- Um Maßnahmen umzusetzen, werden die multilateralen Institutionen ihre Beziehungen zu Unternehmen, der Zivilgesellschaft, örtlichen Regierungsstellen und anderen Behörden vertiefen.

Schwierigere Probleme in Sicht

Für die Zukunft werden die UN und ihr Behördensystem weniger dazu beitragen, neue Verhaltensstandards in umstrittenen Entwicklungen wie Künstlicher Intelligenz, Genomchirurgie oder Human Enhancement zu setzen, weil Staaten, private Akteure und wissenschaftliche und technische Kreise divergierende Werte und Interessen vertreten, weil in Fachwelt und Politik gewaltige Unterschiede bei den Wissensständen herrschen und weil sich der technologische Wandel deutlich schneller vollzieht, als Staaten, Behörden und internationale Organisationen Standards entwickeln, Weichen stellen, Regularien errichten und Normen vorgeben können. All diese Faktoren wirken Bemühungen, eine gemeinsame Agenda zu erstellen, bremsend entgegen. Für das künftige internationale Regierungshandeln stellt die Tatsache, dass technologische Entwicklungen über die

Grenzen der Disziplinen hinweg Folgen haben, mit weiteren heraufziehenden Problemen eine bedeutende Herausforderung dar. Damit die internationale Gemeinschaft effizient handlungsfähig bleibt, braucht es in einer Reihe von Themenfeldern Koordinierung und ein strategisches Verständnis dafür, wo deren Synergien liegen, anstatt nur einen vertieften Einblick in eines von ihnen.

- **Künstliche Intelligenz, Genomchirurgie und Human Enhancement.** Entwicklungen in diesen drei Bereichen werfen in den kommenden beiden Jahrzehnten wahrscheinlich Fragen um Werte auf, die besonders viel Zündstoff bergen – durch sich verselbstständigende wichtige Entscheidungen zu Recht und Sicherheit, die ins menschliche Leben eingreifen und die Vorstellung von dem erweitern, was das Menschsein ausmacht. Entwicklungen in diesen Technologien werden sich auf die Beziehungen zwischen den Staaten untereinander und die zwischen Staat und Bevölkerung auswirken. Angesichts der Chancen und Risiken verschärft sich die Debatte zwischen Staaten, Privatunternehmen, in der Öffentlichkeit und zwischen religiösen Akteuren auf globaler, regionaler, einzelstaatlicher und lokaler Ebene. Verfechter führen ins Feld, dass bedeutende Fortschritte auf diesen Gebieten Krankheiten heilen, Hunger vermindern und Leben verlängern können, während Kritiker warnen, dass solche Technologien – zufällig oder beabsichtigt – die menschliche Spezies dauerhaft verändern und womöglich dazu führen könnten, dass bestimmte Einzelne oder Gruppen ausgelöscht würden. Diese technologischen Entwicklungen lassen sich mit politischen Strategien, Gesetzen und Abkommen nicht lenken, weil sie zu schnell und in zu breiter geografischer Streuung voranschreiten.

Technologische Entwicklungen in Cyberspace und Weltraum werden mit Blick auf Regelungen weitere Herausforderungen bilden. Wir haben bislang nur dürftige Einblicke darin, welche Vorstellungen unter Staaten, Bevölkerungen und privaten Akteuren zu den Regeln herrschen, die in diesen Bereichen in den kommenden zwei Jahrzehnten gelten sollen. Klar ist freilich, dass private kommerzielle Akteure bei deren Entwicklung eine größere Rolle spielen werden.

- **Cyberspace.** Cyberangriffe – Diebstahl, Missbrauch und Vernichtung von Daten – werden in den nächsten beiden Jahrzehnten wahrscheinlich häufiger mit dem Ziel gestartet, staatliche Interessen zu befördern und gegen Gegner Vergeltung zu üben. Damit stellen sich neue Fragen zum Kriegsvölkerrecht und den Prinzipien der Nichteinmischung in die inneren Angelegenheiten anderer Länder.
- **Weltraum.** Dass immer mehr Staaten und kommerzielle Unternehmen ihre Fähigkeiten in der Raumfahrt ausbauen, stellt die traditionellen internationalen Ansätze dazu infrage, wie entsprechende Aktivitäten reguliert werden. Der Vorsprung der Industrieländer bei den militärischen und nachrichtendienstlichen Mitteln wird schrumpfen. Durch die sich ausweitende Nutzung des Weltraums, auch durch Entwicklungsländer und Privatunternehmen, kommt der internationalen Gemeinschaft wachsende Bedeutung dabei zu, in einem dichter werdenden Umfeld Sicherheit für Operationen zu gewährleisten. Aber neue technologische Fähigkeiten sorgen künftig nicht als einzige über die Grenzen der Disziplinen hinweg für Zündstoff. Viele altbekannte Streitthemen werden häufiger im Verbund als Elemente breiterer komplexerer Probleme auftauchen.
- **Die Erwärmung der Ozeane.** Wegen der Erwärmung der Ozeane wandern Fischschwärme vermehrt in kühlere Gewässer ab – eine Bedrohung für Ressourcen, die lokale Wirtschaften unter Druck setzt.
- **Klima.** Der Klimawandel birgt Risiken für die Agrarproduktion und wirkt für arme Länder mit rasantem Bevölkerungswachstum zusätzlich destabilisierend.
- **Handelsabkommen.** Handelsabkommen setzen Konsens in komplexen umstrittenen Fragen voraus, so bei genmanipulierten Organismen, beim Patentschutz, bei Gesundheits- und Umweltstandards, der Artenvielfalt und arbeitsrechtlichen Standards. Globale politische Festlegungen dürften somit immer größere bedeutsame innerstaatliche Folgen haben.
- Die UN werden Schwierigkeiten haben, sich zu koordinieren und Synergien zu nutzen, wenn die Facetten eines einzelnen Problems von unterschiedlichen Stellen im System behandelt werden.

- **Vorbeugung gegen Kriegsgräuel.** Bemühungen, Kriegsverbrechen vorzubeugen, finden über die UN-Menschenrechts- und Sicherheits-Bürokratie verstreut statt. Die UN sind in ihrer Fähigkeit, massenhaften Gewaltverbrechen durch nichtstaatliche Akteure zu begegnen, hauptsächlich dadurch eingeschränkt, dass staatliche Autorität und damit auch «taugliche» Ansprechpartner fehlen. Souveränität und Regierungsfähigkeit zu stärken, ist häufig entscheidend, um Gräuel in chaotischen Lagen zu verhüten.
- **Terrorbekämpfung.** Der Internationale Strafgerichtshof (IStGH) tut sich schwer damit, aktive Terrorgruppen abzuurteilen: Bei den meisten Strafverfolgungen stehen staatliche Akteure oder Milizen statt «terroristischer Organisationen» im Fadenkreuz, auch deshalb, weil sich die offiziellen Vertreter über die Definition solcher Gruppen uneins sind. Trotz dieser Hindernisse wird der IStGH als ein Forum dienen, das Probleme des Terrors debattiert und zum Kampf gegen Terrorismus beiträgt.
- **Menschliche Mobilität.** Die internationale Mobilität, insbesondere die von Migranten, Flüchtlingen und Binnenvertriebenen, wird das staatliche Handeln wahrscheinlich unter Druck setzen, weil die Bewegungen größer, weitreichender und komplexer werden und wachsende demografische Unterschiede und größere wirtschaftliche Ungleichheiten zwischen Ländern sowie Umweltprobleme die Zahlen der Vertriebenen und Migranten hoch halten werden. Einschätzungen der Umweltforscher zu künftigen umweltbedingten Wanderbewegungen schwanken stark von 25 Millionen bis zu 1 Milliarde Menschen bis 2050, wobei eine Größenordnung von 200 Millionen am häufigsten genannt wird. Die Zahlen sind heftig umstritten: Manche Migrationsforscher wenden ein, dass die menschliche Resilienz und Leidensfähigkeit ebenso unterschätzt werde wie der Anteil derer unter künftigen Bevölkerungen, denen die Mittel fehlen, um sich auf den Weg zu machen. Klar ist immerhin, dass sich die Mobilität von Menschen wahrscheinlich erheblich ausweiten und Forderungen – ähnlich den heutigen – auslösen wird, staatliche Verpflichtungen gegenüber Flüchtlingen auf den Prüfstand zu stellen.

Eine Welt «à la carte»

Angesichts der wachsenden Komplexität althergebrachter und neuer Herausforderungen sind kollektive Problemlösungen dringender denn je geboten. Wie Staaten Probleme angehen, verändert sich, weil die Herausforderungen komplexer werden und in einer Zeit, in der es – insbesondere zwischen den Großmächten – an Konsens fehlt, welche globalen Ziele gesetzt werden sollen, immer mehr Staaten gebraucht werden, um kollektiv handlungsfähig zu bleiben.

Dennoch sprechen neuere wegweisende Abkommen dafür, dass für die kommenden Jahre weitere Fortschritte möglich sind:

- Im Juni 2015 billigte die UN-Generalversammlung das «Sendai-Rahmenwerk zur Verringerung von Katastrophenrisiken».
- Im Juli 2015 verabschiedeten die UN-Mitgliedsstaaten die Aktionsagenda zur Entwicklungsfinanzierung von Addis Abeba.
- Im September 2015 verabschiedete die UN-Generalversammlung die Agenda 2030 für nachhaltige Entwicklung.
- Im Dezember 2015 einigten sich 195 Staaten am Ende der 21. UN-Klimakonferenz in Paris auf ein Abkommen, wonach der weltweite Temperaturanstieg auf deutlich unter 2 Grad Celsius begrenzt werden soll.
- Und 2016 trat die Internationale Organisation für Migration dem System der UN bei.

Weil ein einheitliches, generell geteiltes strategisches Verständnis nach wie vor fehlt, konzentrierte sich die internationale Kooperation vorherrschend auf Einzelprobleme, kam von Fall zu Fall zustande und handelte Fragen gesondert ab, anstatt vorbeugend, disziplinübergreifend oder mit universeller Zielsetzung zu agieren. Dabei stellen sich Staaten, Konzerne und Aktivisten jeweils hinter eigenen Anliegen auf. Dieses Vorgehen ad hoc führt langfristig möglicherweise dazu, dass die Gremien – der UN und anderer – des internationalen Systems an Kohärenz und Ausrichtung verlieren. Als Vorteil können immerhin freiwillige, informelle Ansätze dazu beitragen, Vertrauen aufzubauen, eine gemeinsame Sprache zu entwickeln und einvernehmlich Ziele festzulegen – Aktiva, die am Ende möglicherweise dazu führen, dass Verständigung auf internationaler Ebene Unterstützung gewinnt oder neu ausbalanciert wird. Ob die gegenwärtigen Institutionen künftig effizient arbeiten können oder ob neue Einrichtungen oder parallele Mechanismen gebildet werden, hängt weitgehend davon ab, wie Regierungen mit vielfältigen Akteuren zusammenwirken und ob die gegenwärtigen Institutionen und Großmächte Staaten darin unterstützen können, ausgereifte Übereinkünfte auszuhandeln, die ihre nationalen Interessen und die anderer berücksichtigen.

- **Um die kollektive Handlungsfähigkeit zu sichern, sind mehr Staaten notwendig.** Die Anzahl der Staaten, die bei globalen Problemen unbedingt kooperieren müssen, um angemessene Ergebnisse zu erzielen, ist gewachsen. Die Nachwirkungen der Finanzkrise von 2008/09 und der daraus resultierende Aufstieg der G20 als Schlüsselgruppe machen beispielhaft deutlich, dass sich Probleme eher dann effizient lösen lassen, wenn sich ein breiteres Spektrum an Ländern daran beteiligt. Die Gruppe, die fast zehn Jahre vor der Krise ins Leben gerufen wurde, entwickelte sich zum Hauptforum für die Bewältigung globaler Wirtschaftskrisen, nicht wegen des Bestrebens der Großmächte, mehr Länder einzubeziehen, sondern weil kein Staat und auch keine kleine Gruppe von Staaten anstehende Probleme allein lösen konnten. Die UN-Klimarahmenkonvention ist ein weiteres Beispiel dafür, dass als Folge des Fortschritts mehr Staaten mit einem breiten Spektrum an Interessen eingebunden sein müssen, damit formulierte Ziele erreicht werden können.
- **Inzwischen wächst die Anzahl der Akteure, die Probleme lösen, aber auch derer, die neue schaffen.** Wahrscheinlich werden immer mehr private, regionale und subnationale Akteure hervortreten, die sich – mit Hilfslieferungen, Entwicklungsarbeit und anderer wirtschaftlicher Unterstützung sowie bei den Menschenrechten – nutzbringend engagieren. Dieser Trend könnte die Bedeutung entsprechender staatlicher Leistungen verringern, aber auch dazu beitragen, dass die von internationalen Institutionen ausgegebenen Ziele erreicht werden. Netzwerke wirken freilich in beide Richtungen: Eine stärker vernetzte «unzivilisierte» Welt – zu

denen so unterschiedliche Gruppen wie der IS oder Anonymous zählen – könnte an den Grundlagen des Systems rütteln. Auch könnten sich Populismus und Fremdenfeindlichkeit weiter ausbreiten. Allerdings dient neue Technologie möglicherweise auch dem Schutz und der Stärkung derjenigen, die darauf hinarbeiten, das internationale Menschenrechtsregime auszuweiten.

• **Staaten schaffen Foren, um ein «einvernehmliches» Verständnis zu umstrittenen Fragen zu entwickeln.** Staaten richten regionale Institutionen, Foren für vielfältige Anliegen und informelle Konsultationsprozesse ein, um ihre Interessen deutlicher sichtbar und hörbar zu machen und um für ihre Ansichten Unterstützung zu gewinnen.

• China und Russland haben in offiziellem Rahmen Übereinkünfte erzielt, um die von ihnen beanspruchte Dominanz in den jeweiligen Regionen abzusichern. So werden China und Russland die Asiatische Infrastrukturinvestmentbank (AIIB) bzw. die Eurasische Wirtschaftsunion als jeweilige Plattform für ihren regionalen wirtschaftlichen Einfluss fördern.

• China und Russland gründeten mit den Schwellenländern Brasilien, Indien und Südafrika die lose agierende Vereinigung der sogenannten BRICS-Staaten, die regelmäßig auf Gipfeln zusammentritt und als staatenübergreifende Plattform zur Verbreitung ihrer Sichtweisen fungiert. Eine ähnliche informelle Partnerschaft, die auf gemeinsamen Werten und Interessen beruht, gründeten Mexiko, Indonesien, Südkorea, die Türkei und Australien in Form des MIKTA-Forums.

• Strukturen wie diese entstehen nicht dadurch, dass aufstrebende Mächte neue Ideen für Ansätze dafür einbringen, wie sich globale Herausforderungen bewältigen lassen, oder weil sie globale Regeln und Normen verändern wollen, sondern um Macht zu demonstrieren oder weil Beteiligte in kleineren Gruppen mitunter leichter zu Lösungen finden. Auch wenn diese aufstrebenden Mächte neue Institutionen gründen, werden sie sich weiterhin an den traditionellen beteiligten, wenn auch nur deshalb, weil sie die Stärke des gegenwärtigen Systems anerkennen.

• Staaten werden sich weiterhin bemühen, die Hierarchien in den bestehenden Institutionen zu verändern, um sich Privilegien zu sichern. Zu den Strukturen, die darauf abzielen, die Staatenhierarchie neu auszurichten, zählen die BRICS-geführte New Development Bank und die AIIB (als Gegenstück zu Weltbank und IWF), die Universal Credit Rating Group (in Konkurrenz zu den privaten Ratingagenturen Moody's und S & P), China UnionPay (konkurrierend zu Mastercard und Visa) sowie das Cross-Border Interbank Payment System CIPS (als Alternative zum SWIFT-Netzwerk zur Abwicklung von Zahlungen).

- **Der Multilateralismus mit vielfältigen Interessenvertretern wird staatliche Bemühungen ergänzen.** Regierungsvertreter werden in Zukunft die multilaterale Kooperation dominieren, nicht aber monopolisieren. Nationale Regulierer und Fachleute werden politische Entscheidungsträger mit Informationen versorgen und sich dabei auf entsprechende Kollegen im Ausland stützen. Um in einer Zeit komplexer Lieferketten die Sicherheit und Zuverlässigkeit medizinischer Produkte zu gewährleisten, sind solche Bemühungen bereits angelaufen. In Erkenntnis der eigenen Grenzen wirkte so die US-amerikanische Food and Drug Administration (FDA) federführend darauf hin, eine informelle «globale Koalition der Regulierer im Medizinbereich» ins Leben zu rufen, um Lücken in der weltweiten Arzneimittelsicherheit zu schließen, insbesondere in großen Produktionsländern wie China und Indien. Ein gutes Modell, wie sich private Expertise in die künftige globale Regierungsführung einbeziehen lässt, liefert das International Accounting Standard Board (IASB), das für die 27 Staaten der Europäischen Union und für rund 90 weitere Länder Standards für Prinzipien entwickelt, nach denen Unternehmen ihre Jahresabschlüsse erstellen müssen. Dabei stützt sich dieses Gremium auf Rechnungslegungsexperten aus großen Wirtschaftsprüfungsgesellschaften, organisiert in einer unabhängigen gemeinnützigen Stiftung, die in Delaware gegründet wurde.

Wichtige Weichenstellungen

Um sich mit künftigen Problemlagen auseinanderzusetzen, besteht für nationale Politiker eine Möglichkeit darin, strategische Leitlinien zu entwickeln, wonach interdisziplinäre Beziehungen zwischen Institutionen aufgebaut werden müssen. Mit einem entsprechenden Modell experimentieren einige Akteure bereits im Finanzsektor. Durch ein besseres Verständnis der Synergien, die in Agenden schlummern, die sich über mehrere Sektoren erstrecken, so bei den UN-Zielen für nachhaltige Entwicklung, können Einzelstaaten wie auch Institutionen durch Beratung und Unterstützung positive Ergebnisse fördern. Führenden Politikern kommt dabei insofern eine Schlüsselrolle zu, als allein Staats- und Regierungschefs die Autorität besitzen, innerhalb ihrer Staaten auf ressortübergreifende Agenden zu dringen. Ein solcher Ansatz wird als Gegengewicht zu einem internationalen System notwendig werden, das von strengen Trennungen bestimmt wird.

- Eine neue, offenere und breiter gefasste Definition des nationalen Interesses, die vom Konzept der Wechselseitigkeit ausgeht, könnte Staaten dazu bewegen, in Verhandlungen auf internationaler Ebene mehr Gemeinsames zu entdecken. Mit der wachsenden Anzahl existenzieller Herausforderungen, denen sich die Menschheit ausgesetzt sieht, könnte das «kollektive» zum «nationalen Interesse» werden.

Gleichwohl bleiben Entwicklungen im Ungewissen:

- **Ob ausreichend Ressourcen verfügbar sind, damit sich Koalitionen aus Staaten und internationalen Organisationen gemeinsamen Herausforderungen stellen und mit Programmen Führung übernehmen können.** Dazu müssten Regierungen internationale Verpflichtungen gleichrangig mit nationalen Erfordernissen behandeln, anstatt sie als konkurrierende Prioritäten zu betrachten, Koalitionen mobilisieren, um den Prioritäten Unterstützung zu verschaffen, und sich dazu öffentliches Vertrauen sichern. Wichtig ist auch die Rolle groß angelegter privater Partnerschaften und Stiftungen – darunter Organisationen wie die Bill-und-Melinda-Gates-Stiftung, die Impfallianz Gavi oder der Globale Fonds zur Bekämpfung von Aids, Tuberkulose und Malaria sowie der Global Education Fund –, um Ansätze zu entwickeln, wie sich wichtige Programme finanzieren und vor Ort umsetzen lassen.

- **Ob die Instrumente, mit denen internationale Organisationen die Einhaltung von Regeln überwachen und erzwingen, als vertrauensbildende Maßnahmen wirken, um geopolitische Spannungen abzubauen.** Dies hängt von der Bereitschaft der Staaten ab, Wahlbeobachter, Waffeninspekteure und entsprechende andere Maßnahmen zu akzeptieren, die in internationalen Vereinbarungen umrissen werden. So wurde beispielsweise die UN-Mission zur Beseitigung von Syriens Chemiewaffenprogramm mit einem außerordentlich hohen Maß an internationaler Kooperation durchgeführt, durch die erstmals ein Arsenal an bestimmten Massenvernichtungswaffen aus einem Bürgerkriegsland entfernt wurde.
- **Bis zu welchem Grad sich Eliten als effizient darin erweisen, Institutionen und Staaten durch Zeiten globaler Veränderungen zu führen und eine strategische Sichtweise zu fördern, wenn es um entscheidende Fragen wie den Kampf gegen den Klimawandel oder die Regulierung globaler Gemeinschaftsgüter geht.** Dazu müssen sich internationale Institutionen durch eine Führung auszeichnen, die Langzeitperspektiven und globales Denken fördert – und kurzfristig entschlossen auftritt –, um Versuchungen zu begegnen, sich abzuschotten und durchzulavieren.
- **Inwieweit sich private Akteure einbringen, um internationale Regeln zu erstellen, sie durchzusetzen und zu schlichten – Bereiche, die traditionell staatlicher oder öffentlicher Hoheit unterliegen.** Nationale und internationale Gesetze werden in verschiedenen staatlichen Rechtssystemen auf unterschiedlichen Wegen erstellt und durchgesetzt, unterliegen aber meistens, wenn auch nicht immer staatlicher Autorität. Allerdings spielen private Akteure zunehmend eine Rolle dabei, Regeln zu erstellen, sie durchzusetzen und Streitfälle zu schlichten. So vermittelt beispielsweise das eBay/PayPal Resolution Center, das in 16 Sprachen operiert, jährlich in rund 60 Millionen Streitfällen zwischen Käufern und Verkäufern. Dank einer stärkeren Verbreitung des Internets können sich Gruppen online selbst kontrollieren und regelwidriges Verhalten untereinander anprangern. Mechanismen wie diese stehen Gesellschaften weltweit in unterschiedlichem Maß zur Verfügung, tragen aber dazu bei, Ordnung zu erstellen und aufrechtzuerhalten, und bieten Menschen künftig ein breite-

res – und verstärkt genutztes – Spektrum an entsprechenden Möglichkeiten.

Wie sie kämpfen ...

Das Risiko gewaltsamer, darunter zwischenstaatlicher Konflikte steigt in den nächsten beiden Jahrzehnten, weil Großmächte divergierende Interessen verfolgen, terroristische Bedrohungen anhalten, schwache Staaten instabil bleiben und sich Technik zum Töten und Zerstören weiter ausbreitet. Hat die Anzahl der Konflikte und deren Intensität in den letzten 20 Jahren abgenommen, so kehrt sich dieser Trend nun offenbar um: Nach offiziellen Berichten von Institutionen sind die gegenwärtigen Konfliktniveaus im Anstieg begriffen. Ebenfalls zu verzeichnen ist eine drastische Zunahme bei der Anzahl der Kriegstoten und bei anderen konfliktbedingten «humanitären Kosten». Zudem verändert sich der Charakter von Konflikten, weil die technische Entwicklung voranschreitet, neue Strategien entstehen und sich das globale geopolitische Umfeld verändert. Die bisherigen Konzepte von Kriegsführung werden künftig infrage gestellt. **Insgesamt deutet die Entwicklung darauf hin, dass Konflikte in Zukunft diffuser, vielfältiger und disruptiver ausgetragen werden.**

- **«Diffuser» insofern, als eine Vielfalt an Akteuren, darunter Staaten, nichtstaatliche und substaatliche Gruppen (Terrororganisationen, kriminelle Netzwerke, Rebellenarmeen, Söldner und Privatunternehmen) sowie motivierte Einzelne erleichterten Zugang zu Kriegsinstrumenten erhalten und gewaltsame Konflikte austragen können.** Als ein Zeichen dafür, dass Konflikte weiter zunehmen, wächst die Anzahl der Privatunternehmen, die im Militär- und Sicherheitsbereich operieren, sowie der Organisationen, die Personal in Kampfzonen entsenden, um staatliches Militär zu ergänzen, zu ersetzen oder potenziell als Friedentruppen zu dienen. In den zunehmend komplexeren Konflikten verwischen sich immer stärker die traditionellen Grenzen zwischen Kombattanten und Nichtkombattanten, weil das Spektrum der Beteiligten größer wird.

- **«Vielfältiger», weil die Mittel, um Konflikte auszutragen, über ein breiteres Spektrum verteilt variieren – von «nichtmilitärischen» Fähigkeiten wie wirtschaftlichem Druck, Cyberangriffen und Informationsoperationen bis zu konventionellen und Massenvernichtungswaffen (WMD) – und dabei vielfältige Bereiche einschließlich Weltraum und Cyberspace einbezogen werden.** Die Vielfalt möglicher Konfliktformen stellt die Fähigkeit von Regierungen infrage, sich effizient auf neue Eventualitäten vorzubereiten.
- **«Disruptiver», weil Staaten und Terrorgruppen verstärkt dazu übergehen, kritische Infrastruktur lahmzulegen, den gesellschaftlichen Zusammenhalt zu zerstören und Regierungsabläufe zu behindern, anstatt feindliche Streitkräfte mit traditionellen militärischen Mitteln auf dem Schlachtfeld zu besiegen.** Die Gegner werden fast sicher die stärkere Vernetzung in den Bevölkerungen und den allgegenwärtigen Cyberspace dazu nutzen, um Chaos anzurichten. So bedienen sich Terroristen auch künftig der sozialen und anderer Medien, um Angst zu verbreiten und die psychologischen Auswirkungen ihrer Anschläge gegen die Gesellschaft zu steigern.

Wichtigste Trends

Vier Haupttrends sind wahrscheinlich beispielhaft dafür, wie sich die Kampfmethoden in Konflikten in den nächsten beiden Jahrzehnten verändern werden:

Die Grenze zwischen Frieden und Krieg löst sich auf. Künftige Konflikte höhlen die Vorstellungen von Krieg und Frieden als getrennte, klar unterscheidbare Zustände immer mehr aus. Nukleare und hochmoderne konventionelle Waffen tragen dazu bei, dass die Großmächte vor einem Krieg im vollen Maßstab untereinander zurückschrecken, während niederschwellige Konflikte um Sicherheitsinteressen fortdauern und sich womöglich verschärfen. Zum Einsatz kommen dabei harte Diplomatie, Cyberangriffe, Manipulation von Medien, verdeckte Operationen und Sabotageakte, politische Subversion, wirtschaftlicher sowie psychologischer Druck, Stellvertreterkriege und weitere indirekte Einsätze von Militärmacht.

- Diese Ansätze zielen darauf ab, den Konflikt unterhalb der Schwelle auszutragen, ab der ein groß angelegter Krieg ausbrechen kann. Dazu dienen zumeist nichtmilitärische Mittel, häufig unterstützt durch militärische Drohgebärden, um politische Ziele nach und nach durchzusetzen. Dieser Trend zeigt sich schon jetzt beispielhaft an Chinas und Russlands Aktionen im Südchinesischen Meer bzw. in der Ukraine.
- Auch wenn derlei Methoden keineswegs neu sind, betrachten sie die genannten Staaten gegenüber den traditionellen militärischen Fähigkeiten verstärkt als einen integralen Bestandteil, um künftige Konflikte auszutragen. Technologische Fortschritte wie Internetprogramme und soziale Medien bieten zusätzlich neue Möglichkeiten, um unterhalb der Schwelle eines offenen Krieges gegen Gegner vorzugehen und Instabilität zu säen. Dabei wird die Quelle von Angriffen verschleiert, um effiziente Reaktionen zu erschweren.

Kombiniert mit dem fortbestehenden Risiko für periodisch wiederkehrende Terroranschläge halten Strategien wie diese wahrscheinlich eine wirtschaftliche, politische und sicherheitspolitische Rüstungsspirale am Laufen, die sich in einer «Grauzone» zwischen Frieden und echtem Krieg dreht und für die kommenden Jahrzehnte als neue Normalität das Sicherheitsumfeld bestimmt.

- Die Nutzung von «Grauzonen» durch Staaten zielt zwar auf Vermeidung eines allgemeinen Krieges, wird aber durch Fehlkalkulationen, Versehen oder Fehleinschätzungen mit Blick darauf, wo gegnerische «rote Linien» verlaufen, das Risiko einer unbeabsichtigten Eskalation wahrscheinlich erhöhen.
- Staaten und nichtstaatliche Akteure werden «nichtmilitärische» Instrumente wie Informationsnetzwerke und Multimedia-Fähigkeiten dazu einsetzen, um religiöse Ideologien, Nationalismus und andere Formen von Identitätspolitik zu missbrauchen, um ihre

Sache zu rechtfertigen, Anhänger zu inspirieren und Gleichgesinnte für Aktionen zu mobilisieren. Wie beispielsweise in chinesischen Militärschriften zu lesen, erachtet das Reich der Mitte «die drei Kriegsführungen» – die mediale, legale und psychologische – als wichtige Instrumente, um für künftige chinesische Militäroperationen international und innenpolitisch Unterstützung zu gewinnen und den Kampfgeist eines Feindes zu schwächen.

Nichtstaatliche Gruppen können größeres Chaos anrichten. Die Verbreitung von disruptiven und tödlich wirkenden Technologien und Waffen erhöht künftig die Fähigkeiten nichtstaatlicher und substaatlicher Gruppen wie Terroristen, Aufständische, Aktivisten oder kriminelle Banden dabei, die staatliche Autorität herauszufordern. Motiviert durch religiösen Eifer, eine politische Ideologie oder Habgier, entwickeln sie wahrscheinlich größeres Geschick darin, in der Gesellschaft Schaden anzurichten und staatliches Handeln zu unterminieren. So werden beispielsweise Aktivistengruppen wie Anonymous immer destruktivere Cyberangriffe gegen staatliche Infrastrukturen einsetzen, um ihre Sache ins Rampenlicht zu rücken. Auch werden sich nichtstaatliche Gruppen größere Feuerkraft verschaffen. Terrorgruppen wie Hisbollah oder ISIL sowie die Aufständischen in der Ukraine sind Beispiele für nichtstaatliche oder substaatliche Gruppen, die sich im letzten Jahrzehnt Zugang zu modernen Waffensystemen verschafften.

- Dieser Trend wird durch die Verbreitung kommerzieller Technologien und Waffen sowie durch Staaten, die durch Unterstützung solcher Gruppen eigene Interessen befördern wollen, wahrscheinlich anhalten. Die Verbreitung von modernen tragbaren Waffensystemen mit wachsendem Tötungspotenzial und immer höherer Durchschlagskraft – so panzerbrechende Lenkraketen, Boden-Luft-Raketen und unbemannte Drohnen – sowie von verschlüsselten Kommunikationssystemen wird die Bedrohungen durch Terroristen und Aufständische erhöhen. Zugang zu Kriegsgerät wie Präzisionslenkraketen und Drohnen wird solchen Kräften neue Fähigkeiten verschaffen, um Angriffe auf kritische Infrastrukturen, vorgeschobene Operationsbasen und diplomatische Einrichtungen auszuführen.

Solche Gruppen werden wahrscheinlich auch kommerzielle Technologien wie generative Fertigungsverfahren, autonome Steuerungssysteme, Computerprozessoren und Sensoren nutzen, um maßgeschneiderte Waffen und improvisierte «intelligente» Sprengsätze zu konstruieren, die Abwehrmaßnahmen erschweren. Häufig werden sie den Wirkungsgrad ihrer Operationen und ihre Überlebensfähigkeit dadurch zu steigern versuchen, dass sie im städtischen Umfeld operieren.

- Die Verbreitung todbringender und disruptiver Technologien bietet Rebellengruppen, Terroristen und schwachen Militärapparaten Chancen, um «irreguläre» Formen von Kriegsführung effizienter zu gestalten. Satellitennavigation und mobile Kommunikation ermöglichen schlagkräftigere und präziser koordinierte Angriffe durch kleine Einheiten sowie zeitgleiche Operationen an unterschiedlichen Schauplätzen, um Menschen zu töten, Ressourcen des Gegners zu verschleißen und seine politische Entschlossenheit zu zermürben, ohne sich auf eine groß angelegte direkte Konfrontation mit überlegenen Streitkräften einlassen zu müssen.
- Als Auswirkung der wachsenden Privatisierung von Gewaltausübung und der Diversifizierung der Akteure brechen möglicherweise kleinere, aber miteinander vernetzte Konflikte aus, welche die Fähigkeiten zur Bewältigung von Regierungen und internationalen Institutionen überfordern.

Die Fähigkeiten, mit Abstands- und ferngesteuerten Waffen anzugreifen, verbessern sich. Durch die Verbreitung von Fähigkeiten zu Cyberangriffen, von Präzisionslenkwaffen, Robotersystemen, weitreichenden Angriffswaffen und unbemannten bewaffneten Luft-, Land-, Wasser- und Unterwasserfahrzeugen verlagert sich die Kriegsführung von der direkten Auseinandersetzung mit gegnerischen Armeen hin zu häufigeren Operationen, die aus der Distanz und ferngesteuert erfolgen, insbesondere in der Frühphase des Konflikts. Bildeten Präzisionswaffen und unbemannte

Systeme bislang eine Hauptstütze des US-Arsenals, so sorgt die Weiterverbreitung entsprechender Fähigkeiten dafür, dass in künftigen Konflikten beide Seiten über sie verfügen. Langstrecken-, Präzisions- sowie konventionelle ballistische Raketen und Cruise Missiles, unbemannte Fahrzeuge und Flugabwehrsysteme ermöglichen es künftigen modern ausgestatteten Militärapparaten, feindliche Streitkräfte vom neutralen Luftraum oder umliegenden internationalen Gewässern aus auf eigenem Territorium zu bedrohen. Zudem werden weiterentwickelte Staustrahltriebwerke und Überschallflugzeuge dafür sorgen, dass Ziele noch schneller bekämpft werden können. So spielt laut US-Militärexperten beispielsweise die Weiterentwicklung von Fähigkeiten, weitreichende Präzisionsangriffe durchzuführen – so mit Raketen, Überschall- und bemanntem Angriffsgerät –, eine entscheidende Rolle in Chinas Strategie, die Risiken für US-Seestreitkräfte und Expeditionskorps zu erhöhen, die im Westpazifik operieren.

Zusätzlich zur Abwehr ausländischer militärischer Interventionen werden Fähigkeiten aus weiter Distanz manche Staaten in die Lage versetzen, sich Kontrolle über strategisch entscheidende Meerengen zu sichern und lokale Einflusssphären zu etablieren. Zudem ermöglichen es Cyberangriffe gegen kritische Infrastrukturen und Informationsnetzwerke Akteuren, Rivalen unmittelbar zu schädigen, ohne sich mit überlegenen feindlichen Militärstreitkräften messen zu müssen. So haben offizielle russische Vertreter öffentlich darauf hingewiesen, dass Erstangriffe in künftigen Kriegen auf Informationsnetzwerke erfolgen könnten, um kritische Infrastrukturen zu zerstören sowie die politische Führung und das militärische Kommando eines Feindes auszuschalten.

- Die fortschreitende Automatisierung von Angriffssystemen, so durch unbemannte bewaffnete Luftfahrzeuge, sowie die Verbreitung vollständig autonomer Waffensysteme kann die Schwelle für den Eintritt in Kriegshandlungen absenken, weil weniger Leben aufs Spiel gesetzt werden müssen. Auch könnten Gegner unbemannte Systeme in so massiven «Schwärmen» einsetzen, dass sie Abwehrsysteme überfordern.

- Die Weiterverbreitung weitreichender Präzisionslenkwaffen wird wahrscheinlich Strategien fördern, die dem Gegner ein Schadensrisiko aufbürden, darunter Angriffe auf kritische Infrastrukturen, zum Beispiel solchen mit Verbindung zur Energieversorgung, den Kommunikationsmitteln, zu diplomatischen Einrichtungen, zur Wirtschaft oder Sicherheit eines Staates.
- Eine Krise mit Beteiligung von Militär, das mit konventionellen Präzisionslenkwaffen für Langstrecken gerüstet ist, droht künftig zu eskalieren, weil für beide Seiten Anreiz für einen Erstschlag besteht, um einem Angriff auf das eigene System zuvorzukommen. Zudem würden Infrastrukturen für das Kommando, die Steuerung und die Zielauswahl – darunter Satelliten, die Navigationsdaten und Informationen zu Zielen liefern – wahrscheinlich ins Fadenkreuz von Kräften geraten, die feindliche Angriffsfähigkeiten ausschalten wollen. Russland und China streben weiterhin nach Waffensystemen, die Satelliten im Orbit zerstören können, und erhöhen damit die künftigen Risiken für die USA und andere.
- Terrorgruppen werden fast sicher auf die «Arme-Leute»-Version von Angriffen aus weitreichender Distanz setzen – durch Anwerbung und Anstiftung Gleichgesinnter, die auf dem Boden von Gegnern Terrorakte ausführen.
- Cyberangriffe gegen Netzwerke und Infrastrukturen des Privatsektors könnten Konzerne als Reaktion dazu bringen, in künftige Konflikte einzutreten. Dieser Trend, kombiniert mit sporadischen Cyberattacken durch Einzelne und nichtstaatliche Gruppen, macht es künftig schwerer, klar zwischen staatlich gelenkten und privaten Aktionen zu unterscheiden. Kritische Infrastrukturen wie Energieversorgungs-, Kommunikations- und Gesundheitssysteme zu schützen, stellt für die nationale Sicherheit eine zunehmend wichtige Herausforderung dar.

Neue Besorgnisse über nukleare und andere Massenvernichtungswaffen. Für die nächsten zwei Jahrzehnte bleiben Atom- und andere Massenvernichtungswaffen fast sicher eine Bedrohung, die wahrscheinlich noch wachsen wird, weil sich die Technologie weiterentwickelt und die Asymmetrie zwischen rivalisierenden Streitkräften größer wird. Die gegenwärtigen Nuklearmächte halten ihre

Atomstreitmacht bis 2035 mit an Sicherheit grenzender Wahrscheinlichkeit aufrecht oder modernisieren sie sogar. So hält Russland fast sicher an Nuklearwaffen als ein Abschreckungsmittel gegen überlegene konventionelle Streitkräfte und als sein Ticket zum Status der Supermacht fest. Die russische Militärdoktrin beinhaltet angeblich einen begrenzten Einsatz von Kernwaffen für den Fall, dass es in Russlands entschiedenem Interesse liegt, einen Konflikt dadurch zu «deeskalieren», dass es demonstriert, dass dessen Fortsetzung zu einem atomaren Schlagabtausch im großen Stil eskalieren könnte.

- Entsprechend führte Pakistan Kurzstrecken-»Schlachtfeld«-Nuklearwaffen ein, drohte damit, sie bei einem konventionellen Einmarsch durch Indien einzusetzen, und senkte so die Schwelle für einen Nukleareinsatz ab. Nordkoreas atomares «Säbelrasseln» – einschließlich der Entwicklung von Interkontinentalraketen – sowie die Möglichkeit, dass der Iran gegen seine Verpflichtungen aus dem Gemeinsamen umfassenden Aktionsplan (JCPOA) und dem Atomwaffensperrvertrag verstoßen und Nuklearwaffen entwickeln könnte, wird in den nächsten beiden Jahrzehnten weiterhin Sorge bereiten.
- Zudem wird die Weiterverbreitung moderner Technologien, insbesondere Biotechnologien, für einige neue Akteure die Schwelle absenken, um sich Massenvernichtungswaffen zu beschaffen. Der Zusammenbruch schwacher Staaten durch innere Kräfte könnte dazu führen, dass derartige Waffen Terroristen in die Hände fallen und dann auch zum Einsatz kommen.
- Die Stationierung von Nuklearwaffen auf See durch Indien, Pakistan und vielleicht China würde den Indischen Ozean für die nächsten zwei Jahrzehnte zu einer atomar aufgerüsteten Zone machen. Die Länder würden diese Entwicklungen als Stärkung ihrer strategischen Abschreckung betrachten, während die Präsenz mehrerer Atommächte, bei denen unklar ist, nach welcher Doktrin sie mit Zwischenfällen mit nuklear bewaffneten Kriegsschiffen umgehen, das Risiko für Fehleinschätzungen und eine unbeabsichtigte Eskalation erhöht.
- Die technischen Hindernisse, die der Verarbeitung biologi-

scher Wirkstoffe zu Waffen entgegenstehen, die gesellschaftliches Chaos erzeugen oder für Terroranschläge genutzt werden können, sinken wahrscheinlich dadurch, dass sich Herstellungskosten verringern, die DNA-Sequenzierung und -Synthese weitere Fortschritte machen und Gentechnik weltweit leichter zugänglich wird.

- Manche Staaten setzen wahrscheinlich weiterhin auf chemische Kampfstoffe als Mittel zur Abschreckung und zum taktischen Einsatz im Kampfgebiet. Dass sich einige solcher Waffen besonders leicht herstellen lassen, nährt die Sorge, dass sie von Terroristen oder Rebellengruppen eingesetzt werden könnten.

Wichtige Weichenstellungen

Wie Menschen in Zukunft gewaltsame Konflikte ausfechten, hängt stark vom entstehenden geopolitischen Umfeld und den wichtigsten Akteuren ab, die mit ihren Entscheidungen die Risiken für den Ausbruch oder die Eskalation von Konflikten erhöhen oder senken. Obwohl die USA ihren Vorsprung in manchen Bereichen ein Stück weit einbüßen, behalten sie gegenüber anderen Staaten fast sicher entscheidende sicherheitspolitische und militärische Vorteile: Gründe sind ihre wirtschaftliche Stärke, ihr günstiges geografisches Profil, ihrer Lage, ihr technologischer Vorsprung, ihre Offenheit für Informationen und ihr Bündnissystem – alles Faktoren, die es Washington ermöglichen, das entstehende Sicherheitsumfeld zu gestalten. Dennoch betrachten andere Staaten und nichtstaatliche Gruppen das US-Militär auch in Zukunft als Konkurrenten – und Vorbild zur Nachahmung –, wenn es darum geht, eigene Konzepte und Fähigkeiten für künftige Kriege zu entwickeln. Zudem bleiben wichtige Unwägbarkeiten, was die kommende Wahrscheinlichkeit für größere Kriege, ihre Schäden und ihr Eskalationspotenzial angeht. Diese bergen für die Vereinigten Staaten und ihre Partner allerdings auch Chancen, schlimmste Entwicklungen dadurch abzumildern, dass sie vertrauensbildende Maßnahmen einleiten, ihre Widerstandskraft erhöhen und internationale Abkommen fördern, welche die Entwicklung und Nutzung der am stärksten destabilisierenden Fähigkeiten zur Eskalation begrenzen.

Wie globale und regionale Spieler auf künftige geopolitische Entwicklungen und Bedrohungen der Sicherheitslage reagieren – so auf länderübergreifenden Terrorismus, sektiererische Gewalt, innerstaatliche Konflikte und schwache Staaten –, prägt in den nächsten beiden Jahrzehnten erheblich die Rivalitäten zwischen Mächten und bestimmt mit, wie sich das Potenzial für breiter angelegte Konflikte entwickelt. China, der Iran und Russland streben wahrscheinlich größeren Einfluss über ihre Nachbarregionen an und erwarten von den Vereinigten Staaten und anderen Ländern, in ihren Interessensgebieten Zurückhaltung zu üben. In dieser Ausgangslage bleibt an der Peripherie Asiens und im Mittleren und Nahen Osten die gegenwärtige geo- und sicherpolitische Rivalität darum, die wichtigsten Schifffahrtsrouten einzubeziehen, wahrscheinlich erhalten. Spannungen zwischen Groß- und Regionalmächten könnten auch dadurch wachsen, dass sich die wirtschaftlichen und militärischen Machtverhältnisse global verschieben und Nationalismus in der Staatspolitik Aufwind erfährt. Vielfältige Bedrohungen für die Sicherheit und zahlreiche mögliche künftige Spannungen, die zeitgleich in unterschiedlichen Regionen auftreten, könnten die Fähigkeit des US-Militärs überfordern, mit allen Eventualitäten fertigzuwerden – und die Notwendigkeit deutlicher machen, sich weiterhin auf kompetente militärische Verbündete und multilaterale Ansätze zu stützen.

- Wie die Großmächte auf wachsenden Wettbewerb reagieren, bestimmt die Wahrscheinlichkeit für künftige Konflikte. Beschränkungen wie die nukleare Abschreckung und wirtschaftliche Verflechtungen werden wahrscheinlich auch in Zukunft verhindern, dass zwischen Großmächten ein Krieg in großem Maßstab ausbricht. Allerdings dürften Veränderungen im Charakter von Konflikten das Risiko erhöhen, dass Fehleinschätzungen zu militärischen Auseinandersetzungen zwischen Großmächten führen, sollten rivalisierende Staaten ihre Spannungen nicht durch vertrauensbildende Maßnahmen abbauen.
- Wegen der anhaltenden Bedrohung durch länderübergreifenden Terrorismus und den staatlichen Einsatz von Strategien der «Grauzone» greifen künftig äußere Mächte häufiger in innerstaat-

liche Konflikte ein und führen Stellvertreterkriege. Kooperation zwischen Großmächten und internationalen Institutionen, um solche Konflikte zu lösen, könnte dringend benötigte Stabilität bringen. Allerdings droht die Beteiligung einer Vielfalt von Akteuren mit rivalisierenden Zielen, lokale Konflikte in die Länge zu ziehen und auszuweiten – mit einer breiteren Destabilisierung als Folge.

Angesichts der Weiterverbreitung von Angriffswaffen mit großer Reichweite und der Fähigkeit zu Cyberangriffen sowie komplexerer Operationen durch Terroristen und Aufständische dürften Konflikte immer kostspieliger werden, aber immer seltener eine Entscheidung herbeiführen. Verstärkt wird dieser Trend künftig durch Strategien von Großmächten und nichtstaatlichen Gruppen mit dem hauptsächlichen Ziel, kritische Infrastruktur lahmzulegen, gesellschaftlichen Zusammenhalt zu unterminieren, sowie Regierungsabläufe und politische Entscheidungsprozesse zu stören. Damit steigt das Risiko, dass sich künftige Konflikte so ausweiten, dass sie auch Angriffe auf das heimische Terrain einschließen. Eine ganz neue Qualität werden Konflikte dann erhalten, wenn ein unerwarteter Vorteil bei den Fähigkeiten zu Cyberattacken die Möglichkeit schafft, IT-abhängige Militärsysteme auszuschalten, auf die sich die meisten modernen Streitkräfte stützen.

- Die Austragungsorte künftiger Konflikte werden sich über die traditionellen – Luft, Boden, See und Untersee – hinaus wahrscheinlich auf vielfältige Bereiche – Computernetzwerke, elektromagnetisches Spektrum, soziale Medien, Weltraum und Umwelt – ausweiten, weil Gegner Wettbewerbsvorteile und neue Mittel zur Schädigung des anderen anstreben. So werden künftige Konflikte im Bereich Umwelt wahrscheinlich um die Kontrolle über Wasserressourcen oder mit absichtlichen Umweltzerstörungen ausgetragen werden, um Rivalen wirtschaftlich zu schädigen.
- Bemühungen, sich gegen Bedrohungen dadurch stärker zu wappnen, dass kritische Infrastrukturen und Netzwerke mit Sicherungen und Redundanzen ausgestattet, Verteidigungssysteme installiert und Bevölkerungen auf Notfälle vorbereitet werden,

vermindern die Fähigkeit von Gegnern, dem anderen schwerste Schäden aufzubürden.

Fortschritte in den militärischen Fähigkeiten wie unbemannte, automatisierte Waffensysteme und Hochgeschwindigkeits-Angriffssysteme für Langstrecken, welche die Reaktionszeiten verringern, schaffen in künftigen Krisen wahrscheinlich neue, aber ungewisse Eskalationsdynamiken. Zudem erhöht das rasante Tempo technischer Entwicklungen in Bereichen wie Cybertechnik, Gentechnik, Informationssysteme, Computertechnik, Nanotechnologie, Strahlenwaffen und autonome Robotersysteme in künftigen Konflikten das Potenzial für Überraschungen.

- Konflikte, in denen sich Kombattanten mit asymmetrischen Interessen und Fähigkeiten gegenüberstehen, bergen wahrscheinlich das größte Potenzial für eine beabsichtigte oder unfreiwillige Eskalation, weil manche Staaten, die konventionell unterlegen sind, möglicherweise auf entsprechende Drohungen – auch mit Massenvernichtungswaffen – setzen, um von einer militärischen Intervention abzuschrecken oder einen Waffenstillstand zu erzwingen.

Der Charakter von Kriegsführung verändert sich

Traditionelle Formen der Kriegsführung	Entstehende Formen der Kriegsführung
Einsatz militärischer Gewalt	Wachsender Einsatz nicht-militärischer und verdeckter Mittel
Angriff auf feindliche Streitkräfte	Die Wahrnehmungen und die Gesellschaft des Feindes rücken ins Fadenkreuz
Direkte Konfrontation von Streitkräften	Schläge aus der Distanz mit Langstrecken-Präzisionswaffen, Robotersystemen und Angriffen auf Informationssysteme
Tötung gegnerischer Soldaten und Zerstörung von Waffen	Zerstörung kritischer militärischer und ziviler Infrastruktur
Entscheidung durch Sieg auf dem Schlachtfeld	Abschreckung durch Drohung mit Eskalation
	Sieg durch Ausschaltung von (politischen, wirtschaftlichen, informationellen etc.) Systemen, von denen das feindliche Militär abhängt

Terrorismus

Die Mittel für staatliche, nichtstaatliche und substaatliche Akteure, Schäden zu verursachen, diversifizieren sich ebenso wie die Motive für solches Vorgehen. Durch diese Trends verwischen sich die Trennlinien zwischen den unterschiedlichen Formen von Gewaltausübung. Regierungen debattieren auch künftig darüber, welche Handlungen unter «Terrorismus» oder unter «Kriegsführung», «Aufstand» oder «kriminelle Akte» fallen. Angesichts dieser Entwicklungen entwickeln sich wahrscheinlich auch die Methoden der Terrorbekämpfung weiter.

Welche Trends den Terrorismus in den nächsten fünf und mehr Jahren prägen, hängt stark davon ab, welchen weiteren Verlauf zwei gegenwärtige Entwicklungen nehmen. Erstens wird die Lösung oder Fortsetzung der gegenwärtigen zahlreichen inner- und zwischenstaatlichen Konflikte – allen voran des syrischen Bürgerkriegs, aber auch der Bürgerkriege in Afghanistan, im Irak, in Libyen, der Sahelzone, in Somalia, im Jemen und anderswo – darüber entscheiden, wie heftig und an welchen Schauplätzen sich künftig Gewalt entlädt. Die Ausbreitung staatsfreier Räume, insbesondere in den vergangenen fünf Jahren, hat ein Extremismus förderndes Umfeld geschaffen, in dem sich besonders leicht Tausende von Freiwilligen rekrutieren lassen, die es mit Begeisterung in den Kampf zieht. Solange nicht ansatzweise Sicherheit einkehrt, bleibt der Nährboden für Militanz fruchtbar.

Zweitens werden die heutigen ausländischen Kämpfer, sofern nicht identifiziert, entradikalisiert und wieder in die Gesellschaft eingegliedert, wahrscheinlich zu einem Rekrutierungsreservoir für künftige gewaltbereite nichtstaatliche Akteure. Ebenso könnten desillusionierte Migranten ohne bessere Integration, Ausbildung und wirtschaftliche Chancen für gewaltbereite Extremistengruppen zu einem idealen Rekrutierungsreservoir werden.

- Staaten oder Regionen mit Regierungen, denen die Fähigkeit oder der Wille fehlt, für Sicherheit oder politische und wirtschaftliche Stabilität zu sorgen, sind eben jene, in denen ein hohes Maß an Gewalt herrscht und Extremismus gedeiht. Ein Mangel an Stabilität und effizientem Regierungshandeln, insbesondere in Afrika, dem Mittleren und Nahen Osten sowie in Südasien, wird weiterhin Verhältnisse schaffen, die Terrorismus fördern.

Die Auslegungen von Religion durch extremistische Minderheiten bleibt wahrscheinlich die häufigste Rechtfertigung für Terrorakte – sicher in den nächsten fünf und wahrscheinlich noch in 20 Jahren. Dafür sorgen drei hervorzuhebende Faktoren: 1) der sich wahrscheinlich fortsetzende Zusammenbruch staatlicher Strukturen in weiten Teilen des Nahen und Mittleren Ostens sowie der Stellvertreterkrieg zwischen dem Iran und Saudi-Arabien, der die sektiererischen Konflikte zwischen Schiiten und Sunniten verschärft. 2) Spannungen zwischen und innerhalb verschiedener militanter Gruppen, die sich auf Religion berufen, und die weiterhin vorherrschende Wahrnehmung, dass der Westen eine Hegemonie ausübe. 3) Die Ideologie vom «fernen Feind», den extremistische Bewegungen weiterhin vertreten werden.

Auch wenn sich die Brennpunkte des religiös motivierten Terrorismus verlagern, dürften sich die Konflikte zwischen Schiiten und Sunniten sowie zwischen extremistischen Sunniten und Gruppen, die ihnen als «Ungläubige» gelten, auf kurze Sicht verschärfen und bis 2035 kaum nachlassen. Gewaltausbrüche werden wahrscheinlicher, wenn in einer Region, die sich weit verbreitet im politischen Umbruch befindet, eine einflussreiche Ideologie wie der salafistische Dschihadismus – sei es der des ISIL oder der von al-Qaida – auf Verhältnisse trifft, die von einer seit Generationen bestehenden Autokratie, Geschlechterungleichheit und großen wirtschaftlichen Unterschieden bestimmt werden.

Psychologische und äußere Faktoren werden in Kombination die Motivationen prägen, um sich am Terrorismus zu beteiligen, und Terrorgruppen darin unterstützen, Ressourcen anzuziehen und Zusammenhalt aufrechtzuerhalten. Auch wenn die jeweiligen Motive der Rekruten und Unterstützer individuell und je nach Situation so unterschiedlich gewichtet sind, dass sich Verallgemeinerungen eher verbieten, spielen einige in Zukunft eine besonders große Rolle:

- **Entrechtung, Repression und Demütigung** treiben Menschen mitunter dazu an, mit Hilfe von Gewaltakten nach Macht und Kontrolle zu streben. Isolation im vorherrschenden soziokulturellen Umfeld, fehlende Teilhabe am politischen Prozess, verringerte Heiratschancen oder die Wahrnehmung, dass einem die Gesellschaft «verdiente» wirtschaftliche Vorteile und Anerkennung verwehre, schaffen Entfremdung und bleiben konsistente Motive für Gewalttaten, die von Rachegelüsten angetrieben werden. Derlei Frustrationen können jeden Lebensweg beeinflussen. Das Reservoir an potenziellen Terroristen beschränkt sich weder auf eine soziale Schicht noch auf einen wirtschaftlichen Status oder Bildungsstand. Dazu wird die Wahrnehmung, dass die eigene Gruppe, ethnische oder verwandtschaftliche Bande – darunter die Gleichgesinnter oder sozialer und familiärer Netzwerke – Angriffen ausgesetzt ist, Vergeltung oder Gewalt gegen angebliche Schuldige motivieren. Abenteuerlust, Geltungsstreben und die Sehnsucht nach Zugehörigkeit tragen auch künftig mit dazu bei, dass sich Einzelne dem Terrorismus anschließen.
- In europäischen Städten wird die «Entnationalisierung», der Verlust junger Menschen an Einbindung in die Gemeinschaft ihrer Herkunft, kombiniert mit einem Mangel an zugkräftigen Anreizen, eine europäische nationale Identität anzunehmen, die Rekrutierungsmasse für extremistische Organisationen auch in Zukunft vergrößern.
- Ethnische und religiöse Spannungen, die über heutige Hotspots hinausreichen, werden sich in nationalistischen oder durch andere Solidaritäten motivierten Gewaltausbrüchen entladen und zu Terrorakten führen, so wie die zwischen Tschetschenen und Russen, Malaien und Thais in Thailand, Muslimen und Buddhisten in Myanmar oder Christen und Muslimen in Zentralafrika. Durch solche Entwicklungen entstehen Konfliktzonen, die von grenzüberschreitenden Terrorbewegungen für eigene Zwecke ausgenutzt werden können.
- Verschlechterte Umweltbedingungen durch verarmte Böden, ein verknapptes Wasserangebot, eine verringerte Artenvielfalt und die Häufung extremer und ungewohnter Wetterereignisse, wie sie insbesondere der Klimawandel verursacht, erhöhen wahrscheinlich

die Schwierigkeiten instabiler und gescheiterter Staaten, ihre darbenden Bevölkerungen mit ausreichend Nahrung und Wasser zu versorgen. Angesichts wechselwirkender chronischer und akuter Krisen in der lokalen und regionalen Nahrungs-, Wasser- und Energieversorgung versagten – insbesondere im Mittleren und Nahen Osten und in Südasien – die staatlichen Organe darin, den Bedürfnissen der Bevölkerung gerecht zu werden oder auf Wahrnehmungen zu reagieren, wonach knappe Ressourcen ungerecht verteilt seien. Dies könnte für weitere Gewaltausbrüche sorgen.

Technologie birgt eine Reihe neuer Zielkonflikte, insofern sie einerseits Terroristen die Kommunikation, Rekrutierung, Logistik und Ausführung tödlicher Anschläge erleichtert, aber andererseits auch Behörden mit besseren Mitteln ausstattet, um Bedrohungslagen auszumachen und zu analysieren. Technik wird nichtstaatliche Akteure in die Lage versetzen, ihre Aktivitäten und Identitäten zu verschleiern, sowie ihre Fähigkeit, zu kommunizieren, Mitglieder zu rekrutieren und Nachrichten zu verbreiten, maßgeblich verbessern. Technologische Fortschritte werden auch die Schadensrisiken in unwahrscheinlichen Szenarien erhöhen, bei denen Terroranschläge mit Massenvernichtungswaffen begangen werden, und es in den Bereich des Möglichen rücken, dass konventionelle Waffensysteme mit verheerender Wirkung in die Hände von Terrorgruppen gelangen.

- Technologie kann zu einer weiteren Dezentralisierung von Bedrohungslagen führen – mit einer Verschiebung weg von denen durch eine relativ gut organsierte und geführte al-Qaida hin zu denen durch atomisierte militante Dschihadisten. Dieser Trend stellt die Terrorabwehr vor Herausforderungen und verändert die Natur künftiger terroristischer Verschwörungen und Strategien.

Frühere Terrorbewegungen erlebten im Verlauf mehrerer Generationen ihrer Mitglieder Höhen und Tiefen. Die gegenwärtige, religiös motivierte terroristische Gewalt, die seit Mitte der 1990er Jahre innerhalb des weltweiten Terrorismus wohl vorherrschend ist, unterscheidet sich von früheren Terrorbewegungen mit Blick auf Motivation, Reichweite, Mobilisierung und Rechtfertigung und dürfte erheblich länger Bestand haben. Gegenwärtige religiöse Konflikte verschärfen sich eher, anstatt abzuflauen, weil der Konflikt zwischen Sunniten und Schiiten sowie der Aufstieg des ISIL die Radikalisierung und Polarisierung weltweit anheizen. So wie Osama Bin Ladens Zeitgenossen, die vor einem Jahrzehnt oder später nach Afghanistan gereist waren, al-Qaidas Kerntruppen stellten, dominiert die Generation von Jungen, die jetzt vom ISIL (und verschiedenen anderen Extremistengruppen) radikalisiert werden, für die nächsten 20 Jahre wahrscheinlich die sunnitische Extremistenszene.

- Auch wenn sich der Terrorismus im Mittleren und Nahen Osten sowie in Nordafrika gegenwärtig intensiviert, könnte er erheblich an Bedeutung verlieren, wenn es Staaten gelingt, ihm den Nährboden zu entziehen. Politische und wirtschaftliche Reformen, die zahlreiche Missstände beseitigen und gegen empfundene Entrechtung angehen, trügen mit dazu bei, extremistische Ideologien als einzig mögliches Mittel zur Erneuerung zu diskreditieren.
- Die Geschlechterfrage spielt in der Terrorabwehr künftig wahrscheinlich eine wachsende Rolle, insbesondere dabei, gegen Narrative vorzugehen, die Gewalt als Vorbedingung für politische Reformen propagieren. Damit befassen sich zahlreiche internationale Nichtregierungsorganisationen. So kommt eine Studie des McKinsey Global Institute beispielsweise zu dem Schluss, dass insbesondere Mütter eine besondere Fähigkeit besitzen, schon früh Anzeichen dafür auszumachen, dass sich ihre Kinder radikalisieren. Damit können sie eine Schlüsselrolle dabei spielen, gegen gewaltsamen Extremismus vorzugehen. Frauen in die Lage zu versetzen, im häuslichen Bereich und in der Gesellschaft ihre Sichtweise auszudrücken, ist eine zentrale Investition in Terrorismusprävention. Frauen allerdings als generell friedlich darzustellen, kann politische Entscheidungsträger dazu verleiten, wichtige Chancen ungenutzt zu lassen, wenn es um Instrumente geht, um Informationen zu sammeln und Vorbeugung zu betreiben. Frauen spielen dabei, Gewalttaten zu propagieren, für sie Täter zu rekrutieren und sie zu verüben, durchaus eine aktive Rolle. So entdeckte die

französische Polizei am 4. September 2016 in Paris nahe der Kathedrale Notre-Dame ein abgestelltes Fahrzeug voller Sprengstoff, das sie auf die Spur einer weiblichen Terrorzelle mit Verbindungen zum ISIL führte.

- Mit den Vorstellungen zu Geschlechterrollen und Männlichkeit wird sich die Terrorprävention wahrscheinlich ebenfalls befassen, weil sich durch Informationstechnik und die Weiterverbreitung von Gedanken auch die Maßstäbe dazu verändern, welche «männlichen» Verhaltensweisen akzeptabel sind. Wie Studien zeigen, ist Gewalttätigkeit zuweilen mit Gefühlen verletzter Männlichkeit assoziiert. Männern, denen es versagt bleibt, ihre traditionelle Rolle als Ehemänner, Väter und Ernährer der Familie zu erfüllen, greifen mitunter zu gewalttätigen Mitteln, um männliche Macht oder ihre Fähigkeit zu demonstrieren, ihr Volk und ihre Werte zu verteidigen. Einen Wandel in den Vorstellungen von Geschlechternormen zu fördern, wie es mehrere NGOs bereits unternommen haben, könnte dazu beitragen, gegen eine Gewaltbereitschaft vorzugehen, die sich an Männlichkeitsvorstellungen knüpft.

C.H.Beck Paperback

Hasan Cobanli
Erdoğanistan
Der Absturz der Türkei und die Folgen für Deutschland
2017. 232 Seiten. Klappenbroschur

Gabriele Krone-Schmalz
Eiszeit
Wie Russland dämonisiert wird und warum das so gefährlich ist
2017. 256 Seiten mit 5 Karten. Klappenbroschur

Michael Lüders
Die den Sturm ernten
Wie der Westen Syrien ins Chaos stürzte
4. Auflage. 2017. 176 Seiten mit 1 Karte. Klappenbroschur

Carlo Masala
Weltunordnung
Die globalen Krisen und das Versagen des Westens
2016. 176 Seiten. Klappenbroschur

Andreas Rödder
21.0
Eine kurze Geschichte der Gegenwart
2017. 494 Seiten mit 1 Abbildung, 8 Grafiken und
1 Karte. Klappenbroschur

Timothy Snyder
Über Tyrannei
Zwanzig Lektionen für den Widerstand
Aus dem Amerikanischen von Andreas Wirthensohn
4. Auflage. 2017. 127 Seiten. Klappenbroschur

C.H.Beck